dtv

Der Mann im Schatten: Die großen deutschen Humanisten – Erasmus von Rotterdam und Johannes Reuchlin – waren seine Lehrer, ehe er 1518 Luthers Freund und wichtigster Mitstreiter wurde. Doch heute kennen nur wenige Philipp Melanchthon (gräzisiert aus Schwarzerdt), den Sohn eines pfalzgräflichen Waffenschmieds aus Bretten, der 1560 in Wittenberg starb. Nur wenige wissen, daß er die Geschichte der Reformation in Deutschland entscheidend mitprägte, daß er unermüdlich versuchte, Humanismus und protestantische Theologie zu versöhnen und über ein erneuertes Bildungswesen zu vermitteln. Er legte damit die Grundlagen für eine äußerst fruchtbare Entwicklung der deutschen Kultur bis weit ins 19. Jahrhundert hinein. Als ›Praeceptor Germaniae‹, Lehrer Deutschlands, wurde er einst gerühmt, dieser stille Gelehrte und umstrittene Politiker im Schatten Luthers, dessen 500. Geburtstag am 16. Februar 1997 zu großen Feiern Anlaß gibt.

Das biographische Lesebuch von *Hans-Rüdiger Schwab* lädt ein, einen ungewöhnlichen Menschen und sein facettenreiches Werk für die Gegenwart wiederzuentdecken.

Philipp Melanchthon

Der Lehrer Deutschlands

Ein biographisches Lesebuch
von
Hans-Rüdiger Schwab

Deutscher Taschenbuch Verlag

Originalausgabe
Februar 1997
Deutscher Taschenbuch Verlag GmbH & Co. KG, München
© 1997 Deutscher Taschenbuch Verlag, München
Umschlagkonzept: Balk & Brumshagen
Umschlagbild: ›Philipp Melanchthon‹
von Lucas Cranach d. Älteren (1472 – 1553)
(© BPK, Berlin)
Gesetzt aus der Bembo und der Grotesque
Satz: Design-Typo-Print GmbH, Ismaning
Druck und Bindung: C. H. Beck'sche Buchdruckerei, Nördlingen
Gedruckt auf säurefreiem, chlorfrei gebleichtem Papier
Printed in Germany · ISBN 3-423-02415-1

INHALT

Anhang

Wann immer in diesem Jahrhundert ein kalendarischer Anlaß bestand, sich über die Fachwelt hinaus an ihn zu erinnern, entdeckte man, daß Philipp Melanchthon »recht eigentlich der große Unbekannte« (Wolfgang Trillhaas) der an faszinierenden Persönlichkeiten nicht eben armen Schwellenepoche des 16. Jahrhunderts sei, mit der die Transformation des Mittelalters zur Neuzeit beginnt. Daran hat sich auch im Jahr seines 500. Geburtstags nichts geändert. Melanchthon ist, wenn überhaupt, vornehmlich ein Name geblieben, allenfalls noch flankiert von einigen vagen Stichworten zu seiner äußeren Wirksamkeit. Nicht zuletzt hängt dieser dürftige Befund sicher damit zusammen, daß eine Erschließung seiner Texte, die einem interessierten Publikum auch nur annähernd einen Eindruck von der achtunggebietenden Vielseitigkeit des Mannes hätte geben können, bis heute ausgeblieben ist.

Bei einem Menschen, der vor einem halben Jahrtausend geboren wurde, spricht allein deshalb schon einiges dafür, daß seine Problemstellungen nicht umstandslos mit den unsrigen zur Deckung gebracht werden können. Melanchthons Lebenszeit fiel in eine Ära, deren Selbstverständnis durch und durch religiös war. Die Theologie lieferte die Folie, auf die alle anderen Diskurse bezogen wurden, und dies eben mit einem umfassenden lebensweltlichen und gesellschaftlichen Wirkungsgrad. Auseinandersetzungen um das Verständnis von Sünde und Rechtfertigung, um die Natur der Sakramente und das Wesen Christi, die Frage, wie das Seelenheil zu erlangen sei, waren keineswegs am Bewußtsein des ›gemeinen Mannes‹ vorbeigesprochen. Dafür gibt es viele Belege. Inzwischen ist die Ausgangslage natürlich längst eine grundlegend andere geworden. Heute sind wir Zeugen, wie geprägte Glaubensformen und volkskirchliche Strukturen rapide erodiert werden und das Christentum seine kulturprägende Kraft weithin eingebüßt hat. Auf welche Weise läßt sich einer wie Melanchthon unter diesen Bedingungen noch zum Reden bringen – und zwar ausdrücklich weder auf den Wissenschaftsbetrieb, noch auf die Evangelisch-Lutherische Kirche beschränkt, zu deren Bekenntnisschriften er drei gewichtige Texte beigesteuert hat, ohne deswegen je aus dem übermächtigen Schatten Luthers herauszutreten? Gibt es also einen Melanchthon jenseits des berechtigten Interesses dieser Diskurse?

Ganz unbestreitbar hat er in unserer geschichtlichen Identität Spuren hinterlassen, zuweilen anonyme. Wollte man sich damit begnügen, seine erwähnenswerten Meriten aufzuzählen, dann liefe es grob gesagt in etwa auf das Folgende hinaus: An zentraler Stelle hat er einen ebenso einschneidenden wie folgenreichen Auf- und Umbruch mitgestaltet. Er hat das Profil nicht nur des deutschen Luthertums, sondern der Tradition deutscher Gelehrsamkeit überhaupt mitgeprägt. Ohne Skrupel darf man ihn als den Ahnherrn von Größe und Grenzen des deutschen Bildungsgedankens bezeichnen. Seine Verbindung der Anliegen des Humanismus mit den religiösen Impulsen der Reformation begründete einen Nährboden, der sich für die deutsche Kultur bis weit ins 19. Jahrhundert hinein als ungewöhnlich fruchtbar erwies. Religion, Wissenschaft und Kunst bezog er durchgehend aufeinander und wollte sie in ein umfassendes Konzept sinnhafter menschlicher Existenz integrieren. Als Theoretiker und Organisator hat er damit ein gewaltiges Lebenswerk hinterlassen. So weit, so gut. Aber ist das alles hinreichend, um ihm, jenseits pietätvoller Belebungsversuche, unter spezifisch heutiger Interessenlage ein Stück weit aus dem Vergessen zu holen? Liefert diese Hinterlassenschaft ausreichenden Anreiz, um sich der Mühe zu unterziehen, ihm über die Fremdheit des zeitlichen Abstands hinweg näher zu kommen?

In historischer Brechung vermag einem manches durchaus reizvoll berühren. Da ist ein Leben, das sich zwischen dem Ausbruch aus einer als fragwürdig empfundenen Tradition und der Gefahr neuer orthodoxer Systemverfestigung bewegt. Da ist ein Intellektueller, der Partei ergreift, ohne deshalb restlos auf seinen Eigensinn zu verzichten. Da ist ein sensibler Mensch, der sich in zäher Kleinarbeit an der Integration von Entwurf und Praxis abmüht. Da ist jemand, der an die Einsichtsfähigkeit der »Gutgesinnten« glaubt und sich an der gegenläufigen Realität immer wieder wundscheuert.

Mit gutem Grund ist Melanchthon, der die Hoffnung auf eine Einigung der sich ausdifferenzierenden Glaubensrichtungen lange nicht aufgeben wollte, zu einer Leitfigur der zeitgenössischen ökumenischen Diskussion geworden, deren Gelingen inmitten einer auseinanderstrebenden Gesellschaft ein Beispiel der Konsensfindung setzen könnte. Unsere Aufmerksamkeit verdient vielleicht aber vor allem dies: Melanchthons Bildungskonzept zielte auf die Tragfähigkeit kultureller Sicherungen gegen die latenten Versuchungen der Barbarei, aus notorischer Angst vor Aufruhr und Anarchie einerseits streng obrigkeitsstaatlich fixiert, daneben jedoch an einem Leitbild ausgerichtet, dem zufolge jedem einzelnen aufgegeben ist, unter Einsatz all seines Erkenntnisvermögens in der Aneignung aller ihm offenstehenden Wissensgebiete selbstbestimmt seine Anlagen zur Entfaltung zu bringen. Daß diese ihm von Gott gegeben wurden, hielt Melanchthon nicht für widersinnig, weshalb letztlich alle menschliche Betätigung auf das oberste Ziel der Erkenntnis dieses Gottes hin angelegt ist, in dem es zugleich eine unüberschreitbare Grenze der Selbstermächtigung findet. Ins Aktuelle gewendet, käme derlei möglicherweise der Aufgabe ziemlich nahe, eine selbstbestimmte Intelligenz für das menschliche Maß zu entwickeln. Bei diesem Projekt mag es durchaus nicht unnütz sein, versuchsweise auch eine Gestalt wie Melanchthon zu befragen.

Ähnliches gilt für seine Idee des Lernens als unabschließbare Arbeit an der eigenen Selbstwerdung. Zweierlei scheint diesbezüglich bemerkenswert an ihm. »Was wir in den Wissenschaften und in der wahren Philosophie wissen, verdanken wir Philippus«, enthusiasmierte sich Luther: »Er ist (...) ein Doktor über allen Doktoren. Es gibt auf Erden keinen, den die Sonne bescheint, der solche Gaben hätte. Darum laßt uns den Mann hochachten.« Gegen die Einschüchterung durch die Beschränktheit eines sich abschottenden Spezialistentums steht dieser Gelehrte, der das Wissen seiner Zeit beherrschte und doch auf noch Unbekanntes neugierig blieb, für die Weite eines (mit großem Respekt gesagt) eklektizistischen Universalismus. Wissensbereiche waren für ihn wie Bausteine, die miteinander kombiniert werden müssen. Darin besteht eine fortwirkende Herausforderung.

Hinzu kommt, daß er seine Erkenntnisse nicht für sich behalten, sondern sie anderen zugänglich machen wollte. Auf diese Weise ist er nicht nur zum wirkmächtigen `Lehrer Deutschlands´geworden. Für Vermittler seines Formats sind Menschen grundsätzlich zum wechselseitigen Austausch geboren. So repräsentiert Melanchthon ein Denken, das nach vielen Seiten hin offen war, wie

Heinz Scheible, dessen intimster Kenner, zu Recht feststellte, und das selbst gegen seine fallweisen inhaltlichen Festlegungen.

Wie töricht das Klischee vom sanften, langweiligen Akademiker ist, das sich durch die Jahrhunderte hartnäckig gehalten hat, zeigt die politische Bedeutsamkeit, die mit solchen Eigenschaften einhergeht. Gewiß nicht von ungefähr zog eine Polemik im Vorfeld der nationalsozialistischen Machtergreifung »wider das Geschlecht der Melanchthoniden« mit ihrer Tendenz zu Kircheneinigung und Parlamentarismus vom Leder. Dieser lateinisch schreibende Kosmopolit erwies sich allen völkischen Ansprüchen gegenüber als entschieden zu unverdaulich. Und ebensowenig scheint es zufällig zu sein, daß er zur Zeit des politischen Massenwahns gerade von Intellektuellen zitiert wurde, denen es um die Erinnerung an Standards der Humanität ging: So sein demonstrativer »Schutzbrief« für den der Kritik fundamentalistischer Gewaltanwendung wegen verfolgten Sebastian Castellio 1936 von dem jüdischen Emigranten Stefan Zweig – so sein Eintreten für das Recht des Konvents der Charitas Pirckheimer, anders zu denken als die Obrigkeit, 1940 von Leo Weismantel, einem in Nazi-Deutschland zweimal verhafteten katholischen Schriftsteller, für den Melanchthons Haltung ein Beispiel dafür war, »daß die Achtung vor den letzten Bindungen des Gewissens die unerbittliche Grundlage für ein würdiges Leben ist. Die Figuren können ausgewechselt werden, aber diese Erkenntnis ist verpflichtend für alle (...)«

Ein ›Diplomat‹ sei er gewesen, ein Mann des Kompromisses und der Konzessionen: bis in die gegenwart hinein wird davon mit spitzem Ton gesprochen, ohne die Alternativen zu bedenken, die eine derartige Schelte insinuiert. Für Melanchthon war das Spannungsverhältnis zwischen der Unabdingbarkeit gewaltfreien Zusammenlebens und der Treue zu einem von ihm als richtig erkannten Bekenntnis so einfach keineswegs zu lösen. In einer Zeit, wo der Konflikt zwischen ›Wahrheit‹ und Pluralität in mancherlei Wandlungen wiederkehrt, spricht diese Haltung nicht unbedingt gegen ihn.

Nein, dieser Mann, der heroische Identifikationsbedürfnisse unerfüllt läßt, steht völlig zu Unrecht im Ruf, ein Langweiler zu sein. Ganz im Gegenteil hat er viele Gesichter. Wenn man sich ihm unvoreingenommen zu nähern bemüht, wird man unschwer zahlreiche Gebrochenheiten feststellen. Seine Denk- und Verhal-

tensweisen sind nicht immer durchsichtig oder nachvollziehbar –
womit seine Verteidiger wie seine Verächter ihre Schwierigkeiten
haben und in der Regel sein Verhalten ins Eindeutige aufzulösen
versuchen. Gerade in den Widersprüchen aber, die sein Leben
nicht im Nach-, sondern im Nebeneinander durchziehen, wird er
zu so etwas wie einem modernen Charakter und kommt uns als
fernes, vielleicht erkenntnisstiftendes Vexierbild unserer eigenen
Zwiespältigkeiten näher.

Als solches könnte er auch in diesem Band aufscheinen, der
einen ununterbrochenen Wechselbezug zwischen Lebensgeschichte und Werkauswahl herstellen und damit auf die faszinierende Vielfalt einer der großen Figuren deutscher Geistesgeschichte aufmerksam machen möchte, mit der sich unter verschiedenen Gesichtspunkten noch heute die Auseinandersetzung lohnt, das Mit- und Nach- ebenso wie das Weiter- oder An-
dersdenken seiner Impulse.

II.

Am Ende des Wintersemesters 1523/24, im Rahmen einer Rede
über juristische Themen, kam der 27jährige Wittenberger Professor Philipp Melanchthon auf den Zauber zu sprechen, den die
Welt seiner Herkunft in ihm auslöse. Was er beschwor, ist eine im
Zusammenklang von vertrauter Natur und der Kontinuität wohl-
eingerichteter Lebensformen begründete Liebe: »Ich ruhe mich,
sooft ich dem ermüdeten Geist Erfrischung und Erholung gönne,
in keinem Gegenstand lieber aus als in der Erinnerung an die Heimat. (...) Ich sehe mich dann durch die Felder und Gärten streifen
und zum Fluß hinuntergehen. Hier betrachte ich schweigend den
Reichtum der Natur, den Fleiß meiner Ackerbürger, ich bewundere die Klugheit der Vorfahren, die die Äcker und die Stadt so
fleißig geschmückt und befestigt haben. Wenn mich schon der
Liebreiz des Orts erfreut, so rührt mich noch mehr, daß sich der
Begriff Heimat damit verbindet. Und wenn man schon allein den
Boden so liebt, dann muß ich auch den Gesetzen wohlgesinnt
sein, durch die die Bestrebungen der Bürger in Eintracht gehalten
und verbunden werden, die die häusliche Zucht, gute Sitten und die
Freiheit der Bevölkerung schützen.«

Melanchthon wurde als Philipp Schwartzerdt am 16. Februar 1497 in der kurpfälzischen Amtsstadt Bretten geboren, dem (damals annähernd 2000 Einwohner zählenden) südlichsten Vorort der Kurpfalz im Kraichgau. Sein Vater Georg Schwartzerdt (ca. 1459 – 1508) stammte aus Heidelberg. Von Beruf Waffenschmied, bekleidete er am Hof des pfälzischen Kurfürsten Philipp des Aufrichtigen (1475 – 1508) das Amt des Rüstmeisters, eines Vorstehers der fürstlichen Waffenkammer also. Erst als Mittdreißiger heiratete er. Der Kurfürst hatte die 16jährige Barbara Reuter für ihn ausgesucht, die Tochter eines der wohlhabendsten Brettener Bürger, des Kaufmanns und Schultheißen Johann Reuter, dessen Familie mit der Schwester des berühmten Pforzheimer Humanisten Johannes Reuchlin (1455 – 1523) verschwägert war. Das Wohnhaus befand sich am Marktplatz, einem Schnittpunkt der Handelswege von oder nach Frankfurt, Speyer und Ulm.

Seinen Vornamen erhielt das erste von fünf Kindern nach dem Landesherrn. Einige spätere Erinnerungen gewähren Einblicke in die geistige Welt seines Herkunftsmilieus. Um Arbeitsfleiß und die ordentliche Verwendung des Eigentums geht es dabei ebenso wie um Grundsätze praktizierter Alltagsfrömmigkeit. Dabei sparte der alte Reformator nicht mit kritischen Seitenhieben auf die Gegenwart.

»Als ich ein Kind war, kannte ich biblische Texte und las mehr darin als die heutigen Kinder. Man war auch fleißiger. Heutzutage wird nichts für schön und gut gehalten, als was wild und zyklopisch ist. Und das nennen sie dann evangelische Freiheit.« Oder: »Ich erinnere mich, wie gern wir die Fabeln der Heiligenlegenden hatten. Die Prediger erzählten sie in der Kirche. Wir Kinder ahmten dann diese Erzählungen zu Hause nach. Dann kamen die Mutter und die Mägde und brachten etwas an unsern Altar, wie es in der Kirche üblich war. Wenn wir die bessere Lehre empfangen hätten, wäre es natürlich nützlicher gewesen. Dennoch war es ein Stück guter häuslicher Erziehung, daß die Kinder sich damit abgaben und nicht auf die Straßen liefen und wild herumlärmten. Jetzt gibt es durch Gottes Gnade die notwendige Lehre, aber um die Zucht kümmert sich niemand. Viele nennen es Narrenwerk, wenn die Kinder häusliche Zucht lernen sollen. Sie heißens Narrenwerk und sind doch selbst Narren.«

Als Melanchthon sieben Jahre alt war, verdüsterte der pfälzisch-bayerische Erbfolgekrieg die glanzvolle Herrschaft Philipps des Aufrichtigen. Bretten, damals die nach Heidelberg größte und wirtschaftlich bedeutendste Stadt der rechtsrheinischen Pfalz, wurde über drei Wochen lang durch ein großes württembergisches Heer belagert. Wenn Melanchthon später Angst vor dem Krieg hatte, wußte er also, wovon er sprach. Während sein Vater mit der kurpfälzischen Artillerie in Mannheim lag, zog er sich eine Vergiftung zu, von der er sich nicht mehr erholte. Sein vier Jahre währendes Siechtum ertrug Georg Schwartzerdt in tapferer religiöser Ergebung.

»Ich hatte, wie Kinder sind, noch nie an Krankheit und Tod gedacht, hatte auch niemals einen Kranken oder Toten gesehen. Als mir daher die Mutter sagte, der Vater ist krank, mußte ich erst fragen, was das zu bedeuten hätte. Sie hatte mir aber kaum einen Begriff davon gemacht, als ich mich vor Schmerz nicht zu fassen wußte. An jenen Tag meines Lebens denke ich immer zurück, so oft ich von einer Krankheit reden höre.«

Melanchthons Großvater sorgte für eine gründliche Ausbildung des Jungen. Gleich nach Beendigung des Krieges 1504 erhielt er, der zuvor die öffentliche Stadtschule besucht hatte, zusammen mit seinem Bruder Georg und zwei Vettern einen Hauslehrer: Johann Unger aus Pforzheim. Aufgrund seiner raschen Auffassungsgabe, seines ausgezeichneten Gedächtnisses und seines Interesses, nicht zuletzt aber auch durch den Drill Ungers gelangte Melanchthon bereits ungewöhnlich früh zur sicheren Beherrschung des Lateinischen. Er selbst hat die Unterrichtsmethode des »hervorragenden Grammatik-Lehrers«, die der spätere Pädagoge seinen Schülern nicht zumuten wollte, überliefert: »Ich mußte zwanzig oder dreißig syntaktische Regeln (...) lernen. Ich durfte nichts auslassen. Sooft ich einen Fehler machte, schlug er mich, aber durchaus mit Maßen. (...) Er war ein prächtiger Mann. Er liebte mich wie einen Sohn und ich ihn wie einen Vater. (...) Ich liebte ihn trotz seiner Strenge, die doch keine Strenge mir gegenüber, sondern väterliche Züchtigung war (...)« Unger weckte nicht nur, wie Melanchthon später sagte, seine philologische Leidenschaft, er brachte ihm auch das Reden bei, die Gewohnheit, das Gelernte im Gespräch mit anderen zu vertiefen, worin er sich, auf Latein, schon als Junge mit durchreisenden Studenten geübt haben soll.

Im Oktober 1508 starben kurz hintereinander Melanchthons Großvater und Vater, letzterer erst 49 Jahre alt. Noch nach Jahrzehnten waren dem Sohn die Abschiedsworte gegenwärtig, als er kurz vor dessen Ende an das Krankenlager des Vaters gerufen worden war: »Ich habe manche Veränderungen des Gemeinwesens erlebt, aber es werden noch schwerere kommen und ich bete, daß Gott dich in ihnen leite. Dir aber gebiete ich, mein Sohn, fürchte Gott und führe ein ehrbares Leben.« Philipp wurde nach dem Tod des Vaters nach Pforzheim gebracht, wo er bei der Schwester Reuchlins wohnte: »Weinend verließ ich meine Heimat«, erinnerte er sich 46 Jahre später am Todestag seines Vaters.

In Pforzheim besuchte er nicht ganz ein Jahr lang die weithin angesehene Lateinschule unter der Leitung Georg Simlers. Hier machte er nun auch im Griechischen solche Fortschritte, daß ihm Reuchlin, dem seine außergewöhnliche Begabung aufgefallen war, am 15. März 1509 eine wertvolle Grammatik mit eigenhändiger Widmung schenkte und dabei in einer Art Humanistentaufe den Namen ›Schwartzerdt‹ in ›Melanchthon‹ gräzisierte. (»Schwartzerdt heißt du, ein Grieche bist du, griechisch soll auch dein Name lauten und so nenne ich dich Melanchthon, das heißt soviel wie schwarze Erde«, soll Reuchlin gesagt haben.) Das zwölfjährige Wunderkind erwarb auch das als Preis für lateinische Verse ausgesetzte griechische Wörterbuch, und es ehrte seinen Förderer durch eine Schulaufführung von dessen Komödie *Henno*.

Dem Verwandten, der Melanchthon acht Jahre später als »mein Werk« bezeichnete, als Produkt seiner Erziehung, widmete dieser 1552 eine eigene akademische Rede *(Oratio continens historiam Iohannis Capnionis Phorcensis)*, mit der er zugleich zum ersten Biographen Reuchlins wurde. Neben dessen Sprachbegabung rühmt sie besonders die große Weltgewandtheit des weitgereisten Gelehrten, der sich zugleich als Gesandter, Richter und Diplomat des Schwäbischen Bundes hoher Achtung erfreute und bei den regierenden Herren ganz Deutschlands bis hinauf zum Kaiser ein und aus ging.

Für die nächsten zehn Jahre seines Lebens stand Melanchthon ganz unter dem Einfluß des humanistischen Kultur- und Bildungsprogramms, das Reuchlin ihm erschlossen hatte. Von Italien ausgehend, entwickelte sich unter dem Namen `Humanismus´ eine gemeineuropäische Bewegung, die mit Rückgriff auf das

14

durch die antiken Autoren überlieferte Wissen und die christlichen Quellen gegen die Verkrustungen des spätmittelalterlichen Denkens eine Reform der gesamten Lebenspraxis befördern wollte. Im Herbst 1509, mit zwölfeinhalb Jahren, bezog Melanchthon die kurpfälzische Landesuniversität Heidelberg. Absolut ungewöhnlich war dies freilich nicht, weil die ersten Universitätsjahre in der sogenannten `Artistenfakultät´ zugebracht wurden, die die allgemeine Bildungsgrundlage für das sich dann erst anschließende Studium in den drei möglichen Fächern Theologie, Jurisprudenz und Medizin legte. Reuchlin hatte hier zwei Jahre gelebt und daher gute Verbindungen zu den Gelehrten, die von der legendären ›Sodalitas litteraria Rhenana‹, dem Humanistenkreis um den Wormser Bischof Johann von Dalberg und seinen Freund Rudolf Agricola (1443 – 1485), einen der bedeutendsten Neuerer des älteren deutschen Humanismus, noch am Leben waren. Bei einem von ihnen wohnte Philipp, bei dem Theologen Pallas Spangel, durch den er den humanistischen Pädagogen Jakob Wimpfeling (1450 – 1528) kennenlernte, der in Straßburg wirkte. In Publikationen des Elsässer Humanisten wurden erste Gedichte des Dreizehnjährigen gedruckt. Er studierte die neulateinischen Dichter ebenso wie die antiken Klassiker und lernte Hebräisch. Auch die aktuellen Schriften des Erasmus von Rotterdam (1469 – 1536) las er, insbesondere die *Adagia,* eine Sammlung und Erläuterung klassischer Redewendungen. Daneben war er als Erzieher zweier Grafensöhne tätig.

Das Regelstudium nach den Lehrbüchern der scholastischen Philosophie bewältigte der `Überflieger´ mühelos. Zum frühestmöglichen Zeitpunkt erwarb er den ersten akademischen Grad, den Baccalaureus artium. Um das Recht zur Abhaltung von Vorlesungen zu erlangen, wollte er zum Magister promoviert werden, doch die Professoren verweigerten ihm die Zulassung zu dieser Prüfung, da sie dem schmächtigen Jungen nicht zutrauten, daß er die notwendige Kraft und Autorität als akademischer Lehrer besitzen würde. Erst viel später ist ihm diese Abweisung als eine heilsame Lehre erschienen: »Es ist zuweilen sehr gut, wenn jungen Menschen nicht alle Wünsche befriedigt werden. Das habe ich in Heidelberg erfahren. Statt daß mich die Verweigerung des Magistertitels niedergeschlagen hätte, wurde ich nur desto mehr zum Fleiß ermuntert.«

Noch im gleichen Jahr 1512 wechselte er daher nach Tübingen über, wo er am 25. Januar 1514 – noch keine 17 Jahre alt – sein Studium mit der Magisterprüfung der sogenannten `Freien Künste´ abschloß. Daneben fand er genügend Zeit zur intensiven Lektüre außerhalb des akademischen Unterrichts mit gleichgesinnten, meist älteren Freunden, darunter Johannes Oekolampad (1482 – 1531), der spätere Reformator von Basel. An Erasmus, das Idol aller Humanisten, richtete er ein lateinisches Gedicht und erhielt einen anerkennenden Brief zurück.

Als Melanchthon 1541 die Vorrede zur ersten Ausgabe seiner *Gesammelten Schriften* schrieb, schilderte er darin seinen äußeren und inneren Werdegang. Weil er in Tübingen nichts mehr lernen konnte, hätte er angefangen, selbständig zu forschen. Systematisch begann er sich in die verschiedenen Fachgebiete einzuarbeiten, beschäftigte sich mit der Rechtswissenschaft, der Medizin und den mathematisch-naturwissenschaftlichen Fächern, insbesondere der Astronomie, ja selbst der Astrologie. Methodische Anregungen für das wissenschaftliche Arbeiten entnahm er der damals neu erschienenen Dialektik des Rudolf Agricola.

Den Lehrstuhl für Poesie und Beredsamkeit hatte Heinrich Bebel (1472 – 1518) inne. Als dieser starb und er dessen Lehrauftrag erhielt, rühmte ihn Melanchthon in einem Gedicht mit Wendungen, die für die praktischen Absichten der Humanisten sehr bezeichnend sind: »Wenn Leben bedeutet, den Sterblichen nützlich zu sein, dann lebte der berühmte Bebel: denn als erster hat er den nordischen Wäldern Literatur gebracht.« Die dogmatischen Deduktionen der spätscholastischen Theologie, mit denen er ebenfalls in Berührung kam, muteten ihn formelhaft und verkümmert an. Gern las er in einer lateinischen Bibel, die ihm Reuchlin geschenkt hatte.

Zu diesem bestand während der ganzen Tübinger Zeit eine intensive Verbindung. Melanchthon und seine Kommilitonen, die er bei seinen Besuchen mitbrachte, durften die Bibliothek des Gelehrten benutzen, die sich im nahen Stuttgart befand. In jene Jahre fiel der sogenannte Judenbücherstreit. Reuchlin hatte schon 1506 sein grundlegendes Werk über die hebräische Sprache, *De rudimentis linguae Hebraicae,* publiziert. Er war von Kaiser Maximilian als Gutachter über die von dem Konvertiten Pfefferkorn betriebene Vernichtung des jüdischen Schrifttums bestellt worden und hatte sich für dessen Erhalt eingesetzt, wodurch er sich nicht nur den Zorn der Universität Köln und des Dominikanerordens zuzog, sondern auf dessen Betreiben auch in einen Prozeß verwickelt wurde, der nach langem Hin und Her mit seiner Verurteilung endete.

Der siebzehnjährige Magister Philippus war einer der entschiedensten Anhänger Reuchlins. Mit einem Vorwort gab er 1514 eine Sammlung von Briefen heraus, die berühmte Zeitgenossen zu dessen Verteidigung an den Angegriffenen gerichtet hatten *(Clarorum virorum epistolae)*. Obwohl er sich darin nicht zur Kontroverse selbst äußerte, sondern sich auf das Lob stilistischer Kriterien beschränkte, zog er sich nicht nur universitätsintern Anfeindungen zu. Auch in der 1517 erschienenen Zweiten Abteilung der *Dunkelmännerbriefe,* jener berühmten Humanistensatire, in der die Gegner Reuchlins in karikiertem Mönchslatein bloßgestellt wurden, geriet er zum Objekt der Erregung des ungebildeten Magister Philipp Schfrauff: In Tübingen, beklagt dieser sich, »hausen viel/Gesellen, welche neue Bücher machen und/Verächtlich auf die Theologen niedersehn:/Melanchthon ist darunter der verächtlichste,/Wie ich erfahren; drum auch hab´ ich Gott gelobt:/Säh´ den ich tot, zum heil´gen Jakob hinzugehn.«

Schon 1516 hatte Erasmus in seinen *Bemerkungen über das Neue Testament* »diesen jungen Mann (...), der ja beinahe noch ein Knabe ist«, als Hoffnungsträger der humanistischen Sache gepriesen: »In beiden Literaturen«, d. h. der lateinischen und der griechischen, »zeichnet er sich gleicherweise aus. Welcher Scharfsinn der Erfindung, welche Reinheit der Sprache, welche Schönheit des Ausdrucks, welches Gedächtnis bezüglich der unbekanntesten Dinge, welche reife Belesenheit!«

Obwohl er Magister und Lehrer an der Universität war, blieb Melanchthon dort einstweilen auch noch Hörer der Professoren. Seine Unterrichtstätigkeit erfolgte zunächst in untergeordneter Stellung als ›Konventor‹ an einer sogenannten Burse, einer Art Internat für angehende Studenten, wo er hauptsächlich Dialektik und Rhetorik vermittelte und Vorlesungen über klassische Schriftsteller hielt. Eine »Tretmühle«, die ihn auf die Dauer nicht befriedigte, zumal es ihm auch sonst zu eng wurde: »Statt vorwärts zu kommen, werde ich unter Knaben selbst wieder ein Knabe«, schrieb er Reuchlin am Ende seiner Tübinger Zeit, und: »Ich bin hier zwar sehr beschäftigt, tue aber trotzdem nichts! (...) Lieber möchte ich in einer Höhle leben, als hier untätig meine Zeit zu verbringen.« Daneben beschäftigte er sich eifrig mit Übersetzungen aus dem Lateinischen und Griechischen und war in dem Tübinger literarischen Verein tätig, wo er Unterricht in griechischer Grammatik erteilte und Vorträge aus anderen Wissenschaften hielt. Zur Verbesserung seiner Einkünfte übernahm er daneben Korrekturarbeiten in einer Druckerei, vor allem bei der umfangreichen Weltgeschichte des Johannes Nauclerus, zu der Reuchlin eine Vorrede über die Bedeutung der Geschichte für das menschliche Leben schrieb. Hier brachte er auch seine ersten eigenen Veröffentlichungen heraus. Am Anfang standen die Bearbeitung eines Schullesebuchs (Dialogus mythologicus, 1514) und die Edition antiker Quellenschriften. In rascher Folge entstanden danach Schriften, mit denen Melanchthon sich in der humanistischen Öffentlichkeit Respekt erwarb. Bald stand er im Briefwechsel mit vielen berühmten Gelehrten und wurde selbst mehr und mehr bekannt.

Seine erste große wissenschaftliche Leistung war 1516 die Ausgabe des römischen Komödiendichters Terenz mit einer gelehrten literaturgeschichtlichen Einleitung, die ihm erneut die Bewunderung des Erasmus eintrug: »Von Melanchthon denke ich hoch und hoffe ich viel«, schrieb dieser im Juli 1517, »möchte nur Christus uns diesen Jüngling lange am Leben erhalten! Er wird Erasmus ganz in den Schatten stellen.« Den antiken Autor würdigte Melanchthon in pädagogischer Hinsicht. Er empfahl ihn als »Lehrer der Sprache und des Lebens«, als ein Muster bürgerlicher Moral im Dienste des Gemeinwesens.

Seine älteste erhaltene Deklamation, die 1517 gehaltene Tübinger Rede De artibus liberalibus (Über die freien Künste) fällt noch durch ihren ornamentalen Stil und die mythologischen Einkleidungen auf. Gegen die Verkümmerung der spätmittelalterlichen Universität, trug er eine Wissenschaftstheorie vor, die die seit der Antike gebräuchliche Einteilung der Wissenschaften in die ›sieben freien Künste‹ der ›Artistenfakultät‹ im Trivium (Grammatik, Dialektik, Rhetorik) und dem Quadrivium (Arithmetik, Geometrie, Musik, Astronomie) den humanistischen Bestrebungen entsprechend um Poesie und Geschichte ergänzte – »keine anderen Autoren werden mit mehr Frucht oder Sorgfalt gelesen als Historiker und Poeten« – und sie damit auf die Neunzahl der Musen brachte. Für Melanchthon erschließen sie eine Wahrheit, die die Würde ethischer Unterweisung übergreift. »Die Künste«, sagte er gegen Ende seiner Rede, »sind Werkzeuge und gewissermaßen Vorstufen jener gottgezeugten Weisheit; mit ihrer Hilfe kann der menschliche Geist die Wundermacht der Gottheit erfassen, die vom Himmel auf die Erde herabgesandt worden ist. (...) Die göttliche Weisheit, die sich inmitten der Schar der Künste niederläßt und sich einer jeden von ihnen mitteilt, ist ein alle Dinge mit Sicherheit umfassendes Wissen.«

Als er beim Vergleich zwischen dem griechischen Text des Aristoteles und der lateinischen Übersetzung feststellte, wie man den Philosophen bisher »verunstaltet (...) und völlig verdunkelt« hatte, faßte er, gemeinsam mit dem Rektor der Tübinger Universität, Franz Kircher aus Stadion, den Plan, eine neue Aristoteles-Ausgabe im Urtext zu veranstalten, an der sich verschiedene humanistische Gelehrte (wie Reuchlin, Oekolampad oder Willibald Pirckheimer) beteiligen sollten. Dieses Gemeinschaftsunternehmen kam jedoch nie zustande.

Im Frühjahr 1518 wanderte Melanchthon zu Fuß nach Hagenau im Elsaß, um letzte Hand an die Herausgabe seiner ersten griechischen Grammatik *(Institutiones Graecae Grammaticae)* zu legen, einem ungemein erfolgreichen Werk, das er in späteren Auflagen – im Lauf eines Jahrhunderts sollten es 44 sein! – wiederholt verbesserte und erweiterte. (Dies gilt übrigens auch für alle späteren Lehrbücher Melanchthons.) Ihr Vorwort läßt darauf schließen, daß er sich seines Abstands zur Tradition bewußt geworden war und die Auseinandersetzungen mit ihr nicht scheute. Bitter diagnostizierte er die geistige Situation der Zeit, wie er sie sah: »Die Studien, die Verstand und Sitten bilden sollten, sind vernachlässigt, von umfassendem Wissen ist nichts vorhanden; was man Philosophie nennt, ist leerer, unfruchtbarer Trug, der nur Zank gebiert. Die wahre Weisheit, die vom Himmel kam, um der Menschen Sinne zu lenken, ist verbannt.« Außerdem arbeitete er an seinem ersten Lehrbuch der Rhetorik *(De Rhetorica libri tres)*. Als es 1519 in Wittenberg erschien, huldigte er in ihrer Widmung, zusammen mit Erasmus und Reuchlin, bereits Luther als der bedeutendsten geistigen Persönlichkeit der Gegenwart.

III.

1518 erhielt der junge Magister durch Verwendung Reuchlins einen Ruf auf den neu eingerichteten Lehrstuhl für Griechisch an der kursächsischen Universität in Wittenberg. Es gebe darin, schrieb Reuchlin an Kurfürst Friedrich den Weisen von Sachsen (1463 – 1525), »unter den Deutschen keinen, der ihm überlegen ist«.

Mit seinen schlichten Häusern nahm sich der Ort an der Elbe im Vergleich zu den süddeutschen Städten wie ein Dorf aus. Die erst 16 Jahre zuvor gegründete Universität von Wittenberg hatte damals jedoch »den jugendlichsten Lehrkörper wohl der gesamten deutschen Universitätsgeschichte« (Herbert Schöffler); zeitweise beherbergte die Stadt beinahe soviel Studenten wie Einwohner. Im Jahr zuvor hatte Luther hier durch seinen Thesenanschlag an der Schloßkirche – eine Überlieferung, die, im Rahmen der von ihm 1546 edierten lateinischen Werke des Reformators, übrigens erstmals von Melanchthon bezeugt wurde – mit dem Widerspruch gegen die Kommerzialisierung der Heilsfrage durch die gängige Ablaßpraxis eine Auseinandersetzung ausgelöst, die rasch eine über die Diskussion kirchlicher Mißbräuche hinausgehende Eigendynamik zu entwickeln begann. Wieviel dem jungen Humanisten davon bekannt war, als er am 25. August an seiner neuen Wirkungsstätte eintraf, ist ungewiß.

Vier Tage später hielt er seine Antrittsvorlesung mit dem Titel *De corrigendis adolescentiae studiis (Über die Neugestaltung des Universitätsstudiums)*. In ihr entwarf er das Programm seiner künftigen akademischen Tätigkeit. Mit ihm stellte sich Melanchthon an die Spitze der Jugendbewegung für die bereits eingeleiteten akademischen Reformbestrebungen in Wittenberg. Er diagnostizierte eine Kulturkrise, als deren Ursache er die vollzogene Trennung zwischen Religion und Wissenschaft, zwischen Christentum und klassischer Bildung, beschrieb. Mit genuinen humanistischen Argumenten polemisierte er gegen die verknöcherten Denkweisen und Lehrmethoden der Spätscholastik und drang auf die Erneuerung des Bildungswesens durch Rückgriff auf das unverzichtbare Quellenstudium der antiken Autoren sowie der Bibel, zu deren sachgemäßem Verständnis die alten Sprachen den Zugang eröffneten:

Über die Neugestaltung des Universitätsstudiums

De corrigendis adolescentiae studiis

Ich möchte durchaus nicht unbescheiden und für mich unangemessen in dieser Versammlung das Wort ergreifen, Herr Rektor magnifice und hochansehnliche Professoren. Mich halten gewöhnlich meine Veranlagung und meine stille Art des Studiums von derartigen Festveranstaltungen und einer solchen hochlöblichen Gelehrtenversammlung fern; mich hätte auch heute vor allem die Schwierigkeit der Aufgabe, die ich zu unternehmen im Begriffe stehe, abschrecken können, wenn mich nicht die Liebe zur wahren Wissenschaft und die Pflicht meines Amtes dazu gemahnten, daß ich euch allen die schönen Studien und die wiedererwachenden Wissenschaften aufs angelegentlichste empfehlen möchte. Ich habe es nämlich auf mich genommen, ihre Sache gegen diejenigen zu verfechten, die sich allgemein in den Schulen die Titel und Vorrechte von Gelehrten, aber als Ungelehrte mit barbarischen Mitteln, nämlich durch Gewalt und Betrug, angemaßt haben und die bis heute zumeist mit unlauteren Absichten die Menschen in ihrem Fortschreiten hemmen. Auch jetzt noch suchen nicht wenige die deutsche Jugend, die in den letztvergangenen Jahren allenthalben an diesem erfreulichen wissenschaftlichen Wettstreit teilzunehmen begonnen hat, mit höchst plumpen Argumenten gleichsam aus ihrer Bahn zu reißen: Das Studium der humanistischen Wissenschaften sei zu schwierig und habe demgegenüber zu geringen Nutzen; das Griechische eigneten sich nur gewisse Personen an, die ihre Zeit vertun und damit prahlen wollten; das Hebräische sei von zweifelhaftem Werte, indessen gingen die Wissenschaften der ursprünglichen Art zugrunde, die Philosophie werde achtlos beiseite gelassen; und was derartige Beschuldigungen mehr sind. Wer vermöchte nicht einzusehen, daß einer, der sich mit jener Schar von Ungelehrten auseinandersetzen will, nicht nur ein Theseus, sondern wohl gar ein Herkules sein müßte?

Man könnte mich deshalb für allzu kühn halten, daß ich ein so gerechtfertigtes Vorhaben unternommen habe. Um vorerst davon zu schweigen, daß ich dieses Gebiet kaum vornehmen kann, ohne unbescheiden zu sein – aber ich will des Todes sein, wenn ich jemals etwas Irdisches für vordringlicher gehalten habe (als das). Denn in mir glüht die Liebe zur Wahrheit, und da ich eure Studien, ihr Jünglinge, kräftig zu fördern wünsche, so muß ich wohl gewisse Dinge offener aussprechen, als jene Leute es wollen. Wenn mich jedoch meine Vernunft, wie mir scheint, oder irgendeine Fügung hierzu treibt, so wünsche ich mir, hochverehrte Anwesende, daß ihr dieses Anliegen mit mir teilt; denn durch eure Mühewaltung, Rat und Hilfe sollen die Wissenschaften allmählich von Rost und Staub befreit werden und hoffen dürfen, ihren ursprünglichen Glanz allenthalben wiederzugewinnen.

Es war somit meine Absicht, die Jugend unserer berühmten Universitäten in kurzen Worten darauf hinzuweisen, daß sie – um den Kern eures großartigen Vorhabens herauszustellen – erkennen mag, was es mit den neubelebten Studien auf sich hat und mit denen, die unsere barbarischen Vorfahren von den Angelsachsen ins Frankenreich und von den Franken nach Deutschland eingeführt haben, damit ihr selber zu beurteilen vermögt, wenn ihr beider Verlauf kennengelernt habt, welche man mit größerem Nutzen und geringerem Schaden treiben kann. Und meine ganze Rede soll darin gipfeln, daß ich euch zu den schönen Wissenschaften, das heißt zum Griechischen und Lateinischen, Lust mache. Denn ich weiß, daß die meisten schon im Vorhof durch die Neuheit der Sache, wenn schon nicht abgeschreckt, so doch wenigstens geängstigt werden. Es wäre allerdings angebracht gewesen, das Thema meiner Rede und gewissermaßen ihren Anknüpfungspunkt von den eigentlichen Quellen und wissenschaftlichen Grundlagen aller Zeiten herzuleiten; doch das soll einer anderen Veranstaltung vorbehalten bleiben. Jetzt will ich in diesem Zusammenhang nur mit kurzen Worten die barbarischen Studien mit den echten vergleichen und zeigen, unter welchen Gesichtspunkten man das Lateinische lernen und das Griechische versuchen soll. Schenkt also bitte meiner Rede geneigtes Gehör, wie es mein besonderes Anliegen an euch und die Bedeutung der Wissenschaften erfordern.

Es ist nun wohl achthundert Jahre her – fast der gesamte Erdkreis war von den Goten in Aufruhr gebracht, Italien war von den Langobarden verwüstet worden –, da erstarben mitsamt dem römischen Weltreich auch die römischen Wissenschaften, weil das Wüten des Krieges zugleich auch die Bibliotheken zerstört und die schönen Künste durch die natürlicherweise mangelnde Muße zum Erlöschen gebracht hatte. Ihr wißt ja, wie wenig sich mit den Studien der Weisheit und der Pflege so friedlicher Dinge der Kriegsgott verträgt, den unser Dichter Homer mit Pallas Athene in heftigem Streit liegen läßt: Mars, »der rasende Tor«, wie er sagt. Etwa zu jener Zeit nun hat Gregor, den sie »den Großen« nennen und den ich als den Fackelträger und den Verkünder einer vergangenen Theologie bezeichnen möchte, im übrigen ein Mann von außergewöhnlicher Frömmigkeit, die römische Kirche gelenkt und den Verfall dieser unseligen Zeit durch Wort und Schrift, so gut er konnte, aufzuhalten versucht.

In dieser Zeit gab es, wie es scheint, niemanden unter den hiesigen Menschen, der der Nachwelt eine bedeutende Schrift hinterließ. Doch hatte bis dahin bei den Angelsachsen und Iren ein dauerhafter Friede die Wissenschaften gefördert, und diese standen in hohem Ansehen; neben verschiedenen anderen war es besonders der ehrwürdige Beda, der im Griechischen und im Lateinischen ungewöhnlich bewandert, dazu auch in der Philosophie, Mathematik und Theologie so beschlagen war, daß er sich sogar mit den Alten vergleichen konnte. Italien indessen und Gallien waren ohne literarisches Leben, und Deutschland war von jeher in den Waffen erfahrener als in den Wissenschaften; und gerade damals kämpfte es besonders in Italien, denn es hatte noch nicht insgesamt das Christentum angenommen. Unter diesen Verhältnissen wurde Karl (der Große) geboren, und als er die Grenzen des Römischen Reiches befriedet hatte, wandte er der Hebung der Kultur seine Aufmerksamkeit zu; denn er beherrschte auch selbst die meisten Fächer, die man in der Schule lernt, sicher und exakt, abgesehen von seiner Kenntnis vieler Sprachen. Er berief den Alkuin aus England ins Frankenreich, auf dessen Veranlassung man in Paris die Wissenschaften zu lehren begann, gewiß ein glückverheißender Anfang; denn sie waren noch unverfälscht, und es kam eine gewisse Kenntnis des Griechischen hinzu. Dieses Zeitalter hat uns Männer wie Hugo und Richard (von Sankt Viktor) und andere nicht ganz schlechte Schriftsteller beschert. Die Philosophie bezog man noch nicht wie heutzutage aus dem Aristoteles, sondern für sie war noch ganz die Mathematik zuständig, die damals noch allen Gebildeten sehr am Herzen lag, was die alten Bibliotheken der Benediktinermönche zeigen; denn alle bedeutenden Männer unter ihnen haben auch durch ein mathematisches Werk ihre hervorragende Ausbildung darin bewiesen.

Dann war es durch die Gewohnheit damit vorbei, und die Menschen verfielen auf den Aristoteles, sei es nun aus gelehrtem Verlangen oder aus Lust am Streit, und zwar auf einen mangelhaften und verstümmelten Aristoteles, der an sich schon im Griechischen schwer verständlich und dem Orakelgott ähnlich schien, nun aber so ins Lateinische übersetzt war, daß er gar die Orakelsprüche einer rasenden Sibylle von sich gab; dahin hatten die unbesonnenen Menschen es kommen lassen. Allmählich wurden die ernsten Wissenschaften vernachlässigt, die Kenntnis des Griechischen kam uns abhanden, und überhaupt begann man anstelle des Guten das Schlechte zu lehren. Von daher nahmen ein Thomas, ein Scotus, ein Durandus, ein seraphischer und cherubischer Lehrer, und wie sie alle heißen, ihren Ausgang, eine zahlreichere Brut als die Söhne des Kadmos. Hinzu kam obendrein, daß die alten Autoren durch das Studium der neuen nicht nur mißachtet wurden, sondern daß sie, wenn bis zu jener Zeit überhaupt noch welche erhalten geblieben waren, völlig in Vergessenheit gerieten und verlorengingen. Man könnte sich daher fragen, ob die Erfinder der dialektischen Spitzfindigkeiten durch etwas anderes mehr Schaden angerichtet haben als dadurch, daß sie in ihrem Wahnwitz so viele Tausende alter Schriftsteller bis zur völligen Vernichtung verkommen ließen. Solchen Leuten wurde nun ein für allemal die Vollmacht des göttlichen und irdischen Rechts zuerkannt, aus dessen Dekreten man die Jugend unterrichtete. Daraufhin ging man später gegen die Rechtswissenschaft und die Medizin in gleicher Weise vor. Es mußte der Schüler ja seinem Lehrmeister ähnlich sein, denn – wie man im Volksmund sagt – »ein böser Rabe legt ein böses Ei«.

Diese Studienform herrschte etwa dreihundert Jahre lang in England, Frankreich und Deutschland; und um beileibe nicht zu übertreiben: wie verderblich sie war, das kann man annähernd aus dem Gesagten erschließen. Und damit ihr es deutlich erkennt, hört mir weiter genau zu! Zuerst ließ man die Wissenschaft der Alten beiseite, als jene dreiste Methode des Erklärens und Philosophierens an Geltung gewann; zugleich blieb das Griechische unbeachtet, die Mathematik wurde vergessen und die Theologie nachlässiger gepflegt. Welche Pest konnte schlimmer sein als dieser Übelstand? Gewiß aber war keine jemals weiter verbreitet. Denn da bis zu jener Zeit die gesamte Philosophie griechisch gewesen war und da es an lateinischen theologischen Schriften außer denen des Cyprian, Hilarius, Ambrosius, Hieronymus und Augustinus keine bedeutenden gab und die Theologie des Westens den originalen Zugang zur griechischen bis dahin großenteils noch hatte, mußte mit der Vernachlässigung des Griechischen zugleich alles, was die Philosophie den menschlichen Studien für Nutzen bringt – und sie bringt bei weitem den größten Nutzen! –, und damit auch die Pflege der Theologie allmählich zugrunde gehen. Dieser letztere Verfall hat tatsächlich die Sitten und Gebräuche der christlichen Kirche, der erstere dagegen das Studium der Wissenschaften schwer getroffen. Der Verfall nur eines von beiden wäre vielleicht gelassener zu ertragen gewesen. Denn die unverdorbenen Gebräuche der Kirche hätten wohl die verfallenden Wissenschaften leicht wiederherstellen können; und wenn die rechten Wissenschaften in Ordnung geblieben wären, dann wäre es wohl auch möglich gewesen, die verdorbenen Sitten in der Kirche zu bessern und den daniederliegenden Sinn der Menschen wieder zu erwecken, zu kräftigen und in Ordnung zu bringen. Doch mag es nun durch das Schicksal oder durch unsere eigene Schuld gekommen sein – gleichermaßen ist die wahre Wissenschaft mit der falschen und der alte Glaube mit Zeremonien, menschlichen Traditionen, Bestimmungen, Erlässen, Verordnungen, Extravaganzen und Zusätzen der Epigonen vertauscht worden. Und es hat niemanden gekümmert, daß die Väter auf dem Konzil zu Nicaea so klug und vorsorglich bestimmt haben: »Die alten Bräuche soll man bewahren!«

Dies mag für manchen kühner klingen, als es für mein Alter und meine Studien von Vorteil ist; aber, ihr edlen Jünglinge, das erfordern gewissermaßen eure Interessen. Denn wenn sich manche nur ungern mit den schönen Wissenschaften befreunden wollen, so liegt das zweifellos daran, daß sie noch niemand richtig belehrt hat. Erfahrt denn also, was es mit jener barbarischen Erklärmethode für eine Bewandtnis hat; ihr habt ja gehört, aus welchen Quellen sie gespeist worden ist. Es gibt insgesamt drei Wissenschaftsgattungen: Logik, Physik und Ethik. Die Logik behandelt insgesamt die Bedeutung und die Teile der Rede und ist die erste Grundlage der Jugendbildung, da man durch sie zu jenen höheren Graden gelangt; sie lehrt die Buchstaben, die Bedeutung der Wörter, faßt sie in Regeln oder zeigt durch Anführung von Beispielen aus den Autoren, was man beachten muß – also etwa das, was die (Elementar-) Grammatik vermittelt. Wenn man dann etwas weiter fortgeschritten ist, verschafft sie dem Geist ein Urteilsvermögen, wodurch man das Ende, den Anfang, Umfang und Zusammenhang der Dinge so zu erkennen vermag, daß man alles, was zur Ausbildung gehört, gleichsam in Bereitschaft hat, sobald einmal ein beliebiges Thema exakt zu behandeln ist, und den Sinn der Zuhörer mit den Mitteln der Redekunst so gefangennehmen kann, daß sie einfach nicht widersprechen können. Diese Aufgaben gehören alle zu dem Gebiet, das von euch »Dialektik«, von anderen »Rhetorik« genannt wird. In den Bezeichnungen unterscheiden sich nämlich die Autoren, während die Methode dieselbe ist. Und dieser Unterrichtsgang bestand einst, als die Wissenschaft noch unverbraucht war, ehe wir auf solche aufgeblasene Lehrer verfallen sind; ihr wißt, mit welchem Wust von Erklärungen sie zuerst die Elementargrammatik belasteten. Weil jedoch diese Studien wieder zum Leben erwacht sind, wollen wir uns die Dialektik betrachten, die wir noch aus den Werken eines Tartaretus, Bricot, Perversor und Eck, aus den »Copula« der Berg-Burse (Kölns), aus den »Exercitia taurina« und »canina« und anderen Lehrbüchern gleichen Kalibers entnehmen. Ich kann an dieser Stelle etwas offener sprechen, denn ich habe selber auch schon damit fast sechs Jahre lang zubringen müssen, und wenn ich mir die Sache richtig wieder vergegenwärtige, dann kann es mir nicht schwerfallen, sie mit ihren eigenen Farben zu malen und zu zeigen, daß das keine Dialektik ist, was jene Lehrer einer unwissenschaftlichen Unwissenheit dafür ausgeben.

Zuerst einmal ist die Dialektik, wie ich bereits sagte, eine richtungweisende Methode für alle Fragen, und zwar eine ordnende und unterscheidende; auf ihr beruhen Abfolge und Entscheidung jedes zu behandelnden Themas, damit wir bei allem wissen, was, wie groß, wie beschaffen, warum, welcher Art und ob es einfacher Natur ist, wenn aber kompliziert, ob es wahr oder falsch ist. Die Unterschiede und Begriffe der einfachen Dinge drängen sie in ein »vom Schmutze bedecktes Gebiet und in tiefe Nacht«. Welche Dunkelheit haben nicht ihre spitzfindigen Lehren von den zusammengesetzten Dingen verbreitet? Als da sind: Gattung ist Art, »keiner« und »niemand« beißen sich im Sacke, zu Paris und Rom wird Pfeffer verkauft. Sie halten von ihrem Forum fern, was sie nicht begreifen. Das Buch der »Kategorien« (des Aristoteles) habe für die

Schriften der Dialektik keine Bedeutung, sagen sie, obwohl doch von dorther alle Kunst der Erfindung wie aus einer Quelle fließt und die »Kategorien« nichts anderes sind als eine Art Methode für die einfachen Dinge. Und hierbei streiten sie, ob sich die einzelnen Gattungen ganz allgemein »real«, wie sie sagen, unterscheiden, und darüber herrscht selbst unter den Skotisten noch keine Einigkeit, viel weniger mit den Vertretern der anderen Richtung. Die »Späteren Analytika« (des Aristoteles) haben unsere Leute, obwohl sie ein Dispositionsschema und, wie der Peripatetiker Simplicius sagt, ein Kanon und eine Richtschnur für kunstgerechte Erörterung sind, unter die Metaphysik eingeordnet, um damit eine an sich nicht sehr schwierige Sache, die für den rechten Wissenschaftsbetrieb sehr nützlich ist, zu einer schwierigen und nutzlosen zu machen. So sieht also das Lehrfach aus, womit sie sich brüsten? Das sind die Dinge, ohne die man keinem Wissenschaftszweig seine Aufgabe zuweisen kann? Das ist es also, was unter so glänzenden Bezeichnungen wie »Philosophie« feilgeboten wird? Aber wieviel weniger wären sie imstande, richtig und vernünftig zu denken, als unvernünftig zu sein!

Doch ich will an mich halten, damit nicht etwa mein allzu großer Freimut auch einen der Guten verletzt. Ihr dürft mir glauben, ihr Jünglinge, daß mich nur das eine bewegt, ein nützlicheres Studium als das, was man früher trieb, in den wiedererwachenden Wissenschaften vor euch erscheinen zu lassen. Ich kenne einige Männer von gesundem Urteilsvermögen, mit denen ich dasselbe Thema oft besprochen habe und die meiner Ansicht in allen Punkten völlig zustimmen. Ich habe einen besonderen Freund, unter dessen Anleitung ich zuerst als Knabe im schwäbischen Tübingen ein oder zwei Jahre der Dialektik gewidmet habe und der bis heute noch immer mein vertrauter Freund ist: Franz (Kircher) aus Stadion, ein Mann von solcher Bildung und Lebensart, daß er von allen wahren Gelehrten höchste Achtung verdient. Dieser hat von mir, als er den Tübinger Studenten im vorigen Jahr eine Vorlesung über die »Späteren Analytika« halten wollte, das Werk des Themistius bekommen, das Hermolaus ins Lateinische übersetzt hat. Ich fügte einiges hinzu, was Philoponus übertragen hat, denn es erwies sich mir nicht alles Griechische als recht verständlich. Ich wies ihn obendrein darauf hin, daß dort von Aristoteles her die Rhetorik gelehrt werde. Er las es zu wiederholten Malen und richtete nach seiner Urteilsbildung unverzüglich seine Aufmerksamkeit auf das Wesentliche; er erfaßte darin den Gegenstand vollständig, vermehrte und erläuterte ihn infolge seiner glücklichen Geistesgaben durch zahlreiche Anmerkungen, Vorschläge und wohlbegründete Erklärungen und stellte gleichsam durch sein sicheres textkritisches Urteil die ursprüngliche Fassung wieder her, um das Wesentliche der Sache als das A und O im Unterricht bieten zu können. Außerdem bat er mich dringend, da er dem scholastischen Unsinn den Garaus machen wollte, ihm für die Reinigung des Aristotelestextes meine hilfreiche Hand zu leihen; er wolle nach besten Kräften alles versuchen, um die wissenschaftlichen Grundlagen aus dem Banne der Barbarei zu befreien. Man könne die höheren Studien nicht aus dem Schmutze heben, wenn nicht die Anfänge der Jugendbildung gereinigt worden seien. Jeder vermöchte wohl das im Großen zu leisten, was er im Kleinen gewohnt sei. Mit einem Wort – alles verspreche er sich von den Erwachsenen, wenn ein besserer Weg der Jugendausbildung beschritten würde. Ich ging auf den Vorschlag des Freundes ein, und wir machten uns gemeinsam an die wissenschaftliche Arbeit. Die Götter mögen das Weitere mit ihrem Segen begleiten. Jetzt frage ich euch: Was haltet ihr von dem Urteil dieses Mannes, der auch in anderen Wissenschaftsbereichen sehr sorgfältig zu Werke ging und besonders auf diesem Gebiet wohl zehn Jahre lang höchst verdienstvoll tätig war?

Ihn werde ich euch gegenüber als ganz zuverlässigen Zeugen dafür anführen, daß in diesen weitverbreiteten Schriften nichts enthalten ist, was von niemandem außer einigen aufgeputzten Professoren – die eher Hähnen als Philosophen gleichen – angenommen werden kann. Die Musen mögen mir gram werden, wenn ich diese Dinge nicht so verurteile, um euch dahin zu bringen, daß ihr euch an ihrer Stelle Besseres und Erfolgversprechenderes vornehmt. Ansonsten mag es jedem freistehen, das zu tun, wozu ihn die Zweckmäßigkeit einlädt oder seine Veranlagung treibt. Ich weiß wohl, daß es weder bei den Griechen noch bei den Lateinern ein Jahrhundert gab, in dem man nicht beim Philosophieren großen Unfug getrieben hätte, wobei die Alten allerdings bedeutend besser wegkommen als die Modernen. Daher sollte man mit ernstem Sinn und mit Sorgfalt an die Studien herangehen, ferner sollte man sich einen urteilsfähigen Lehrer suchen, der einem auswählt, was und in welchem Umfang man etwas studieren soll. Es erfüllt nämlich verständige Menschen mit Bedauern, daß es Leute gibt, die sich einreden, es werde einem alles Studieren nichts nützen, wenn man sich nicht diese Tändeleien angeeignet habe. Was für ein bescheidener Mann war doch Sokrates, der beim Volk im Rufe eines Weisen stand und der doch behauptete, nur das eine zu wissen: daß er nichts wisse; jene Leute dagegen wissen nur eines nicht: wie unwissend sie sind. Wenn sie doch gnädigerweise Hermes der Beredte einmal mit seinem Stabe anrühren wollte, damit sie aufwachen und erkennen, wie dumm sie sind!

Mein Unmut hierüber hat mich etwas zu weit abschweifen lassen. Ich möchte in den Studenten die Überzeugung erwecken, daß eine andere Wissenschaftsform nutzbringender ist als die, die die Copulata versprechen; diese werden in unserer Rhetorik zu ausführlich behandelt. Damit wir das nicht erkennen und damit das nicht leicht ist, gefallen sich jene in folgender Empfehlung: Es müsse sich gleichwohl die Tüchtigkeit auf ein so enges Gebiet beschränken, als doch wohl das, was allen zu erreichen schwerfalle, gerade erst recht ehrenvoll sei. Das ganze Menschenleben, nicht nur die Jugend, verschwenden sie, um alle diese Meerestiefen – so nennt nämlich Gregor von Nazianz den Aristotelismus – auszuschöpfen, was wohl kaum jemals einem Menschen gelingen wird. Denn unvermerkt fließt wieder zu, was man ausschöpft, und zwar reichlicher, als man es von den Gefäßen der Danaiden erzählt. Bedenkt ferner, daß sie reichlich viel Mühe auf die sprachlichen Trug- und Fangschlüsse verwenden, worüber Isokrates mit treffenden Worten spottet, wenn er sagt: »Diese geben zwar vor, nach Wahrheit zu streben, aber schon unmittelbar zu Beginn ihrer Ausführungen suchen sie die Unwahrheit zu sagen.« Schließlich kann man aus den vielen Lehrmeinungen der verschiedenen Richtungen kaum eine oder zwei finden, die sich selbst treu bleiben. Denn gewöhnlich ist in jeder menschlichen Lehre Wahres mit Falschem gemischt, wie ein berühmter alter Theologe gesagt hat, und »das Wahre verbirgt sich unter vielem Falschen«, um die Worte des Dionysius zu zitieren. Wieviel Aufwand aber muß man dort treiben und welche Irrwege muß man den Zuhörer führen, bis die Lehrsätze des Lehrmeisters sich zusammenreimen, natürlich wie schwarz und weiß; aber es macht nichts, »ob das Stück durchfällt oder mit gutem Ergebnis besteht«, wenn man nur tüchtig geschrien hat.

Wieviel besser wäre es hier, die »Zurückhaltung« der Neuen Akademie zu befolgen! Ich fürchte, daß es auch lästig wird, so unsinnige Spielereien weiter anzuhören, sonst würde ich das Gesagte an zahlreichen Beispielen beweisen. Indessen verliert man sich in Einzelstudien, man hegt gegenseitige Feindschaften, die Menschlichkeit erkaltet, und obwohl doch nichts der Wissenschaft ferner liegen sollte als Haß – denn einst hatten Musen und Grazien gemeinsame Heiligtümer –, nährt die Studien dieser Leute, was es auch sein mag, wohl nur die Mißgunst. Wenn sie bei solcher Ausbildung dann in schon vorgerücktem Alter an die höheren Fächer, an die Theologie, die Rechtswissenschaft oder die Medizin herangehen, was sollen sie anderes tun, da ihre Geisteskräfte schon erlahmten, als was sie sich in diesem nutzlosen Spiel angewöhnt haben? Sie tändeln also zweimal, als Knaben und als alte Männer, obgleich sie sich schämen, wenn einer nur ein wenig helleren Verstand hat, daß sie bisher getändelt haben, aber das nutzlose Spiel nicht abbrechen.

Euch aber, ihr Jünglinge, gratuliere ich zu eurem Glück, daß es euch durch die Güte unseres vortrefflichen und weisen Kurfürsten Friedrich von Sachsen beschieden ist, die weitaus förderlichste Ausbildung zu erhalten; ihr schöpft die Quellen des Wissens aus den besten Autoren. Dieser Mann da lehrt euch den echten und unverfälschten Aristoteles, jener den Rhetor Quintilian, der dritte den Plinius, beinahe den wissensreichsten und gleichsam eine Art Füllhorn des Wissens, ein anderer lehrt euch die logischen Schlüsse, aber in kluger Beschränkung. Es kommen die Fächer hinzu, ohne die man niemanden als gebildet ansehen kann: die Mathematik, dann die Poetik und die Redner, von keinen gewöhnlichen Lehrern dargeboten. Wenn ihr dafür die richtige Studienordnung kennengelernt habt, so bin ich sicher, werden sie euch leicht und erstaunlich förderlich vorkommen.

Die Schulbildung, die sogenannte Grundausbildung in Grammatik, Dialektik und Rhetorik, muß man sich so weit aneignen, daß man im Reden und im Denken geschult ist und nicht unvorbereitet den Höhen der Wissenschaft zustrebt. Zum Lateinischen muß die Kenntnis des Griechischen treten, damit man bei Lektüre der Historiker, Redner und Dichter überall auf den Kern der Sache selber trifft und nicht auf ihr Schattenbild wie Ixion, der die Juno umarmen wollte und an eine Wolke geriet. Hast du dir gleichsam diese

Wegzehrung verschafft, im abgekürzten Verfahren und ohne Beschwerde, wie Plato sagt, dann gehe an die Philosophie heran. Denn ich bin durchaus der Auffassung, daß einer, der etwas Bedeutendes in der Theologie oder in der Öffentlichkeit leisten will, wenig erreichen wird, wenn er nicht seinen Geist zuvor in den Geisteswissenschaften – denn das meine ich mit »Philosophie« – mit Überlegung und in gehörigem Maße geschult hat. Ich möchte nicht, daß man beim Philosophieren Unsinn treibt; denn dann kommt es so weit, daß man schließlich sogar den gesunden Menschenverstand vergißt. Doch wähle dir vom Besten das Beste aus, und zwar, was zur Kenntnis der Natur und zur Bildung des Charakters beiträgt. Vor allem ist hierbei die griechische Bildung vonnöten, die die gesamte Naturwissenschaft umfaßt, um über die Ethik sachkundig und gewandt sprechen zu können. Von größter Wichtigkeit sind die »Ethik« des Aristoteles, Platons »Gesetze« und die Dichter; von ihnen natürlich die besten und die, deren Lektüre zur Geistesbildung beiträgt. Homer ist für die Griechen die Quelle allen Wissens, für die Lateiner sind es Vergil und Horaz.

Durchaus notwendig hierzu ist die Geschichte, der ich tatsächlich, wenn es gestattet wäre, gutwillig alles allein zuschreiben wollte, was der gesamte Kreis gelehrter Bildung an Lob verdient. Sie sagt uns ausführlicher und besser als Chrysipp und Crantor, was schön und was häßlich, was nützlich ist und was nicht. auf sie kann kein Bereich des Lebens, weder öffentlicher noch privater Art, verzichten. Ihr ist die Verwaltung der staatlichen und häuslichen Dinge zu Dank verpflichtet. Ja, ich weiß nicht, ob gar unsere irdische Welt mit geringerem Schaden die Sonne, also ihr Lebensprinzip, entbehren könnte als die Leitung der staatlichen Angelegenheiten die Geschichte. Bei den Alten galt allgemein die Göttin »Erinnerung« als die Mutter der Musen, was nach meiner Meinung bedeutet, daß sich alle schönen Künste aus der Geschichte herleiten.

Ich umfasse also mit der Bezeichnung »Philosophie« die Naturwissenschaft, die Sittenlehre und die Geschichte. Wer darin richtig ausgebildet worden ist, hat sich den Weg zum Gipfel geebnet. Will er Rechtssachen vertreten, dann weiß er, wie er eine inhaltsreiche, glänzende Rede halten kann, will er ein Staatswesen leiten, weiß er, wo er die Normen für Billigkeit, Sitte und Recht erfahren kann. Kein Wunder, daß diese Vorzüge der Philosophie dem Demosthenes, dem berühmtesten Redner, wesentlich erschienen, weshalb er sie jedem Jüngling so dringend empfahl mit den Worten: »Denke aber daran...«; lest das weitere selbst in seiner Rede nach! Marcus Cicero hat der Philosophie überall den Vorrang gegeben, und ihr habt, glaube ich, schon gehört, was er bei einem Vergleich der beiden Rechtsgelehrten Servius Sulpicius und Quintus Scaevola gesagt hat, ihn haben die Römer als Weisen bezeichnet und haben an ihm das reiche Wissen in philosophischen Dingen bewundert.

Was aber die Theologie angeht, so ist es sehr wesentlich, wie man seinen Geist bildet. Denn wenn irgendein Studium, so hat natürlich vor allem die Theologie Begabung, Übung und Fleiß nötig. Geht doch der Salbenduft des Herrn über alle irdischen Gerüche (Hohel 4,10). Geleitet vom Heiligen Geist und begleitet von der Ausbildung in den irdischen Wissenschaften sollte man an die Theologie herangehen; wie Synesius von Cyrene an Herculanius schreibt: »Sei tüchtig und wohlgemut im Leben und gebrauche die Philosophie als Führerin zum Göttlichen, mein Lieber.« Wem das nicht einleuchtet, der denke unter anderem auch an das Erz von Tyrus, das man zum Tempelbau in Jerusalem verwendete. Da nun die Theologie teils hebräisch, teils griechisch ist – denn wir trinken als Lateiner nur aus ihren Quellflüssen –, muß man die fremden Sprachen erlernen, damit man nicht als »stumme Person« mit den Theologen umgeht. Dann wird sich uns die Schönheit und die eigentliche Bedeutung der Worte erschließen, und es wird uns wie am hellen Mittag der wahre und echte Schriftsinn aufgehen. Wenn wir den Buchstaben verstanden haben, werden wir unvermittelt auch den Sinn des Inhalts erfassen. Dann mögen sich all die vielen frostigen Glossen, Parallelstellen und Widersprüche fortscheren und was es sonst noch für Hemmnisse einer freien Geistesentfaltung gibt. Und wenn wir unseren Sinn auf die Quellen richten, dann beginnen wir Christus zu verstehen; sein Gebot wird uns klarwerden, und es durchströmt uns jener beglückende Nektar göttlicher Weisheit. Und wenn wir in den Weingärten von En-Gedi Trauben lesen, dann wird der Bräutigam kommen »und hüpft über die Berge und springt über die Hügel« (Hohel 1,14. 2,8), und er führt uns in den Palast von Eden, (...) er wird uns mit »köstlicher Salbe« und wohlriechendem, duftendem Öle salben, das in die gläubigen Herzen strömt, und wird uns des »Kusses von seinem Munde« würdigen (Hohel 1,1). Seine Glieder geworden, werden wir leben, atmen und wirken und werden Zion schauen und in geheimniskündendem Schweigen Jeru-

Salem anbeten (Hebr. 12,22). Das ist die Frucht der himmlischen Weisheit. Sie wollen wir daher so rein wie möglich und von Menschenwitz unverfälscht betreiben. Das ist es, was uns Paulus immer wieder einschärft, wenn er besonders im Brief an Titus nachdrücklich von der Lehre eines Christenmenschen Unverfälschtheit und Lauterkeit verlangt (Tit 2,7), das heißt, daß der Glaube nicht trügerisch sein soll, und ferner Heiligkeit und Reinheit, das heißt, daß wir das Heilige nicht in unerlaubter Weise mit weltlichem Wissen vermengen sollen. Ich glaube, er hat vorausgesehen, daß dann, wenn das Profane sich mit dem Heiligen vermischte, zugleich auch die weltlichen Leidenschaften, Haß, Parteisucht, Spaltungen und Zank und Streit unausbleiblich folgten. Wer daher in das Göttliche eingeweiht werden will, der muß den alten Adam ablegen, um den neuen, unverdorbenen Adam anzulegen, das heißt, er muß die menschlichen Leidenschaften und damit das Joch der listigen Schlange mit siegreicher Tugend zerbrechen und abschütteln, auf daß er zur Ehre des Herrn verwandelt werde in alle Unendlichkeit.

Das war der Grund, weshalb ich sagte, die der wahren Wissenschaft entfremdete Kirche habe allenthalben die echte und innere Frömmigkeit mit menschlicher Überlieferung vertauscht. Als uns die Satzungen der Menschen zu gefallen begannen und wir aus Liebe zu unseren Werken anstelle von Himmelsbrot lieber Götzenfleisch aßen, da hörten wir auf, wahre Christen zu sein. Ich möchte, daß ihr mich so versteht, wie ich es meine. Ich meine durchaus nichts anderes, als was der evangelischen Wahrheit entspricht, wie sie die Kirche verkündet, und es wird auch mir, wie jene behaupten, »des Herrn Wahrheit Schirm und Schild« sein (Ps. 91,4). Habt ihr nun eine ungefähre Vorstellung davon, welche Bedeutung in der Neubelebung der Studien liegt und wie sehr sie dazu beitragen, die rechte Geisteshaltung herauszubilden? Wen könnte die vergangene Zeitepoche nicht dauern, die eine so strahlende Helle in den Wissenschaften entbehrte und die in tiefste Finsternis, ja fast in wissenschaftlichen Sumpf geriet? Wen könnte die große Not unseres Jahrhunderts nicht rühren, das durch die Sorglosigkeit unserer Landsleute die alten Autoren vermissen muß und obendrein den Gewinn einbüßt, den auch die Heutigen aus den Schätzen der Alten gezogen hätten, wenn diese nicht verlorengegangen wären.

Hört mich nun noch bis zum Schlusse an, ihr Jünglinge! Wiewohl das Gute und Schöne gewöhnlich schwer ist, wird euer Eifer doch die Schwierigkeiten überwinden, so daß ihr, wie ich hoffe, mit weit geringerem Kraftaufwand das Gute erreicht als das Schlechte. Eure Lehrer werden euch das auswählen, was zu wissen nützlich ist, und das Wertlose aussondern; besonders werden sie das wohl im Lateinischen tun. Mit dem Lateinischen muß man und kann man leicht das Griechische lernen. Widmet nur einige abfallende Stunden dem Griechischen, und ich will meinerseits eifrig bemüht sein, daß eure Arbeit nicht vergeblich ist. Ich werde von Anfang an die Schwierigkeit der Grammatik durch Lektüre der besten Autoren mildern, so daß hierbei die Beispiele zeigen, was dort die Regel besagt. Gelegentlich wird indessen auch etwas hinzukommen, was zur Charakterbildung oder zur Kenntnis geheimer Dinge beiträgt; wenn ihr das alles zusammenfaßt, wird es den Kreis eurer Studien herrlich abrunden. Denn meine Sorge wird es sein, euch sorgfältig darin zu unterweisen, was von Nutzen erscheint. Wir haben den Homer in Händen, desgleichen den Brief des Paulus an Titus. Hieraus werdet ihr ersehen können, wieviel das Textverständnis zum tieferen Verstehen der Heiligen Schrift beiträgt und was für ein Unterschied zwischen Erklärern besteht, die des Griechischen kundig oder unkundig sind. Bei anderen Dingen soll man die schlechten Zeichen immer zum Guten deuten, in dieser Sache aber kann man ohne großen Schaden nicht länger töricht sein.

So ergreift denn also das rechte Studium und denkt an das Dichterwort: »Frisch gewagt ist halb gewonnen! Wage zu wissen!« Pflegt die alten Lateiner und macht euch das Griechische zu eigen, ohne das man das Lateinische nicht richtig behandeln kann. Das wird euch den Geist zum Nutzen aller Wissenschaftsbereiche angenehm fördern und ihn in jeder Beziehung verfeinern. Vor wenigen Jahren erst sind solche Männer hervorgetreten, die euch zum Vorbild und Ansporn dienen können. Denn ich hatte in der Stille bei meinen Beobachtungen den Eindruck, daß Deutschland an zahlreichen Orten aufzublühen beginne und offensichtlich in seinen Sitten und dem allgemeinen Empfinden der Menschen sanfter und gleichsam gezähmter werde, das doch früher durch barbarische Sitten verwildert war und irgendwie etwas Rohes zu atmen pflegte. Überdies werdet ihr eure Mühe nicht nur zu eurem eigenen Vorteil anwenden und dazu, ihn auf die kommenden Geschlechter auszudehnen, sondern auch zum unvergänglichen Ruhme unseres allseits hochgeschätzten Fürsten, dem nichts mehr am Herzen liegt als die Pflege der schönen Wissenschaften. Ich werde, was an mir liegt, bemüht sein, dem Willen unseres allergnädigsten Fürsten und euren Studien, meine lieben Zuhörer, nach Kräften zu dienen. Das verspreche und gelobe ich euch, verehrte Anwesende und ihr Herren sächsische Professoren – euch wird es obliegen, (diese) meine Studenten, die sich mit den schönen Wissenschaften befassen und von den schlechten Künsten noch unberührt sind und die sich freiwillig eurem Schutze anvertraut haben, freundlich und pflichtbewußt zu hüten und zu schützen. Damit bin ich am Ende.

Die Rede erregte großes Aufsehen. Luther, der sich eigentlich für die Besetzung der Stelle durch einen anderen Kandidaten ausgesprochen hatte, nahm sie sofort bedingungslos für Melanchthon ein. »(...) so grundgelehrt und stilistisch bestens ausgefeilt« habe der Neue gesprochen, schrieb er unter dem unmittelbaren Eindruck des Ereignisses, »daß alle ihm dankten und er uns wie ein Wunder vorkam (...). Bald schon haben wir nicht mehr auf seine äußere Erscheinung geachtet (...)« Die nämlich mußte in der Tat wenig attraktiv anmuten. Melanchthon war alles andere als ein charistimatischer Redner: ein schüchternes, unscheinbares »Männlein«, wie es hieß, klein und schmächtig im weiten Gelehrtenmantel steckend, mit etwas hängender Schulter, der einen leichten Sprachfehler hatte (weshalb er selbst später seinen Namen zu »Melanthon« vereinfachte). Der leicht komisch wirkenden Erscheinung sollen in Wittenberg die Straßenjungen nachgelaufen sein.

Der um 13 Jahre ältere Luther wurde in der Folgezeit nicht müde, in immer neuen Wendungen den jungen Gelehrten, in dessen Vorlesungen die Studenten strömten wie zu keinem seiner Kollegen, und die überragende »Mannigfaltigkeit seines Wissens, seine Kenntnisse fast aller Bücher« zu preisen. Mit überschwenglichem Enthusiasmus entdeckten die beiden so ungleichen Männer ihre menschliche und geistige Sympathie füreinander, die am Beginn einer lebenslangen, zwar nicht krisenfreien, aber doch solidarischen Freundschaft und Zusammenarbeit steht. Schon im September 1518 feierte Melanchthon in einem griechischen Gedicht, das er in den Druck seiner Antrittsvorlesung aufnahm, Luther als »herrlichen Geweihten Israels, als auserwählten Diener der unzerstörbaren Wahrheit, als reinen Lenker frommer Seelen, als ersehnten Mann, von Gott erleuchteten Boten der Weisheit und der ewigen Gerechtigkeit, als glückseligen Verkünder des göttlichen Wortes und des lebensspendenden Geistes (...).« »Er ist der vertrauteste und beste Freund«, schrieb Luther Reuchlin Mitte Dezember 1518 über den »wunderbaren Mann, an dem fast alles übermenschlich ist«. Und eineinhalb Jahre später stellte er einem anderen Adressaten gegenüber sogar die Erwägung an: »Vielleicht bin ich nur der Vorläufer Philipps, dem ich (...) in Geist und Kraft den Weg bereiten (...) soll.« Fast zur gleichen Zeit liest man in einem Brief Melanchthons, daß er »lieber sterben wolle, als sich von der Seite Luthers wegreißen (zu) lassen«.

Nicht nur als philologische Autorität wurde Melanchthon für Luther zu einem unentbehrlichen »Mitarbeiter« während der beiden folgenden, für die Entwicklung der Reformation so bedeutsamen Jahre. Anfang 1519 widmete er sich unter Anleitung des »graecianissimus« eifrig dem Studium des Griechischen. Umgekehrt bekam Luther in Melanchthon jenen »Gefährten bei der Arbeit in der Theologie«, den er im Rückblick auf sein Leben als ein von der göttlichen Vorsehung erwähltes Werkzeug verstand. »Ich habe von ihm das Evangelium gelernt«, hielt wiederum der so Apostrophierte in seinem Testament von 1539 über Luther fest.

Schon in seinem ersten Semester stürzte sich der Neuberufene Hals über Kopf in die Arbeit. Neben der griechischen Grammatik behandelte er, wie angekündigt, Homer und den Titusbrief. Seine Hebräischkenntnisse befähigten ihn zur mehrmonatigen vertretungsweisen Dozentur dieser Sprache. Mit Erfolg hielt er in diesem Jahr Vorlesungen über biblische Bücher, die Psalmen, das Matthäusevangelium und den Römerbrief, damit mehr als aus seinem eigentlichen Fachgebiet. Unter Luthers Anleitung hatte er sich, angesteckt von der Aufbruchsstimmung der Reformation, mit rasantem Tempo der Theologie zugewandt: »Ich bin ganz in theologischen Studien«, schrieb er einem Landsmann, »und sie gewähren mir einen wunderbaren Genuß.«

Für das enge Verhältnis, in dem sich Melanchthon damals schon zu Luther befand, ist es bezeichnend, daß er ihn zur Leipziger Disputation im Juli 1519 begleitete, in der sein Universitätskollege Andreas Bodenstein, genannt Karlstadt (1486 – 1541) mit Luthers theologischem Hauptgegner, dem Ingolstädter Theologieprofessor Johannes Eck (1486 – 1543) rhetorisch die Klingen kreuzte. Anders als Luther griff Melanchthon in die Debatte nicht öffentlich ein. Wie beeindruckt er jedoch von Luthers Auftreten war und in welchem Maße er sich dessen Anschauungen schon selbst angeeignet hatte, erhellt aus einem Brief über die Vorgänge an seinen Freund Johannes Oecolampad, den er kurz darauf im Druck verbreiten ließ und worin er Luthers Positionen gegen Ecks wütenden Widerspruch bekräftigte *(Epistola de Lipsica disputatione)*: »Diese Disputation ist zunächst wirklich wegen nichts anderem unternommen worden, als daß deutlich gemacht werden sollte, wie sehr sich die alte, das heißt Christi Theologie, und die neue, das heißt aristotelische Theologie, unterscheiden«, heißt es darin zu Beginn, und am Ende:

»An Martinus, der mir schon durch langen Umgang sehr vertraut ist, bewundere ich seinen lebendigen Geist, seine Gelehrsamkeit und seine Redekunst. Ich kann nicht anders, als seinen aufrechten und lauteren christlichen Sinn sehr zu lieben.«

Der einzige theologische Grad, den Melanchthon je erwarb, war der des Baccalaureus biblicus. Am 9. September 1519 fand die Disputation statt. Die Thesen, die er dabei verteidigte, fanden viel Beachtung, weil er, noch ehe Luther dies getan hatte, von der alleinigen Norm der Schrift her Formen traditioneller kirchlicher Heilsvermittlung entmächtigte: »Es ist katholisch«, (das bedeutet: die ganze Christenheit und christliche Lehre umfassend und betreffend), gab er zu Protokoll, »über diejenigen Artikel hinaus, deren Zeuge die Heilige Schrift ist, keine anderen mehr als nötig zu glauben«, und nachfolgend: »Die Autorität der Konzilien ist der Autorität der Schrift untergeordnet.« »Kühn, aber wahr«, nannte Luther, der bei der Disputation selbst zugegen war, die Haltung seines Freundes: »Er hat so geantwortet, daß er uns allen wie ein Wunder vorkam, was er auch ist. Wenn Christus will, wird er dem Teufel und der scholastischen Theologie der mächtigste Feind werden und viele Leute wie Martin (Luther) übertreffen. Denn er kennt gleicherweise die Nichtigkeiten jener Leute wie den Felsen Christi.«

Wie bei Luther ging der ausschließliche Standpunkt der Offenbarung, den Melanchthon nun einnahm, mit einer unerbittlichen Ablehnung des Vermögens der autonomen menschlichen Vernunft einher. Nicht zuletzt schlug sich dies in radikal ablehnenden

Urteilen über Aristoteles und andere Philosophen nieder, die einer Rücknahme seiner einstigen Positionen gleichkamen: »Aber, so frage ich, was hat Christus mit den Philosophen zu tun? Oder der Geist Gottes mit der blinden menschlichen Vernunft?« Zwischen der biblischen, zumal der paulinischen »Summe des Heils« und »dem ungelehrten Geschwätz« von Aristoteles, »dieses windigen Sophisten«, zog er allenthalben eine schroffe Trennlinie: »Was geht uns an, was dieser schmutzige Mensch zusammengelogen hat? Sollen wir etwa Aristoteles höher als Christus achten?« Als er 1520 Aristophanes' Komödie *Die Wolken* edierte, versah er sie mit einer Vorrede, in der er polemisierte, näher betrachtet beinhalte die Philosophie nichts als dumme Streitigkeiten über frevelhafte Meinungen, die allenfalls zur Skepsis führten.

Seinem alten humanistischen Mentor Reuchlin ging das alles entschieden zu weit. Seit 1519 in Ingolstadt ansässig, erwirkte er dort eine Berufung für Melanchthon, um ihn aus der reformatorischen Bewegung zurückzuholen, von der er selbst sich fernhielt. Mit diesem Angebot schlug Melanchthon zugleich Reuchlins Bibliothek aus, die dieser ihm vererben wollte, falls er nach Ingolstadt gekommen wäre. Dabei war er sich, wie sein Brief vom 18. März 1520 zeigt, wohl bewußt, daß er eine gesicherte Existenz ausschlug und eine gefahrvolle Zukunft wählte: »Aber ich muß bei allem mehr ins Auge fassen, wohin mich Christus zieht, als wohin mich mein Verlangen rufen möchte. Ich habe in Sachsen etwas von meinem Wohlergehen geopfert, aber ich möchte es doch nicht bereuen (...). Denn ich meine, daß es nicht darauf ankommt, wie glücklich ich das Leben beschließen werde, sondern wie vortrefflich, wie christlich.«

Von seinen Wittenberger Freunden, die sich um die Gesundheit des Tag und Nacht Arbeitenden sorgten, dem zudem das rauhe Klima und die schwere Kost der neuen Umgebung überhaupt nicht bekamen, wurde er förmlich zur Hochzeit gedrängt. Zumal Luther zeigte sich schon Anfang des Jahres alarmiert, daß Melanchthon sein Hauswesen und seinen Körper völlig vernachlässige: eine Ehefrau, meinte er, wäre wohl das probateste Gegenmittel, obgleich das Objekt solcher Fürsorge überhaupt kein Interesse für die Ehe zeige. Nachdem Luther sich zunächst bei Friedrich dem Weisen für eine Gehaltsaufbesserung für den nach seiner Meinung unterbezahlten Kollegen eingesetzt hatte, lenkte er die Aufmerksamkeit des 23jährigen auf die gleichaltrige Wittenberger Bürgermeisterstochter Katharina Krapp. »Schließlich habe ich«, vermeldete er Anfang August 1520 den Erfolg seiner Bemühungen, »um des Wachstums des Evangeliums willen eingegriffen, damit er unter der Obhut einer Frau noch länger lebt.« Am 18. August war es so weit: Melanchthon heiratete, wenn auch einigermaßen widerstrebend. Dem Gelehrten war der neue Stand nicht ganz geheuer, und das keineswegs nur, weil er fürchtete, die Intensität seiner Studien würde durch ihn beeinträchtigt. Mehrfach betonten seine Briefe aus dieser Zeit, daß er von sich aus den Schritt nicht unternommen hätte. Doch immerhin sei es gut, rechtfertigte er sich, der Schwachheit des Fleisches wegen durch die Eheschließung der akademischen Jugend ein Beispiel zu geben.

Anfangs hatten es die Ehepartner miteinander nicht leicht. Melanchthon, der seine Hochzeit vorher als »Tag der Trübsale« bezeichnet hatte, litt heftig. »Ich habe aufgehört, mein eigener Herr zu sein«, schüttete er Freunden gegenüber das unglückliche Herz aus, oder auch: »Ich trage eine neue Knechtschaft«, nie sei ihm etwas Härteres zugestoßen. Nachts quälte ihn nach eigenem Bekunden – wenngleich sicher auch vor Überarbeitung – Schlaflosigkeit, und am Tage brachten ihm die neuen Hausvaterpflichten die Einschränkung gelehrter Kommunikation und wissenschaftlicher Arbeit schmerzlich zum Bewußtsein.

Mit Frauenfeindschaft hat dieser Kummer allerdings nichts zu tun. Für Melanchthon war die Frau als göttliches Geschöpf dem Mann spirituell gleichberechtigt. In der Mutterschaft, die er als Teilhabe am göttlichen Schöpfungswunder sehr hoch einschätzte, sah er die weibliche Hauptaufgabe. Neben ihrer Fähigkeit zum Ertragen – in den 1540er Jahren plante er eine Beispielsammlung besonders tapferer und der Verzweiflung widerstehender Frauen –, pries Melanchthon die ›klassischen‹ Tugenden der Frau, ohne daß er sich dazu jedoch einmal programmatisch geäußert hätte: Geschicklichkeit, Fleiß, Rechtssinn, Anpassungsbereitschaft und Reinheit. Wenn auch weniger ausgeprägt wie andere Humanisten, Erasmus von Rotterdam oder Thomas Morus etwa, war er gleichzeitig durchaus offen für die Ergänzung der traditionellen weiblichen Rollenzuweisungen durch die gebildete Frau.

Erst ganz allmählich wuchs er in seine Ehe hinein. Die Geburten seiner vier Kinder – 1522 kam die Tochter Anna zur Welt, 1525 und 27 die Söhne Philipp und Georg, und 1531 die Tochter Magdalena –, die auf dem Arm herumzutragen oder beim Lesen zu wiegen er nicht unter seiner Würde fand, bewirkten eine wachsende familiäre Anhänglichkeit. Zunehmend erschienen in Briefen, die Melanchthon auf seinen zahlreichen Reisen schrieb – gut ein Drittel seines Lebens soll er unterwegs gewesen sein –, auch Äußerungen der Sehnsucht, endlich zu Frau und Kindern heimzukehren. So konnte er später, als seine Skepsis längst überwunden war, feststellen, die Ehe sei eine umfassende tägliche »Lebensschule«, in der niemand je auslerne.

Die äußeren Lebensverhältnisse in dem durch die Mitgift der Frau erworbenen einfachen Haus waren bescheiden. 1524 klagte Melanchthon, er habe Katharina bisher noch kein neues Kleid kaufen können. Kennzeichnend für das Paar war eine freigiebige Haushaltsführung, die dazu führte, daß, obgleich er seit 1525 mit Luther zusammen das höchste Professorengehalt der Universität bezog, häufiger kein bares Geld mehr vorhanden war. Ein Nachruf auf Katharina rühmt denn auch diese »allgemeine Zufluchtsstätte der Betrüben und Bedürftigen«. Aber auch Gäste wurden nicht abgewiesen. Oft kamen ausländische Besucher, die den berühmten Mann kennenlernen wollten. Einmal spricht Melanchthon davon, daß an seinem heutigen Mittagstisch elf verschiedene Sprachen erklungen seien. An alledem änderte sich auch nichts, als er seit Ende der 1530er Jahre endlich ein standesgemäßes Haus bewohnte, das der Kurfürst selbst für ihn erbauen ließ.–

Nachdem am 3. Januar 1521 über Luther und seine Anhänger der Bann verhängt worden war – zur Verbrennung der Androhungsbulle wenige Wochen zuvor hatte Melanchthon seine Studenten öffentlich eingeladen –, veröffentlichte die Theologische Fakultät der Pariser Sorbonne im Frühjahr 1521 ein Gutachten über dessen Lehre, in dem sie 104 Sätze verurteilte. Gegen die »wildgewordenen (...) Theologaster« der damals berühmtesten europäischen Universität schrieb Melanchthon eine Verteidigung seines Freundes, (Adversus furiosum Parisiensium Theologastrorum decretum), in der er sich über die »Fuhren von Lappalien« lustig machte, die gegen jenen angeführt wurden: »Diese Ruhrbirnen« – ein lateinisches Wortspiel zwischen ›sorba‹ und ›Sorbona‹ – haben, schrieb er, »Luther nur verdammt, nicht aber durch Vernunftgründe oder die Heilige Schrift besiegt.« Der »christliche Leser« wird ermahnt, sich nicht durch das »Ansehen der Sorbonne« blenden zu lassen: »Christus wirst Du eher unter den Zimmerleuten finden als unter diesem Volk.« Schon vorher war er in einer anderen aufsehenerregenden Schrift gegen die Angriffe eines römischen Professors, Tommaso Radini (1490 – 1527), *(Didymi Faventini adversus Thomam Placentinum oratio pro Martino Luthero Theologo)*, fulminant für den angegriffenen Reformator eingetreten und hatte an die deutschen Fürsten appelliert, sich durch »genaue, strenge Prüfung« selbst davon zu überzeugen, daß Luther weder den Frieden der Kirche oder die christliche Einheit stören wolle, noch Empörung im Reich anrichten. Gegen die Neuerungen der mittelalterlichen Kirche vertrete er vielmehr das lautere Evangelium. Dies sollten die Fürsten bedenken und veranlassen, was zum Heil der Christenheit dienlich sei.

Ende des Jahres erschienen schließlich die aus seinen exegetischen Vorlesungen entstandenen *Loci communes seu hypotyposes theologicae (Grundbegriffe der Glaubenslehre oder Abriß der Theologie)*, die erste geschlossene Darstellung und dogmatische Präzisierung der reformatorischen Theologie, durch die sie vielen erst zugänglich wurde. Luther, der Melanchthons Gabe zur Systematisierung und sprachlichen Klarheit bewunderte, rühmte sie begeistert: »Nach den Schriften der Apostel wurde kein besseres Buch geschrieben.«

Die (einem humanistischen Ordnungsschema folgenden) *Loci* vermeiden dezidiert die spekulativen metaphysischen Disputationen der mittelalterlichen Lehrbücher zugunsten einer Liste – einer »Gerätekammer«, wie Herder sie genannt hat – der Hauptgesichtspunkte der Schrift, vor allem des Römerbriefs, wo für Melanchthon all das behandelt wird, was im reformatorischen Verständnis den Kern und die zentralen Anliegen des Christentums ausmacht, die er immer wieder in pädagogisch einsichtige Kurzformeln zu fassen versuchte: Gesetz und Evangelium, Sünde, Gnade und schließlich Rechtfertigung, jenes Herzstück evangeliumsgemäßer Theologie, das die Begnadigung von Menschen, die sich gegen Gott verschlossen haben, um Christi willen meint, sowie ihre Berufung zur Freiheit ohne irgendeine eigene Vorleistung. Christus erkennen, heißt nicht, unbeteiligt über ihn zu philosophieren, was Melanchthon den »Summen« der Scholastik vorhielt, sondern ihn in existentieller Betroffenheit wahrzunehmen. Diese Erfahrungstheologie oder `Theologie des Kreuzes´ hob die Einleitung des Werks dem Zugang der Scholastik gegenüber als eine neue Art, Theologie zu treiben, hervor.

Erst in der Fassung von 1535 wurden Gottes–, Trinitäts- und Schöpfungslehre ausgeführt, sogar die Gottesbeweise, ab 1544 philosophisch untermauert, und, im Unterschied zu Luther, der Glaube ausdrücklich auch als »Erkenntnis« und »Anerkenntnis« bestimmt, wobei allerdings die biblische Fundierung immer noch eindeutig vorherrschte. Das Erkenntnisprinzip zur Gotteslehre blieb trotz dieser bemerkenswerten Änderungen aber stets der gelebte Christusbezug, nicht die theoretische Einsicht.

Die am Anfang der elf Kapitel des Buchs mit besonderer Leidenschaft vorgenommene Erörterung des Problems der Willensfreiheit zeigte wie kein anderer Aspekt die Nähe Melanchthons zu Luther in dieser Phase seiner Entwicklung. In Anlehnung an Augustinus war Luthers Ausgangspunkt die persönliche Gewißheit von der Alleinwirksamkeit und Übermacht der göttlichen Gnade. Für ihn konnte ausschließlich Gott der Beweger einer sittlich-religiösen Erneuerung des Menschen sein. Einen Willen, der gegenüber den dunklen Affekten – und zumal derem stärksten, der sündigen Eigenliebe, die den natürlichen Menschen völlig in der Gewalt hat – selbständig wäre und über sie entscheiden könnte, gibt es nicht. Hieraus folgt die grundsätzliche Unfreiheit des auf sich allein gestellten Menschen zum Guten:

Grundbegriffe der Glaubenslehre oder Abriß der Theologie

Loci communes seu hypotyposes theologicae

(Einleitung)

Man pflegt in den einzelnen Wissenschaften gewisse Grundbegriffe zu erforschen, die die Lehre einer jeden Wissenschaft zusammenfassen und allen Untersuchungen Ziel und Richtung geben. Wir sehen, auch die alten Väter in der Theologie sind diesem Brauche gefolgt, freilich selten und besonnen. Von den neueren sind Damascenus und der Langobarde zu nennen. Beide taugen aber nicht viel. Denn Damascenus philosophiert zuviel, der Langobarde wollte lieber die Meinungen der Menschen zusammentragen als das Urteil der Schrift darstellen. Obwohl ich, wie ich im Vorwort sagte, die Studierenden mit solchen Werken nicht aufhalten will, halte ich es doch beinahe für notwendig, wenigstens die Grundlagen zu skizzieren, auf denen das ganze Lehrgebäude der theologischen Wissenschaft ruht, damit man einsehe, welche Richtung die Studien nehmen müssen. Die Grundbegriffe der theologischen Wahrheiten sind ungefähr folgende:
Gott.
Der Eine.
Die Dreifaltigkeit.
Die Schöpfung.
Der Mensch, die Kräfte des Menschen.
Die Sünde.
Die Frucht der Sünde. Die Laster.
Die Strafen.
Das Gesetz.
Die Verheißungen.
Die Erneuerung durch Christus.
Die Gnade.
Die Frucht der Gnade.
Der Glaube.
Die Hoffnung.

Die Liebe.

Die Vorherbestimmung.

Die Sakramente und ihre Zeichen.

Das Zusammenleben der Menschen.

Die Obrigkeit.

Die Bischöfe.

Die Verdammung.

Die Glückseligkeit.

Wie unter diesen Wahrheiten einige gewiß unbegreiflich sind, so finden sich andererseits solche darunter, die nach dem Willen Christi im ganzen Volk der Christenheit vertraut sein sollen. Die Geheimnisse der Gottheit sollen wir lieber anbeten, als sie zu erforschen. Ja man kann eine solche Untersuchung nur mit großer Gefahr durchführen, eine Erfahrung, die sogar die heiligen Männer bisweilen gemacht haben. Der allgütige, allmächtige Gott hat seinen Sohn in das Gewand unseres Fleisches gehüllt, um uns von der Anschauung seiner göttlichen Majestät zur Betrachtung der Natur unseres Fleisches und gerade unserer Gebrechlichkeit hinzuleiten. So schreibt Paulus an die Korinther, Gott wollte durch die Torheit der Predigt ohne Zweifel mit einer neuen Vernunft erkannt werden, da er in seiner Weisheit durch menschliche Weisheit nicht erkannt werden konnte (1 Kor 1,21). Demnach besteht kein Grund dafür, viel Mühe zu verwenden auf das Verständnis der allertiefsten Fragen, wie Gott, die Einheit seines Wesens, die Dreifaltigkeit Gottes, das Geheimnis der Schöpfung, die Art der Fleischwerdung. Ich frage, was haben die Schultheologen in so vielen Jahrhunderten schon erreicht, obgleich sie nur in diesen Begriffen lebten? Sind sie nicht in ihren Gedanken, wie der Apostel sagt, eitel geworden (Röm 1,21), insofern sie in ihrem ganzen Leben hinsichtlich des Allgemeinen, Formalen, Begrifflichen, und ich weiß nicht welcher anderen nichtssagenden Worte, leeres Zeug zusammenreden? Man hätte ihre Torheit ja unbeachtet lassen können, wenn uns diese törichten Erörterungen nicht das Evangelium und die Wohltaten Christi verdunkelt hätten. Wenn ich in einer belanglosen Sache geistreich sein wollte, so könnte ich die Begründung ihrer Glaubenssätze leicht widerlegen, Ansichten, die viel eher gewissen Häresien das Wort reden als katholischen Dogmen. Wer nun von den anderen Grundbegriffen, der Macht der Sünde, dem Gesetz und der Gnade nichts weiß, von dem sehe ich nicht, wie ich ihn ei-

nen Christen nennen könnte. Denn wesentlich aus ihnen wird
Christus erkannt. Christus erkennen heißt ja, seine Wohltaten erkennen, nicht, wie man sonst lehrt, seine Naturen, die Arten seiner
Menschwerdung zu betrachten. Wenn du nicht wüßtest, zu welchem Nutzen Christus Fleisch angenommen hat und an das Kreuz
geschlagen worden ist, was nützte die Kenntnis seiner Geschichte.
Ist es wirklich für den Arzt genug, die Gestalten, Farben und Um-
risse der Gräser zu kennen? Ist die Kenntnis ihrer natürlichen Heil-
kraft ohne Belang? So müssen wir Christus, der uns als Arzenei
und, um ein Schriftwort zu gebrauchen, als Heil geschenkt worden
ist (Lk 2,30; 3,6), auf ganz andere Weise erkennen, als ihn die Scholastiker uns vorführen. Darin erst besteht die christliche Erkenntnis,
zu wissen, was das Gesetz fordert, woher du die Kraft holst, das Gesetz zu erfüllen, woher du die Gnade in der Sünde empfängst, wie
du den schwankenden Sinn gegen Teufel, Fleisch und Welt aufrich-
test, endlich wie du das erschrockene Gewissen tröstest. Das lehren
die Scholastiker wohl? Philosophierte Paulus etwa in dem Brief an
die Römer, in dem er eine Zusammenfassung der christlichen Lehre gibt, über die Geheimnisse der Dreifaltigkeit, über die Art der
Menschwerdung, über die aktive und passive Schöpfung? Aber, höre ich fragen, wovon redet er denn? Der Apostel stellt in der Tat
Gesetz, Sünde und Gnade in den Mittelpunkt seiner Ausführungen, als Grundbegriffe, von denen allein die Erkenntnis Christi ab-
hängt. Wie oft sagt Paulus, er wünsche den Glaubenden eine reiche
Erkenntnis Christi. Er sah wohl voraus, wir würden die Heilslehren
verlassen und unsere Aufmerksamkeit auf kalte, gegen Christus
gleichgültige Erörterungen richten. Daher wollen wir ein gewisses
Verständnis der Lehren gewinnen, die dir Christus vor Augen stellen, das Gewissen stärken und die Seele gegen Satan aufrichten. Die
meisten suchen in der Schrift nur ein Handbüchlein der Tugenden
und Laster. Jedoch eine solche Betrachtung ist mehr philosophisch
als christlich zu nennen. Warum ich so urteile, wirst du bald deutlicher erkennen.

Die Kräfte des Menschen, insbesondere der freie Wille

Augustinus und Bernhard (von Clairvaux) haben über den freien Willen geschrieben. Augustinus hat seine Erkenntnisse in den späteren Schriften gegen die Pelagianer vielfach widerrufen. Bernhard bleibt sich nicht gleich. Einiges findet sich über diesen Gegenstand auch bei den Griechen, aber spärlich. Ich werde nicht den Meinungen dieser Männer nachgehen, sondern mit ganz einfachen, klaren Worten die Sache auseinandersetzen, die die alten und neueren Schriftsteller gewöhnlich verdunkelt haben, weil sie die Schrift in einer Weise auslegten, daß sie zugleich das Urteil der menschlichen Vernunft zufriedenstellen wollten. Zu wenig höflich erschien es zu lehren, der Mensch sündige unvermeidlich; grausam erschien es, den Willen zu tadeln, wenn er sich selbst vom Laster zur Tugend nicht hinwenden könne. Daher schreiben sie auch dem menschlichen Vermögen mehr zu, als es angemessen ist, und auffallend verschieden ist ihre Darstellung, da sie sahen, daß die Schrift überall dem Urteil der Vernunft widerspricht. Mit diesem Begriff des freien Willens schlich sich die Philosophie, obgleich die christliche Lehre durchaus von dieser menschlichen Vernunftwissenschaft abweicht, allmählich in das Christentum ein. Es kam das gottlose Wort vom freien Willen auf und profane Weisheit menschlicher Vernunft verdunkelte die Wohltat Christi. Der Ausdruck »freier Wille« kam in Gebrauch, der der Heiligen Schrift, dem Bewußtsein und Urteil des Geistes ganz fremd ist und die heiligen Männer oft sichtlich erzürnte. Aus der Philosophie des Plato fügte man das ebenso gefährliche Wort »Vernunft« hinzu. Denn in gleicher Weise, wie wir in diesen späteren Zeiten der Kirche den Aristoteles anstelle von Christus hochhielten, wurde gleich nach den Anfängen der Kirche durch die platonische Philosophie die christliche Lehre erschüttert. So kam es, daß außer den kanonischen Schriften keine unverfälschte Literatur in der Kirche vorhanden ist. Alles, was in den Kommentaren im allgemeinen vorgetragen wird, riecht nach Philosophie.

Bei der Beschreibung der Natur des Menschen brauchen wir zunächst nicht die vielfachen Einteilungen der Philosophen, sondern wir unterscheiden kurz zwei seelische Funktionen des Menschen: Die Kraft des Erkennens und die Kraft, der Erkenntnis zu folgen oder sie zurückzuweisen. Die Kraft des Erkennens besteht darin, daß wir empfinden, vorstellen, denken, eines mit dem anderen vergleichen, eines aus dem anderen folgern. Die Kraft, die es mit den Gesinnungen zu tun hat, besteht darin, daß wir das Erkannte verwerfen oder in die Tat umsetzen. Diese Kraft nennt man bald Wille, bald Leidenschaft, bald Trieb. Ich meine, es kommt hier nicht so sehr darauf an, die Sinneswahrnehmung von dem sogenannten Verstandesvermögen und die sinnliche Willensäußerung von einer höheren zu unterscheiden. Wir reden wohl von einer höheren Willensrichtung und meinen damit, neben den Regungen des Willens, in denen Hunger, Durst und ähnliche Triebe der unvernünftigen Kreatur sich melden, gibt es solche Neigungen, in denen Liebe, Haß, Hoffnung, Furcht, Traurigkeit, Zorn und die hieraus hervorgehenden Gesinnungen sich regen. Diese Neigung nennen sie den Willen. Die Erkenntnis dient dem Willen, infolgedessen nennen sie den mit der Erkenntnis oder der Einsicht des Verstandes verbundenen Willen mit einem neuen Wort den »freien Willen«. Denn wie im Staat der Tyrann regiert, so waltet der Wille in dem Menschen, und wie der Senat dem Tyrannen gehorsam ist, so ist die Erkenntnis dem Willen zu Diensten, sodaß der Wille die Erkenntnis, auch wenn sie gute Ratschläge erteilt, verwerfen kann und sich von der Leidenschaft leiten läßt, wie wir später deutlicher ausführen werden. Andererseits nennen sie den mit dem Willen verbundenen Verstand »Vernunft«. Wir werden weder das Wort »Vernunft« noch den Ausdruck »freier Wille« gebrauchen, sondern wir werden beim Menschen das Erkenntnisvermögen und die Willensfunktion unterscheiden, die der Liebe, dem Hass, der Hoffnung, der Furcht und ähnlichen Affekten unterworfen ist. An diese Unterscheidungen mußten wir erinnern, um später den Unterschied des Gesetzes und der Gnade leichter aufzeigen zu können, ja, um sicherer zu erkennen, ob irgendeine Freiheit in der Macht des Menschen liegt. Es ist erstaunlich, mit welcher Mühe die alten und neuen Schriftsteller in dieser Sache gearbeitet haben. Wenn jemand unsere Erkenntnisse böswillig angreifen will, werden wir sie gern und tapfer verteidigen. Ich wollte nur ganz grob den Menschen zeichnen und denke, soviel als überhaupt von Belang ist, über die seelischen Kräfte des Menschen gesagt zu haben.

Das Gesetz, das heißt die Erkenntnis dessen, was man tun soll, gehört zu dem Erkenntnisvermögen, Tugend und Sünde zu der Kraft der Affekte. Nun kann man nicht eigentlich sagen, die Freiheit gehöre in das Erkenntnisvermögen, sondern sie folgt dem Willen und läßt sich hierhin und dorthin treiben. Die Freiheit ist die Fähigkeit, etwas tun oder lassen zu können, so oder anders handeln zu können. Es erhebt sich daher die Frage, ob der Wille frei ist und wieweit er frei ist.

Darauf antworten wir: Da nun sich einmal alle Geschehnisse notwendig nach göttlicher Vorherbestimmung ereignen, gibt es keine Freiheit unseres Willens. Paulus schreibt an die Römer im elften Kapitel: »Denn von ihm und zu ihm etc.« (Röm 11,36), an die Epheser im 1. Kapitel: »Der alles wirkt nach dem Rat seines Willens« (Eph 1,11); Matthäus 10: »Kauft man nicht zwei Sperlinge für einen Pfennig, und nicht einer von ihnen fällt zur Erde ohne euren Vater?« (Mt 10,29). Ich frage, gibt es eine deutlichere Aussage als diesen Satz? In Sprüche 16: »Alles hat der Herr geschaffen, so auch den Gottlosen für den Tag des Unglücks.« (Spr 16,4). Und wiederum im 20. Kapitel: »Vom Herrn werden gelenkt des Mannes Schritte, wie kann da der Mensch seinen Weg verstehn?« (Spr 20,24). Wieder 16: »Des Menschen Herz plant seinen Weg, aber der Herr lenkt seinen Schritt.« (Spr 16,9). Jeremia 10: »Ich weiß, o Herr, daß das Schicksal des Menschen nicht in seiner Macht steht, noch in der Gewalt des Mannes, daß er gehe und seinen Schritt zum Ziel lenke.« (Jer 10,23). Außerdem lehren die heiligen Geschichtsbücher dasselbe. Genesis 15: »Noch ist das Maß der Schuld der Amoriter nicht voll.« (Gen 15,16). Im zweiten Kapitel des ersten Buches der Könige: »Sie hörten nicht auf die Worte ihres Vaters, denn der Herr hatte beschlossen, sie zu töten.« (1 Sam 2,25). Was sieht einem zufälligen Ereignis ähnlicher als jene Begebenheit, wenn Saul fortgeht, im Begriff, die Eselinnen zu suchen? Und da wird er von Samuel gesalbt und mit der Königsherrschaft betraut. (1 Sam 9f.) Ferner heißt es im ersten Buch der Könige, Kapitel 10: »Ein Teil des Heeres ging mit Saul weg, denen Gott das Herz gerührt hatte.« (1 Sam 10,26). Im 3. Buch der Könige, Kapitel 12: »So hörte der König nicht auf das Volk, denn der Herr hatte es so gefügt, um das Wort wahr zu machen, das er durch Ahia aus Silo zu Jerobeam, dem Sohn Nabats, gesprochen hatte.« (1 Kön 12.15). Und was behandelt Paulus im neunten und elften Kapitel an die Römer? Nichts anderes, als daß er alles, was geschieht, auf die göttliche Bestimmung zurückführt. (Röm 9,11 f.) Das Urteil des Fleisches oder der menschlichen Vernunft schreckt vor diesem Gedanken zurück; dagegen begreift ihn das Urteil des Geistes. Denn weder Gottesfurcht noch Gottvertrauen wirst du anderswoher sicherer lernen, als wenn du die Seele mit diesem Gedanken von der Vorherbestimmung erfüllst. Oder schärft Salomo in den Sprüchen nicht überall diese Denkweise ein, um bald Furcht, bald Vertrauen zu lehren? Schärft er sie nicht in dem Büchlein ein, das den Titel »Der Prediger« trägt? In der Tat liegt sehr viel daran, die Weisheit und Klugheit der menschlichen Vernunft niederzuhalten und beständig zu glauben, daß alles geschieht von Gott. Oder tröstet Christus die Jünger nicht mit dieser einen Stelle aufs wirksamste, wenn er sagt: »Alle Haare eures Hauptes sind gezählt?« (Lk 12,7). Nun wirst du einwenden, gibt es in der Welt kein zufälliges Geschehen, um ihren Ausdruck zu gebrauchen, gibt es gar keinen Zufall und kein Schicksal? Die Schrift lehrt, alles geschieht notwendig. Mag sein, du bist vielleicht der Meinung, als gäbe es in den menschlichen Dingen ein zufälliges Geschehen. Doch hier muß man dem Urteil der Vernunft befehlen. So sagt Salomo, als er sich mit dem Gedanken der Vorherbestimmung beschäftigte: »Ich sah, daß der Mensch das ganze Tun Gottes nicht zu ergründen vermag, das unter der Sonne geschieht.« (Koh 8,17). Indes mag ich töricht erscheinen, gleich am Anfang des Werkes von dem schwierigsten Grundbegriff der Vorherbestimmung zu sprechen. Gleichwohl, was kommt es in einem Lehrbuch darauf an, ob ich an erster oder letzter Stelle das behandle, was eigentlich in alle Teile unserer Erörterung hineingehört? Da ich über den freien Willen an erster Stelle reden muß, wie hätte ich die Meinung der Schrift über die Vorherbestimmung verheimlichen können, da ja gerade die Schrift wegen der notwendigen Vorherbestimmung unserem Willen die Freiheit abspricht? Auch ist es meiner Meinung nach von entscheidender Bedeutung, schon die jugendlichen Herzen mit diesem Gedanken zu erfüllen, daß sich alles nicht nach den Ratschlägen und Bemühungen der Menschen, sondern nach dem Willen Gottes ereignet. Oder fordert Salomo nicht hierzu auf, gleich am Anfang seiner Sprüche, die er für die Jugend geschrieben hat? (Koh 11,9 f.) Daß der Gedanke von der Vorherbestimmung dem Volk ein wenig zu schwierig erscheint, verdanken wir der gottlosen Theologie der Sophisten, die uns die Zufälligkeit der Ereignisse und die Freiheit unseres Willens so eingeschärft haben, daß die weichen Ohren von der Wahrheit der Schrift nichts wissen wollen. Daher werden wir, um auch für die Sorge zu tragen, denen unsere Äußerungen über die Vorherbestimmung zu hart klingen, gerade die Natur des menschlichen Willens näher betrachten. Dann werden die Studierenden einsehen, die Sophisten haben sich nicht nur auf theologischem Gebiet, sondern auch im natürlichen Urteil getäuscht. Wir werden von der Vorherbestimmung an geeigneter Stelle etwas später reden und mit möglichst kurzen Sätzen widerlegen, was die Sophisten über diesen Gegenstand in gottloser Weise ersonnen haben. Eck behauptet, Valla habe, da er den Gedanken der Schulen vom freien Willen in Frage stellte, mehr wissen wollen als er gelernt hätte. Man höre nur den ungemein witzigen Schwätzer! Wenn diese Herren uns auch vorwerfen sollten, daß ein Sprachgelehrter sich mit einer theologischen Angelegenheit beschäftigt, was würden wir antworten? Nichts anderes als dies, daß wir die Sache nicht nach der Person des Verfassers beurteilen? Denn jetzt kommt es nicht darauf an, zu welchem Beruf wir uns bekennen, sondern ob das, was wir lehren, wahr oder falsch ist. Jedenfalls dürfen wir eine fremde Lehrmeinung von den heiligen Tatsachen nicht für gut halten, wenn wir Christen sind, da ja die christliche Lehre kein Privileg eines bevorzugten Standes sein soll.

I. Wenn du die Kraft des menschlichen Willens nach dem Fassungsvermögen der Natur beurteilst, so läßt sich der menschlichen Vernunft zufolge nicht leugnen, daß es gewissermaßen eine Freiheit in äußeren Werken gibt. Wie du selbst erfahren hast, steht es in deiner Macht, einen Menschen zu grüßen oder nicht zu grüßen, diese Kleidung anzulegen oder nicht anzulegen, Fleisch zu genießen oder nicht zu genießen. Die Philosophen, die dem Willen Freiheit zuschrieben, richteten ihr Augenmerk auf diese Zufälligkeit der äußeren Werke. Weil aber Gott die äußeren Werke nicht ansieht, sondern die inneren Regungen des Herzens, hat die Schrift nichts von jener Freiheit mitgeteilt. Diejenigen, die in einer äußeren, gleichsam maskierten Wohlanständigkeit Gesittung heucheln, lehren eine derartige äußere Freiheit, etwa die Philosophen und neueren Theologen.

II. Dagegen sind die inneren Affekte nicht in unserer Gewalt. Durch Erfahrung und Gewohnheit haben wir genaue Kenntnis darüber, daß der Wille nicht aus eigenem Antrieb Liebe, Haß oder ähnliche Affekte ablegen kann; vielmehr siegt ein Affekt über den anderen, etwa wenn der, den du liebtest, dich beleidigte, hörst du auf, ihn zu lieben. Denn du liebst dich ja heftiger als jeden beliebigen anderen. Ich will nicht die Sophisten hören, wenn sie behaupten, Liebe, Haß, Freude, Neid, Ehrgeiz und ähnliche menschliche Affekte gehörten nicht zum Willen; von Hunger oder Durst ist jetzt hier nicht die Rede. Was ist dann der Wille, wenn nicht die Quelle der Affekte? Warum gebrauchen wir nicht anstatt des Wortes »Wille« die Bezeichnung »Herz«? Wo doch die Schrift den wichtigsten Teil des Menschen, das heißt denjenigen, in dem die Affekte entstehen, »Herz« nennt. Es täuschen sich die Schulen, wenn sie meinen, der Wille widerstreite auf Grund seiner Natur den Affekten oder könne einen Affekt ablegen, wie sehr dies der Verstand anrät oder beschließt.

III. Wie kommt es dann, daß wir Menschen oft einen anderen, dem einen Affekt völlig entgegengesetzten, wählen? Zunächst, weil wir zuweilen in einem äußeren Werk anderes wählen, als das Herz oder der Wille wünscht, kann es geschehen, daß ein Affekt den anderen besiegt. Wie es sich nicht leugnen läßt, war Alexander von Makedonien genußsüchtig, aber er liebte die Arbeit mehr, weil er den Ruhm noch brennender ersehnte; verschmähte infolgedessen die Vergnügungen, nicht weil er sie nicht mochte, sondern weil er den Ruhm zu heftig suchte. Wir sehen in der Tat bei einigen Charakteren diesen, bei anderen jenen Affekt vorherrschen, ein jeder steht im Bann seiner eigenen Begierde. In geizigen Seelen herrscht die Habsucht, in denen, die nach dem Urteil der Menschen mehr freigebig sind, das Streben nach einem guten Ruf und nach der Volksgunst.

IV. Dann kann es wohl auch vorkommen, daß man etwas im Gegensatz zu allen Affekten tut. Wenn dies geschieht, reden wir von Heuchelei. Zum Beispiel wenn jemand denjenigen, den er im Herzen haßt, dem er von Herzen böse will, gütig, freundlich und höflich behandelt, vielleicht ohne einen bestimmten Grund. Mag er auch nicht empfinden, daß ein anderer Affekt über ihn siegt – etliche Schlauberger sind ja so höflich, daß sie auch die, die sie hassen, umschmeicheln –, ich sage, ein solcher Mensch heuchelt Freundlichkeit in einem äußeren Werk, das freilich den Anschein einer gewissen Freiheit hat. Das ist der Wille, den uns die törichten Scholastiker entgegenhalten, natürlich als eine Kraft, die, sobald du nur von ihr erfüllt bist, die Gesinnung mäßigen und beherrschen kann, wenn sie zum Beispiel ihre erdichteten Bußlehren vortragen. Sobald du nur damit ausgerüstet bist, meinen sie, habe der Wille die Kraft, wie sie sagen, gute Taten hervorzubringen. Wenn du jemanden hassen solltest, so könne der Wille bestimmen, daß er diesen nicht weiterhin hassen will. Obgleich wir von Natur aus gottlos sind und Gott nicht lieben, ja, ich behaupte, ihn durchaus verachten, lehren sie, der Wille könne es schaffen, Gott fortan zu lieben. Ich frage dich, mein Leser, meinst du nicht, sie handeln unsinnig, die uns einen solchen Willen weismachen wollen? Könnte ich doch den Sophisten, der diese verdrehte Lehre ausspricht, zum Schweigen bringen und diese gottlose, törichte, ganz philosophische Ansicht vom Willen in einem gut argumentierenden Buch und in unangreifbarer Erörterung widerlegen! In der Tat, wenn der, der haßt, sich vorgenommen hat, den Haß abzulegen, so ist dies durchaus nur ein ganz blasser Gedanke des Verstandes, nicht ein Werk des Willens, falls nicht in Wahrheit der stärkere Affekt den Sieg davonträgt. Wenn Paris beschließt, die Liebe zur Oenone aufzugeben, so ist dies eine falsche, trügerische Vorstellung des Verstandes, wenn nicht tatsächlich der stärkere Affekt in diesem Kampf Sieger bleibt. Es ist durchaus möglich, daß dein Herz mit dem Verstand den äußeren Gliedern, der Zunge, den Händen, den Augen etwas befiehlt, was der Leidenschaft deines Gemüts direkt entgegengesetzt ist, denn wir sind von Natur aus Lügner. So gebot etwa Joab der Zunge und den Augen, scheinbar möglichst höflich Amasa anzureden, dem Herzen aber kann er nicht befehlen, die Leidenschaft abzulegen, die es nun einmal hat (2 Sam 20,9 f.). Dies ist erst dann der Fall, wenn über diesen Affekt, von dem es erfüllt wird, eine stärkere Begierde siegt.

V. Die Schulen leugnen die Affekte nicht, aber sie nennen sie eine natürliche Schwäche; es sei genug, wenn der Wille Handlungen hervorbringe, die solcher Ohnmacht widerstehen. Dagegen behaupte ich, der Mensch besitzt gar keine Kraft, um sich ernsthaft den Affekten widersetzen zu können, und ich meine, diese so hervorgeholten Taten seien nur ein eingebildeter Gedanke des Verstandes. Denn da Gott die Herzen beurteilt, muß das Herz mit seinen Affekten der höchste, edelste Teil des Menschen sein. Andernfalls, wenn ein von dem Herzen und dem Bereich der Affekte verschiedener Wille besser und stärker ist, warum schätzt Gott den Menschen nach der schwächeren und nicht vielmehr nach der besseren Seite ein? Was wollen die Sophisten hier antworten? Wenn wir lieber das Wort »Herz«, das die Schrift gebraucht, hätten benutzen wollen als den aristotelischen Begriff »Wille«, hätten wir uns vor diesen schweren, groben Irrtümern leicht gehütet. Aristoteles nannte ja den Willen die Wahl der Dinge in den äußeren Werken, die in der Regel trügerisch ist. Aber was bedeuten in der christlichen Lehre die äußeren Werke, wenn das Herz unrein ist? Außerdem hat selbst Aristoteles nicht von diesen Taten geredet, die ein Scotus erdichtet hat. Indes äußere ich mich hier nicht, um diese Männer zu widerlegen, vielmehr möchte ich dir nur andeuten, christlicher Leser, woran du dich halten sollst. Ich gebe zu, es gibt in der äußeren Wahl der Dinge eine gewisse Freiheit; jedoch behaupte ich, die inneren Affekte liegen durchaus nicht in unserer Gewalt. Ich räume nicht ein, daß es einen Willen gebe, der den Affekten ernsthaft widerstreiten könnte. Und zwar sage ich dies im Blick auf die Natur des Menschen. Denn in denen, die der Geist gerecht gemacht hat, liegen die guten Affekte mit den bösen im Streit, wie wir weiter unten zeigen werden.

VI. Außerdem, was liegt daran, die Freiheit der äußeren Werke anzupreisen, da Gott allein die Reinheit des Herzens sucht? Es ist durchaus pharisäische Überlieferung, was die törichten, gottlosen Menschen über den freien Willen, über die Gerechtigkeit der Werke geschrieben haben. Sobald nun ein Affekt etwas heftig ist, muß er ausbrechen, eine Beobachtung, die man in dem Satz auszudrücken pflegt: »Mag sein, daß du die Natur mit der Mistgabel austreibst, dennoch wird sie in einem fort wiederkommen.« Ja, vieles geschieht durch uns, das nach außen hin sehr gut erscheint und wir selbst für gut halten, weil wir den häßlichen Affekt nicht sehen, aus dem die Tat quillt. Denn »mancher Weg erscheint einem gut, aber zuletzt führt er ihn in den Tod«, sagt Salomo. (Spr 14,12). Und der Prophet Jeremia sagt: »Das Herz des Menschen ist krumm und undurchschaubar«. (Jer 17,9). Und David: »Wer erkennt die Bänder?« (Ps 19,13). Und: »Gedenke nicht meiner Unwissenheit.« (Ps 25,7). Der Affekt reißt eben die blinden Menschen zu vielem hin, das wir nicht völlig beurteilen können. Demnach muß die christliche Ge-

sinnung darauf schauen, nicht wie ein Werk nach außen hin beschaffen, sondern wie der Affekt in der Seele gestaltet ist, nicht wie
die Freiheit der Werke beschaffen ist, sondern ob es etwa irgendeine Freiheit der Affekte gibt. Mögen die scholastischen Pharisäer die
Kraft des freien Willens preisen; ein Christ wird zugeben, daß
nichts weniger in seiner Gewalt steht als sein Herz. Möchten die
törichten Scholastiker doch sehen, wieviel tausend Seelen sich
durch ihre pharisäische Deutung des freien Willens zu Tode gequält
haben! Über die Affekte werden wir bald mehr sagen, wenn wir
von der Erbsünde reden.

Zusammenfassung

Wenn du den menschlichen Willen unter dem Gesichtspunkt der
Vorherbestimmung beurteilst, so gibt es weder in äußeren noch in
inneren Werken irgendeine Freiheit, sondern alles geschieht nach
göttlicher Bestimmung. Wenn du den Willen im Hinblick auf die
äußeren Werke beurteilst, so scheint es, nach dem natürlichen Urteil, eine gewisse Freiheit zu geben. Wenn du den Willen hinsichtlich der Affekte beurteilst, so gibt es durchaus keine Freiheit, auch
nicht nach dem natürlichen Urteil. Sobald der Affekt anfängt zu
wüten und leidenschaftlich erregt zu sein, kann man ihn nicht vor
dem plötzlichen Ausbruch hindern.

Du siehst, mein Leser, wieviel bestimmter wir über den freien
Willen geschrieben haben als Bernhard oder irgendwelche Scholastiker. Was wir bisher erörtert haben, wird in den folgenden Ab-
schnitten unseres Kompendiums erhellt werden. (...)

Das erste Kapitel dokumentierte also Melanchthons Neigung, mit
der Scholastik zugleich die darin aufgehobene antike Philosophie
und mit dieser wiederum die Voraussetzungen des humanistischen Menschenbilds zu verabschieden. Ein Ansatz zur Vermei-
dung des völligen Bruchs ist allein in dem kurzen Kapitel über
das Naturrecht zu finden, das zur Gesamtheit des Buchs recht
beziehungslos, ja fast wie ein Fremdkörper wirkt, im Hinblick auf
Melanchthons spätere Entwicklung aber bedeutsam ist. Hier
übernahm er die stoische Lehre von den allen Menschen angeborenen, unmittelbar erkennbaren sowie rational ableitbaren Wahr-

heiten, begründete sie aber im Anschluß an Röm 2,15 aus der Schrift. In den *Capita* von 1520, einer Vorstufe der *Loci,* hatte Melanchthon sogar noch neun Wahrheiten des Naturrechts unterschieden: 1. »Gott ist zu verehren«, 2. »Das Leben ist zu schützen und fortzupflanzen«, 3. »Es muß gezeugt werden«, 4. »Ehen sind zu schließen«, 5. »Die Nachkommenschaft muß erhalten werden«, 6. »Niemandem darf Schaden zugefügt werden«, 7. »Die Güter sind gemeinsam zu benützen (...)«, 8. »Zur Erhaltung des Lebens sind die Güter auszutauschen (...)«, 9. »Zur Erhaltung des Lebens der Mehrheit sind die Bösen im Zaum und in Schranken zu halten (...)«. Jetzt sind davon noch drei übriggeblieben:

Das Naturgesetz

(...) Bei den Gesetzen unterscheidet man die natürlichen, die göttlichen und die menschlichen. Über die natürlichen Gesetze fand ich noch keine wertvolle Abhandlung, weder bei Theologen noch bei Juristen. Denn die Regeln der natürlichen Gesetze müßte man ja auf dem Wege der menschlichen Vernunft durch einen natürlichen Schluß gewinnen. Dies hat, wie ich sehe, noch keiner getan, und ich weiß nicht, ob es überhaupt geschehen kann, da ja die menschliche Vernunft so sehr gefangen und verblendet ist. Nun lehrt Paulus in einer wunderbar feinen, scharfsinnigen Schlußfolgerung im zweiten Kapitel an die Römer: Es besteht in unserem Innern ein Naturgesetz. Er schließt folgendermaßen: Die Heiden haben ein Gewissen, das die Tat verteidigt oder verurteilt; folglich ist ein Gesetz vorhanden. Was ist denn das Gewissen anderes als das Urteil über unsere Tat, das von einem Gesetz oder einer allgemeingültigen Regel gefordert wird? Das Naturgesetz ist daher ein allen gemeinsames Wissen, dem alle Menschen in gleicher Weise zustimmen, und zwar in dem Maße, als Gott sie einem jeden Herzen eingeprägt hat mit dem Ziel, die Sittlichkeit zu gestalten. (Röm 2,14 f.). Wie es in den theoretischen, etwa den mathematischen, Wissenschaften gewisse allgemeingültige Grundsätze, Allgemeinbegriffe oder Axiome gibt, wie zum Beispiel: Das Ganze ist größer als die Teile, so finden sich in den Moralwissenschaften allgemeine Grundregeln, und wir verwenden hier ihre Begriffe im Interesse der Lehre, erste Schlußfolgerungen als Normen aller menschlichen Handlungen.

Hier können wir mit Recht von natürlichen Gesetzen reden. Marcus Cicero leitet in den »Büchern über die Gesetze« im Anschluß an Plato die sittlichen Grundregeln aus der Natur des Menschen ab; wenn ich dies auch billige, so scheint mir die Ausführung eher geistreich als gründlich zu sein. In dieser Erörterung des Cicero begegnen wir aber auch sehr vielen gottlosen Gedanken, und dies ist ja gewöhnlich so, wenn wir lieber den Methoden und kurzsichtigen Ergebnissen unserer Vernunft als der Weisung der Heiligen Schrift folgen. Das Urteil des menschlichen Denkens ist ja wegen der angeborenen Blindheit trügerisch, so daß, wenn auch gewisse Moralvorstellungen unserem Herzen eingeprägt sind, sich diese doch kaum erkennen lassen. Wenn ich nun sage, Gott habe dem menschlichen Herzen die natürlichen Gesetze eingeprägt, so meine ich, ihre Erkenntnis besteht darin, es handelt sich sozusagen um gewisse anerschaffene Eigentümlichkeiten, also nicht um die Auffindung der Regel durch unseren Verstand, sondern eben um eine uns von Gott eingepflanzte Norm, um die Sittlichkeit zu bestimmen. Daß meine Ansicht mit der Philosophie des Aristoteles übereinstimmt, darauf lege ich keinen Wert. Denn was interessiert mich die Meinung dieses Streithahns? Ich übergehe das, was wir mit den Tieren gemeinsam haben, was die Juristen im Zusammenhang mit dem Naturrecht erwähnen, also etwa die Naturtriebe, die den Lebewesen gemeinsam angeboren sind, zum Beispiel das Leben erhalten, gebären und seinesgleichen erzeugen.

Die Gesetze, die wesentlich den Menschen betreffen, haben folgenden Inhalt:

I. Man muß Gott ehren.

II. Da wir in eine Lebensgemeinschaft hineingeboren werden, darf man niemand verletzen.

III. Die menschliche Gesellschaft macht es erforderlich, alle Dinge gemeinsam zu gebrauchen.

Das erste Gesetz, das von der Verehrung Gottes handelt, haben wir dem ersten Kapitel an die Römer entnommen, wo der Apostel es zweifellos unter den natürlichen Gesetzen aufzählt, wenn er sagt, Gott habe allen Menschen seine Majestät in der Erkenntnis der Erschaffung und Regierung des Weltalls deutlich zu erkennen gegeben. (Röm 1,19 f.). Daß man indes die Existenz Gottes durch einen menschlichen Vernunftschluß folgern könne, verrät mehr den neugierigen als den frommen Forscher, besonders da es für die menschliche Vernunft recht gefährlich ist, von diesen hohen Wahrheiten geistreich zu reden, wie ich am Anfang dieses Buchs zu bedenken gab.

Das zweite Gesetz verhütet, jemanden zu verletzen und wird zweifellos aus der gemeinsamen Situation erschlossen, in der wir alle miteinander als eine Lebensgemeinschaft stehen. Davon redet die Schrift, wenn sie sagt: Es ist nicht gut, daß der Mensch allein sei, man muß ihm eine Lebenshilfe geben (Gen 2,18). Daher befiehlt das Gesetz, niemanden zu verletzen, das heißt, wir sollen uns untereinander alle um die Wette lieben und allen unser Wohlwollen und unsere Zuneigung in dem Bewußtsein einer Pflicht zuwenden. Daher schließt dieses Gesetz die göttlichen Gebote in sich, du sollst nicht töten, du sollst nicht fremdes Gut rauben und ähnliches. Du magst hier einwenden: Warum tötet aber die Obrigkeit die Rechtsbrecher? Darauf antworte ich: Da dies die Bedingung des menschlichen Zusammenlebens ist, seit Adam durch seinen Fall uns allen das Zeichen der Sünde aufgeprägt hat, daß die Bösen oft die Guten verletzen, so muß die Menschheit darauf hinarbeiten, daß die Masse das Gesetz, keinen Schaden zuzufügen, einhält. Deshalb muß man die öffentlichen Friedensstörer, die die Unschuldigen verletzen, in Schranken halten, zügeln und aus dem Weg räumen, um dadurch die Mehrheit nach Beseitigung derer, die Schaden zufügen, schützen zu können. Wenn nun auch dieser oder jener verletzt wird, muß das Gesetz doch in Geltung bleiben, um weiteren Verletzungen vorzubeugen, und der Friedensstörer beiseite geschafft werden. Es ist wertvoller, die Gesamtheit zu erhalten als den einen oder anderen; deshalb wird der beseitigt, der der Gesamtheit durch diesen oder jenen Frevel schadet, eine beispielhafte Strafe für das Böse. Daher gibt es im Staat die obrigkeitlichen Behörden, Strafurteile für Rechtsbrecher, Kriege, kurz all die Institutionen, die die Juristen im Zusammenhang mit dem Völkerrecht nennen.

Das dritte Gesetz über den gemeinschaftlichen Anteil an den Dingen rührt von der Tatsache der menschlichen Gesellschaft her. Wenn bei einigen Freundschaften das bekannte Wort Geltung hat: »Der Besitz der Freunde ist gemeinsam«, warum sollte nicht dasselbe von allen Menschen gelten, weil doch alle untereinander in der Weise zusammenhängen müßten wie Brüder mit Brüdern, Kinder mit Eltern und Eltern mit Kindern. Wir sprachen von dem Gesetz, das gebietet, nicht zu verletzen. Weil die menschliche Begierde nicht zuläßt, alles gemeinsam zu gebrauchen, muß man dieses dritte

Gesetz durch ein höheres ergänzen, nämlich durch die Weisung, niemanden zu verletzen. Also nur insoweit darf man den Besitz gemeinschaftlich gebrauchen, als es der öffentliche Friede und das Wohl der Menge erlaubt. In der Regel werden ja die geringeren Gesetze durch höhere ergänzt. Nur bis zu einem gewissen Grade darf man von einem gemeinsamen Anteil an dem Besitz reden. Daher muß man vor dem dritten Gesetz ein anderes einfügen und zwar: Der Besitz ist zu teilen, da das gemeine Wohl der Mehrheit es so fordert. Ferner, weil das Leben in der Gesellschaft erfordert, wenigstens irgendwie Anteil am Besitz zu gewähren, da der Besitz von Natur gemeinsam sein soll, setzte man Verträge für den gemeinsamen Gebrauch fest, also etwa Kauf–, Verkaufs–, Pacht–, Mietverträge usw. Hier erkennst du den Ursprung der Verträge. Dies sieht Plato, wenn er im fünften Buch über die Gesetze sagt: Derjenige Staat wird am besten verwaltet, in dem man dem allgemein bekannten Wort soviel wie möglich gerecht wird, unter Freunden ist alles gemeinsam, wobei nicht nur der Besitz gemeinsames Gut der Bürger ist, sondern auch die eigenen Glieder jedes einzelnen: Augen, Hände, Füße, Mund dem öffentlichen Nutzen der Gesamtheit dienen. Nur derjenige Staat darf als Beispiel eines gut geleiteten Staates gelten, in dem das Wort, das Gut der Freunde ist gemeinsam, Beachtung findet. Man hat daher Verträge ersonnen, durch die man den Besitz des einzelnen vielen zugänglich macht, damit wenigstens in irgendeiner Beziehung von einem gemeinschaftlichen Besitz gesprochen werden kann. Soviel über die allgemeinen Regeln der natürlichen Gesetze, die du etwa folgendermaßen einteilen kannst:

I. Ehre Gott!

II. Da wir in eine bestimmte Lebensgemeinschaft hineingeboren werden, so verletze niemanden, sondern unterstütze jeden aus Pflicht!

III. Wenn es auch unmöglich ist, niemanden zu verletzen, so möge man doch erstreben, nur sehr wenige zu verletzen. Man beseitige also die öffentlichen Ruhestörer. In solchem Falle soll man Obrigkeiten und Strafen für die Rechtsbrecher einrichten.

IV. Man soll den Besitz um des öffentlichen Friedens willen teilen. Im übrigen mögen die einen dem Mangel der anderen durch Verträge abhelfen.

Wer will, mag aus Dichtern, Rednern und Geschichtsschreibern verschiedenen Meinungen hinzufügen, die man gewöhnlich im Zusammenhang mit dem Völkerrecht erwähnt; derart ist zum Beispiel, was über Eheschließung, Ehebruch, Dankesleistung, Undankbarkeit, Gastfreundschaft, Umsatz der Waren und anderes an vielen Stellen gesagt wird. Mir kam es darauf an, die allgemeinsten Grundzüge anzuzeigen. Nun darfst du nicht ohne Überlegung all die Meinungen der heidnischen Schriftsteller für Gesetze halten, denn die meisten bekannten Äußerungen stellen nicht die Gesetze, sondern die bösen Affekte unserer Natur heraus, wie etwa dieser von Hesiod:

»Liebe den, der dich liebt, und halte dem Freunde die
Freundschaft.
Gib auch dem, der dir gibt, und verweigere die Gabe dem
Geizhals.«

Mit diesen Worten mißt er die Freundschaft durchaus nach dem Nutzen. Dies gilt auch für jenes andere Wort: »Gib etwas und nimm dafür!« Hierher gehört auch jener Ausspruch, Gewalt müsse man durch Gewalt vertreiben, wie es bei Euripides im »Ion« heißt:

»Die Frömmigkeit ehren, ist gut für Menschen im Glück.
Vor Feinden sich wehren, davon hält kein Gesetz dich zurück.«

Auch im sogenannten bürgerlichen Recht findet man sehr viele Paragraphen, die eher die menschlichen Affekte, als die natürlichen Gesetze behandeln. Denn was hat ein natürliches Gesetz mit der Gefangenschaft des Sklaven zu tun? Und in tyrannischer Weise wird ohne alle Verträge das als Vorwand benützt, was Interessen dient.

Aber hierüber an anderer Stelle. Ein guter Mann wird die bürgerlichen Bestimmungen dem göttlichen und natürlichen Gesetz recht und billig anfügen und ihnen gegenüber, was auch immer beschlossen wird, nicht ungerecht handeln können. Soviel über die natürlichen Gesetze. Doch magst du sie, wenn du kannst, gern noch genauer und gründlicher auffächern. (...)

Mit dem Wormser Edikt vom 26. Mai 1521 war über Luther die Reichsacht verhängt worden. Kurfürst Friedrich der Weise ließ ihn zu seinem Schutz heimlich auf die Wartburg bringen. Von da an war Melanchthon für den Älteren so etwas wie sein Wittenberger Stellvertreter: »Darum tritt du indessen als Diener des Wortes hinzu und befestige die Mauern und Türme Jerusalems, bis sie auch über dich hereinbrechen«, schrieb er ihm: »Deine Berufung und Begabung kennst du.« Und: »Auch wenn ich zugrunde gehe, wird doch nichts vom Evangelium zugrunde gehen. In ihm übertriffst du mich jetzt und folgst als Elisa dem Elia, ausgestattet mit doppeltem Geistbesitz (...)«. Luthers Vorschlag, er solle Prediger an der Stadtkirche werden, entzog sich Melanchthon allerdings. »Ich kann nicht predigen«, schrieb er später einmal lakonisch.

Im Herbst bahnten sich innere Wirren der reformatorischen Bewegung an. Sie betrafen zunächst die Gültigkeit geleisteter Ordensgelübde und den Laienkelch, d. h. den Empfang des Abendmahls unter beiderlei Gestalt, entfalteten jedoch rasch eine schwer kontrollierbare soziale Eigendynamik. Eine Anzahl von Mönchen hatte demonstrativ das Wittenberger Augustinerkloster verlassen. »Philippus versäumt nicht eine Predigt«, hieß es in einem zeitgenössischen Bericht über das Verhältnis Melanchthons zu ihrem Agitator Gabriel Zwilling (ca. 1487 – 1558). Am Michaelistag, dem 29. September, ließ er sich mit seinen Schülern als erster Laie das Abendmahl unter beiden Gestalten reichen. Trotz des kurfürstlichen Widerspruchs wurde der Kampf gegen die Messe bald nicht mehr nur mit dem Wort geführt. Anfang Dezember inszenierten Bürger und Studenten Kirchentumulte. Priester wurden mit Steinen beworfen und vom Altar vertrieben. An den Weihnachtstagen teilte Karlstadt in der vollbesetzten Stiftskirche unter Mißachtung der traditionellen priesterlichen Reverenz und ohne die vorherige Wandlungsformel der Messe das vollständige Abendmahl aus.

Wie Melanchthon berichtete, wurde er unmittelbar nach Weihnachten von dem Zwickauer Handwerker Nikolaus Storch und »zweien seiner Gesellen« besucht, die unter Berufung auf Luther die Kindertaufe ablehnten und »gewisse und offenbare Gespräche mit Gott« führten. Ihr visionäres Auftreten scheint bei ihm zunächst eine Verunsicherung ausgelöst zu haben: »Ich habe so viel von ihm (Storch) wahrgenommen, daß er in den höchsten und wichtigsten Artikeln des Glaubens die Schrift richtig begreift, obwohl er auf sonderbare Weise darüber redet.« Jedoch gelangte er zu dem Schluß, »daß in dieser Sache das Urteil des Doktors Martinus vonnöten sei«, der sich Anfang des Monats einige Tage lang heimlich in Wittenberg aufgehalten hatte.

Die Bürger drängten den Rat der Stadt, ein umfassendes kirchlich-gesellschaftliches Reformwerk zu beschließen. So entstand, begleitet von bürgerlicher Aufsässigkeit und antiklerikaler Agitation, im Januar 1522 unter Mitwirkung Karlstadts und Melanchthons eine neue Gemeindeordnung. Sie verfügte die Gottesdienstreform und stellte die Entfernung aller Heiligenbilder aus den Kirchen in Aussicht. Bettelei wurde verboten und die Einrichtung eines »gemeinen Kastens« vorgesehen, aus dem Arme und Bedürftige versorgt werden sollten. Mit der Schließung des städtischen Bordells setzte man zugleich die Überwachung der öffentlichen Sexualmoral durch.

Im Februar kam es in Gegenwart der Zwickauer Propheten zum Bildersturm. In einem erregten Brief an den Kurfürsten erbat Melanchthon, der angesichts der fortschreitenden Radikalisierung fürchtete, »daß das Licht, das der Welt vor kurzem aufgegangen ist, sich bald wieder unseren Augen entziehen wird«, Luthers unverzügliche Rückkehr nach Wittenberg. Der verließ denn auch die Wartburg und machte durch seine ˋInvocavitpredigen´ im März 1522 dem turbulenten Treiben ein Ende. Seine wichtigsten Argumente für eine Mäßigung des reformatorischen Tempos waren, die Schwachen im Glauben nicht zu überfordern, sondern auf das Wachsen ihrer Einsicht zu warten und keine Veränderung ohne die Zustimmung der weltlichen Obrigkeit vorzunehmen.

Zu dieser Zeit hatte Luther die deutsche Übersetzung des gesamten Neuen Testaments, die auf eine Anregung Melanchthons vermutlich während des Kurzbesuchs bei seinen Wittenberger Freunden vier Monate zuvor zurückging, im Entwurf bereits vollendet. Zügig begann der geniale Sprachschöpfer nun gemeinsam mit dem kundigen Sprachwissenschaftler, der zu einzelnen kritischen Stellen sowohl philologische wie kulturgeschichtliche Auskünfte lieferte, die gründliche Durchsicht des Manuskripts, das dann im September erschien. Auch die durchgreifende Revision für die Neuauflage von 1530 erfolgte unter Melanchthons Mithilfe. Gleiches gilt für die mühevolle Kleinarbeit der Übertragung des Alten Testaments, dessen Einzelteile von 1523 an im Laufe von zehn Jahren nacheinander zum Druck gegeben wurden, sowie für die seit 1534 betriebene Zusammenfassung der Teilübersetzungen zu einer einheitlichen Gesamtbibel, deren Bedeutung für die Geschichte der deutschen Sprache nicht hoch genug eingeschätzt werden kann. -

Die kulturrevolutionären Impulse der Wittenberger Unruhen verstärkten die schon zuvor der Reformation gegenüber geltend gemachten Vorwürfe, sie verachte die weltliche Bildung. Einige Fürsten hatten ihre Studenten von der Elbuniversität nach Hause gerufen. Auch Intellektuelle, die mit Luthers Anliegen durchaus sympathisierten, wie der Erfurter Humanistenkreis um den Dichter Eobanus Hessus (1488 – 1540), waren in Sorge, daß infolge eines durch die reformatorische Theologie verursachten Zusammenbruchs der Wissenschaften die Deutschen schlimmere Barbaren als je zuvor werden könnten.

Melanchthon hielt derlei keineswegs für aus der Luft gegriffen. Auch er war davon überzeugt, daß sich zu viele in den Vordergrund gedrängt hatten, »die meinten, ohne Federn fliegen zu können«. Für ihn stand außer Frage, daß Barbarei und Unglaube einander bedingten. Deswegen müsse »das herrlichste Geschenk Gottes, die Wissenschaften«, energisch verteidigt werden, die »durch Gott in dieser Zeit (...) wiederhergestellt sind, um die wahrhaft Frommen bei der Reinigung der kirchlichen Lehre zu unterstützen.« Ausdrücklich gegen jene Halbgebildeten gerichtet, die ohne zureichendes Wissen »alles mit Tumult erfüllen«, überschrieb er wenig später ein kleines Katechismusstück mit dem programmatischen Titel *Frömmigkeit und Bildung (Pietas et eruditio)* und bestimmte diese beiden Leitbegriffe als ineinandergreifende Ziele, auf die »das ganze Leben auszurichten« sei. Sein dezidierter bildungspolitischer Gestaltungswille schlug sich zunächst in einem ersten Schritt zur Reform der eigenen Universität nieder.

In einer Ansprache, die er 1522 an die neu immatrikulierten Studenten richtete, tadelte er gängige Mißstände: »Die meisten gehen nur auf die Universität, um die Zeit totzuschlagen, um ihr Vermögen zu verschleudern und um ihre Seele jämmerlich zugrunde zu richten; andere haben zwar gute Vorsätze, aber sie tasten unsicher umher und haben weder Lehrer noch Methoden, denen sie folgen könnten.« Um diesem Ärgernis abzuhelfen, entstand noch gleichen Jahr seine erste Studienanleitung *(Ratio discendi)*.

Als Rektor im Wintersemester 1523/24 erließ er eine neue Studienordnung zur Förderung der akademischen Qualität und Disziplin – das Problem unordentlicher, ja randalierender Studenten bekümmerte ihn buchstäblich bis in seine letzten Lebenstage hinein. Jeder der Jüngeren erhielt einen Tutor, der ihren Studiengang beaufsichtigend begleitete. Außerdem wurden die traditionellen Disputationen wieder eingeführt und durch Deklamationen ergänzt, die pflichtgemäß alle zwei Wochen stattzufinden hatten. Er selbst schrieb etwa 180 solcher akademischer Reden, die teilweise von anderen gehalten wurden. Oft in größter Eile entstanden – wie Melanchthon sich überhaupt unter seinen vielen Pflichten der Schriftstellerei meist nur schnell und überstürzt widmen konnte: manchmal, vermeldet Camerarius′ *Vita Melanchthonis,* soll der Vortragende sogar schon begonnen haben, als der Verfasser noch am Schluß arbeitete –, umfassen sie den Stoff aller Fakultäten der damaligen Hochschule. Sie galten als Vorbilder für formvollendete Behandlung eines jeweiligen Themas, in der der Hauptwert der Gattung lag. In ihr sollte das Wesen der Beredsamkeit erst richtig in Erscheinung treten und sich die gründliche Bildung des Autors zeigen. Schon seit 1541 erschienen Melanchthons Deklamationen in verschiedenen Sammelausgaben.

Vorangegangen war er selbst mit einer Rede gegen die Verächter der Beredsamkeit: *Necessarias esse ad omne studiorem genus ars dicendi, sive: Encomion eloquentiae (Daß für jede Art von Studium die sprachlichen Fächer unerläßlich sind, oder: Lob der Beredsamkeit).* In ihr vertrat er die Auffassung, daß Sprache und Denken, Wort und Erkenntnis untrennbar miteinander verknüpft sind. Wenn die rechte Beurteilung eines Sachverhalts aber so eng mit seiner sprachlicher Vermittlung zusammenhängt, lernt man durch Schulung der Ausdrucksfähigkeit notwendigerweise seine Gedanken klar auszudrücken. Damit wiederum wird die Kultivierung des Sprachvermögens vermöge rezeptiver und produktiver Auseinandersetzung mit ausgezeichneten literarischen Vorbildern nicht nur zur unerläßlichen Voraussetzung für alle Wissensgebiete, sondern für das Gelingen menschlicher Kommunikation überhaupt:

Lob der Beredsamkeit

Encomion eloquentiae

(...) Das gesamte menschliche Zusammenleben, die Ordnung des öffentlichen und privaten Lebens, die Beschaffung aller lebensnotwendigen Güter, endlich aller Handel und Verkehr werden von der Sprache umfaßt. (...)

Wohl weiß ich, daß manche meinen, Schönheit und Richtigkeit der Sprache ließen sich trennen und die Art des Sprachgebrauchs sei unwichtig, wenn nur zur Sache geredet werde. Wenn sie diese Frage genauer untersuchten, würden sie keineswegs der Ansicht sein, von den Lehrern der Beredsamkeit werde weit hergeholte und überflüssige Schminke verlangt. Die unverfälschte und ursprüngliche Gestalt der Sprache ist Schönheit. Wenn man sie nicht bewahrt, wird man sich nicht nur unfein und schlampig, sondern auch unpassend, unklar und albern ausdrücken. (...)

So seht ihr nun, warum ich rhetorische Studien empfehle: Wenn wir nämlich gewisse Richtlinien des sprachlichen Ausdrucks nicht gründlich lernen, können wir weder unsere eigenen Gedanken darlegen, noch die Schriften aus früherer Zeit verstehen, die uns erhalten sind. Mir ist unklar, wie einer anderen als Mensch begegnen wollte, der weder seine eigenen Gedanken entwickeln, noch die klaren Äußerungen anderer erfassen kann. (...)

Für unsere Vorfahren war völlig offensichtlich, daß gute Ausdrucksfähigkeit und Urteilskraft von Natur aus zusammenhängen. Deshalb bezeichneten sie recht treffend die Rede als entfaltete Denkweise. (...)

Was mag wohl den alten lateinischen Schriftstellern durch den Sinn gegangen sein, wenn sie Fähigkeiten des rechten sprachlichen Ausdrucks als »Humanität«, »humane Bildung« bezeichneten? Sie waren der Auffassung, durch die Beschäftigung mit diesen Lehrgebieten werde nicht nur die Sprache verfeinert, sondern auch die wilde Ungeschlachtheit der gesamten Veranlagung zurechtgebracht. Denn durch Verfeinerung können die meisten ihre wilde Art abstreifen und in ihrer Wesensart sanfter und ruhiger werden.

Aus zwei Gründen wird die Urteilskraft durch sprachliche Studien geschärft. Wer sich – darin besteht der erste Grund – um diese Fähigkeiten bemüht, muß sich ja an die Beispiele der Schriftsteller halten, die bei der Durchführung bedeutender Aufgaben und der Behandlung wichtiger Probleme durch die Praxis sehr viel Einsicht gewonnen haben. Durch den Umgang mit ihnen wird die Urteilskraft der Leser in nicht geringem Maße etwa so gefördert wie, wer in der Sonne herumläuft, gebräunt wird. (...)

Aber was bringt es, hier die Schriftsteller weitschweifig zu loben? Macht vielmehr selbst die Erfahrung, was ein jeder Klassiker beiträgt, wie durchsichtig und stilvoll er seine Gedanken entwickelt, wie geschickt er alles zusammenstellt, was seinem Vorhaben dient. Wer sich nicht um ihre Nachahmung bemüht, kann die Hoffnung, sich richtig ausdrücken und denken zu lernen, gleich aufgeben.

Es bleibt noch die andere Begründung für die Behauptung zu nennen, durch rhetorische Studien werde die Urteilskraft geschärft. Dies geschieht dadurch, daß die Bemühung um guten sprachlichen Ausdruck an sich die Geisteskräfte so auffrischt, daß man bei allem das Passendste und Nützlichste besser wahrnimmt. Denn wie allem Anschein nach der Körper durch Übung gekräftigt wird, so müssen die Geisteskräfte derer abstumpfen, die sie nicht durch anspruchsvolle Betätigungen anregen. Niemand zweifelt daran, daß die Lektüre guter Schriftsteller sehr nützt. Wenn man sich aber nicht zusätzlich ans Schreiben und Reden gewöhnt, durchschaut man weder klar genug ihre Aussagen und sprachlichen Qualitäten, noch gewinnt man für eigene Urteile und Erläuterungen eine genaue Richtschnur. Zur Förderung der eigenen Sprach- und Denkfähigkeiten ist deshalb nichts so notwendig wie die Betätigung des Schreibstiftes. Was meinte Afranius mit seinem Bild vom übenden Gebrauch als Vater der Weisheit anderes, als daß die geistigen Kräfte durch die ständige Mühe des Nachdenkens und des Formulierens geweckt und gebildet werden? Anaxagoras hat dazu der Nachwelt den denkwürdigen Ausspruch hinterlassen: »Die Hand ist die Ursache der Weisheit«, weil seiner Beobachtung nach alle Kunstfertigkeit durch Übung erlangt wird und Untätigkeit den Geist unfruchtbar werden läßt.

Denn wie wir handwerkliche Fähigkeiten durch die Erfahrung lernen und niemand das törichte Vertrauen hegt, er werde gleich ein Apelles sein, sowie er erst einmal den Pinsel in die Hand genommen hat, so muß auch das Denken durch lange Übung daran gewöhnt werden, sich allem immer eindringlicher zuzuwenden. Cicero geht so weit, den Schreibstift als den besten und hervorragendsten Erzeuger und Lehrer der Redekunst zu bezeichnen. (...) Aber wieviele von unseren Jugendlichen machen sich selbst nach langen zehn Jahren daran, auch nur einen kleinen Vers zu schreiben? Die meisten halten es für einen Abkürzungsweg zur Bildung, wenn sie möglichst viel hören oder lesen. Deshalb laufen sie ganze Tage auf und ab, quälen sich durch alle Schulen hindurch, hören sich durcheinander alle möglichen Lehrer an und bewundern die, die sie nicht verstehen, notieren, was sie ihnen vorsagen, schreiben die Überschriften kurzer Inhaltsangaben mit besonders großen Buchstaben und verzieren sie mit Zinnober. In besonderem Ansehen stehen bei ihnen die Ausleger, die möglichst viel Zeit mit Diktieren vertun, und keiner gibt auch nur ein paar Pfennige für einen Lehrer aus, der von dieser Gewohnheit auch nur einen Fingerbreit abweicht. Andere wiederum gehen nie einen Schritt aus dem Haus, verschreiben sich ihren Büchern wie einer Mühle, wälzen Unmengen Papier hin und her und schätzen sich glücklich, wenn sie täglich zahlreiche Seiten durchlesen. Kommen einem nicht beide Gruppen recht elend vor, die soviel Mühe aufwenden, ihre Gesundheit aufs Spiel setzen und dabei doch nur das Denken verlernen?

Wird der Geist nicht durch den Schreibstift angeregt, dann erschlafft er. (...)

Faßt sowohl Verse als auch Prosastücke ab! Ich bemerke nämlich immer wieder, wie höchst langweilig sich diejenigen ausdrücken, die nicht bis zum Dichten von Versen gekommen sind. Sie schleichen stilistisch am Boden entlang, ihre Worte bleiben gewichtlos, ihre Bilder und Wendungen ohne Kraft. Da ein unebener und holperiger Wortlaut bei gebundener Rede leichter auffällt, kann, wer sich im Dichten von Versen versucht, auch Prosarhythmen besser beurteilen. Vermutlich ist es mit der Literatur ganz vorbei, wo die Abneigung gegen die Poesie um sich greift. Dann kommt es nämlich so weit, daß man die gepflegte und glanzvolle Formulierung nicht mehr schätzt, mit geringerer Sorgfalt schreibt, mit gähnender Langeweile liest, und jeder Forschungseifer erkaltet. (...)

Auch kann nicht verborgen sein, daß literarische Kenntnisse einigen hervorragenden Männern bei der Wiederherstellung der Theologie zustatten gekommen sind. Es wäre also zunächst undankbar, diese himmlische Gabe zu verachten. Da das religiöse Leben mit Hilfe literarischer Bildung erneuert worden ist, wären wir aber auch verantwortungslos, wenn wir nicht auf die Mittel achteten, ohne welche die Theologie nicht bestehen kann. (...)

Nun liegt es an euch, euch wieder mit der schönen Literatur anzufreunden und ihr innig verbunden zu bleiben. Immer wieder muß ich sehen, wie sich die meisten vorzeitig und viel zu schnell den sogenannten ernsthafteren Fächern zuwenden. Die Gewinnsucht treibt die einen zum juristischen Studium und zur Medizin, andere drängen sich zur Theologie, bevor sie in den sprachlichen Studien einigermaßen weitergekommen sind. Gingen sie alles in der rechten Reihenfolge an, guter Gott, wieviel mehr Erfolg wäre ihnen dann beschieden! Sie verlieren nun aber gerade dadurch Zeit, daß sie den Weg ungeschickt abkürzen wollen. (...)

Alles kostet sie mehr Mühe, weil ihnen in den Grundlagen der Schliff fehlt. Allmächtiger Gott, welche Nachteile hat doch diese Eile den Generationen vor uns gebracht! Alle Künste und Wissenschaften sind in den vergangenen Jahrhunderten von denen auf widerliche Weise verunreinigt worden, die Sprachen und schöne Literatur beiseite ließen und gleich wie die Schweine in die Rosen in die höchsten und wichtigsten Fächer eindrangen. Die Theologie wurde ganz und gar mit dummen und gottlosen Problemen verschüttet. Die Philosophie wurde von Leuten gelehrt, die nicht einmal den Namen dieser Wissenschaft einigermaßen verstanden. In rechtlichen und ethischen Fragen konnten die auf keinen vernünftigen Gedanken kommen, denen die schöne Literatur fremd war. Denn auch diese Lehrgebiete leiten sich ganz von den Bildungsfächern her. Die Rechtsgelehrten des Altertums lassen in ihren Schriften überall die alte und echte Bildungstradition erkennen. Ich werfe hier den akademischen Lehrern nicht nur ihre scheußliche Sprache, sondern auch ihr fehlendes Denkvermögen vor. Gegen solche Mängel können sich die sprachlich und literarisch Ungebildeten nicht behaupten.

Deshalb möchte ich euch unentwegt ermahnen, euch um eine gepflegte Sprache und die Fächer zu bemühen, ohne welche die Beschäftigung mit den übrigen Wissenschaften nur schief laufen kann. Auch die Verantwortung für das öffentliche Leben verlangt dies von euch. Denn wenn Barbarei die wichtigeren Fächer verdirbt, kommen immer auch die Sitten der Menschen in Gefahr. (...)

Auf den Gedanken von der sowohl bewußtseinsbildenden als auch sozialisierenden Macht der Sprache ist Melanchthon in späteren Veröffentlichungen wiederholt zurückgekommen. So betonte er etwa in seinen *Elementen der Rhetorik (Elementa rhetorices)* von 1531, es »ließe sich nachweisen, wie durch das sprachliche Bemühen die Verhältnisse unter den Menschen zivilisierter werden.« Und noch 1558 bekennt er sich dazu, daß »alle verbindenden Elemente der menschlichen Gesellschaft« durch die Beredsamkeit hergestellt und aufrechterhalten würden.

Die intensive Arbeit an der Hebung der Sprachkompetenz ist natürlich gerade angesichts der theologischen Voraussetzungen der Reformation naheliegend. Nicht nur blieb ihr Biblizismus zwangsläufig auf den 'Geist der Philologie' verwiesen: erst recht verlangten die unendlich vielen und quälenden Disputationen über kontroverstheologische Details verlangten feinste Formulierungskünste, um strittige dogmatische Fragen in tragfähige Sprachregelungen zu überführen. So verwundert es nicht, wenn Melanchthon deutlich machte, daß er die Klarheit und Angemessenheit des Ausdrucks für eine der hervorragendsten und zugleich schwierigsten menschlichen Tätigkeiten hielt.

Schon 1522 hatte Melanchthon beharrlich Luthers Ansinnen abgelehnt, eine ordentliche theologische Professur zu übernehmen und damit aus seiner eigentlichen Fakultät auszuscheiden. Im März 1524 wiederholte Luther diesen Vorstoß beim Kurfürsten selbst: Sein Freund sei durch »Gottes besondere Gnade in reichem Maße dazu begabt, die Schrift zu lesen, besser als ich selbst.« Schließlich einigte man sich darauf, Melanchthon einen Sonderstatus einzuräumen, der es ihm erlaubte, an der theologischen Fakultät zu wirken, ohne deshalb seine umfassende Tätigkeit an der 'philosophischen' aufgeben zu müssen. Den Lehrstuhl für Griechisch übernahm einer seiner Schüler.

Im Verhalten den Studenten gegenüber wich Melanchthon von den üblichen akademischen Gepflogenheiten ab. Gern stellte er im Kolleg Fragen, überprüfte er die Kenntnisse und suchte er vor allem die selbständige Urteilsfähigkeit einzuüben. Dazu kümmerte sich der Professor, der freilich auch zu Jähzorn und Ungeduld neigen konnte, nicht nur um die intellektuellen Fortschritte seiner Schüler, sondern – wo es notwendig war – auch darum, daß sie ein Zimmer oder Stipendium erhielten, genügend zu essen hatten, sich in der Stadt anständig betrugen oder später eine geeignete Anstellung fanden, ja er vermittelte sogar Hochzeiten.

Melanchthons pädagogische Leidenschaft, die eines der großen Themen seines Lebens war, bezeugt erst recht die »schola privata«, die er 1521 in seinem Haus in Wittenberg gegründet hatte und die dort etwa ein Jahrzehnt hindurch bestand. Mit dieser bunt zusammengewürfelten Wohngemeinschaft beabsichtigte er, nach dem Vorbild der Erzieher des italienischen Humanismus, eine Art Mittelschule als Gegenmodell zu den bestehenden öffentlichen Schulen in Leben rufen, die er als ungeeignet empfand. Wenn man so will, ging es ihm um eine Art basispädagogisch fundierte Begründung des Studien- und Lebensstils. Das Ziel bestand darin, Schüler besser auf die Universität vorzubereiten. Er wollte die verschiedenen Bildungsvoraussetzungen der Teilnehmer auf eine gemeinsame, klassische Basis bringen. Sobald die Schüler die Grundregeln der Grammatik gelernt hatten, begannen sie mit der Lektüre der Autoren, langsam, aber gründlich; sie sollten nicht durch Stoffülle erdrückt werden. Daneben unterrichtete er auch Geschichte, Geographie, Mathematik und Religion. Zum Führungsstil der »schola privata« gehörte es, daß ältere Studenten, die schon länger zur Hausgemeinschaft gehörten, verschiedene Leitungsaufgaben übernahmen. Häufig wurden Aufführungen antiker Stücke inszeniert, die Melanchthon überarbeitet hatte.

Wenn er seine Schüler zu produktiver Pflege des »göttlichen Geschenks der Poesie« aufforderte, ging er mit eigenem Beispiel voran: »In meinem Unterricht hebe ich ständig hervor«, schrieb er im Juni 1522 an Eobanus Hessus, »daß die Poesie Ausgeburt der Beredsamkeit und fast aller echten Bildung ist. Über das, was ich lehre, hinaus, ermahne ich eifrig zum Versemachen, und mehr noch, ich zeige ihnen manchmal, wie es getan wird, obwohl ich ein schlechter Dichter bin.«

Man hat gezählt, daß Melanchthon Leben und Werk von mindestens hundert Poeten seiner Zeit beeinflußte und damit das Erscheinungsbild der neulateinischen Dichtung Deutschlands ganz entscheidend bestimmte. Allenthalben führen in ihr Spuren zu ihm. Ab 1521 scharte er den sogenannten ›Älteren Wittenberger Dichterkreis‹ um sich, dessen unbestrittenes Haupt er war. Viele dem verehrten Lehrer gewidmeten Gedichte bezeugen dessen

Stellung, etwa auch das folgende von Georg Sabinus (1508 – 1560), des talentiertesten Lyrikers der Gruppe, Melanchthons ihm bald entfremdeter Schwiegersohn: »Drauf betret ich die Klause des hochgelehrten Philippus: / Schüler und Gast zugleich war ich gewesen im Haus. / Als ich nun vor ihm stand und er mir zu Reden erlaubte, / sprach zum Abschiede ich folgendermaßen zu ihm: / 'Wie kann ich, weiser Melanchthon, für deine Mühen Dir danken, / die du mir gütig erzeigt (...) / Seit meiner Jugend, zehn Jahre lang, hast du als Lehrer den rohen / Geist mir zur Bildung geformt und mich die Künste gelehrt (...) / Du warst mein Führer, als ich des Parnassus Steilhang erklommen, / und zu den Spuren Ovids hast du den Weg mir gezeigt. / Wenn zu den Dichtern mich Deutschland jetzt zählt, ja wenn meine Muse / weithin Ruhm sich erwarb und sie selbst Fürsten gefällt, / so verdank ich es dir (...) / Teuerster, den ich zutiefst, wie einen Vater geliebt.'-« Ein anderer, wenig bekannter Autor, Zacharias Orth, beschrieb, wie ihn Melanchthon nach einer schweren Erkältung zu sich nach Haus nahm und wieder gesundpflegte.

Die Leistungen seiner besten Schüler erfüllten ihn mit Stolz und Freude, und er scheute sich nicht, sie den großen Werken des Altertums an die Seite zu stellen. Seine eigenen Gedichte sah er dagegen nur als Gelegenheitsarbeiten an. Der einflußreiche italienische Renaissance-Poetologe Julius Caesar Scaliger (1484 – 1558) hat sie dagegen geschätzt: »reizend und angenehm« nennt er sie. Zwei Bände seiner formbewußten *Epigramme* wurden von Melanchthons Schülern noch zu seinen Lebzeiten herausgegeben, 1528 und 1556, vier weitere folgten nach seinem Tod.

Neben biblischen und antiken Themen fanden sich hier humanistische Widmungsgedichte, neben hochgespannten Reflexionen liebenswürdige Bagatellen. Selbst zu seinen Lehrveranstaltungen lud er teilweise in versifizierter Form ein:

Seminar zu Livius

In lecitionem Livii

Wenn euch die glänzende Stilkunst des Livius zusagt, die reiche
Fülle des Ausdrucks, die selbst, Ida, dein Haupt überragt,
eilet, Studenten, herbei und tretet in meine Behausung!
Was der sidonische Fürst Großes tat, lesen wir durch!

Auf lateinische Vorlagen Melanchthons gingen auch eine Reihe
deutscher Gemeindelieder zurück, am bekanntesten von ihnen Nikolaus Hermans (1500 – 1561) Nachdichtung eines Engelhymnus seines Lehrers, die noch heute im Evangelischen Kirchengesangbuch
steht. In der Regel sind diese Gedichte von getragenem Ernst. Zuweilen kann sich jedoch durchaus einmal ein schelmischer Ton ein-
schleichen, so etwa bei der folgenden Übersetzung aus der *Antholo-
gia Graeca*, die auf den biblischen Schöpfungsbericht Bezug nimmt:

Aus dem Griechischen:
Diese ist Bein von meinem Bein

E graeco: Haec est os ex ossibus meis

Schön war das Mädchen, der junge Mann stattlich,
Sie konnte sich einfach nicht an ihm sattsehn.
Er sagt: Es schickt sich für Dich, die Äuglein zu senken,
Ein anständiges Mädchen schaut nicht umher.
Nein, sagt sie, Dein Blick sollte vielmehr zur Erde sich richten,
Aus der nämlich wurde Dein Leib einst geschaffen.
Der Unsre dagegen stammt aus der männlichen Rippe,
So such ich die Heimat – und zöge sie mich doch nur zu sich.

Die vielfältigen Anspannungen der ersten Wittenberger Jahre hatten Melanchthon an den Rand der Erschöpfung gebracht. Zur Regeneration seiner Gesundheit erhielt er im April 1524 einen siebenwöchigen Urlaub, den er zu einer Reise in die Heimat nutzte. Zufällig befand sich der päpstliche Legat, Kardinal Campeggio, gerade in Stuttgart. Er schickte seinen Sekretär nach Bretten, der den renommierten Gelehrten zur Rückkehr zur katholischen Kirche bewegen sollte. Melanchthon antwortete mit einem bald auch öffentlich kursierenden Brief, in dem er Luthers Anliegen der göttlichen Gerechtigkeit, die dem Menschen ohne eigene Werke geschenkt wird, des Trosts des Gewissens und der wahren Buße nachdrücklich vom Verständnis »der gemeinen, gottlosen Menge« abgrenzte, die ihn als »Anstifter der Freiheit« mißverstehe.

Auf dem Rückweg begegnete er dem jungen Landgrafen Philipp von Hessen (1504 – 1567), auf dessen Wunsch er eine kurze Zusammenfassung der reformatorischen Grundanliegen zu Papier brachte. In dieser Schrift, die der Reformation einen ihrer engagiertesten politischen Befürworter zuführte, klang auch an, wie wenig sich der Professor Illusionen darüber hingab, daß die Mehrzahl der Menschen in ihrer Entscheidung für oder gegen die neue Bewegung von persönlichen Nutzerwägungen bewegt würden. Auch hierbei mochte er bereits an eine konkrete Konstellation denken, die nicht mehr zu übersehen war.

Im Sommer 1524 kam es in verschiedenen Gebieten Deutschlands zu ersten Unruhen unter der Landbevölkerung. Die Bauern setzten die reformatorischen Ideen als Kampfmittel zur Rechtfertigung ihrer wirtschaftlichen, sozialen und politischen Forderungen ein, die sie im März 1525 in *Zwölf Artikeln* niederlegten, die rasche Verbreitung fanden. Unter Berufung auf zahlreiche Bibelstellen verlangte man u.a. freie Pfarrerwahl und evangeliumsgemäße Predigt, Abschaffung des Zehnten, Beseitigung der Leibeigenschaft sowie Aufhebung der Jagd- und Fischereiprivilegien. Bei den Verhandlungen, die am 10. Mai zwischen Kurfürst Ludwig V. von der Pfalz und den Sprechern seiner aufständischen Bauern stattfanden, wurde Melanchthon als Schiedsrichter vorgeschlagen, (der kurz vorher seinem Freund Camerarius gegenüber diesen Krieg als einen endzeitlichen satanischen Akt bezeichnet hatte, der auf die Zerstörung der wahren Religion gerichtet sei.) Da er nicht persönlich kommen wollte, verfaßte er für den Kurfürsten bis zum 5. Juni ein volkssprachliches Gutachten über die Berechtigung der Forderungen der Aufständischen, (das er für den Druck im Herbst geringfügig überarbeitete): *Eyn schrifft widder die artikel der Bawrschaft (Gegen die Artikel der Bauern).* Aber schon am 23. Mai, lange bevor eine Antwort eintreffen konnte, zog der Fürst gegen die Bauern siegreich zu Felde.

Melanchthons Ablehnung fällt ähnlich scharf aus wie die Luthers in seiner Schrift *Gegen die räuberischen und mörderischen Rotten der Bauern.* Beide verwahrten sich energisch gegen die revolutionäre Interpretation des Evangeliums. Dieses hebe die äußeren Ordnungen nicht auf. Die christliche Freiheit bestehe ohnhin jenseits von diesen. Sie entbinde nicht von bürgerlichen Verpflichtungen, sondern befreie von dem vergeblichen Versuch, durch menschliche Leistung eine Gerechtigkeit zu erlangen, die auch vor Gott bestehen kann. Dem Abscheu des bürgerlichen Humanisten vor der Gewalttätigkeit des »rohen« Volks steht das Lob der nach ihrer göttlichen Stiftung alles ordnenden Staatsmacht gegenüber. Die Schlußermahnung zur Milde und zum Ausbau des Bildungswesens führt immerhin ein wenig über die Glorifizierung der Doktrin vom leidenden Gehorsam der Unterdrückten hinaus, zu deren Lasten das ordnungspolitische Bedürfnis nach Stabilität und sozialem Frieden ging:

Eine Schrift gegen die Artikel der Bauern

Ein schrifft widder die artikel der Bawrschaft

Da sich die Bauern auf das heilige Evangelium berufen und dieses zum Vorwand nehmen, ist zuerst notwendig, daß man weiß, was das heilige Evangelium von uns fordere oder nicht, um die Artikel der Bauern beurteilen zu können, die sie alle unter dem Schein und Namen Gottes zu erzwingen vermeinen. Sie behaupten, daß der Grund ihrer Artikel sei, das Evangelium zu hören und ihm gemäß zu leben. Aber die Bauern verlangen so viel, zu dem sie kein Recht haben, auch nicht dem Evangelium nach. Dazu gebrauchen sie Gewalt und wollen ihre Ziele mit Aufruhr und Empörung und Mord erreichen.

Nun haben sie sich jedoch erboten, sich durch das Evangelium überzeugen zu lassen. Und es ist richtig, daß man ihnen das Evangelium und die rechte christliche Lehre vor Augen stelle, denn zweifellos befinden sich viele unter dem gewöhnlichen Haufen, die aus Unwissenheit sündigen, von denen aber, würden sie richtig belehrt, zu hoffen ist, daß sie von so einem freventlichen Unterfangen Abstand nehmen könnten und an Gottes Gericht, ihre Seelen und ihre armen Frauen und Kinder denken. Es sind aber vielerorts so viele so frevlerisch und vom Teufel verblendet, daß sie den Frieden weder wollen noch ertragen können. Es hilft nichts, daß sie durch Schrift und Predigt frommer Leute gewarnt und zum Frieden ermahnt wurden, und auf die Ermahnung hin, Gott nicht zu erzürnen, werden sie nur desto frevlerischer und halsstarriger. Von diesen wollen wir später reden. Zunächst aber wollen wir in Kürze verständlich machen, was das Evangelium fordert und wie ein christliches Herz gegen Gott, seinen Nächsten und die Obrigkeit eingestellt sein soll. (...)

Viele rühmen sich des Glaubens und behaupten, sie seien Christen, was ja auch die Bauern sein möchten. Aber jeder soll wissen, daß er kein Christ ist, wenn sein Herz Gottes Gericht nicht ernstlich fürchtet und Gott in allen Lagen vertraut, sondern auf Besitz, Macht und Menge pocht. (...)

Von der Obrigkeit

Insbesondere fordert das Evangelium auch Gehorsam gegen die Obrigkeit, und weil dieser Artikel von denen, die sich evangelisch nennen, so sehr verachtet wird, wollen wir ihnen das Evangelium und Gottes Wort vorhalten, damit sie einsehen, wie sehr sie unter dem Schein des Evangeliums gegen Gott streiten. Paulus schreibt im Römerbrief, Kapitel 13: »Jedermann sei der Obrigkeit untertan, die über ihn herrscht. Denn es ist keine Obrigkeit außer von Gott; und alle Obrigkeit ist von Gott angeordnet. Wer nun der Obrigkeit widersteht, der widersteht der Anordnung Gottes, und wer widersteht, wird bestraft. Vor der muß man sich nicht wegen guter, sondern wegen böser Werke erschrecken. Willst du dich aber vor der Obrigkeit nicht fürchten, dann tue Gutes; so wirst du Lob von ihr erhalten. Denn sie ist eine Dienerin Gottes, dir zum Nutzen. Tust du aber Böses, so fürchte sie. Denn sie trägt das Schwert nicht umsonst, sondern sie ist eine Dienerin Gottes, um an dem Rache und Strafe zu vollziehen, der Böses tut. Darum ist es notwendig, sich ihr unterzuordnen, nicht allein um der Strafe, sondern auch um des Gewissens willen. Deshalb zahlt Steuer, denn sie sind Gottes Diener und mühen sich darum. Darum gebt allen, was ihr schuldig seid: die Steuer demjenigen, dem die Steuer gehört; Abgaben demjenigen, dem die Abgaben gehören; die Furcht demjenigen, dem die Furcht gehört; die Ehre demjenigen, dem die Ehre gehört« (Röm 13,1ff.).

Hierzu lehrt Paulus dreierlei. Zum ersten: Von woher die Gewalt eingesetzt sei, wobei er sagt, daß Gott die Obrigkeit angeordnet habe. Denn weil nicht jeder ein Christ ist und freiwillig darauf verzichtet, anderen Schaden zuzufügen, sondern es daneben viele frevlerische Menschen gibt, die sich an anderer Leib, Gut, Frau oder Kind zu vergreifen pflegen, hat Gott neben dem Evangelium solche weltliche Herrschaft und Ordnung eingesetzt, um die Ehrbaren zu schützen und ihnen Frieden zu verschaffen und die Frevler zu bestrafen. Zu diesem Zweck hält die Obrigkeit Gericht und erläßt Gesetze, daß man die leiblichen Güter in Frieden aufteilen, besitzen und benutzen kann, setzt sie Richter, bewaffnete Ordnungshüter und dergleichen ein, um den Frieden zu schützen und dem Mord zu wehren. Lukas 3: »Laßt euch genügen an eurem Sold!« (Lk 3,14). Solchen weltlichen Bestimmungen kann ein Christ nachgeben, obschon sie von Ort zu Ort verschieden sind, denn, wie oben gesagt wurde, das christliche Leben und Wesen ist vornehmlich ein innerliches und an solche Ordnung nicht gebunden, die man um der Liebe und des Friedens willen halten soll. In Sachsen teilt man den Besitz anders auf als am Rhein, und es kann sein, daß das eine erträglicher ist als das andere. Dennoch soll ein Christ um des Friedens willen bei den Rechten seines Landes bleiben, und das schadet seiner Seele nicht. Wenn er dagegen nicht zufrieden sein will, dann fügt er seiner Seele Schaden zu. Ebenso besteht an verschiedenen Orten Leibeigenschaft. Diese soll er um des Friedens willen ertragen, auch wenn sie unter einer anderen Herrschaft nicht besteht. Das Evangelium fordert nicht, daß solche Landordnungen geändert werden, sondern es fordert Gehorsam, es sei denn, die Obrigkeit geböte, gegen Gott zu handeln. Dann nämlich soll man die Regel aus Apostelgeschichte 4 einhalten: man soll Gott mehr als den Menschen gehorsam sein (Apg 4,19).

Und es ist offensichtlich, daß Gott die Obrigkeit eingesetzt hat, damit sie, die Obrigkeit, wisse, daß sie in einem Stand sei, der Gott gefällig ist, denn man kann Gott nicht in den Werken oder Ständen dienen, die er nicht angeordnet oder eingesetzt hat. Dies ist für die Obrigkeit auch tröstlich, daß sie Zuversicht und Ursache zu glauben haben kann, Gott werde sie gegen den Frevel der Aufrührer erhalten, wie Gott dies oft gezeigt hat, etwa bei David. Obwohl ihn sein eigener Sohn aus dem Land vertrieben hatte und das ganze Land von ihm abgefallen war, setzte ihn Gott dennoch wieder ein und bezwang die Aufrührer (2 Sam 15,14; 18,31). Denn es spricht Salomo im 21. Kapitel der Sprüche: »Es hilft weder Weisheit noch Klugheit gegen Gott.« (Spr 21,30). Und Paulus sagt hier, daß alle, die der Obrigkeit widerstehen, bestraft werden. Und David bittet, Psalm 7, darum, Gott wolle die Herrschaft erhalten und ihn wieder einsetzen, weil er es angeordnet habe: »Richte auf das Amt, das du eingesetzt hast.« (Ps 7,7).

Auch ist es für die Untertanen tröstlich zu wissen, daß Gott Gefallen an ihrem Gehorsam der Obrigkeit gegenüber hat, und daß sie, was sie der Obrigkeit Gutes tun, Gott erweisen und in den Lasten, die sie von einer Obrigkeit tragen, Gott also wahrhaft dienen, sei es nun Frondienst, Abgaben oder anderes. Und solches zu tun, sind ebenso heilige Werke, als wenn, um es so zu erklären, Gott vom Himmel einem besonders befehle, Tote aufzuwecken.

Für die Aufrührer ist das schrecklich, denn sie haben einen sehr mächtigen, großen Herrn zum Feind, gegen den sie kämpfen. Büchsen und anderen Waffen gegenüber kann man standhalten, aber sich gegen Gott zu behaupten, ist unmöglich. Nun ist da eben Gottes Befehl, so, als wenn er es jedem einzelnen besonders durch einen Engel vom Himmel befohlen hätte, der Obrigkeit nicht zu widerstehen. Wie sehr muß der Teufel von den Herzen Besitz genommen haben, die solche Worte Gottes nicht achten und sich dennoch des Evangeliums rühmen!

Zweitens verpflichtet Paulus die Gewissen und lehrt, daß man nicht allein deswegen der Obrigkeit gehorsam sein soll, weil sie einen sonst bestraft, wie ich einem Räuber gehorsam sein muß, sondern um des Gewissens willen. Das heißt, Gott fordert diesen Gehorsam und wird die Ungehorsamen verdammen; und wenn auch die Welt zu schwach wäre, solchen Frevel zu bestrafen, wird Gott ihn doch nicht ungestraft lassen. Gott hat keinen Gefallen an solchem Ungehorsam gegen die Obrigkeit, es sei denn, daß er einem besonders gebiete, gegen die Obrigkeit zu handeln, wie er es Mose oder Jehu gebot (Ex 3,1ff.; 1 Kön 16,7). Dort gab er Zeichen und Zeugnis, damit man Gewißheit habe, wem man gehorsam sein solle, und wen er zum Herrn gemacht hatte.

Drittens lehrt der heilige Paulus hier, worin man den Gehorsam gegen die Obrigkeit erweisen solle, und spricht, man solle Zins und Zoll geben, das heißt, wenn man den Frieden erhalten soll, entstehen viele Kosten, um die Leute zu entlohnen, zu bauen etc. Wenn die Fürsten dieses Geld, das man geben soll, schlecht anlegen, dann müssen sie es verantworten; wir sind schuldig, um des Friedens willen das Unsrige zu leisten.

(...) So soll man nun das Gebot der Obrigkeit ebenso fürchten, als hätte Gott es geboten, und im Dienst auf den Willen Gottes sehen, nicht allein die Augen des Fürsten hofieren, wie der heilige Paulus den Knechten geboten hatte, nicht allein den Augen der Herren zu gefallen, sondern von Herzen zu dienen etc., während man Gott dabei diene (Eph 6,5ff.). Solche ernsthafte Furcht lehrt Salomo, Sprüche 16: »Des Königs Ungnade ist eine tödliche Botschaft, und ein weiser Mann wird ihn versöhnen« (Spr 16,14), und Sprüche 20: »Des Königs Zorn ist wie das Brüllen eines Löwen, wer ihn erzürnt, der sündigt gegen seine Seele.« (Spr 20,2). Es ist ein schrecklicher Entscheid, daß Gott es denen als Sünde anrechnet und sie strafen will, die so die Obrigkeit erzürnen. Darum sehen sich die Ungehorsamen vor! Denn wenn auch die Welt zu schwach wäre, den Ungehorsam zu bestrafen, würde ihn Gott doch nicht ungestraft lassen, wie auch oben vom Ausspruch des Paulus, Römer 13, gesagt wurde: »Um des Gewissens willen etc.« (Röm 13,5).

Viertens soll man ihnen Ehre erweisen. Ehre erweisen meint nicht allein das äußere Betragen, sich zu verbeugen und den Hut abzunehmen, sondern es meint: sie für weise und gerecht zu halten und ihnen darum dankbar zu sein. Nun geht es aber immer wie beim Spiel, daß der Zuschauer meint, er könne es besser machen.

Ebenso meinen die Untertanen oft, wenn sie regierten, würde es besser um sie stehen, sie wollten viel Schaden verhüten und angemessener und eifriger Recht sprechen etc. Mancher schreit auch oft, ihm geschehe Unrecht, und dabei denken sie nicht daran, daß sie um Gottes willen die Obrigkeit ertragen sollen, und daß es auf Erden niemals eine Regierung gab, die ohne Tadel gewesen wäre: dies ist nicht zu bestreiten. Zweifellos waren die beiden besten Fürsten auf Erden David und Salomo. Dennoch mußte David von seinem eigenen Sohn anhören, er höre die Leute nicht und und komme seinen Pflichten als Richter nicht nach (2 Sam 15,2f.). Ebenso beschwerte sich auch Israel, Salomos Joch länger tragen zu müssen (1 Kön 12,3f.).

Es ist keine Vernunft auf Erden so groß, daß sie für die Herrschaft genügen könne. Ja, wo Gott nicht Glück dazu gibt, ist es nicht möglich, daß man eine Herrschaft auch nur drei Tage mit menschlicher Klugheit erhalten kann. Darum fordert Paulus, daß man der Obrigkeit Ehre erweise, das heißt, daß man sie für weise und gerecht halte. Und wenn uns unterdessen anderes besser gefiele, daß wir ihrer Weisheit und Gerechtigkeit um des Friedens willen nachgeben und anderer Wohltaten wegen dankbar seien, von denen wir viele durch ihre Mühe, Sorge und Arbeit empfangen; denn auch wenn jemandem einmal Unrecht geschehe, fördern sie im allgemeinen doch den Frieden. Daß wir unsere Kinder zu Anstand und Frömmigkeit erziehen können und ihnen Nahrung suchen: ist das nicht Dankes wert? Nun wäre es eine große Undankbarkeit, wenn mir ein Freund hundert Gulden geschenkt hätte und ich darunter einen oder zwei fände, die zu leicht wären, und ich deswegen murrte und mit ihm zankte, anstatt ihm für die anderen zu danken. Genauso verfahren die Bauern in vielen Artikeln. Sie wollen jagen und fischen, was für sie doch nicht sehr notwendig ist, und zanken deswegen mit ihrer Obrigkeit und bedenken nicht, was für große Wohltaten sie sonst von ihr empfangen, wie zum Beispiel, daß die Fürsten verhindern müssen, daß nicht jeder Spitzbube heute dem einen, morgen dem anderen gewaltsam in das Seine eindringe, ihm Frau und Kinder schände, sie um ihre Nahrung bringe etc. Ebenso für Ruhe und Ordnung sorgen, damit die Kinder ernsthaft zu Gottesfurcht und Ehrbarkeit erzogen werden können. Deshalb fordert das Evangelium nicht allein Gehorsam gegen die Obrigkeit, sondern auch Ehrerbietung.

Darum hat Gott, Exodus 21, geboten: »Deinem Fürsten sollst du nicht fluchen!« (Ex 22,27). Das heißt, du sollst ihm Ehre erweisen, ihn rühmen, und was er anordnet, welche Urteile er fällt, was er auferlegt, für weise und gerecht halten. Denn wie man sagt, daß Gott mit im Schiff sei, so ist Gott tatsächlich in der Regierung mit dabei und gibt Glück und Unglück nach seinem Willen. Darum spricht Salomo, Sprüche 29: »Viele suchen das Angesicht des Fürsten, aber das Gericht eines jeden kommt von Gott.« (Spr 29,26). Das heißt, viele verlassen sich auf Gnade und Macht der Fürsten, aber wie Gott will, so kommt es. Sprüche 21: »Des Königs Herz ist in Gottes Händen wie der Lauf des Wassers; er lenkt es, wohin er will« (Spr. 21,1), und Sprüche 16: »Die Lippen des Königs weissagen, und sein Mund spricht nicht fehl im Gericht.« (Spr 16,10). Das bedeutet, daß die Regierung von Gott angeordnet ist und Gott den Fürsten beisteht und ihnen Weisheit zum Herrschen gibt und ihre Herrschaft erhält. Denn wenn Gott keine Gnade und Weisheit gibt, kann sie durch menschliche Maßnahmen nicht erhalten werden.

Du sagst: »Wie aber, wenn sie mir zu harte oder unangemessene Lasten aufbürden?« Antwort: Auch wenn ein Fürst unrecht handelt und dich quält und ausbeutet, ist es dennoch nicht recht, Aufruhr zu verursachen. Genausowenig, wie es recht ist, wenn dir jemand einen Bruder umgebracht hat, das aus eigener Gewalt zu rächen. Gott will nicht haben, daß man gegen die Obrigkeit frevle oder daß sich jemand ohne ordentliche Amtsbefugnis zu herrschen anmaße, denn Christus spricht: »Wer das Schwert nimmt, der soll durch das Schwert umkommen.« (Mt 26,52). Das heißt, niemand soll sich aus eigener Gewalt rächen oder sich des Schwerts und der Herrschaft ohne ordentliche Amtsbefugnis erdreisten. Der heilige Petrus hatte einen gerechten Anlaß, als er Christus verteidigen wollte, denn man tat Christus unrecht. Dennoch tat der heilige Petrus unrecht daran, gegen eine ordentliche Amtsbefugnis kämpfen zu wollen, und ihm war das Schwert nicht befohlen worden. Es half auch nichts, und Christus fällte über ihn ein schreckliches Urteil, daß er des Todes schuldig sei. »Wer das Schwert nimmt, der soll durch das Schwert umkommen.«

Auch ist nach Römer 13 Aufruhr verboten, wo der heilige Paulus schreibt: »Wer sich gegen die Obrigkeit auflehnt, wird bestraft.« (Röm 13,2). Damit droht Gott denen sehr, die sich gegen die Obrigkeit auflehnen, und die Geschichtsbücher zeigen es an, daß Aufrührer zuletzt immer bestraft worden sind, wie etwa Numeri 16: Datan und Abiram verschlang die Erde (Num 16,31f.). Und nach Richter 9 warf eine Frau Abimelech (mit einem Mühlstein) zu Tode (Rich 9,53). So ist auch Absalom, so Scheba, umgekommen (2 Sam 18,14; 20,21f.). Simri, 3 Könige 10, hatte sich selbst verbrannt (1 Kön 16,18). Gott bestrafte auch Bascha, daß er gegen Nadab, einen Aufruhr begann, obwohl dieser König Gott nicht gefiel. (1 Kön 16,3). Ebenso hielt Gott bei den Heiden Gericht über Appius von den Dezemvirn, über Catilina und viele andere in Rom und anderen Ländern, denn Gott will in der ganzen Welt, daß man der Obrigkeit gehorsam sei, und bestraft Ungehorsam bei allen Völkern, seien es Juden, Heiden oder Christen.

Auch spricht Salomo, Sprüche 24: »Mein Sohn, fürchte Gott und den König und menge dich nicht unter die Aufrührer, denn ihr Verderben wird plötzlich kommen.« (Spr. 24,21f.)

Darüber hinaus fordert das Evangelium, daß man Unrecht nicht nur von der Obrigkeit, sondern von einem jedem ertragen solle, wie es Matthäus 5 geschrieben steht: »Ich sage euch, daß ihr gänzlich dem Übel nicht widerstehen sollt. Wenn dich einer auf die rechte Backe schlägt, dem biete auch die andere dar etc.« (Mt 4,39). Und Römer 12: »Ihr sollt euch nicht selbst schützen, weicht dem Zorn, denn es steht geschrieben: `Die Rache ist mein, und ich will vergelten.´« (Röm 12,19). So verhalten sich Christen: Sie greifen nicht zum Schwert und dringen nicht in die Besitztümer anderer ein, greifen nicht an wie diese Bauern, die sich, Christus zur Schande, eine christliche Gemeinde nennen, während sie nicht nur Ungehorsam im Sinn haben, den Gott auch bei den Heiden und Türken bestraft, sondern auch Räuberei treiben.

Aus diesem allem schließen wir nun, weil das Evangelium Gehorsam gegen die Obrigkeit fordert und Aufruhr verbietet, selbst wenn die Fürsten Böses tun, und auch sonst fordert, daß man Unrecht ertrage: daß sie gegen das Evangelium handeln. Indem sie sich gegen ihre Obrigkeit auflehnen und Gewaltanwendung und Frevel gegen sie beginnen, und sich selbst zu Lügnern machen, da sie schreiben, sie würden dem Evangelium gemäß zu leben begehren, und doch so offensichtlich gegen Gott handeln, wird verständlich, daß der Teufel sie antreibt und sie um Leib und Seele bringen will. Denn es gehe, wie es wolle: zuletzt wird dieser Frevel doch gestraft werden, wie Paulus sagt: »Wer sich gegen die Obrigkeit auflehnt, wird bestraft.« Und wie man sieht, daß kein Mord ungestraft bleibt – denn Gott wacht über seine Ordnung, die er erschaffen hat, Genesis 9: »Wer Blut vergießt, dessen Blut werde auch vergossen« (Gen 9,6) –, so wird auch dieser Frevel nicht ungestraft bleiben, denn ein Aufruhr ist ein großes Morden.

Darum: Selbst wenn alle Artikel der Bauern im Evangelium befohlen wären, handelten sie dennoch gegen Gott, da sie sie mit Gewalt und Aufruhr erzwingen wollen. Aber sie freveln sogar so sehr, daß sie solche Anmaßung unter dem Vorwand des göttlichen Namens treiben. Gott aber spricht, wer seinen Namen mißbrauche, der werde nicht ohne Strafe bleiben (Ex 20,7). Wer nun Gott fürchtet und aus Torheit eingewilligt hat, mit dem Haufen zu ziehen, der lasse davon ab und denke an Seele und Leib, Frau und Kind, denn es würde doch nicht ohne Strafe bleiben.

Dies sei allgemein zum Handeln der Bauern gesagt. Nun wollen wir von den Artikeln sprechen. (...)

Über den dritten: Von der Leibeigenschaft

Frevel und Gewalt ist auch, daß sie nicht leibeigen sein wollen. Was sie aber aus der Schrift beibringen, Christus habe uns frei gemacht, meint eine geistliche Freiheit: daß wir nämlich sicher sind, durch ihn sei unsere Sünde ohne unser Verdienst getilgt worden, und daß wir von Gott kühn Gutes erwarten dürfen, darum bitten und es erhoffen, und daß Christus den Seinen den Heiligen Geist spendet, wodurch sie dem Teufel widerstehen, sodaß er sie nicht in die Sünde stoßen kann wie die Gottlosen, deren Herzen er in seiner Gewalt hat, sie zu Mord, Ehebruch, Gotteslästerung etc. antreibt. Die christliche Freiheit ist im Herzen. Sie läßt sich nicht mit fleischlichen Augen anschauen. Äußerlich trägt ein Christ geduldig und fröhlich jede weltliche und bürgerliche Ordnung und gebraucht sie wie Essen und Kleidung. Er kann leibeigen und untertan sein, er kann auch adelig und ein Herrscher sein, er kann sich an das sächsische oder das römische Recht bei Gebrauch und Aufteilung der Besitztümer halten; diese Dinge betreffen nicht den Glauben. Ja, das Evangelium fordert, daß man solche weltlichen Ordnungen um des

Friedens willen halten möge. Paulus an die Epheser, Kapitel 6: »Ihr Leibeigene, seid euren irdischen Herren, als Christus, gehorsam mit Furcht und Zittern, mit willigem Herzen, nicht mit Dienst allein vor Augen, um den Menschen zu gefallen, sondern als Diener Christi, und tut diesen Willen Gottes von Herzen, freundlich etc.« (Eph 6,5f.). Und an die Kolosser, Kapitel 3: »Ihr Leibeigene, seid euren irdischen Herren gehorsam in allen Dingen etc. Wer unrecht tut, der wird empfangen, was er unrecht getan hat.« (Kol 3,22.25). In dieser Gesinnung ist Joseph selbst lange ein Leibeigener in Ägypten gewesen (Ex 39), und viele andere Heilige.

Darum hat das Ansinnen der Bauern keinen Schein des Rechts für sich. Ja, es wäre nötig, daß ein solch wildes, ungehorsames Volk wie die Deutschen noch weniger Freiheit hätte, als es hat. Joseph hatte Ägypten große Lasten auferlegt, damit dem Volk der Zaum nicht zu weit gelassen würde. Aber unsere Regierenden gestatten dem Volk allen Frevel, nehmen nur Geld von ihm, darüber hinaus halten sie es in keiner Zucht: daraus folgt großes Unheil. (...)

Schluß

Erstens haben die Bauern unrecht und handeln gegen Gott, weil sie sich auflehnen und Gewalt gegen die Obrigkeit ausüben, selbst wenn alle Artikel außerordentlich gut wären, denn Gott fordert Gehorsam gegen die Obrigkeit, wie der heilige Paulus sagt, Römer 13: »Wer der Obrigkeit widersteht, wird bestraft.« (Röm 13,2). Und Sprüche 24: »Mein Kind, fürchte Gott und den König, und menge dich nicht unter Aufrührer, denn ihr Verderben wird plötzlich kommen, und wer weiß, wann es sie trifft.« (Spr 24,21f.).

Zweitens gebietet das Evangelium, Unrecht zu ertragen: Darum handeln die Bauern unchristlich, wenn sie sich mit dem Namen des Evangeliums schützen, und es ist anzunehmen, daß der Teufel die Bauern nur dazu anstiftet, damit das heilige Evangelium geschmäht und gelästert werde, und damit falsche Vorstellungen vom Glauben eingeführt werden, um das Evangelium wieder wie früher zu verdunkeln.

Drittens ist es unrecht, Aufruhr anzurichten; selbst wenn die Artikel, abgesehen davon, daß man der Obrigkeit nachgeben soll, alle rechtens wären. Nun sind, wie oben gezeigt, die Artikel zum größeren Teil auch so unrecht, daß es zum Erbarmen ist, wie die blinden Leute ihre armen Frauen und Kinder, ihr Leib und Leben so leichtfertiger Dinge wegen in Gefahr bringen. Ja, daraus kann man erkennen, was des Teufels Betreiben ist, der nämlich am Morden seine Freude hat, wie Christus spricht, Johannes 8: »Der Teufel ist von Anfang an ein Mörder gewesen.« (Joh 8,44).

Ein Fürst hätte doch mit Recht alles Gute verdient, wenn er einem Land Frieden geschaffen hat, damit wir die armen Kinder zu Disziplin und Gottesfurcht erziehen können: Wieso sind wir dann so blind, selbst diesen Frieden zu brechen und mit denen, die den Frieden doch geziemend erhalten haben, so ohne jede Achtung umzugehen, denen wir doch große Dankbarkeit schulden. Jedes ehrbare Herz möge dies betrachten und an Gottes Willen denken, der herzliche Dankbarkeit gegen die Obrigkeit fordert, und enthalte sich von Freveln und Anmaßungen. Gott wird doch einmal zeigen, wie sehr ihm solcher Frevel mißfällt, denn er spricht, Sprüche 24, ihr Verderben werde plötzlich kommen. Laß dich nicht beirren, lieber Freund, wenn man dich einen Heuchler oder anders heißt! Gott wird die Sache wohl richten, und hielt bereits an vielen Orten Gericht. Noch sind die Aufrührer so vom Teufel besessen, daß sie nicht zurechtgewiesen werden wollen: Sie mißachten ihre Schwüre, was sie bewilligen, halten sie nicht, und schreien dann, dies sei evangelisch. Es steht aber im Zweiten Gebot geschrieben, daß es keinem Treulosen gut gehen werde, denn im Text heißt es wie folgt: »Gott wird den nicht ungestraft lassen, der seinen Namen mißbraucht.« (Ex 20,7).

Viertens bitte ich, daß die Fürsten zunächst gütlich handeln und etwas einräumen, das berechtigt sein könnte, nach dem Rat der Alten, 3 Könige 12, die König Rehabeam rieten, daß er die von Salomo, der doch zweifellos sehr gut regiert und niemanden ungerecht belastet hatte, auferlegten Lasten erleichtern möge (1 Kön 12,7).

Wer weiß, was Gott über sie verhängen könnte, sofern sie nicht demütig sind, da sie ja auch viel sündigten. Denn Gott hat es doch immer so gehalten, daß er alle Herrschaft von dem Zeitpunkt an, als der Frevel zu groß wurde, vom Thron gestoßen hat. Die Assyrer, Syrer, Griechen, Römer, Karthager sind alle vernichtet worden, das jüdische Königreich, das Gott selbst angeordnet und eingesetzt hatte, ist auch vergangen, von dem, da es doch so große Verheißungen von Gott erhalten hatte, die Juden immer dachten, es würde bis zum Ende der Welt bestehen. Aber weil man im großen Glück Gott vergißt, folgt stets die Strafe, wie Gott insbesondere dem König Nebukadnezar gezeigt hat, Daniel 4.

Auch ist vonnöten, daß die Fürsten im Hinblick auf die Klöster und Stifte handeln, damit der große Mißbrauch, der mit der Messe getrieben wird, abgestellt werde. Denn es liegt zutage, wie leichtfertig man mit der Messe umgeht, und was für einen großen Jahrmarkt man daraus gemacht hat (...)

Die Fürsten sollten auch Geistlichen die Ehe gestatten, denn der heilige Paulus sagt, es seien teuflische Geister, die die Ehe verbieten (1 Thess 4,3f.), und sollten mit dem Stifts- und Klosterbesitz so verfahren, daß davon vornehmlich die armen Leute, die in Stiftungen oder Klöstern sind, versorgt werden, und nicht so nackt davongejagt, wie dies jetzt die mörderischen Bauern tun. Sodann könnten diese Besitztümer zum Nutzen der Armen, insbesondere für Schulen, verwendet werden, damit man wieder ernstlich die rechte christliche Lehre lernt, was auch dazu dient, die weltliche Herrschaft zu erhalten. Denn auch alles, was den alten Stiften von König und Fürsten geschenkt worden war, war ja dazu bestimmt, daß sie die christliche Lehre aufrechterhalten sollten, worum sich die Bischöfe doch lange Zeit nicht gekümmert haben. Wenn man jetzt nicht in rechter Weise Schulen einrichtet, wird man überall ungebildete Prediger einstellen müssen, die Unfrieden und Zerstörung aller Dinge verursachen werden, was bereits jetzt schon viel geschehen ist. Ebenso würde man auch in der weltlichen Herrschaft keine Leute haben, die zum Regieren taugen.

Wo nun die Fürsten den Ihren so wohlwollend begegnen und helfen, daß einige Mißbräuche abgestellt würden, wäre zu hoffen, daß ein gutes Wort einen guten Ort fände, wie Salomo spricht: »Eine milde Antwort stillt den Zorn.« (Spr 15,1). Wenn es denn einige gäbe, die solch eine gute Gesinnung der Fürsten nicht annehmen, sondern mit ihrem Frevel fortfahren wollten, den Reichen das Ihre zu nehmen, Frauen und Kinder zu schänden, die Obrigkeit in den Staub zu stoßen, dann sollten die Fürsten alles in ihrer Macht Stehende unternehmen, um diese als Mörder zu bestrafen, und dabei wissen, daß sie Gott damit dienen, denn Gott hat sie dazu eingesetzt, um dem Mord zu wehren. Römer 13: »Die Obrigkeit ist Gottes Dienerin und Rächerin, die Bösen zu bestrafen.« (Röm 13,2).

So hat David gegen seinen eigenen Sohn gekämpft und an einem Tag zwanzigtausend Aufrührer erschlagen (2 Sam 18,7), so hat er auch gegen den aufrührerischen Scheba Krieg geführt (2 Sam 20,1ff.). Und die Fürsten sollen Gott bitten, da er die Gewalt eingesetzt hat und sie seine Diener sind, daß er sie auch erhalte, schütze und schirme, um der armen Leute willen, von denen es in allen Ländern noch viele gibt, die keinen Gefallen an Aufruhr finden, sondern gern zurechtzuweisen wären und Frieden hätten. Wenn man weiß, woran man recht tut, und ein gutes Gewissen hat, soll man seine Zuflucht zu Gott nehmen, der sich einen »Helfer in der Not« nennt, Psalm 9(,10). Aufrührer, die nichts anderes im Schilde führen als Raub und Mord, können aber kein gutes Gewissen haben. Gott gebe uns Gnade und Frieden, denn »wenn Gott die Stadt nicht behütet, ist unser Wachen vergebens.« Psalm 126. (Ps 127,1).

Anhang

Da nun Gott den Sieg geschenkt hat und die mörderische Rotte, die keinen Frieden haben wollte, nach Gottes Ordnung bestraft ist, sollen die Fürsten fortan mit Mäßigung verfahren, damit den Unschuldigen kein Unrecht geschehe, auch den armen Leuten Gnade erweisen, von denen einige aus Furcht, einige aus Torheit gesündigt haben. Wenn es einem gut geht, ist es freilich schwer, Maß zu halten. Doch sollen die Herren, als die Vernünftigen, es am besten mit ihnen genug sein lassen. Christus spricht: »Selig sind die Gütigen, denn sie werden das Land in Besitz nehmen.« (Mt 5,5). Das heißt, die Welt meint, sie werde mit Vergeltung und Widerstand Macht und Reichtum gewinnen und erhalten, aber Gott gebietet solchen Gewalttätern Einhalt und gibt den Gütigen Glück. Und Salomo spricht, Sprüche 20: »Güte und Treue behüten den König, und Barmherzigkeit befestigt sein Reich.« (Spr 20,28). Denn Gott will, daß man einander Liebe erzeige und einer dem anderen verzeihe, insbesondere die Mächtigen und Weisen den Schwachen und Törichten, die gerade dann der Liebe bedürfen. Deshalb will auch er uns wieder verzeihen, Glück und Heil schenken. Und wie Paulus spricht: »Die Glieder, die uns am wenigsten ehrbar zu sein scheinen, umkleiden wir mit der größten Ehre, und die unanständigen Glieder schmücken wir am meisten« (1 Kor 12,23), so sollen

auch die Mächtigen und Weisen mit dem armen, törichten, irren-
den Volk umgehen, und denen, wo Besserung zu hoffen ist, Gnade
erweisen, ihnen wieder aufhelfen und den Lohn und Dank dafür
von Gott erwarten. So handelte David, nachdem er aus dem Land
gejagt worden war, und er seinen eigenen Sohn getötet hatte, und
wieder eingesetzt war, da versprach er am Jordan, es solle nun niemand mehr umkommen und ließ den Schimi leben, der ihn zuvor
auf der Flucht mit Steinen beworfen und ihm geflucht hatte (2 Sam
19,17ff.). Aber David tötete niemanden mehr, denn die, die man
nicht schonen sollte oder konnte, waren in der Schlacht umgekommen. So handelte David, in dem der Heilige Geist wirksam war:
Als es notwenig war, strafte er ernsthaft, hinwiederum war er dort,
wo er konnte, gnädig. Auch die Heiden haben sich in vergleichba-
ren Fällen lobenswert verhalten, denn Gott hat den Regierenden
mancherlei Beispiele gegeben, nicht allein durch heilige und jüdische Fürsten, sondern auch durch heidnische.

Es begab sich zu Athen, daß viele ehrliche und reiche Bürger
durch dreißig Männer verjagt wurden, die an der Regierung waren
und zahlreiche Verbrechen verübten. Das Blatt wandte sich aber,
wie ja Gott keinen Frevel lange zuläßt, und die verjagten Bürger
kehrten mit Gottes Hilfe wieder zurück und erschlugen die dreißig
Männer. Nun war mittlerweile der Besitz der vertriebenen Bürger
in fremde Hände gekommen, auch sonst hatten sich viele einiges
widerrechtlich angeeignet und während der Herrschaft der Dreißig
Verbrechen an den unterdrückten Bürgern verübt. Damit aber
nicht Veranlassung gegeben würde, weiteres Blut zu vergießen und
die Stadt zu verwüsten, hatte man beschlossen, daß jeder seinen
Schaden vergessen und fortan niemand von seinem Besitz vertrieben oder sonst wegen einer Tat verklagt werden sollte, die vorher
unter den Dreißig begangen wurde. Hieraus folgte Einigkeit und
Ruhe in der Stadt, weil sie einander verziehen und um des allgemeinen Friedens willen viele auf ihre Erbgüter verzichteten. Ebenso füge es Gott in Gnaden, daß die Herren ihren Schaden ebenfalls
vergessen und den Armen verzeihen und nicht mit Schärfe Vergeltung fordern.

In Sikyon ist noch löblicher gehandelt worden. Dort gelangte ein
Aufrührer zur Macht und vertrieb Aratos, dessen Eltern zuvor re-
giert hatten, und verjagte zugleich viele andere redliche Bürger.
Gott verhalf Aratos nach vielen Jahren wieder zur Rückkehr und

bestrafte den Aufrührer, der bisher viele Frevel verübt und viele Morde begangen und die Habe der verjagten Bürger seinen Gesellen zugeschanzt hatte. Als nun Aratos wieder zur Herrschaft gelangte und man den verjagten Bürgern das Ihrige wiedergeben sollte, hatten sich mittlerweile durch Heiraten, Erbschaften etc., große Änderungen mit den Besitztümern ergeben, so daß es sehr schwer war, all die zu entfernen, die auf fremdem Besitz saßen. Da half er folgendermaßen zum Frieden: Er lieh sich eine große Summe Geld von seinem Freund, König Ptolemaios von Ägypten, und setzte Leute ein, die zwischen den rechtmäßigen Herren der Güter und den anderen vermitteln sollten. Denjenigen, die sich von den Besitzungen zurückziehen wollten, sollte man so viel Geld geben, wie sie wert waren. Wenn einer nicht weichen wollte, sollte man den anderen mit Geld entschädigen. So geschah jedermann Genüge, und es herrschte Frieden, und die Stadt konnte wieder aufblühen.

Dies heißt freundlich und fürstlich mit den Leuten umzugehen. Denn die Fürsten sind immer dafür verantwortlich, nicht allein die Bösen zu bestrafen, sondern auch den Unschuldigen behilflich zu sein, daß diese, wie der heilige Paulus sagt, »ein ruhiges und stilles Leben führen können.« (1 Tim 2,2). Darum sollten sie auch dazu helfen, daß getan werde, was zu Frieden und Ruhe dient, wie etwa, daß die Gerichte richtig eingesetzt werden, oder daß die Jugend richtig erzogen wird. Es sollten auch die Schulen gut eingerichtet werden, um christliche und andere Lehren zu pflegen, durch die die Leute zu Frieden und Ehrbarkeit erzogen werden. Auch sollte der Obrigkeit angelegen sein, daß Gottes Wort in rechter Weise gepredigt wird, und man die Kirchenordnungen ändert, die widergöttlich sind. Dann würde Gott ihnen Frieden und Glück in ihrer Regierung geben, wie er sie Hiskia und anderen frommen Königen gab, die alte Mißbräuche im Gottesdienst geändert haben (2 Kön 18,3ff.), denn er spricht in 1 Könige 2: »Wer mich ehrt, den will auch ich ehren, wer mich verachtet, der soll auch zunichte werden.« (1 Sam 2,30).

Zwölf Tage nach der vernichtenden Niederlage der thüringischen Bauern am 15. Mai 1525 bei Frankenhausen wurde ihr geistlicher Anführer, Thomas Müntzer, hingerichtet. Der revolutionäre Prediger, der auch bei der Geisttheologie der Zwickauer Propheten Pate gestanden hatte, war schon kurz nach Melanchthons Berufung nach Kursachsen mit diesem bekannt geworden, korrespondierte zeitweise mit ihm und hatte dabei in einem langen Brief vom 27. März 1522 auch deutliche Kritik an den Wittenbergern geübt: »O ihr Lieben, trachtet danach, daß ihr weissagt (...), sonst wird eure Theologie keinen Heller wert sein (...). Tut euch nicht zusammen mit den Verworfenen, sie verhindern, daß das Wort mit großer Kraft wirke. Kriecht nicht vor euren Fürsten, ihr werdet sonst euren Untergang sehen (...)«.

Wie die Kritik an den *Zwölf Artikeln* ließ Melanchthon auch *Die Histori Thome Muntzers, des anfengers der Döringischen vffrur, seer nutzlich zulesen (Die Geschichte Thomas Müntzers)* aus theologisch-politischer Wirkungsabsicht bewußt auf deutsch erscheinen. Seine anonym erschienene Darstellung hat einen besonderen Anteil an der bis ins 20. Jahrhundert tradierten Verfälschung des Bilds von Müntzer als einem vom Teufel besessenen Ketzer, Volksverführer und feigen Mordpropheten. Seine sozialen Forderungen werden hingegen kaum erwähnt. Am Ende stellen zwei fiktive Ansprachen – die er der Notiz einer seiner Freunde zufolge exemplarisch für den Rhetorik-Unterricht konzipiert hatte – die unterschiedlichen Positionen vor. Mit der Argumentation Philipps von Hessen lieferte die Flugschrift eine theologische Rechtfertigung des fürstlichen Blutgerichts über die Bauern:

Die Geschichte Thomas Müntzers, des Anstifters der Thüringer Unruhen, sehr nützlich zu lesen

*Die Histori Thome Muntzers, des anfengers
der Döringischen vffrur, seer nutzlich zulesen*

Eine Ermahnung des durchlauchtigsten Fürsten und Herren, Herrn Philipp, Landgraf von Hessen usw., an die Ritter, die Bauern, (die sich unter dem Vorwand des Evangeliums durch falsche Prediger verführt, jeder Obrigkeit widersetzten), getrost anzugreifen.

Nachdem Luther einige Jahre gepredigt und das Evangelium rein und klar gelehrt hatte, säte der Teufel daneben seinen Samen aus und erweckte viele falsche und schädliche Prediger, wodurch das Evangelium wieder verdunkelt und niedergehalten wurde; außerdem wurde auch ein großes Blutvergießen angerichtet. Denn Christus hat den Teufel so angeredet und beschrieben: daß er von Anfang an ein Mörder gewesen sei und bis ans Ende der Welt Mord anrichten würde (Joh 8,44).

Aus diesem Grund hat er von einem Besitz ergriffen, der Thomas Müntzer hieß. Der war in der Heiligen Schrift wohlgelehrt, blieb aber nicht auf der Bahn der Heiligen Schrift, sondern der Teufel narrte ihn und trieb ihn von der Schrift weg, daß er anfing, nicht mehr vom Evangelium zu predigen, und wie die Leute fromm werden sollten, sondern aus falschem Verständnis der Heiligen Schrift erdichtete er falsche und aufrührerische Lehren: daß man alle Obrigkeit töten und zukünftig alle Güter gemeinsam, kein Fürst, kein König mehr sein solle. Dies hämmerte er dem törichten Pöbel heftigst ein, schmähte und schalt die Fürsten auf üble Weise, wie sie den armen Mann unterdrücken, belasten, quälen und ausbeuten würden, damit sie ihre unnütze Pracht und Ausgaben erhalten könnten. Des weiteren: sie würden zum Schaden des armen Mannes prassen, obwohl christliche Liebe erfordere, daß sich keiner über den anderen erhebe, jedermann frei sei und alle Güter der Gemeinschaft gehörten.

Dabei gab er zum Vorwand für solch teuflische Lehre an, er erhielte Offenbarungen vom Himmel und lehre nichts anderes, gebiete auch nichts, was ihn nicht Gott geheißen hätte. Es ist nicht zu ermessen, wie sehr der Teufel diesen Menschen in Besitz genommen hat, daß er sich himmlischer Offenbarung hat rühmen dürfen und sich Gottes Namens so unverschämt mit Lügen bedienen. Ja, den Nachkommen wird es auch unglaublich sein, daß ein Mensch in solche Vermessenheit fallen könne, in der er sich so großer Dinge rühmen darf, an denen nichts ist.

Dergleichen mehr hat sich aber schon früher zugetragen. Denn es lebte einer namens Mani. Der gab sich als der rechte Christus und Gottes Sohn aus, erwarb sich auch Jünger und band viel Volk an sich, das der Teufel in solchen Irrtum hineintrieb, daß er sie um Leib und Seele brachte.

So etwas ist jetzt auch geschehen. Und dabei hat sich der Teufel einer solchen List bedient, die nicht mit der Vernunft begriffen und von unerfahrenen Leuten wohl nicht geglaubt werden kann. Aber man ist so mit diesem Thomas verfahren, daß man ihn durchschaut hat. Ich will die betreffenden Geschichten auf das Eifrigste erzählen und berichten, wie er sich verhalten hat. Es liegt ein Flecken, Allstedt, ein Ort in Thüringen, am Harz Richtung Sachsen, und gehört dem sächsischen Kurfürsten. Dorthin hat sich Thomas begeben. Denn obwohl er sich rühmte, er habe den Heiligen Geist und fürchte sich nicht und habe einen göttlichen Befehl, in aller Welt zu predigen, suchte er doch ein Nest, wo er unter dem Schutz des frommen Herzogs Friedrich, des Kurfürsten von Sachsen, sicher wäre, unter dem die Priester, die gegen unsinnige Bräuche predigten, sicherer waren als sonstwo.

Als er sich nun in Allstedt eingenistet hatte, predigte er zunächst so, daß er sich einen großen Ruf verschaffte, gegen Papst und Luther gleichermaßen, wie die päpstliche und lutherische Lehre unsinnig wären. Der Papst hätte die Gewissen zu sehr mit unangemessenen Lasten und Zeremonien gebunden, Luther aber mache die Gewissen zwar frei von päpstlichen Lasten, beließe sie aber in fleischlicher Freiheit, führe sie nicht weiter im Geist und zu Gott. Mit solchem Geschwätz brachte er den einfältigen Pöbel zum Staunen. Da lief man hinzu, und jedermann wollte etwas Neues hören, wie Homer sagt, daß der Pöbel das neue Lied für das beste halte.

Was nun die Lehren des Papstes und Luthers betrifft, würde es zu weit führen, sie hier auseinanderzusetzen. Was aber Müntzer gelehrt hat und wie er aus einem Irrtum in den anderen gefallen ist, ist nützlich zu wissen und zu bedenken, damit wir uns an solcher Geschichte ein Beispiel nehmen und wachsam sind und Gott bitten, er möge uns behüten, daß wir nicht in Irrtum fallen und so verblendet werden, daß wir völlig von dem christlichen Weg abkommen. Denn wenn einer zu Fuß über Land reist und er den Weg einmal verfehlt, dann geschieht es oft, daß er, je weiter desto mehr, von dem rechten Weg abkommt. So verhält es sich auch in diesen Dingen. Sobald man einmal von der Wahrheit abkommt und sich vom Teufel narren läßt, irrt man, je länger je weiter, und der Teufel führt die bedauernswerten Leute an der Nase, wie man einen Büffel führt.

Nun wollen wir kurz zusammenfassen, was Thomas vorgebracht hat. Er lehrte, es sei wahr, daß Frömmigkeit nicht in den päpstlichen Ordnungen bestünde; darum solle man diese lassen. Und er lehrte, daß man auf solche Weise zu rechter und christlicher Frömmigkeit gelangen müsse: Zunächst müsse man öffentliche Laster wie Ehebruch, Totschlag, Gotteslästerung und dergleichen aufgeben. Dabei müsse man den Leib kasteien und martern mit Fasten, mit schlichter Kleidung, wenig reden, verdrießlich dreinschauen, den Bart nicht scheren. Solche kindische Zucht nennt er Abtötung des Fleisches und Kreuz, wovon im Evangelium geschrieben steht.

Dies forderten seine Predigten zuerst. Wenn man sich nun so gefärbt und geschmückt hätte, lehrte er weiter, solle man an verborgene Orte gehen und oft an Gott denken, was er sei und ob er sich unser auch annehme. Das Herz würde dann feststellen, daß es daran zweifle. Man wisse weder, ob Gott groß nach uns frage, noch, ob es wahr sei, daß Christus um unsertwillen gelitten, uns erlöst habe, da wir doch noch in so großer Not und Elend sind. Es würde auch wissen wollen, ob unser Glaube oder der der Türken der richtige sei. Soweit wäre eine solche Predigt zu ertragen gewesen, im folgenden aber hat er große Gotteslästerungen gelehrt.

Darauf solle einer von Gott ein Zeichen fordern, daß Gott bezeuge, wie er sich unser annehme und daß unser Glaube recht und wahr sei. Wo Gott solche Zeichen nicht bald geben würde, solle man nicht ablassen, sondern fortfahren, kühn mit großem Ernst solche zu fordern, auch über Gott zornig werden, ihm fluchen und ihm seine Gerechtigkeit vorhalten, da – weil von ihm geschrieben steht, er wolle jedermann selig machen und die Wahrheit lehren und geben, worum man ihn bitte (Mt 7,7) – er Unrecht tue, wenn er nicht einem solchen Herzen, das von ihm wahre Erkenntnis Gottes begehre, ein Zeichen erweise. An solchem Zorn, sagt Thomas, hätte Gott großes Wohlgefallen. Denn daran spüre er, wie sehr man seiner begehre, und würde wie ein Vater handeln und diesen Durst der Seele löschen, wie von ihm geschrieben steht, daß er die Durstigen tränke (Apk 21,6), und er versprach, Gott würde dann kommen und persönlich mit ihnen reden, wie mit Abraham, Jakob und anderen. Ja, er sagte öffentlich – was schrecklich zu hören ist –, er wolle auf Gott scheißen, wenn der nicht mit ihm rede wie mit Abraham und anderen Patriarchen. Das bezeichnete er als den sicheren Weg zum Himmel und bezog sich auf das Geschwätz, vieles in der Schrift sei gefälscht, schrie und schalt greulich. Wer widersprach, hieß er Pharisäer, die Gott nicht richtig und wahrhaft kennen würden, sondern wie Blinde in die Schrift schauten und Gott dort nicht fänden. Dies alles gefiel dem Pöbel gut: daß sie mit Gott reden und Zeichen sehen sollten. Denn die menschliche Natur ist neugierig und lüstern darauf, große und verborgene Dinge zu erfahren. Auch tat der Ruhm dem groben Volk gut, daß sie glaubten, sie würden heiliger und gelehrter als all die Studierten. Es ist aber nützlich zu erwähnen, welche Zeichen Thomas im Sinn hatte. Er sagte, daß Gott seinen Willen durch Träume offenbare, und baute ganz auf Träume. Wer nun etwas von Gott geträumt hatte, der hielt sich für fromm, oder wer einen Traum hatte, den man auf eine Geschichte hin deuten konnte, die hielt er für Christen und Propheten, lobte sie in öffentlichen Predigten, um sie an sich zu ziehen, und hat sie mit solchem Lob dazu begeistert, ihn eifriger zu verteidigen.

Damit verschaffte er sich Zulauf bei dem verrückten Pöbel. Und diesem zuliebe änderte er auch die Zeremonien der Kirche, Gesang, Kleidung und dergleichen. Denn solche Neuheiten sind bei dem leichtfertigen Pöbel sehr beliebt.

Als er nun der Meinung war, er hätte genug Ansehen und der gemeine Mann würde ihm folgen, wagte er sich weiter voran und nahm sich vor, unter dem Vorwand des Evangeliums einen Aufruhr vom Zaun zu brechen, wodurch er die Herren verjagen und sich selbst in das Nest setzen, mächtig und reich würde. Er begann in Allstedt und erstellte ein Verzeichnis, trug alle ein, die sich ihm verbunden fühlten und verpflichtet hatten, die unchristlichen Fürsten zu strafen und ein christliches Regiment einzusetzen. Denn er gab vor, Gott hätte ihm befohlen, die weltliche Herrschaft zu ändern.

Bisher hatte er noch nicht öffentlich gegen die Obrigkeit geredet, sondern allein den Traum, den wir erzählt haben, wie die Leute Gott erkennen und fromm werden sollten, unter das Volk gebracht und gegen Luther und Papst zugleich gepredigt.

Da er aber keinen Aufruhr lehrte, sah ihm Herzog Friedrich, Kurfürst von Sachsen, zu und verjagte ihn nicht. Auch Luther schrieb an Herzog Friedrich, man solle ihn nicht verjagen.

Aber als er nun meinte, er hätte Unterstützung genug, Lärm anzurichten, fing er an und lehrte Aufruhr: daß man der weltlichen Obrigkeit nicht gehorsam sein und sie aus der Herrschaft vertreiben solle. Dazu, sagte er, hätte Gott ihn erwählt, durch den der ganzen Welt geholfen würde. Also hat Thomas insgesamt zwei Irrtümer gelehrt: den einen von geistlichen Dingen, daß man von Gott Zeichen fordern solle und sich nicht aus der Schrift trösten, auch daß Träume ein sicheres Zeichen wären, daß man den Heiligen Geist empfangen hätte. Der andere Irrtum ist der vom weltlichen Regiment gewesen: daß man diesem nicht gehorsam sein solle, obwohl doch die Schrift solchen Gehorsam sehr ernstlich gebietet.

Darauf hat ihn Herzog Friedrich des Landes verwiesen. Da vergaß Thomas seinen großen Geist, machte sich davon und verbarg sich ein halbes Jahr lang. Danach wagte er sich wieder hervor – denn der Teufel ließ ihn nicht ruhen – und ging nach Nürnberg.

Aber Gott behütete diese Stadt auf besondere Weise, so daß Thomas dort keine Wurzeln schlug. Denn wenn ihm dies geglückt wäre, ist zu befürchten, daß sich ein viel schrecklicheres Getöse als in Thüringen erhoben hätte.

Der Nürnberger Rat jagte ihn beizeiten aus der Stadt. Da kehrte er um und zog wieder Richtung Thüringen, nach Mühlhausen. Denn während er in Allstedt gewesen war, hatte er einige Spitzbuben aus Mühlhausen an sich gezogen. Diese verschafften ihm Bekanntschaft und Raum in der Stadt, so daß die Gemeinde ihn als Prediger annahm.

Dagegen jedoch stellte sich der Rat. Da begann Thomas vorsichtig und stachelte den Pöbel dann mehr und mehr dazu an, den Rat als unchristlich abzusetzen und einen neuen, christlichen Rat zu wählen, der ihm seine Predigten erlaubte. Dies geschah, und es wurden die ehrbaren Leute aus dem Rat entfernt, einige aus der Stadt verjagt.

Dies war der Anfang der neuen christlichen Herrschaft. Danach vertrieben sie die Mönche und nahmen die Besitztümer der Klöster und Stifte an sich. Die Johanniter hatten dort einen Hof und große Renten gehabt. Diesen Hof kassierte Thomas.

Und damit er überall mit von der Partie sein konnte, ging er auch mit zum Rat und behauptete, Rechtsprechen müsse durch Offenbarung von Gott und durch die Bibel geschehen. Recht sprach man nun so, wie es ihm gefiel, und hielt dies für einen besonderen Befehl Gottes.

Er lehrte auch, daß alle Güter gemeinsam sein sollten, wie in der Apostelgeschichte geschrieben steht, daß man die Güter zusammengetan habe (Apg 2,44). Damit machte er den Pöbel so übermütig, daß er nicht mehr arbeiten wollte; wenn einer Korn oder Tuch brauchte, ging er vielmehr zu einem Reichen, wie er wollte, forderte es nach christlichem Recht, denn Christus wolle, man solle mit den Bedürftigen teilen (Mt 19,21). Wo aber ein Reicher nicht freiwillig gab, was man von ihm forderte, nahm man es ihm mit Gewalt. Viele handelten so; auch die, die bei Thomas im Johanniterhof wohnten. Solchen Vermessenheiten frönte Thomas, täglich mehr, und drohte allen Fürsten in der Umgebung, daß er sie demütigen wolle.

Dies trieb er fast ein Jahr lang bis in das 1525. Jahr hinein, wo die Bauern in Schwaben und Franken unruhig wurden. Denn Thomas war nicht so kühn, einen Aufruhr zu beginnen – obwohl er sagte, Gott hätte es ihm befohlen –, bis er hoffte, er würde durch die ausländischen Bauern Unterstützung erhalten. Denn in Franken lagen mehr als 40.000 Mann in drei Heeren. Diese hatten die Edelleute verjagt, fast alle Schlösser niedergebrannt und geplündert.

Da meinte Thomas, die Stunde wäre günstig, die Fürsten seien erschrocken, der Adel verjagt, die Bauern würden die Stellung behaupten, und wollte auch mit im Spiel sein und seine Reformation beginnen. In Predigten ließ er sich hören, die Zeit wäre gekommen, er wolle bald ins Gefecht ziehen, und goß Büchsen im Chor der Barfüßerkirche. Das Landvolk lief auch in Scharen nach Mühlhausen, alle wollten reich werden.

Er hatte einen Prediger bei sich, der Pfeiffer hieß, ein entlaufener Mönch, der gut in dieses Spiel paßte, von frevlerischem Übermut. Der wollte immer den ersten Angriff ausführen und gab vor, er hätte eine Vision gehabt, aus der er erkenne, daß Gott ihn zum Kriegszug auffordere. Er hätte einen Traum gehabt, daß er in einem Stall gewesen sei und viele Mäuse gesehen habe, die er alle verjagt hätte. Damit meinte er, hätte Gott ihm gezeigt, daß er ausziehen und den ganzen Adel verjagen solle.

Und da Thomas dies weder erlauben noch mitziehen wollte, geriet er mit diesem sehr in Streit, drohte ihm heftig, er würde ihn vertreiben, wenn er ihn nicht ziehen ließe und ihm das Volk abspenstig mache; denn Thomas wollte den Angriff nicht unternehmen, bis er stark genug wäre, und die Stadt nicht verlassen, bevor sich nicht die Bauern überall in der Umgebung erhoben hätten. Darauf schrieb er den Bergleuten in Mansfeld einen ungemein teuflischen Brief, daß sie pinkepank auf die Fürsten wie auf den Amboß Nimrods (Gen 10,8f.) einschlagen sollten. Auch hoffte er darauf, daß die fränkischen Bauern näher Richtung Thüringen vorrücken würden.

Pfeiffer zog aus ins Eichsfeld, plünderte Schlösser und Kirchen, verjagte die Adeligen und nahm sie gefangen, kehrte zurück, brachte viel Raubgut mit. Da wurde der gemeine Pöbel angriffslustig, weil es gut gegangen war. Zur gleichen Zeit erhoben sich die Bauern in Frankenhausen, nicht weit von Mühlhausen gelegen. Sie fielen auch in die Grafschaften Mansfeld und Stolberg ein, schleiften und plünderten die Schlösser.

Da zog Thomas aus. Denn er meinte, nun wäre das ganze Land von den Fürsten abgefallen, und zog mit dreihundert Spitzbuben von Mühlhausen nach Frankenhausen. In allen Städten wurde der Pöbel nun aufsässig. Und obwohl die sächsischen Fürsten sich rüsteten, um den Bauern Einhalt zu gebieten, und der Landgraf von Hessen und die Herzöge von Braunschweig darauf aus waren, den Aufruhr niederzuhalten, hätten sie doch fast die Partie verloren, wenn die Bauern nicht bald erschreckt worden wären, daß auch sie zögerten und nicht fortfuhren, die Städte einzunehmen.

Aus folgendem Grund befiel die Bauern ein Schrecken. Als sich die Grafschaft Mansfeld empört hatte und dazu alle Grafschaften, die daran grenzen, machte sich Graf Albrecht mit sechzig Pferden auf und erstach zweihundert. Da erschraken die Bauern und zogen nicht weiter, sondern liefen alle nach Frankenhausen, um da zu warten, bis ihre Schar größer würde, und sie warteten, bis auch die Fürsten zusammenkamen.

Zur Unterstützung Herzog Johanns von Sachsen entsandt, zogen die Fürsten, Herzog Georg von Sachsen, Landgraf Philipp von Hessen und Herzog Heinrich von Braunschweig, mit fünfzehnhundert Pferden und nicht viel Fußvolk gegen die Bauern. Die Bauern aber hatten ihre Wagenburg auf einem Berg bei Frankenhausen aufgeschlagen, sodaß man mit den bewaffneten Reitern nicht gut zu ihnen durchkam. Doch hatten sie nicht viel Geschütz und Harnisch und waren ganz ungeschickt und ungerüstet.

Das sahen die Fürsten und hatten Mitleid mit den törichten, unseligen Leuten und beschlossen, sie ein letztes Mal zu ermahnen, und schickten Gesandte zu ihnen, damit sie abzögen und die Anführer und Anstifter des Aufruhrs auslieferten. Die armen Leute waren erschrocken und wären wohl zu belehren gewesen; aber der Teufel wollte seinen Frevel durch Thomas ausführen. Er drängte Thomas dazu, daß er sie zu bleiben und sich zu wehren ermahnte. Darum trat er vor sie hin und hielt diese Rede:

»Liebe Brüder, ihr seht, daß die Tyrannen, unsere Feinde, da sind und uns umbringen wollen, und doch so furchtsam sind, daß sie uns nicht anzugreifen wagen und stattdessen fordern, daß ihr abziehen und die Anstifter dieser Sache ausliefern sollt. Nun, liebe Brüder, ihr wißt, daß ich diese auf Gottes Befehl angefangen habe und nicht aus eigenem Entschluß oder Kühnheit, denn ich bin mein Lebtag nie ein Krieger gewesen. Weil mir aber Gott persönlich auszuziehen befohlen hat, bin ich verpflichtet, und ihr alle auch, dazubleiben und auf das Ende zu warten. Gott gebot Abraham, seinen Sohn zu opfern. Nun wußte Abraham nicht, wie dies zugehen solle. Dennoch folgte er Gott und machte sich auf den Weg und wollte das fromme Kind opfern und töten. Da rettete Gott Isaak und erhielt ihn am Leben (Gen 22,1ff.). So sollen auch wir, die wir Befehl von Gott haben, auf das Ende warten und Gott für uns sorgen lassen. Daran aber zweifle ich nicht, daß es gut ausgehen werde und wir an diesem heutigen Tag Gottes Hilfe sehen werden und unsere Feinde alle ausrotten. Denn Gott spricht oft in der Schrift, er wolle den Armen, den Frommen, helfen und die Gottlosen ausrotten. Nun sind wir ja die Armen und diejenigen, die von Gott begehren, daß er sein Wort halte. Darum sollen wir nicht daran zweifeln, daß das Glück auf unserer Seite sein wird. Was aber sind die Fürsten? Sie sind nichts als Tyrannen, die Leute schinden; unser Blut und Schweiß vertun sie mit Hofhaltung, mit unnützer Pracht, mit Huren und Schurken. Im Buch Deuteronomium hat Gott geboten, der König solle nicht viele Pferde bei sich haben und große Pracht anhäufen. Auch solle ein König täglich das Gesetzbuch in den Händen haben (Dtn 17,16ff.). Was aber tun unsere Fürsten? Sie kümmern sich nicht um die Regierung, hören nicht die armen Leute an, sprechen nicht Recht, halten die Straßen nicht rein, gebieten Mord und Raub nicht Einhalt, strafen keinen Frevel und Übermut, verteidigen nicht Witwen und Waisen, helfen nicht den Armen zum Recht, sorgen nicht dafür, daß die Jugend recht erzogen wird zu guten Sitten, fördern nicht den Gottesdienst, obwohl doch dieser Gründe wegen Gott die Obrigkeit eingesetzt hat, sondern richten nur die Armen zugrunde, immer mehr und mehr mit neuen Lasten, gebrauchen ihre Macht nicht zur Erhaltung des Friedens, sondern zu eigener Wehrhaftigkeit, damit jeder seinem Nachbarn gegenüber stark genug sei, ruinieren Land und Leute mit unnötigen Kriegen, rauben, brennen, morden. Das sind die fürstlichen Tugenden, die sie jetzt pflegen. Ihr sollt nicht denken, daß Gott dieses länger dulden wolle. Denn wie er die Kanaaniter ausgerottet hat (Jos 11,14ff.), wird er auch diese Fürsten ausrotten. Und selbst wenn das Genannte noch zu ertragen wäre, kann Gott jedoch das nicht zulassen, daß sie den falschen Gottesdienst der Pfaffen und Mönche verteidigen wollen. Wer weiß nicht, was für eine greuliche Abgötterei mit dem Kaufen und Verkaufen in der Messe geschieht? Wie Christus die Händler aus dem Tempel stieß (Mt 21,12), wird er auch diese Pfaffen und was mit ihnen zusammenhängt, zugrunde richten. Und wie Gott dem Pinchas gelobt hat, daß er die Hurerei mit Kosbi bestrafen werde (Num 25,10f.), wird er uns Glück geben, die Hurerei der Pfaffen zu bestrafen. Darum seid getrost und erweist Gott den Dienst und rottet diese unfähige Obrigkeit aus. Denn was würde es helfen, wenn wir mit ihnen Frieden schlössen? Sie werden uns doch weiterhin nicht freilassen und drängen uns zur Abgötterei. Nun sind wir dazu verpflichtet, lieber zu sterben als in ihre Abgötterei einzuwilligen. Es wäre besser, daß wir Märtyrer würden, als daß wir zuließen, daß uns das Evangelium entzogen wird und wir zu den Mißbräuchen der Pfaffen gezwungen werden. Außerdem weiß ich sicher, daß Gott uns helfen und uns den Sieg schenken wird, denn er hat mir dies persönlich zugesagt und befohlen, daß ich alle Stände reformieren soll. Es ist nicht verwunderlich, daß Gott wenigen und ungerüsteten Leuten gegen viele Tausend den Sieg schenkt, denn Gideon hat mit wenigen Leuten (Richt 7,19ff.), Jonathan allein mit seinem Waffenträger viele Tausend geschlagen (1 Sam 14,6ff.), David ohne Rüstung den großen Goliath umgebracht (1 Sam 17,31ff.). Daher zweifle ich nicht daran, daß jetzt das gleiche geschehen werde: daß wir, obwohl wir ungerüstet sind, siegen. Eher müßten sich Himmel und Erde ändern, als daß wir verlassen werden sollten, so wie sich die Natur des Meeres änderte, damit den Israeliten Hilfe wurde, als ihnen Pharao nacheilte (Ex 14,15ff.). Laßt nicht euer schwaches Fleisch erschrecken und greift die Feinde kühn an, ihr braucht das Geschütz nicht zu fürchten. Denn ihr sollt sehen, daß ich alle Geschosse, die sie gegen uns abfeuern, mit dem Ärmel auffangen will. Ja, ihr seht, daß Gott auf unserer Seite ist, denn er gibt uns jetzt ein Zeichen. Seht ihr nicht den Regenbogen am Himmel? Der bedeutet, daß Gott uns, die wir den Regenbogen im Panier führen, helfen will und droht den mörderischen Fürsten mit Gericht und Strafe. Darum seid unerschrocken und getrost auf göttliche Hilfe und stellt euch zur Gegenwehr! Gott will nicht, daß ihr mit den gottlosen Fürsten Frieden schließt.«

Als Thomas ausgeredet hatte, war der größte Teil entsetzt, wäre gerne weit weg gewesen und sah wohl, daß Wasser über die Körbe (des Schiffes) gehen wollte. Es bestand aber keine Ordnung und Führung, um zu beratschlagen, was man tun sollte. Auch gab es einige übermütige Spitzbuben, die Lust hatten zu kämpfen und sich selbst ins Unglück zu stürzen. Da diese gleichen Sinnes waren, stimmten sie Thomas zu und waren nicht nur durch die Rede äußerst erregt geworden, sondern es bewegte sie erst recht der Regenbogen, der erschien, als Thomas redete. Denn da sie einen Regenbogen in ihrem Fähnlein führten, meinten sie, Gott hätte ihnen ein Zeichen des Sieges gegeben. Auch war die Schar ziemlich groß und lag strategisch günstig, sodaß sie meinten, sie würden den Fürsten gegenüber stark genug sein, denn es waren um die achttausend Bauern. Und so schrien einige Spitzbuben, man solle sich zur Gegenwehr stellen und fingen an, das Lied »Komm heiliger Geist« zu singen.

So bekamen die Fürsten keine Antwort auf ihren Vorschlag. Auch hatte Thomas einen jungen Adeligen, den einzigen Sohn eines alten Mannes, der mit anderen ins Lager gesandt worden war, um etwas zu erledigen, gegen die überall geltenden Übereinkünfte im Krieg erstechen lassen. Dies erzürnte die Fürsten und den Adel sehr zur Heftigkeit gegen die Bauern. Darum blies man zum Kampf und ordnete den Zug. Und der Landgraf von Hessen, der unter den Fürsten dort der Jüngste war, ritt um den Zug und ermahnte sie, den allgemeinen Frieden zu retten, und sprach so:

»Liebe Freude, ihr seht die armen Leute vor euch, gegen die ihr angetreten seid, um ihrem Ungehorsam und ihrer Vermessenheit Einhalt zu gebieten. Nun hatten die Fürsten Mitleid mit ihrem Unglück und ließen mit ihnen verhandeln, damit sie abzögen, sich ergäben und die Anführer auslieferten. Darauf geben sie keine Antwort und rüsten sich zum Kampf. Dem gegenüber fordert es die große Not, daß wir uns verteidigen. Darum ermahne ich euch, daß ihr sie ritterlich angreift und den treulosen Bösewichtern und Mördern Einhalt gebietet. Der Teufel hat die Leute so verblendet, daß sie sich weder raten noch helfen lassen wollen. Denn wenn sie auch große Klage über die Fürsten führen, ist doch kein Grund auf Erden hinreichend, um Aufruhr zu erregen und Gewalt gegen die Obrigkeit anzuwenden. Denn es ist ein sehr ernstes Gebot Gottes, die Obrigkeit zu ehren und zu fürchten. Darüber hat Gott so gewacht, daß Aufruhr nie ungestraft geblieben ist. Denn Paulus sagt: ›Wer sich der Obrigkeit widersetzt, wird bestraft denn die Obrigkeit ist von Gott eingesetzt.‹ Darum wacht Gott darüber, daß keine Kreatur sie niederzureißen vermag. Wie es Gottes Ordnung ist, daß es Tag und Nacht wird und kein Mensch die Sonne vom Himmel reißen kann, Tag und Nacht entfernen, werden weder der Teufel noch des Teufels Apostel, die Müntzerischen Bauern, gegen die eingesetzte Obrigkeit Glück haben. Ich spreche davon nicht deshalb, um mich als Fürst herauszuputzen und die Sache der Bauern einzuschwärzen, sondern es ist die volle Wahrheit. Ich weiß wohl, daß wir uns oft strafwürdig verhalten. Denn wir sind Menschen und greifen oft daneben. Dennoch soll man deswegen keinen Aufruhr beginnen. Gott gebietet, die Obrigkeit zu ehren. Dann aber soll man sie besonders achten, wenn sie der Achtung besonders bedarf. Nun bedarf die Obrigkeit dann am meisten der Achtung, wenn sie geschmäht wird, vielleicht auch gefehlt hat. Folglich sollen die Untertanen der Obrigkeit solche Schmach zu tragen helfen, sie mit Achtung behandeln und zudecken, wie Sem den nackten Noah zudeckte (Gen 9,23), um in Frieden und Einigkeit beieinander bleiben und leben zu können. Aber was tun diese treulosen Bösewichter? Sie decken nicht unsere Fehler zu, sondern machen sie noch öffentlicher, ja lügen auch viel hinzu. Denn es ist ja erdichtet und erlogen, daß wir nicht den allgemeinen Landfrieden halten, daß wir nicht Gerichte einsetzen, um Mord und Räuberei in den Ländern zu unterbinden, denn wir sind nach unseren Kräften eifrig bemüht, eine friedliche Herrschaft zu erhalten. Nun ist ja die Bürde, die die Untertanen an Abgaben oder Steuern tragen, gering gegen die Sorge und Mühsal, die wir tragen. Aber jedermann hält seine eigenen Lasten für die größten. Was dagegen andere Leute leiden, will niemand ermessen. Die Bauern zahlen geringe Steuern; ihretwegen leben sie sicher, können Frau und Kinder ernähren, können Kinder zu Zucht und Ehre erziehen. Zur Aufrechterhaltung solcher Sicherheit werden ihre Steuern verwendet. Sagt mir, wem erwächst der größte Nutzen daraus? Den Untertanen. Darum sind ihre Klagen nichtig. Es kann aber nicht alles zur Genüge durch die Herrschaft verwirklicht werden? Das ist wahr, denn dies ist das normale Unglück der Welt. Gerät doch auch das Korn auf dem Feld nicht alle Jahre. Deswegen fordert Gott, daß man die Obrigkeit achten solle. Denn wenn die Obrigkeit keine Fehler machen würde, wäre ihre Achtung ja nicht gefährdet. Weil sie aber gefährdet ist, will Gott sie schützen und hat das Gebot aufgestellt, sie zu ehren. Sie klagen aber, daß man ihnen nicht gestatten wolle, das Evangelium zu hören. Dennoch soll man deswegen keinen Aufruhr beginnen. Denn wie Christus dem Petrus zu kämpfen verboten hat, soll ein jeder das, was er glaubt, vor sich selbst verantworten. Will ihn die Obrigkeit deswegen töten, dann soll er es erdulden und nicht zum Schwert greifen und andere Leute dazu bewegen, ihn mit Gewalt zu retten. Christus hat über Petrus, als der kämpfen wollte, ein schreckliches Urteil gefällt, daß er nämlich des Todes schuldig sei. ›Wer das Schwert ergreift, soll durch das Schwert umkommen‹ (Mt 26,52), spricht Christus und hat sich selbst ans Kreuz schlagen lassen. Folglich ist Aufruhr gegen das Gebot und Beispiel Christi. Weiter ist offensichtlich, daß dieser Müntzer und sein Anhang nicht das Evangelium lehren, sondern Mord und Raub. Niemand lästert das Evangelium mehr als diese Spitzbuben, die unter dem Vorwand des heiligen Namens allem Frevel frönen. Darin besteht ihr Evangelium: den Reichen das Ihre zu nehmen, anderen Frau und Kinder zu schänden, Obrigkeit abzuschaffen, damit ihnen niemand Einhalt gebieten kann. Solch große Schmach des heiligen

Namens des Evangeliums läßt Gott nicht ohne Vergeltung, denn er spricht im zweiten Gebot, daß der nicht ungestraft bleiben soll, der Gottes Namen mißbrauche. (Ex 20,7). Da nun die Bauern in so großem Unrecht sind, Gott lästern, ihre Obrigkeit schmähen, und keinen rechtmäßigen Grund zum Aufruhr haben, sollt ihr sie getrost als Mörder angreifen und den allgemeinen Frieden zu retten helfen, frommen, ehrbaren Leuten helfen, eure Frauen und Kinder vor diesen Mördern schützen. Damit tut ihr Gott einen Gefallen. Und obwohl wir für die unseligen Leute, nach menschlicher Weise zu urteilen, stark genug sind, würde ich sie dennoch nicht angreifen, wenn ich nicht wüßte, daß ich recht täte. Denn Gott hat uns das Schwert gegeben, nicht um damit zu morden, sondern um dem Mord Einhalt zu gebieten. Wenn ich aber weiß, daß ich recht daran tue, will ich mithelfen, sie zu bestrafen, und hege keinen Zweifel daran, Gott werde helfen, daß wir siegen. Denn er spricht: ›Wer sich der Obrigkeit widersetzt, wird bestraft.‹« (Röm 13,2).

Als der Landgraf ausgeredet hatte, rückte man gegen die Bauern vor und begann zu schießen. Die armen Leute aber standen da und sangen: »Nun bitten wir den Heiligen Geist«, als ob sie wahnsinnig wären, und machten weder Anstalten zur Verteidigung noch zur Flucht. Viele trösteten sich auch mit dem großen Versprechen von Thomas, daß Gott himmlischen Beistand erzeigen würde, da Thomas gesagt hatte, er wolle alle Schüsse mit den Ärmeln auffangen. Als man nun zu ihnen in die Wagenburg einbrach und sie zu erstechen begann, da wandten sich die unseligen Leute zur Flucht, der größere Teil in Richtung auf den Flecken Frankenhausen, einige auch auf die andere Seite des Berges. Es gab keine Gegenwehr der Bauern. Nur eine kleine Schar, die sich am Fuße des Berges vereinigt hatte, wehrte sich eine Zeitlang gegen wenige Reiter. Denn auch das bewaffnete Heer hielt, als man sah, daß es keine Gefahr und Gegenwehr gab, keine Ordnung mehr und hatte sich so verstreut. An diesem Ort verwundeten sie einige und brachten zwei oder drei Bewaffnete zu Fall. Da wurden diese noch mehr erzürnt und erstachen nicht allein diese Schar, sondern alles, was sie auf der Flucht einholen konnten. Etwa fünftausend Mann blieben tot zurück.

Nach der Schlacht marschierte man zu dem Flecken, nahm ihn ein und nahm etwa dreihundert Mann gefangen, die man köpfte. Thomas aber war in dem Flecken Frankenhausen in ein Haus bei dem Tor geflohen. Nun hätte er wohl inzwischen entkommen oder sich besser verstecken können, wenn Gott nicht ausdrücklich gewollt hätte, daß er gefangen werden sollte. Niemand achtete besonders auf ihn und niemand suchte nach ihm.

Es war aber ein Adeliger aus Lüneburg in eben dieses Haus bei dem Tor eingezogen. Dessen Knecht geht zufällig auf den Dachboden hinauf, will sehen, was sie für eine Herberge haben; da findet er einen im Bett liegen, als ob er krank wäre, spricht ihn an und fragt, wer er sei, auch ein Aufrührer? Nun hatte sich Thomas ins Bett gelegt, wie wenn er gebrechlich wäre, und dachte, er würde sich so verstecken und entrinnen. Und Thomas antwortete dem Reiter, er sei ein kranker Mann, liege da, habe Fieber und sei sehr schwach; er sei nicht bei dem Aufruhr gewesen. Der Reiter fand bei dem Bett eine Tasche liegen, nimmt sie und denkt vielleicht, zu einer Beute zu kommen. Darin findet er Briefe, die Graf Albrecht von Mansfeld an Thomas geschrieben hatte, um ihn zu ermahnen, daß er von seinem Frevel Abstand nähme. Da fragte der Reiter, woher er diese Briefe habe: ob er der Thomas sei? Thomas erschrak und leugnete zunächst, wollte der Mann nicht sein, doch bekannte er schließlich, als der Reiter ihm drohte. Also nahm der Reiter ihn gefangen. Dies teilte man den Fürsten mit. Da schickten Herzog Georg und der Landgraf nach Thomas.

Als er vor die Fürsten geführt wurde, fragten sie, was er den armen Leuten vorzuwerfen habe, daß er sie so verführt habe. Er antwortete noch trotzig, er habe recht daran getan, daß er vorgehabt habe, die Fürsten zu strafen, da sie gegen das Evangelium wären. Der Landgraf aber setzte ihm zu und bewies ihm aus der Schrift, daß man die Obrigkeit ehren solle, daß Gott Aufruhr verboten habe, daß es Christen insbesondere nicht zustehe, sich zu rächen, auch wenn ihnen Unrecht geschehe. Darauf wußte der unselige Müntzer nichts zu erwidern.

Dort geschah es auch, daß man ihm die Daumenstöcke enger zuschraubte. Da schrie er. Herzog Georg entgegnete: »Thomas, dies tut dir weh. Aber es hat den armen Leuten, die du in solches Elend gebracht hast, heute weher getan, als man sie erstochen hat.« Wie ein Besessener antwortete Thomas lachend: »Sie haben es nicht anders gewollt.« Aus solchen frevlerischen Worten konnte jedermann wahrnehmen, daß der Teufel den Menschen völlig verrückt gemacht hatte, der so gar kein Erbarmen mit dem Elend der Erschlagenen hatte.

Darauf wurde er nach Heldrungen in den Turm gebracht und dort verhört. Nach Heldrungen schickte man ihn aber deswegen, weil er dorthin dem Grafen Ernst von Mansfeld einen Drohbrief geschrieben hatte, in dem diese Worte standen: »Ich komme hin.« Damit Thomas seine frevlerische Drohung begreifen sollte, wurde er auf einen Wagen gebunden und hingefahren.

Nach einigen Tagen wurde Thomas in Heldrungen böse gefoltert und verhört. Dabei bekannte er, daß er früher Schüler in Halle gewesen sei und damals einen Bund gegründet habe, um die Christenheit zu reformieren. Danach habe er einen solchen Bund noch einmal in Allstedt gegründet und zuletzt in Mühlhausen. Als sich die Bauern in Schwaben empörten, habe er gehofft, freien Raum zu bekommen, um einen Aufruhr anzuzetteln. Er ist auch nach Schwaben gegangen, um ihre Pläne in Erfahrung zu bringen. Aber er sagte, ihr Vorhaben hätte ihm nicht gefallen; sie hätten ihn auch nicht hören wollen. Auch nannte er die Namen seiner Bundesgenossen in Allstedt und Mühlhausen.

Über seine Offenbarungen oder das, was ihn bewogen hätte, solchen Aufruhr zu beginnen, ist er weiter nicht befragt worden. Da er sich göttlicher Offenbarung gerühmt hat, war es unklug, ihn nicht zu fragen, ob er solches erfunden oder ob der Teufel ihn mit Erscheinungen verführt habe. Dies zu wissen, wäre nützlich.

Einige Tage später sind die Fürsten vor Mühlhausen gezogen. Die Stadt hat sich ihnen ergeben. Dort haben die Fürsten eine Menge Aufrührer geköpft, unter ihnen auch Pfeiffer. Auch Thomas hat man ins Lager dorthin geführt und ihn da geköpft.

In dieser letzten Not ist er aber sehr kleinmütig gewesen und so durcheinander, daß er das Gaubensbekenntnis nicht allein hat beten können, sondern Herzog Heinrich von Braunschweig hat es ihm vorgebetet. Er hat auch öffentlich bekannt, er habe unrecht getan, und noch auf der Richtstätte die Fürsten ermahnt, wenn sie den armen Leuten gegenüber nicht so hart sein würden, bräuchten sie solche Gefahr künftig nicht zu fürchten, und sagte, sie sollten die Bücher der Könige lesen. Nach solchen Äußerungen ist er geköpft, der Kopf danach zur Abschreckung auf einen Spieß ins Feld gesteckt worden.

Dieses Ende Thomas Müntzers ist gut zu bedenken, damit ein jeder daraus lerne, daß man nicht denen glauben soll, die sich göttlicher Offenbarung rühmen, wenn sie etwas vorhaben, das gegen die Schrift ist. Denn Gott läßt nichts ungestraft, wie im zweiten Gebot geschrieben steht: »Du sollst den Namen Gottes nicht mißbrauchen etc.« (Ex 20,7).

Auch sollen wir lernen, wie hart Gott Ungehorsam und Aufruhr gegen die Obrigkeit bestraft. Denn Gott hat geboten, die Obrigkeit zu ehren und ihr gehorsam zu sein. Darum läßt Gott den, der dagegen handelt, nicht ungestraft, wie Paulus im Römerbrief, 13. Kapitel, sagt: »Wer sich der Obrigkeit widersetzt, der wird bestraft werden.«

So ist dieses Jahr in Thüringen wie auch an allen anderen Orten Aufruhr bestraft und die Obrigkeit durch Gott wunderbar gegen die große Macht der Aufrührerischen erhalten worden. Solche Beispiele sollen mit Recht als außerordentliche Geschichten im Gedächtnis der Nachkommen bleiben und mit großem Fleiß aufgeschrieben werden.

Zu Melanchthons Reaktionen auf die chaotischen politischen Ereignisse zählte in besonderer Weise das Eintreten für die Geltung unzweifelhafter gesellschaftlicher Rechtsnormen. Im Rahmen seiner ersten *Rede von den Gesetzen (Oratio de legibus)*, die 1525 auch als Einzeldruck erschien, trug er einen scherzhaften Gerichtsfall in Fabelform vor. Eingebettet ist er in einen ihm in besonderer Weise angelegentlichen Kontext, der zeitlosen Rationalität des römischen Rechts. Melanchthons Kritik richtete sich gegen Mißstände der zeitgenössischen Prozeßführung mit ihren Rückwirkungen auf das juristische Studium. Mit der Fabel *De Asino et Navicula (Vom Esel und dem Kahn)* wollte er die durch Abstrusitäten der Gesetzesauslegung bedingte Entscheidungsunfähigkeit der Gerichte der Lächerlichkeit preisgeben. Die Wurzel des Übels sah er im Mangel an humaner Bildung bei den Rechtslehrern. Die Studenten forderte er auf, nicht in deren Kommentaren Rat zu suchen, sondern auch in der Jurisprudenz »ad fontes«, zu den unmittelbaren Rechtsquellen der römischen Gesetze, zurückzukehren, die dem, was Vernunft und Natur gebieten, eben so nahe geblieben seien, daß alle Abweichungen von ihnen nur Verschlechterungen mit sich bringen könnten:

Vom Esel und dem Kahn

De Asino et Navicula

Ein gelehrter Mann pflegte bei uns die Abstrusitäten der Formaljuristen mit einem witzigen Einfall lächerlich zu machen. Unweit einer Stadt, sagte er, befand sich am Fluß eine Mühle, aus der, da es dort nicht gerade reichlich zu trinken gab, ein Esel weggelaufen war. Weil nun aber das Wasser am Uferrand entweder schmutzig oder zu seicht war, als daß er sein Maul hätte hineintauchen können, kletterte er kurz entschlossen auf den nächsten Kahn, um von dort aus der offenen Flut besser seinen Durst zu stillen. Als er nun aber mit großem Ungestüm den Kahn bestiegen hatte, löste sich dieser vom Ufer und geriet in die Mitte der Strömung, von wo er, den Winden hilflos preisgegeben, auf eine Felsenklippe zugetrieben wurde. Gegen diese geschleudert, kenterte er, und der unerfahrene Schiffer kam in den Fluten um. Den Müller schmerzte der Verlust, als er die Sache erfuhr; er zog den Fischer zur Verantwortung und erhob Klage gegen ihn, weil ihm in dessen Boot sein Lasttier weggeführt worden sei. Jener hingegen rief aus, er sei durch den Esel arm gemacht worden, und weil ihm das von dem Esel in den Fluß gestoßene Boot verlorengegangen sei, habe der andere die Schuldzuweisung zu akzeptieren. Zugunsten beider Seiten wurde von den beauftragten Anwälten auf das heftigste gestritten. Die Entscheidung erschien verzwickter, als daß es hätte erlaubt sein dürfen, sie ohne Beratung durch Rechtsgelehrte zu treffen. Daher überwies man die Sache an die Gesetzeskrämer. Diesen aber ist eine außergewöhnlich schwierige Aufgabe daraus erwachsen. Während jeder der beiden Streitenden darauf hinarbeitete, den Esel für sich in Anspruch zu nehmen, veranstalteten jene eine Disputation nach der anderen, in Schulen und Gerichtsversammlungen erregter und, wie ich glaube, hartnäckiger hierüber streitend, als jener Grieche über des Esels Schatten, und vielleicht haben sie auch jetzt noch nicht von dieser höchst wichtigen Angelegenheit abgelassen.

Für die Fabel hatte Melanchthon aufgrund ihres erzieherischen Werts eine ganz besondere Vorliebe. Sie erschien ihm als vorzüglich geeignetes Instrument der Weltkenntnis, Menschenkunde und Anleitung zu den Grundregeln sozialen Verhaltens. Er selbst machte von dem so hoch eingeschätzten Wirkungsmittel zwar nur spärlichen Gebrauch, sicherte ihm in den Lehrplänen der evangelischen Schulen jedoch einen zentralen Platz. Seine (vermutlich 1526 gehaltene) Rede *De utilitate fabularum (Vom Nutzen der Fabeln)* brach eine programmatische Lanze für diese Textsorte: »Denn welche andere Vortragsart gibt es, in der ebenso mit dem höchsten Nutzen die höchste Anmut verbunden ist? (...) Welche Form der Rede stellt die Sitten, die Bestrebungen, die Beschaffenheiten des Geistes der Menschen auf wirksamere Weise dar, als es die Fabeln tun? Und dies mit so großem Reiz, daß durch keine anderen Dichtungen die Gemüter der Menschen eher bezaubert werden könnten, als es in der Absicht der Fabeln liegt. Deshalb ermahne ich meine Zeitgenossen (...), sich von ganzem Herzen den Fabeln zuzuwenden, die man kennenlernen soll. (...) Fabeln ermutigen, erheitern und belehren jugendliche Gemüter auf das glücklichste. (...) Wenn du daher Regeln für die Bildung der Sitten suchst oder ein Vorbild für angemessene Redeweise, so haben sich wohl für beides keine Hilfsmittel besser bewährt als Fabeln.«

»Kindisches schreibe ich«, hieß es in einem mit Berichten aus der pädagogischen Praxis gefüllten Brief bereits Anfang 1525, »aber ich halte es für frommer als alle Disputationen und Spielereien jener Pseudotheologen. Ich dagegen bin mir klar bewußt, niemals aus einem anderen Grund Theologie getrieben zu haben, als in der Absicht, das Leben zu bessern. Jene mögen sehen, wohin sie kommen.«

Durch den Bauernkrieg sah sich Melanchthon in seiner Auffassung bestätigt, daß die Zukunft der reformatorischen Bewegung ohne ein leistungsfähiges öffentliches System schulischer und wissenschaftlicher Ausbildung nicht zu sichern war. In der Umsetzung dieser Aufgabe wurde er zum überragenden Bildungsorganisator seines Jahrhunderts, der schon zu Lebzeiten den Ehrentitel eines ›Praeceptor Germaniae‹ erhielt und dessen formale Innovationen man sich selbst bei der späteren katholischen Reform des Schulwesens und des Universitätsunterrichts durch die Jesuiten zunutze machte. Autorität wuchs dem ›Lehrer Deutschlands‹ insbesondere aufgrund seiner universalen Begabung zu, die sich auf das gesamte Wissen der damaligen Zeit erstreckte. »Sein bestimmender Einfluß auf das Geistesleben seiner Mitwelt«, schreibt Hans Blumenberg, »kann gar nicht überschätzt werden; sein Urteil wirkte kanonisierend. Um die Jahrhundertmitte gab es kaum noch gelehrte Autorität, die sich nicht von der seinigen hergeleitet hätte.« Mit der Vielzahl seiner Lehrbücher und -pläne, nach denen Generationen von Schülern und Studenten lernten, gab er dem entstehenden protestantischen Bildungssystem ein einheitliches Fundament. Bis hin zu Comenius, der ihn selbst zustimmend zitiert, zeigte sich kaum einer der bedeutenden frühen Schulpädagogen von Melanchthon unbeeinflußt.

Nicht umsonst bemerkte er in einem seiner Briefe einmal: »Wir schwitzen heftig für die Schule.« Für über fünfzig Städte wurde er zum maßgeblichen Ratgeber bei der Schulgründung oder -umorganisation, die Luther in seinem Sendschreiben *An die Ratsherren aller Städte deutschen Landes, daß sie christliche Schulen aufrichten und halten sollen* 1524 angestoßen hatte. Melanchthon fügte der lateinischen Übersetzung eine Vorrede hinzu, in der er seine bekannte Haltung wiederholte, die sich auch in seinen konkreten Direktiven wiederfand, die die Erziehung glaubensstrenger Christen und pflichtbewußter Mitglieder des Gemeinwesens im Blick hatten. Vom frühestem Alter an wollte er die Kinder unter Berücksichtigung ihres Fassungsvermögens »zur Religion und zu anderen Tugenden« belehrt sehen, damit sie später »entweder zur religiösen Unterweisung oder zur Erhaltung der bürgerlichen Ordnung« beitrügen. Drei »Klassen« sollten sie durchlaufen, um unter Förderung ihrer spezifischen Begabungen von den leichteren zu den schwierigeren Unterrichtsgegenständen vorzustoßen. Die erste Klasse bildete eine Elementarstufe. In der zweiten sollte man sich mit den grammatikalischen Regeln befassen und dabei mit der Lektüre beginnen, (über die es an anderer Stelle in diesem Jahr hieß, sie müsse sowohl für die »Religion« als auch für die »Wissenschaft« und die »öffentliche Ruhe« Relevanz besitzen). In der dritten Klasse schließlich sollte unter weiterer Differenzierung der Fächer die Vorbereitung für die Hochschule erfolgen.

Die Bemühungen, die Melanchthon bis 1525 um die Schulorganisation unternahm, richteten sich vornehmlich auf den Anfangsunterricht. Im darauffolgenden Jahr widmete er seine Aufmerksamkeit einem exemplarisch neuen Schultyp, der vom Nürnberger Rat eingerichteten ›Oberen Schule‹, einer Art Urform des heutigen Gymnasiums, deren Lerninhalte Melanchthons Lehrplan zufolge denen der ›Artistenfakultäten‹ an den Universitäten entsprechen sollten. Als man ihn für das Rektorat der neuen Schule zu gewinnen suchte, empfahl er seinen Lebensfreund Joachim Camerarius (1500 – 1574). Am 26. Mai 1526 wurde die Schule eröffnet. Mit zeitkritischen Tönen unterfüttert, verband Melanchthons Festrede in St. Aegidien, die *Oratio in laudem novae scholae (Rede zu Ehren der neuen Schule),* das Motiv gesellschaftlicher Verantwortlichkeit für die Bildung mit dem Dank an das humanistische Florenz für den durch die Rettung der Wissenschaften der gemeinsamen europäischen Kultur erwiesenen Dienst:

Rede zu Ehren der neuen Schule

Oratio in laudem novae scholae

Euch und euren Kindern und dem gesamten Staat möge Glück und Erfolg beschieden sein!

Verehrteste Männer, wie ihr wünschtet, eröffnen diejenigen diese Elementarschule, die ihr auf öffentlichen Beschluß als Lehrer der ehrenwerten Wissenschaften hierhergerufen habt, und sie wollten euch dies über mich öffentlich erklären lassen. Denn wie es im Theater üblich ist, vor der Aufführung in einer Vorrede etwas über die Absicht des Dichters oder den Stoff des Schauspiels zu sagen, haben sie auf Grund unserer sehr alten Freundschaft von mir verlangt, daß ich gleichsam wie für ein Bühnenstück, das von ihnen selbst aufgeführt werden soll, einen Prolog mache. Und ich konnte mich ihrem Wunsch nicht entziehen, obwohl sie es nicht so weit hätten kommen lassen dürfen, daß es so aussieht, als wolle ich den fähigsten Männern die erste Rolle als Redner wegnehmen. Aber selbst wenn darin für mich eine gewisse Gefahr lag, so mußte ich doch diesen Männern, die mir sehr verbunden sind, nachgeben und

108

eine Rolle übernehmen, die ich mir nicht selbst angemaßt habe, sondern die sie mir, ihrer Meinung nach mit Recht, auferlegt haben.

Da wir aber hier sind, um euren Entschluß, eine Schule zu errichten, gebührend zu feiern, wünschte ich, daß das Ganze von Leuten behandelt würde, die redegewandter sind, die seine Bedeutung würdigen und mit ihrer Sprache an die Größe des Unternehmens heranreichen könnten. Denn bei meiner geringen Begabung muß ich befürchten, daß ich gerade deswegen eure Weisheit, die keineswegs gewöhnlich und beinahe göttlich ist, nicht genügend hervorhebe. Da ihr Bedeutung und Nutzen der alten Schriften erkannt habt, die allgemein unbekannt und seit langem aus dem Gesichtskreis der Menge verschwunden sind, habt ihr euch entschlossen, sie vor dem Untergang zu bewahren und zu schützen; zumal in dieser Zeit, wo wir von allen Seiten bedroht sind, zeugt das wirklich von nahezu göttlicher Einsicht. Denn was sonst verhilft der ganzen Menschheit zu größerem Nutzen als die alten Schriften? Keine Kunstfertigkeit, keine Arbeit, selbst nicht, beim Herkules, die Früchte der Erde, ja sogar nicht einmal die Sonne, die die meisten für den Urheber des Lebens halten, braucht man so nötig wie die Kenntnis der alten Schriften. Denn da ohne Gesetz und Gericht und ohne Gottesfurcht weder Staatswesen erhalten noch verschiedene Menschen zu einer Gemeinschaft vereinigt und regiert werden können, werden die Menschen wie wilde Tiere umherschweifen, wenn das verlorengeht, was gute Gesetze hervorbringt, woraus Sittlichkeit und Menschlichkeit entstehen, wodurch die Religion verbreitet wurde und bis auf unsere Tage fortbesteht. Wenn jemand meiner Rede nicht genug Glauben schenkt, soll er die Sitten und die Lebensweise der Völker betrachten, die keine alten Schriften kennen, wie das von den Skythen berichtet wird. Diese haben erstens keine staatlichen Gemeinschaften, die sich auf Gesetze gründen, und keine Gerichte; als Recht gilt, was diejenigen tun, die entweder aus eigener Kraft oder durch Machenschaften am erfolgreichsten sind. Mit den Bewohnern der angrenzenden Gebiete pflegen sie keinen Verkehr und keinen Warenaustausch; das einzige Mittel gegen Hunger besteht für die meisten im Rauben und Plündern; es geht sogar das Gerücht, daß sie sich vom Fleisch der Fremden nähren. Im Privatleben haben sie nicht nur keinerlei Ordnung, sondern auch jene Gefühle, die die Natur üblicherweise in der menschlichen Seele entstehen läßt, wie das der Verbundenheit in ehelicher Treue, Liebe zu den Nachkommen und die Achtung vor Nachbarn und Verwandten, sind durch wilde Sitten ausgelöscht. Es gibt keine Erziehungswissenschaft, ohne die keine tüchtigen Männer heranwachsen, keine Bewunderung der Tugend, kein Verständnis für die Ehre, keine Freundschaften, die aus gegenseitigen ehrenvollen Verpflichtungen entstanden sind, und überhaupt keinen Sinn für Menschlichkeit. Endlich haben sie keine richtigen Vorstellungen von Religion und von dem Willen Gottes gegenüber den Sterblichen.

So sind die Barbaren in ihrer Art mehr oder weniger schrecklich und führen sozusagen ein zyklopisches Leben. Da Sitten in die Roheit dieser Völker entarten müssen, wenn sie nicht durch die alten Schriften zu Tugend, Menschlichkeit und Frömmigkeit hingelenkt und gebildet werden, habt ihr klug und einsichtsvoll gehandelt, wenn ihr diese ehrenvollen Wissenschaften, die Förderer aller Tugenden, in eure Stadt gerufen habt und euch jeder nach Kräften bemüht, sie zu schützen und zu bewahren. Ferner verdient euer Beschluß in diesen harten Zeiten besonders gelobt zu werden, da zu befürchten ist, daß die alten Schriften im verhängnisvollen Aufruhr der Staaten untergehen. Denn durch ein Mißverständnis der Leute werden gemeinhin die Schulen verlassen. Manche dummen Schreihälse raten von den alten Schriften ab; ein großer Teil fürchtet für seinen Bauch, und nachdem sie die Hoffnung aufgegeben haben, von den Einkünften eines Priesters zu leben, die sie früher als einzige Einnahmequelle für ihre Arbeit ansahen, ziehen sie sich auf einträgliche Geschäfte zurück. Denn wie wenigen ist die Tugend so lieb, daß sie glauben, man müsse sie unentgeltlich üben. Da das Schicksal der alten Schriften sich in dieser kritischen Lage befindet, hätten alle Könige und Staatsoberhäupter der gefährdeten Wissenschaft ihren Beistand gewähren sollen. Aber unsere kleinen Fürsten sind teils so ungebildet, daß sie den Wert der alten Schriften nicht einsehen, teils derart verdorben, daß sie ihrer Gewaltherrschaft zu nützen glauben, wenn sie alle Gesetze und mit der Religion gleichzeitig die bürgerliche Ordnung beseitigen. Was soll ich über die Bischöfe sprechen, die unsere Herrscher dazu bestimmten, die Kulthandlungen und das Studium der alten Schriften zu leiten. Die Priesterseminare waren früher nichts anderes als Schulen, und damit die Schüler in reichlichem Maß Muße hätten sowie das, was sie zum Lebensunterhalt benötigten, wurden für diese Seminare große finanzielle Mittel bereitgestellt. Und es ist klar, daß diese Leute sich gewöhnlich nicht ohne Erfolg mit den alten Schriften, besonders mit den heiligen, beschäftigten. Heute sehen wir, daß nirgends gefährlichere Feinde der freien Künste zu finden sind als in den Priesterkollegien. Daher ist es euch gerade zur richtigen Zeit in den Sinn gekommen, die Wissenschaft, die von ihrem angestammten Platz vertrieben ist, gastlich aufzunehmen und gleichsam nach Hause zurückzuführen. Ihr könnt stolz darauf sein, diese Zierde dem übrigen Schmuck eurer Stadt hinzugefügt zu haben, die schon vorher durch ihren Reichtum, ihre Bauwerke und die Begabung ihrer Handwerker so angesehen war, daß sie zu Recht mit jeder beliebigen Stadt, die bei den Alten berühmt war, verglichen werden kann. Keine andere Stadt in Deutschland hat bis jetzt klügere Bürger gehabt. Weil sie das Wissen, das aus den Künsten entspringt, für die Regierung des Staates fruchtbar machten, schafften sie es, daß diese Stadt alle übrigen Städte Deutschlands bei weitem übertrifft. Nun aber, wo ihr hier zu eurem schon jetzt großen Ruhm überdies noch eine Stätte für die Wissenschaft geschaffen habt, ist es unvorstellbar, wie sehr er wachsen wird. Denn wenn ihr die Leute weiterhin zum Lernen antreibt, werdet ihr euch zunächst ganz besonders um das Vaterland verdient machen, aber auch um die, die außerhalb seiner Grenzen leben. Wenn auf eure Veranlassung hin die Jugend richtig unterrichtet wird, wird sie der Schutz der Stadt sein, denn kein Bollwerk und keine Befestigung macht eine Stadt stärker als gebildete, kluge und mit anderen Tugenden begabte Bürger. Der Spartaner sagte, die Mauern müßten aus Eisen und nicht aus Stein sein. Ich aber glaube, daß man sich nicht so sehr mit Waffen als mit Klugheit, Mäßigung und Frömmigkeit verteidigen muß. Euer Verdienst wird sich weiter auf das übrige Deutschland auswirken, von dort werden wahrscheinlich, wenn Gott dem Unternehmen wohlgesonnen ist, die jungen Leute zu Ausbildung und Unterricht geschickt werden, und man wird sagen, daß die für die Regierung der Staaten besonders geeignet sind, die in dieser Stadt gleichsam wie im Spiel zur Tugend erzogen und an sie gewöhnt worden sind. Der Name dieser Stadt wird mit dem größten Lob von den Freunden zu den Fremden getragen werden, durch eure Wohltat werdet ihr euch die Menschen verpflichten, und wenn ich mich nicht täusche, wird dieses Urteil der Leute euch mehr Freude machen als irgendwelche herrscherliche Gewalt.

Obgleich aber diese Stadt in den meisten Vorzügen selbst mit Marseille und bestimmten anderen alten Städten wetteifern könnte, möchte ich euch nun doch lieber die Städte als Beispiel anführen, die sich heutzutage Ruhm erwerben. Das größte Verdienst um ganz Europa hat sich vor nicht allzulanger Zeit die Stadt Florenz erworben, als sie die Lehrer für alte griechische Literatur, die aus ihrer Heimat vertrieben worden waren, aufforderte, zu ihr ihre Zuflucht zu nehmen; und sie half ihnen nicht nur durch ihre Gastfreundschaft, sondern ermöglichte ihnen auch wieder ihre Studien, nachdem sie sie mit der Aussicht auf eine sehr großzügige Besoldung zum Lehren eingeladen hatte. Im übrigen Italien beachtete niemand die wissenschaftlichen Lehrer, die aus Griechenland geflohen waren, und mit Griechenland hätten wir beinahe die griechische Sprache und Literatur verloren, wenn nicht Florenz diese Gelehrten aus ihrer mißlichen Lage gerettet hätte. Was damals ohne die Florentiner geschehen wäre, geschah später mit der lateinischen Sprache, die völlig an Bedeutung verlor, da sie derart in Roheit verkommen und verdorben war. Von der griechischen Sprache wären jetzt nicht einmal mehr Spuren vorhanden, zugleich wären die Denkmäler unserer Religion untergegangen, und niemand würde nunmehr, wenn die griechische Sprache verloren wäre, die Titel der heiligen Bücher verstehen. Denn in Rom hungerten diese Flüchtlinge erbärmlich, obgleich die päpstlichen Mittel vor allem für schwer Heimgesuchte hätten verwendet werden sollen und für die, die durch die Beschäftigung mit den alten Schriften der Religion dienten.

Von Theodorus Gaza, einem bei Gott großen Mann, erzählt man, daß er dem Papst die ins Lateinische übersetzten Bücher von Aristoteles und Theophrast in einer reich geschmückten Handschrift überreichte. Der Papst fragte ihn, was ihn die Ausstattung des Buches gekostet habe, und erstattete ihm nur diese Kosten. Für die Arbeit, die er in die Übersetzung dieses äußerst schwierigen Werkes gesteckt hatte, wurde dem Verfasser kein Lohn bezahlt. Dabei hätte der Papst ein Vorbild dafür schaffen können, höhere Honorare zu zahlen, selbst für ein Buch, das nicht so wichtig wie dieses war. Aber auch die Nützlichkeit des Werkes bewegte den Papst nicht zu einer reicheren Bezeugung seiner Gunst. Doch nachdem durch das Verdienst der Florentiner die ehrenwerten Künste wieder aufzuleben begannen, ist daraus für alle Völker großer Nutzen entstanden; überall wurden viele Menschen zum Studium der besten Wissenschaften angeregt. Denn das Bestreben, es den Griechen gleichzutun, brachte auch die Lateiner dazu, ihre Muttersprache, die fast völlig verfallen war, zu erneuern. In den Städten wurde die Verfassung verbessert, endlich die Religion gereinigt, die, schon vorher durch das widrige Verhalten der Mönche erdrückt und erstickt, darniederlag. Obgleich darüber die Meinungen auseinandergehen, glaube ich meinerseits dennoch, daß tüchtige Männer Bedeutung und Wesen der Religion richtiger erkennen, und heutzutage bietet das Gewissen eine sicherere Zuflucht als das, was noch vor kurzer Zeit die Mönche empfohlen haben. Ohne Zweifel hat also Florenz unter allen Völkern sich besonders verdient gemacht, das die alten Schriften gleichsam wie nach einem Schiffbruch in den Hafen zurückführte und rettete.

Nach dem Vorbild dieser Stadt verteidigt ihr in dieser unglücklichen Zeit die schönen Künste und Wissenschaften, während die Bischöfe, statt um die Wissenschaften, sich um den Krieg kümmern und die übrigen Fürsten diese Mühe für ihrer unwürdig erachten; ringsumher empört sich Deutschland und ruft zu den Waffen, und wie es in einem alten Spruch heißt: Die Weisheit wird aus der menschlichen Gesellschaft vertrieben, Gewalt regiert die Welt.

Das ist für diese Studien überaus hinderlich. Denn wenn unter Waffen die Gesetze schweigen, wie Cicero richtig bemerkte, wieviel eher müssen dann diese unsere Künste verstummen, die in der Muße entstanden und gewachsen sind. In diesem Aufruhr drohen alle schönen Künste und Wissenschaften unterzugehen, wenn nicht Gott sie erhält und den Machthabern die Einsicht gibt, das Studium der alten Schriften wieder zu beleben. Ihr aber hört nicht auf, euch um die Verwirklichung dieses äußerst ehrenvollen und erhabenen Vorsatzes zu bemühen! Denn ihr könnt weder etwas Gottgefälligeres tun, noch euch sonst eurem Staat nützlicher erweisen.

Da andrerseits Dinge, die richtig gemacht worden sind, meistens Neid erwecken, so zweifle ich nicht, daß ihr mit den Anfeindungen gewisser Leute zu kämpfen habt. Doch ein tüchtiger Mann achtet die Mißgunst auf etwas, das recht geschehen ist, für gering; vielleicht müßt ihr mit anderen Schwierigkeiten kämpfen, die die Verwirklichung eurer Pläne zur Förderung der Schule zu verzögern scheinen; ihr überwindet sie aber, wenn ihr nur daran denkt, daß ihr in dieser Sache den Willen Gottes erfüllt. Denn wenn die alten Schriften nicht erhalten werden, können Religion und gute Gesetze nicht fortbestehen. Außerdem fordert Gott von euch, daß ihr eure Kinder zu Tugend und Religion erzieht. Wer sich aber keine Mühe gibt, seine Kinder mit großer Sorgfalt zu unterrichten, der vergeht sich nicht nur gegen den Himmel, sondern es ist klar, daß er eine tierische Verhaltensweise als menschlich bezeichnet. Diesen Unterschied hat die Natur zwischen dem Menschen und dem wilden Tier gemacht, daß die wilden Tiere die Sorge für den Nachwuchs aufgeben, wenn er herangewachsen ist; dem Menschen hat sie auferlegt, seine Nachkommen nicht nur in früher Kindheit zu ernähren, sondern sie vielmehr, wenn sie herangewachsen sind, zum gesellschaftlichen Anstand heranzubilden.

Deshalb sind vor allem in einem gut eingerichteten Staat Schulen nötig, wo die Jugend, die das Saatgut eines Staates ist, erzogen werden soll. Wenn jemand glaubt, daß ohne Unterweisung wahrhafte Tugend erworben werden kann, täuscht er sich nämlich sehr, und niemand ist auf die Führung eines Staates ausreichend vorbereitet ohne Kenntnis der alten Schriften, die alle grundlegenden Einsichten für die Regierung eines Staates enthalten. Wenn ihr das bedenkt, duldet ihr nicht, daß man euch aus Neid oder durch irgendwelche andere Schwierigkeiten davon abhält, eure Mitbürger zum Studium aufzufordern. Was eure Professoren betrifft, kann ich euch versprechen, daß der Unterricht der Mühe angemessen ist, die ihr euch gebt, und daß sie ihre Aufgabe immer mit höchster Zuverlässigkeit erfüllen werden. Ich bete zu Christus, daß er dem Beginn dieses äußerst bedeutungsvollen Unternehmens günstig sei und eure Pläne und die Studien der Schüler segnen möge. Damit bin ich am Ende.

Während seines Nürnberger Aufenthalts enstand das berühmte Porträt Melanchthons von Dürer. (Auch bei der Physiognomie des Johannes aus den berühmten ›Vier Aposteln‹ könnte es sich um eine Anspielung auf den Gelehrten handeln). Der fast 26 Jahre Ältere erzählte dabei von seiner künstlerischen Entwicklung hin zu jener klassischen Einfachheit, die Melanchthon als vorbildhaft für seinen eigenen Stil ansah. (»Sein Talent wäre schlechthin unüberbietbar, wenn er sich ausschließlich den Musen gewidmet hätte«, bemerkte übrigens Erasmus von Rotterdam im *Ciceronianus* von 1528 maliziös zur Schreibe des Kollegen).

Eine weitere Begegnung dieser Tage ist nicht minder aufschlußreich für Melanchthons Denken. Charitas, die gebildete Schwester des mit ihm befreundeten Nürnberger Humanisten Willibald Pirckheimer, Äbtissin des Klaraklosters (1467 – 1532), leistete allen Versuchen des Nürnberger Rats, ihren Konvent im Zuge der Reformation aufzulösen, entschlossenen Widerstand. In Melanchthon fand sie dabei einen Fürsprecher gegen die drohende Unterdrückung einer frei gewählten religiösen Lebensweise. Ihre Niederschrift des Gesprächs mit Melanchthon bildet die Quelle zur Schlüsselpassage in Leo Weismantels Erzählung *Die Letzten von Sankt Klaren* von 1940, wo der Reformator gegen seine ursprüngliche Absicht, »diese Frau für sich zu gewinnen«, das Drängen des Rats mit folgenden Worten zurückweist: »...wenn Ihr, ehrwürdige Frau, mich fragt, ob Ihr gegen Euern Willen und gegen Euer Gewissen aus dem Kloster herausgezogen werden dürft, dann muß ich sagen: Nein! Es ist keinem Menschen, weder Vater noch Mutter, noch irgend einer geistlichen oder weltlichen Obrigkeit, nicht dem Papst zu Rom, noch dem Kaiser, noch dem König, noch dem ehrbaren Rat der freien Reichsstadt Nürnberg, gestattet, irgend einen Menschen in seinem Glauben und in seinem Gewissen Gewalt anzutun. Das allein ist nach des Dr. Martinus Luther Glauben und nach meinem Glauben evangelisch.(...) Daß ihr (Ratsherren) den Schwestern von Sankt Klaren (...) die Beichtväter ihres Glaubens verweigert und den Empfang der Sakramente nach ihrem Glauben, ist eine Vergewaltigung fremden Gewissens, zu dem ihr kein Recht habt.« »Möchte doch Gott uns die Gnade geben«, schrieb Melanchthon später in diesem Sinne, »daß wir nur das in der Kirche lehren, was zur Erbauung dient, statt das, was nur Haß und Zwietracht bewirkt.«

Nachdem die traditionelle Kirchenorganisation während der letzten Jahre zusammengebrochen war, wurden auf Anordnung des neuen Kurfürsten, Johanns des Beständigen (1468 – 1532), mit dem Ziel der planmäßigen Konsolidierung der Reformation, in seinem Gebiet seit 1527 Visitationen sämtlicher Pfarreien durchgeführt. Eine Kommission aus Theologen, Juristen und Hofräten untersuchte den Bildungsstand der Pfarrer und Lehrer sowie die sittlichen und finanziellen Verhältnisse in den Pfarreien. Melanchthon, der mit der Durchführung in Thüringen beauftragt wurde, hatte dabei von Anfang an die theologische Hauptarbeit geleistet. Zu den körperlichen Beschwerlichkeiten des Lebens im Sattel kamen für ihn angesichts der erschütternden Zustände massive seelische Qualen: »Wie kann man es verantworten, daß man die Leute bisher in so großer Unwissenheit und Dummheit gelassen hat! Mein Herz blutet, wenn ich diesen Jammer erblicke. Ich gehe oft beiseite und weine meinen Schmerz aus, wenn wir mit der Untersuchung eines Ortes fertig sind. Und wer wollte nicht jammern, der da sieht, wie die Anlagen des Menschen so ganz vernachlässigt werden und der Geist, der so viel lernen und fassen kann, nicht einmal von seinem Herrn und Schöpfer etwas weiß.« Als Ergebnis seiner Erfahrungen verfaßte er ein Lehrbuch, das den Geistlichen eine Zusammenfassung der evangelischen Lehre bat (und im letzten Kapitel auch eine allgemeine Schulordnung enthielt.) Mit einer Vorrede Luthers versehen, wurde es 1528 als landesherrliche Dienstanweisung zuerst lateinisch, dann, im Umfeld einiger weiterer volkspädagogischer Schriften Melanchthons zur religiösen Unterweisung, auch deutsch publiziert (*Articuli de quibus egerunt per visitatores in regione Saxoniae/Unterricht der Visitatorn*).

Zu dieser Zeit hatte Melanchthon bereits begonnen, in einer sehr grundsätzlichen Frage Luther gegenüber einen eigenen Standort zu beziehen. 1524 bis 1526 war es zu einer öffentlich ausgetragenen Kontroverse zwischen Erasmus von Rotterdam und Luther über die Frage der Willensfreiheit gekommen. Gegen die Verteidigung der anthropozentrischen Perspektive, die, bei aller authentischen Frömmigkeit, den Menschen zugleich auf die Eigeninitiative seiner in ihm angelegten Kräfte verweist, hatte Luther, unter ausdrücklicher Berufung auf Melanchthons *Loci*, radikal seine prädestinatorische Auffassung geltend gemacht, der zufolge der menschliche Wille nur das »Reittier Gottes« sei. Der Bruch zwischen Erasmus und Luther war symptomatisch für das Verhalten der älteren Humanistengeneration, deren meiste Vertreter (wie Crotus Rubeanus, Willibald Pirckheimer, Johannes Reuchlin, Johannes Cochlaeus, Mutianus Rufus und andere), nach anfänglicher Zustimmung zu Luthers erstem Auftreten, doch bei der katholischen Kirche blieben, während zahlreiche jüngere Humanisten entschieden an der reformatorischen Bewegung mitwirkten. Bemerkenswert ist, daß Melanchthon seit dem Erscheinen von Erasmus< Schrift die in seinen frühen Wittenberger Arbeiten übliche Annahme von der Alleinwirksamkeit Gottes aufgab. Daß er in der Folgezeit immer deutlicher versuchte, den heilstheologischen Determinismus zu mildern und ihn mit den Grundanliegen humanistischer Anthropologie zu versöhnen, die Botschaft von der voraussetzungslos rechtfertigenden göttlichen Gnade also mit der sittlichen Verantwortlichkeit des Menschen für Gut und Böse zusammenzusehen, trägt ihm in der konfessionellen Forschung bis heute den Vorwurf des Synergismus ein.

Im Herbst 1527 erschien die aus einer zu Beginn des Jahres gehaltenen Vorlesung hervorgegangene *Scholia in Epistolam Pauli ad Colossenses (Kommentar zum Brief des Paulus an die Kolosser)*, die erste seiner biblischen Arbeiten, welche er selbst für veröffentlichungswürdig hielt. Besonders der wenig später auch als Sonderdruck herausgekommene Exkurs zu Kol 2, 8 («Seht zu, daß euch niemand beraube durch Philosophie und leeren Trug») erregte als erste Neubestimmung von Melanchthons gewandeltem Philosophieverständnis, das dem natürlichen Menschen im weltlichen Bereich und in Fragen der bürgerlichen Gerechtigkeit volle Urteilsfähigkeit zuspricht, große Aufmerksamkeit:

Kommentar
zum Brief des Paulus an die Kolosser

Scholia in Epistolam Pauli ad Colossenses

(...) Sofern Philosophie Wissenschaft von der Sprache, der Natur und von den Sitten ist, behauptet und lehrt sie nur das von natürlichen und gesellschaftlichen Vorgängen, was sie mit sicheren Gründen begreift. Sie ist eine echte und gute Schöpfung Gottes, nämlich das vernünftige Urteilsvermögen, welches Gott dem Menschen in bezug auf Natur- und Sozialphänomene gegeben hat. Es ist zuverlässig und zur Erkenntnis der Wahrheit fähig. Denn Paulus sagt im

Brief an die Römer, Kapitel 2, die Heiden trügen »das Gesetz Gottes in ihre Herzen eingeschrieben« (Röm 2,15). Das heißt, sie verfügen über ein Urteilsvermögen, das sie zu der Einsicht befähigt, niemand dürfe geschädigt werden, für Wohltaten solle man danken, der Obrigkeit müsse man gehorchen etc. Die Menschen haben also von Gott her die Fähigkeit, in Fragen des menschlichen Zusammenlebens wahr und zuverlässig zu urteilen. Ähnliches gilt in bezug auf die Natur, das Zählen, das Messen, das Bauen, oder die Heilung von Krankheiten, wie ja auch geschrieben steht: »Ehre den Arzt, denn um der Not willen hat Gott ihn geschaffen.« Wenn es aber heißt, er sei von Gott geschaffen, dann bedeutet das, Wissenschaft von der leiblichen Natur und von den Heilmitteln sei wahr und zuverlässig, von Gott dargeboten. Wenn also Paulus sagt: »Hütet euch, damit euch niemand durch Philosophie täuscht« (Kol 2,8), dann ist das nicht so zu verstehen, als wäre die Philosophie, die uns über unsere leibliche Natur und unser Zusammenleben belehrt, nichtig. Er gesteht uns zu, von unserem vernünftigen Denken so wie von Kleidung und Nahrung Gebrauch zu machen. Rechnen, Ausmaße bestimmen, bauen, malen, Krankheiten heilen, Recht sprechen, all das verbietet er nicht. Im Gegenteil, wenn du hörst, all dies seien Gaben Gottes an das Menschengeschlecht, dann sollst du mit um so größerer Ehrfurcht der Philosophie begegnen, die Gott gegeben hat, damit wir uns für unser Leben all diese Hilfen beschaffen können. Gott will nämlich, daß wir arbeiten.

Völker, welche Heilmittel für Krankheiten und Regeln zur Gestaltung des Gemeinwesens kennen, dazu über all die Fertigkeiten verfügen, deren man zur Erhaltung des leiblichen Lebens bedarf, also etwa Rechnen, Messen, Bauen, Zeitbestimmung von den Himmelbewegungen her etc., leben angenehmer als unzivilisierte. Da all das Gaben Gottes sind, müßten wir sie annehmen und ausbilden. Deshalb sagt Salomo: »Die Weisheit ist gut und kommt vor der Unwissenheit wie das Licht vor der Finsternis« (Koh 2,13). Mir sind schon manche vor Augen gekommen, die diese Stelle bei Paulus mißbrauchen und jede Art nützlicher Lehre heruntersetzen, als bestünde die christliche Religion in nichts anderem als in tiefster Unwissenheit. Aber diese Meinung ist für das menschliche Leben zum einen verderblich, zum anderen geradezu gottlos. Denn da alle Künste und Wissenschaften uns von Gott gewiesen und seine Gaben sind und zu Recht genannt werden, drückt es Ehrfurcht vor

Gott aus, sie zu pflegen und zu lernen, statt sie zu verachten. Wie ich schon gesagt habe, muß man sich jedoch darüber im klaren sein, daß sich ihre Lehren auf die Gegenstände dieser Welt, nicht etwa die Dogmen der Religion, beziehen. Wie man den mit Recht als Frevler bezeichnen würde, der sich in der Meinung zu Tode hungert, Speise anzurühren sei Sünde, so irren die auf das schändlichste, die den Christen das Recht streitig machen, sich die Künste und Wissenschaften anzueignen, wo doch ohne Redekunst, ohne Literatur, ohne Rechtswissenschaft und Medizin dieses leibliche Leben nicht erhalten werden kann. Das Menschengeschlecht bedarf dieser Fertigkeiten nicht weniger als der leiblichen Nahrung. In der Tat müßte der Staat mit Strafgesetzen wie gegen Diebe und Wegelagerer auch gegen die einschreiten, welche die Menschen von der Bemühung um diese Fertigkeiten abhalten. Denn Diebe und Räuber schaden im allgemeinen nicht mehr als die, welche darauf aus sind, dem Menschengeschlecht die großen Hilfen für sein Leben in dieser Welt zu entreißen, die in der Kenntnis der Wissenschaften liegen. Dazu wagen diese kriminellen Windbeutel auch noch, die Verachtung dieser Künste und Wissenschaften als Zeichen von Frömmigkeit auszugeben. Dabei übersteigt der Dank, den wir Gott für diese nützlichen Gaben schulden, jedes menschliche Fassungsvermögen. Augustinus hat in seinem Buch »Über die christliche Lehre« zusammengestellt, was menschliche Wissenschaft zum Verständnis der Heiligen Schrift beitragen kann. Aus der Sache heraus ist von selbst deutlich, daß die Heilige Schrift ohne Kenntnis der Sprachen und ohne die Lehrfächer vom richtigen und deutlichen Ausdruck nicht ausgelegt werden kann. Zwar sind nicht alle Wissenschaften bei der Auslegung der Heiligen Schrift von Nutzen, doch sind sie deshalb noch lange nicht unnütz. Zum Verständnis der Religion bedarf man nicht der Landwirtschaft; dennoch hat sie nichts mit Gottlosigkeit zu tun. Ähnlich verhält es sich mit der Medizin und dem Teil der Philosophie, worin es um die Erforschung dessen geht, was dem leiblichen Leben wohltut. Wir können davon Gebrauch machen, ohne daß uns ein Vorwurf daraus erwächst.

In Römer 1 nennt Paulus die Erkenntnis der Natur »Wahrheit Gottes«. Wenn der Heilige Geist die Erkenntnis der Natur als eine dem Menschengeschlecht von Gott gewiesene Wahrheit bezeichnet, was ist es dann für eine Verrücktheit, die Christen davon wie von etwas Verbotenem fernhalten zu wollen. Es hätte sich doch alle gemeinsame Mühe darauf richten müssen, etwas so Kostbares und Nützliches zu bewahren, es möglichst weiterzuentwickeln und so der Nachwelt zu überliefern, damit sie nicht den Eindruck haben muß, es sei durch unsere Trägheit zugrunde gegangen. Jeder ist bestrebt, seinen Kindern ein Erbe zu hinterlassen. Dieses für alle bestimmte, vom Himmel auf die Erde heruntergelassene Erbe hätten wir öffentlich alle verteidigen und der nächsten Generation übermitteln müssen. Denn was können Menschen Edleres besitzen als Wahrheit? Nur von Gott her tritt sie unter ihnen auf. Es steht ja auch geschrieben: »Daß das Auge sieht und das Ohr hört, wird beides von Gott bewirkt.« Auch besteht kein Zweifel, daß die Entdecker manches bisher Unbekannten von Gott zu seiner Erforschung angetrieben worden sind. Wer hätte die Wirkungen so vieler Pflanzen und so vieler Heilmittel bemerkt, wer hätte die Vielfalt der Bewegungen am Himmel herausgefunden, wenn nicht Gott die Menschen bei ihren Bemühungen angetrieben und geleitet hätte? Was die Dichter von ihrer Kunst sagen, läßt sich mit Fug und Recht von der Erfindung und Weiterentwicklung aller wissenschaftlichen und künstlerischen Fächer sagen:

»Dieses Streben enthält Samen göttlichen Geistes.«

Es ist hier nicht der Ort, allen Nutzen der Naturwissenschaft aufzuzählen. Ich will nur mit ein paar Stellen aus der Heiligen Schrift glaubhaft machen, daß es Gott keineswegs mißfällt, wenn man sich damit beschäftigt. Paulus nennt sie »Wahrheit Gottes«. Er heißt uns »die geschöpflichen Gaben mit Danksagung gebrauchen« (1 Tim 4,3 f.). Deshalb steht uns die Heilkunst offen. Es steht geschrieben: »Der Arzt ist von Gott geschaffen.« (Sir 38,1). Das bedeutet, daß uns die Heilkunst von Gott übermittelt ist. Allen klar denkenden Menschen stehen ihr Nutzen und die Häufigkeit, mit der wir täglich auf sie zurückkommen, vor Augen. Obwohl Hiskia schon mitgeteilt worden war, Gott habe sein Leben verlängert, nimmt er – und dies auf den ärztlichen Rat Jesajas – sein Heilmittel ein (Jes 38,1 ff.). Die Medizin schließt die gesamte Lehre von der Natur und auch den Gestirnen ein. Bei der ärztlichen Tätigkeit sind nämlich zeitliche Unterschiede zu beachten, wie auch das Zitat aus Hippokrates deutlich macht: »Unter und vor dem Zeichen des Hundes ist der Umgang mit Arzneien mühsam.« Ganz offensichtlich muß der Arzt einige Wirkungen der Sterne auf die Körper und ihre Zustände beachten. Die Beachtung solcher Zeiten ist nicht abergläubisch; wie es ja auch kein Aberglaube ist, sondern göttliche Ordnung, im Winter oder im Frühling zu säen, im Sommer zu ernten, dem Fiebernden den Wein zu untersagen. Ein Aberglaube wäre es, sich ohne natürlichen Grund und um der Rechtfertigung (vor Gott) willen des Weins zu enthalten wie die Kartäuser auf Grund ihrer Regel von der Fleischnahrung. Die Sternkunde hat noch einen weiteren Nutzen: Für die Aufgaben des Zusammenlebens braucht man eine gewisse Aufteilung des Jahres und der Monate. Welche Verwirrung würde doch im öffentlichen Leben eintreten, wenn wir eine solche nicht hätten. Es wäre eher ein tierisches als ein menschliches Leben, den Wechsel der Zeiten nicht genau zu kennen und nicht über festgelegte Zeitspannen von Jahren und Monaten zu verfügen. Als der Herr im Buch der Genesis über die Lichter am Himmel sagte: »Sie sollen Zeichen sein und zur Bestimmung von Zeiten, von Tagen und Jahren dienen« (Gen 1,14), wollte er gewiß, daß die Menschen die Bewegungen dieser Lichter beobachten und so die genaue Spanne eines Jahres feststellen sollten. Ohne Beobachtung der Bewegung und Bestimmung der Zeit vollendet für uns der Lauf der Sonne das Jahr nicht anders als für die Tiere. Uns wird nur dann klar, daß das Jahr von der Sonne bestimmt wird, wenn wir den gesamten Lauf beobachten. Da man aber verstehen kann, daß Gott geboten hat, die Zeitunterschiede nach den wechselnden Bewegungen zu messen, steht die Rechtmäßigkeit der Bemühung um diese Kunst fest.

Unverzichtbar ist auch das andere Teilgebiet der Philosophie, in welchem Verhaltensregeln gelehrt werden und aus welchem die Gesetze für die Leitung der Gemeinwesen hervorgegangen sind. Es bedarf einer erzieherisch wirksamen Lehre, durch die die einzelnen Menschen mit ihren sittlichen Einstellungen auf Menschlichkeit hin gebildet werden. Dazu wurden zunächst Dichtwerke wie die Hesiods und Homers und andere mehr abgefaßt. Danach unterzogen die Philosophen das Wesen des Menschen einer genauen Betrachtung, fragten nach den Gründen für diese Verhaltensregeln und beschrieben systematisch, worin die einzelnen Tugenden bestehen. Dies hat Cicero in seinem Buch »Über die Pflichten« und Aristoteles in seinen ethischen Schriften getan. Man staunt, wie förderlich ihre Kenntnis für das sittliche Verhalten ist, wieviel angenehmer und umgänglicher im Zusammenleben,

wieviel geeigneter für politische und juristische Betätigungen sowie für viele andere Aufgaben eines gebildeten Menschen diejenigen sind, die schon zu Hause diese Inhalte aufgenommen haben.
Dagegen verwildert das Verhalten derer, die darin nicht gebildet
sind, dermaßen, daß man bei ihnen keinen großen Abstand von
den Tieren erkennen zu können meint. Wie aber Felder, die man
nicht bestellt und besät, keine Frucht oder nur Unkraut hervor-
bringen, so erschlaffen die geistigen Kräfte des Menschen – werden sie nicht durch Lernen angeregt und geschärft – durch
schlechte Gewohnheiten nicht nur, sondern kommen ganz und gar
herunter. Jene Gebote der Moralphilosophie sind aus der Natur
(des Menschen) abgeleitet, bzw. den Gesetzen der Natur entnommen, die Gott unseren Seelen eingezeichnet hat und die nach seinem Willen nicht weniger heilig gehalten werden sollten als die
Gesetze, die er für Mose in einen Stein gemeißelt hat. Aus ihnen
wurden von Weisen, die Gott zur Begründung von Staatswesen
auftreten ließ, auch die Gesetze hergeleitet, nach denen Urteile
gesprochen, Güter geteilt und Untaten bestraft werden sollten.
Diese Gesetze bezeichnet Paulus ohne Zögern als göttliche Ordnung (Röm 13,1). Man sieht also, daß die Schrift ausdrücklich
diese Bereiche der Philosophie anerkennt. Da mag nun einer sagen, der Philosophie sei vieles beigemengt, was von der Religion
abweiche. Dazu gehören etwa die Auffassungen des Aristoteles zur
Ewigkeit der Welt oder die Narreteien der Epikureer zu den Atomen. Besonders weit entfernt sich von der Religion ihre Lehre,
Zweck aller Güter sie die Lust. Lächerlich ist auch die Apathie der
Stoiker, welche das Mitleid und die Mehrzahl ähnlich guter Regungen für minderwertig erklären, lächerlich auch die Meinung,
alle Sünden seien gleich.

Ich bestreite nicht, daß sich in den Erörterungen der Philosophen vieles findet, was nicht nur der Religion fremd, sondern auch
falsch ist und der natürlichen Vernunft widerstreitet. Gar manches
wurde aus fehlender Einsicht ohne tragfähige Begründung geschrieben. Die meisten hat Gott ihren Spinnereien überlassen, um
deutlich zu machen, daß ohne den Hauch seines Geistes und die
Leitung durch sein Wort die Wahrheit nicht einmal bei der Erforschung natürlicher und weltlicher Problembereiche in den Blick
kommt. Paulus sagt, sie seien, weil sie Gott nicht verherrlicht hätten, verblödet (Röm 1,21).

Von Philosophie spreche ich nur dann, wenn nichts behauptet wird, was sich nicht aus tragfähigen Schlußfolgerungen oder aus der Erfahrung ergeben hat. Viele zweideutige Meinungen sind wahren und gewissen Verhaltensregeln beigemischt. Doch werden diese nicht einmal von den alten klarer denkenden Schriftstellern als echte und ursprüngliche Philosophie anerkannt. Zur Unterscheidung von »gewiß« und »ungewiß« gehört besondere Klugheit. Behauptungen zuzustimmen, die nicht durch tragfähige Schlußfolgerungen und Erfahrungen gestützt sind, und zu behaupten, sie seien es, ist, obwohl es nicht selten vorkommt, eines Philosophen höchst unwürdig und schändlich.

Bisher habe ich noch nichts von der Beredsamkeit gesagt, die anderen Bereichen der Philosophie weder an Würde noch an Nützlichkeit nachsteht. Beredsamkeit heißt nicht, wie manche Ungebildete glauben, eitle Schminke der Rede, sondern klare und einigermaßen würdevolle Entfaltung des Gemeinten. Auch hascht sie nicht, wie viele vermuten, nach wertloser Ohrenlust, sondern dient der Nützlichkeit oder auch der Notwendigkeit. Ohne sie kann man in keine gewichtige und etwas unklare Sache Licht bringen. Wie oft halten wir nicht, wenn Menschen in Gerichtsverfahren oder bei Beratungen über schwierige Angelegenheiten zur Klarheit geführt werden müssen, den für des höchsten Lobes würdig, der in die dunkle Sache Licht bringt, der den Richtern oder den Versammelten die Sache gleichsam so vor Augen stellt, daß sie zu einem rechten Urteil oder dem öffentlichen Nutzen entsprechenden Beschluß kommen können! Wenn wir schon die Mathematiker loben, weil sie verwickelte Verhältnisse in Geldangelegenheiten erklären können, wieviel mehr müssen wir dann beredte Männer bewundern, deren Können nicht nur kleinen privaten Nutzen umfaßt, sondern Gerichtsurteile, Gesetze und das Wohl des ganzen Gemeinwesens. Bei der sprachlichen Bildung geht es also um weitaus Größeres als bei den übrigen Fächern. Aber ich spreche hier ja nicht von der Würde der vollkommenen Beredsamkeit, die in der Tat eine der größten menschlichen Tugenden ist und nicht nur leichthin »Königin« genannt wird. Denn diese regiert die Gemeinwesen, bewahrt Rechtsprechung und Gesetz; sie legt dem Volk dar, was gerecht ist und was ungerecht. Ich will hier nur von der weniger bedeutenden geistigen Arbeit der Knaben sprechen. Wie soll es möglich sein, Gesetze ohne Sprachkenntnisse, ohne Dialektik und Rhetorik zu verstehen und auszulegen? Oder welche schriftlich niedergelegte Kunst oder Wissenschaft kann ohne sie erfaßt und geübt werden? So weit erstreckt sich der Nutzen dieser sogenannten »Knabenkünste«, daß einer, hat er sie nicht vorher gelernt, auf anderes seine Mühe verschwendet.

Die Gabe der Sprachen oder auch die Gabe der Übersetzung, was ist das anderes als »Beredsamkeit«? Wir wollen also zugeben, daß das Lernen auf dem Gebiet der Sprachen für die Christen nützlich ist, wie ja auch Paulus Wert darauf legt, daß die Korinther sich in der Gabe der Sprachen üben (1 Kor 14,1 ff.).

An einer anderen Stelle schreibt Paulus, ein Bischof müsse »didaktisch« veranlagt sein (1 Tim 3,2). Wie soll aber einer lehren, dem keinerlei Kenntnis in Dialektik oder Rhetorik zu Gebote steht? Diese Fächer werden doch gerade dazu gelehrt, damit Unerfahrene lernen, wie man etwas deutlich und zweckmäßig vermittelt.

Was also, wenn ohne diese Hilfen die Heilige Schrift nicht einmal verstanden werden kann? Wie kann sich einer ein Urteil über einen Text bilden, der aus der Grammatik nichts zum Zusammenhang der Redeteile, zur Art von Wendungen oder Bildern gelernt hat, der nicht aus Dialektik und Rhetorik weiß, welche die längeren Teile einer Rede sind, wie Aussagen und Argumente aufeinander folgen, welche übereinstimmen, welche einander widerstreiten, welche zweideutig sind, wo die Redeteile in rechter Weise zusammenhängen, und wo nicht. Wer all das in den heiligen Büchern, die voll feinsinnigster Erörterungen sind, nicht wahrnimmt, möge geradeheraus eingestehen, daß er nichts versteht.

Wie aber soll einer in der Kirche lehren, der die Heilige Schrift nicht versteht und nicht weiß, wie man einen sprachlichen Zusammenhang gliedert und lehrt? Oft erheben sich in der Kirche schwer durchschaubare Streitigkeiten über dogmatische Fragen. Wie soll einer da Klarheit hineinbringen, der nichts von Dialektik oder Rhetorik versteht? In keinem anderen Jahrhundert hat es mehr Streit in der Kirche gegeben als in unserem, doch gibt es keinen Zweifel, daß die meisten Kontroversen durch sachgemäße und klare Behandlung beigelegt werden könnten. Ich bin schon vielen begegnet, die ihre Meinungen so unklar und verworren vortrugen, daß, nachdem beide Seiten viel Papier verschwendet und ihre Ansichten in dicken Wälzern verteidigt hatten, immer noch keinem klar war, worüber eigentlich gestritten wurde. Im Laufe solcher

Auseinandersetzungen zwischen Taubstummen konnte man ein solches Anwachsen von Parteienhaß und Zwietracht beobachten, daß die Kirche wohl kaum je in einem trostloseren Zustand war.

Diesem Übel könnte man durchaus beikommen, indem man aus den Auseinandersetzungen das Unstrittige und Konstruktive herausnimmt. Dann wird nicht viel Strittiges bleiben. Oft zankt man sich nur um Worte und entstellt auf verleumderische Weise Äußerungen anderer, die als solche unanstößig sind. Wie soll man aber ohne Dialektik und Rhetorik das Maß der Übereinstimmung und Gegensätze herausfinden? Genügt dieser Grund nicht schon, damit wir diese Fächer lieben und mit allem Eifer betreiben? Bringen sie doch nicht nur für andere Lebensbereiche großen Nutzen, sondern tragen auch zur Behandlung religiöser Fragen bei.

Wenn aber die menschliche Vernunft als solche, das heißt, die Philosophie, über den Willen Gottes urteilt, dann irrt sie in der Regel. Obwohl wir alle Glaubensartikel durchgehen und dabei zeigen könnten, daß die Beurteilung von Glaubensfragen nicht von der Vernunft zu erwarten ist, wollen wir nicht zu weitschweifig werden, sondern uns auf drei Punkte beschränken.

Zuerst irrt die Vernunft zur Frage der Weltregierung. Denn obwohl sie zugibt, daß Gott alles geschaffen hat, nimmt sie doch Anstoß daran, daß auf der Welt soviel Ungerechtigkeit geschieht, kann sie nicht einsehen, daß Gott alles regiert, sondern erträumt, daß er jetzt fast untätig bleibe und die Welt ihrem eigenen Lauf überlasse. Das wäre also wie bei einem Handwerker, der nach Vollendung eines Bootes einfach weggeht und es den Fluten überläßt. Hier lehrt das Christentum etwas anderes und mahnt uns, nicht philosophischen Täuschungen zu verfallen. Dann nämlich führt Philosophie in die Irre, wenn sie sich darauf einläßt, über Gott und seine Ratschlüsse zu urteilen: »Der irdisch gesonnene Mensch begreift nicht, was Gottes ist.« (1 Kor 2,14). »Irdisch gesonnen« meint die gesamte Seinsart des Menschen, soweit sie nicht vom Heiligen Geist erneuert ist. Deshalb kann der Mensch, wie er sich vorfindet, nichts über den Willen Gottes aussagen. Denn dieser wird nur aus dem Wort Gottes erkannt, wie Jesaja sagt: »Zum Gesetz und Zeugnis: Wer nicht gemäß diesem Wort redet, für den gibt es kein Morgenrot.«

Wir müssen also der Heiligen Schrift gewisse und deutliche Sätze entnehmen, die uns lehren, daß von Gott nicht nur alles geschaffen ist, sondern auch gelenkt wird: Gott nährt und schützt uns. Er rettet die einen und bestraft die anderen. Er hat nicht wie der Handwerker das Boot verlassen, sondern lenkt wie der Steuermann das Schiff. All dies beweisen Sätze wie Matthäus 6: »Euer himmlischer Vater ernährt sie« (Mt 6,26); Matthäus 10: »Werden nicht zwei Sperlinge um einen Groschen verkauft, und doch fällt keiner davon ohne euren himmlischen Vater auf die Erde?« (Mt 10,29); Johannes 5: »Mein Vater wirkt noch immer, und auch ich wirke« (Joh 5,17); Epheser 1: »Er wirkt alles nach dem Ratschluß seines Willens« (Eph 1,11); Kolosser 1: »Alles besteht durch ihn« (Kol 1,17); Apostelgeschichte 17: »In ihm leben, weben und sind wir« (Apg 17,28); Psalm 103: »Wenn du ihnen gibst, sammeln sie« (Ps 104,28); Sprüche 16: »Alle Wege der Menschen liegen vor seinen Augen offen« (Spr 16,2); im Gebet des Herrn: »Unser tägliches Brot gib uns heute« (Mt 6,11); Deuteronomium 8: »Nicht nur vom Brot lebt er, sondern von einem jeden Wort, das aus dem Mund Gottes hervorgeht.« (Dtn 8,3).

Zweitens irrt die Philosophie in der Frage der Rechtfertigung, wenn sie die bürgerliche Gerechtigkeit als vor Gott zureichend feststellt. Das Christentum lehrt jedoch, die Gerechtigkeit vor Gott bestehe in dem Glauben an Christus. Wie die Bienen durch ihre natürlichen guten Eigenschaften nicht christlich werden, werden wir durch unsere sozialen Handlungsweisen und natürlichen Tugenden nicht gerecht vor Gott. Die Bienen verfügen über eine gewisse Klugheit. Denn sie bauen sich Wohnungen und bilden einen Staat. Auch kommt ihnen Gerechtigkeit zu. Denn recht gewissenhaft gehorchen sie ihren Königinnen. Sie unterstützen sich gegenseitig, nehmen erschöpften Genossinnen die Lasten ab und meiden Gewalt und Unrecht. Auch ihre Tapferkeit ist bewundernswert, denn leidenschaftlich kämpfen sie mit den Drohnen. Endlich ist ihre Mäßigkeit eindrucksvoll. Denn sie kennen nicht die Geschlechtslust und stellen für uns Honig her. Wie sie aber wegen all dieser Tugenden nicht als Christinnen bezeichnet werden, sind auch Menschen nicht nur wegen ihres sittlichen Verhaltens Christen, sondern weil sie glauben, Gott habe uns um Christi willen unsere Sünden vergeben und in seine Gnade aufgenommen. So heißt es bei Paulus: »Wir halten dafür, daß der Mensch ohne die Werke des Gesetzes durch den Glauben gerechtfertigt wird.« (Röm 3,28). Und 1 Korinther 1: »Kein Sterblicher soll sich vor Gott rühmen. Von ihm her seid ihr in Jesus Christus, der für uns Weisheit von Gott her, Gerechtigkeit, Heiligung und Erlösung geworden ist.« (1 Kor 1,29 f.).

Doch hebt das Christentum die bürgerlichen Sitten nicht auf, sondern fordert sie und läßt die Philosophie, das heißt die Vernunft, die uns in bürgerlichen Sitten unterweist, ebenso gelten, wie es die weltliche Obrigkeit gelten läßt und sich als ihr Urheber bezeugt, Römer 13: »Alles, was angeordnet ist, ist von Gott angeordnet.« (Röm 13,1). Von denen, die den Heiligen Geist nicht haben, wird gefordert, daß sie sich durch weltliche Gerechtigkeit zügeln, wie Paulus lehrt: »Das Gesetz ist für die Ungerechten aufgerichtet« (1 Tim 1,9), desgleichen »Das Gesetz ist der Erzieher.« (Gal 3,24). Vernunft und Evangelium weichen aber darin voneinander ab, daß nach dem Evangelium weltliche Gerechtigkeit vor Gott keinesfalls genügt.

Drittens irrt die Philosophie mit der Meinung, die Vernunft habe aus sich selbst zureichende Kräfte gegen die Sünden. Sie erkennt nicht die Notwendigkeit des Heiligen Geistes, der unsere Herzen reinigt und uns leitet, damit wir nicht durch unsere natürliche Schwäche oder vom Teufel in offenbare Schändlichkeiten gestürzt werden.

Dagegen lehrt das Evangelium, daß das Herz unrein ist und in heißer Begierde brennt, daß uns der Teufel nachstellt, um uns in offenbare Schändlichkeiten hineinzuzerren. Deshalb verheißt es den Heiligen Geist, damit er unsere Herzen verwandelt, leitet und uns schützt, Johannes 15: »Ohne mich könnt ihr nichts tun« (Joh 15,5), und an die Römer 8: »Die vom Heiligen Geist getrieben werden, sind Gottes Kinder.« (Röm 8,14). Wie der Mensch ist und wie tief er stürzt, wenn ihn Gott verläßt, zeigt das Beispiel Sauls. So kann also die Philosophie, das heißt das vernünftige Denken, über den Willen Gottes nichts Gewisses aussagen. Doch kann sie sehr wohl über die BEschaffenheit der Welt und das sittliche Verhalten in ihr zutreffend urteilen. Deshalb irren diejenigen, die von der Vernunft oder der Philosophie her über die christliche Lehre urteilen wollen. Für die Gläubigen dagegen bedeutet es einen starken Trost, daß wir Gottes Willen nicht nach dem Urteil unserer Vernunft einzuschätzen haben. Sooft wir über die Rechtfertigung nachdenken, tröstet uns das Wissen, daß Gott den bloßen Glauben als Gerechtigkeit anrechnet, auf wunderbare Weise. Andererseits irrt aber auch, wer das philosophische Nachdenken über weltliche

Probleme verachtet. Denn damit setzt er Gottes Gabe herunter, während wir doch alle geschöpflichen Güter dankbar gebrauchen und als Gottes Wohltaten verstehen sollen, 1 Timotheus 4 (3f.). Wie die Behauptung verrückt wäre, man solle die christliche Lehre nach den Regeln des Schneiderhandwerks beurteilen, so fehlt auch denen der Verstand, die das Christentum von der Philosophie her beurteilen. Denn Petrus sagt in seinem zweiten Brief, Prophezeiungen seien nicht aus dem Willen von Menschen hervorgegangen (2 Petr 1,21). Wie aber wiederum die Behauptung töricht wäre, das Schneiderhandwerk widerstreite dem Christentum, so ist es auch die andere, nach der Natur- und Sozialwissenschaften im Gegensatz zur Religion stehen. Deshalb sagt ja auch Paulus nicht, die Philosophie sei von Übel, sondern: »Seht zu, daß euch niemand durch Philosophie täusche«, wie auch einer sagen könnte: »Sieh zu, daß dich der Wein nicht täusche«. Hier könnte auch noch an andere Glaubensartikel erinnert werden, über welche die Vernunft nicht zutreffend urteilen kann. Doch mögen diese Hinweise genügen, daß zu den Artikeln des Glaubens nicht die Vernunft, sondern die Heilige Schrift zu befragen ist.

Wenn er hier zusätzlich von »leerer Täuschung« spricht, meint er der Philosophie entnommene Erörterungen zum Willen Gottes. Wenn wir aber von der Vernunft her über den göttlichen Willen urteilen, handelt es sich nicht um Philosophie, sondern um nichtige Träume. So hat etwa Epikur geleugnet, daß Gott etwas an uns liege oder daß die Seelen unsterblich seien. Oder manche Platoniker haben sich mit der Frage beschäftigt, wie Gott einen Gedanken erzeuge, um so der christlichen Lehre vom Sohne Gottes auszuweichen. Nach Aristoteles ist die Welt ewig und hat nie einmal angefangen. Mit Philosophie haben auch diejenigen die christliche Lehre vermischt, die der Vernunft die Fähigkeit zuschreiben, in uns ohne den Heiligen Geist Glauben an Gott zu erwirken. Einer hat gar geschrieben, die platonische Philosophie sei die Grundlage des Christentums. Als sicher zu behaupten, was Vernunft oder Philosophie nicht behaupten kann, ja was ganz und gar außerhalb der Reichweite von Vernunft und Philosophie liegt, ist »leere Täuschung«. Und wie das Gesetz verbietet, verschiedene Samen im gleichen Acker auszustreuen (Lev 19,19), muß man sich auch hüten, die Lehre des Evangeliums und die Philosophie miteinander zu vermischen. Das Evangelium ist Lehre vom geistlichen Leben und von der Rechtfertigung vor Gott, die Philosophie dagegen vom weltlichen Leben. Die Medizin dient offensichtlich der Gesundheit, sittliche Verhaltensweisen und Maßstäbe dem friedlichen Zusammenleben und der Rechtsprechung. Andere Fertigkeiten sind um anderer Zwecke willen erfunden worden: Die Geometrie mißt räumliche Körper beim Kaufen und Verkaufen, beim Bauen. Die Arithmetik regelt Verträge und weite Bereiche des gesellschaftlichen Lebens. All diese Anwendungen sind notwendig und werden von Gott gebilligt. An vielen Stellen lehrt Paulus, die geschöpflichen Gaben Gottes seien mit Danksagung zu gebrauchen. Doch rechtfertigt ihr Gebrauch nicht vor Gott. So hat Gott dem Menschen ja auch zu essen geboten, ohne daß ihn dies rechtfertigt. Ebensowenig werden wir dadurch gerechtfertigt, daß wir uns an ärztliche Diätvorschriften halten oder die Einteilung der Zeit beachten. Gott fordert zwar sozialverträgliches Verhalten, beispielsweise keine Waffen zu tragen, wo es die Gesetze verbieten, oder Kleidervorschriften zu beachten, dennoch rechtfertigt dies nicht vor Gott. Paulus gebietet, 2 Timotheus 2, »das Wort der Wahrheit recht zu unterscheiden« (2 Tim 2,15). Daher müssen auch wir uns davor hüten, Evangelium und Philosophie zu vermischen oder die Philosophie in einer Hinsicht zu verdammen, in der sie Gott billigt. Vielmehr wollen wir in rechter Weise Vernunfteinsicht und Prophetie auseinanderhalten und unterscheiden, wozu uns jede unterweist.

Endlich muß vor allem daran erinnert werden, daß sich die Vernunft, wird sie nicht vom Wort Gottes geleitet, sehr leicht dazu verführen läßt, unbewiesenen und falschen Behauptungen zuzustimmen und bei der Beurteilung weltlicher Angelegenheiten unnatürlicherweise manches Schändliche zu billigen, Römer 1: »Ihr törichtes Herz ist verfinstert.« (Röm 1,21). Ebenso: »Gott hat sie ihrem verwerflichen Sinn überlassen.« (Röm 1,28). Ebenso 2 Thessalonicher 2: »Gott schickt ihnen eine wirksame Täuschung, so daß sie der Lüge glauben.« (2 Thess 2,11). Ebenso Sprüche 29: »Wenn die Prophetie ausbleibt, wird das Volk verstreut.« (Spr 29,18). Beispiele dafür finden wir besonders bei denen, die sich selbst umgebracht haben, wie etwa der von Seneca im elften Buch seiner Briefe erwähnte Marcellinus. Wie oft Diogenes gegen die Natur verstoßen hat, ist bekannt. So fürchterliche Beispiele stellt uns Gott vor Augen, um uns Furcht einzuflößen. Denn wir sollen nicht zu sehr auf die Kräfte unserer Vernunft vertrauen, sondern uns von seinem Wort lehren und leiten lassen.

Zur deutschen Übersetzung der erweiterten Ausgabe des *Kolosserbrief-Kommentars* 1529 schrieb Luther eine Vorrede, in der er einräumte, er habe Melanchthons »Bücher lieber als die meinen«, und seine und die Art Melanchthons zu schreiben bildhaft voneinander abgrenzte: »Ich bin dazu geboren, daß ich mit den Rotten und Teufeln kämpfen und im Feld liegen muß, weshalb viele meiner Bücher stürmisch und kriegerisch sind. Ich muß die Klötze und Stämme ausrotten, Dornen und Hecken weghauen, die Pfützen ausfüllen, und bin der grobe Waldarbeiter, der die Bahn brechen und zurichten muß. Aber Magister Philippus kommt säuberlich und still daher, baut und pflanzt, sät und begießt mit Lust, ganz wie Gott ihm reichlich seine Gaben gegeben hat.«

Die Äußerung mag beispielhaft dafür stehen, daß die beiden Freunde, ungeachtet mancher Verschiedenheiten in Temperament und Ansichten, deren man sich nun stärker bewußt wurde, auch trotz gelegentlicher Irritationen – im Falle Melanchthons etwa anläßlich von Luthers Hochzeit mit der ehemaligen Nonne Katharina von Bora während des Bauernkriegs –, wechselseitig Respekt vor- und Solidarität zueinander bewahrten. Besonders den Älteren reizten die charakterlichen Eigenarten und Gegensätze immer wieder zur Formulierung von Antithesen, die er offensichtlich als fruchtbare Spannungen – und damit Ergänzungen – begriff. Zumal seine Tischreden enthalten mehrere solcher Vergleiche: »So geht Philippus in der Liebe daher, ich im Glauben. Philippus läßt sich fressen, ich fresse alles und schone niemanden. So wirkt Gott in verschiedenen Leuten doch ein und dasselbe.« Oder: »Philippus ist zarter als ich. Darum regt er sich mehr auf, wenn die Dinge nicht nach Wunsch gehen. Ich bin härter und starrer und rege mich nicht auf über Dinge, denen ich selbst nicht abhelfen kann.« Oder auch: »Philippus handelt von allem mit Mäßigung. Das mag wohl noch zu etwas dienen, wie er selbst hofft. Aber (...) wenn ich komme, so haue ich dem Faß den Boden aus und schlage mit Keulen drein.«

Freilich konnte auch Melanchthon für seine Verhältnisse mit Keulen dreinschlagen. Dies vornehmlich dann, wenn sein politisches Trauma sich im Wunschbild einer Erziehung zur (Ein-)Ordnung äußerte, in der für das Wort »Freiheit« nur Raum ist, um vor ihrem Mißbrauch zu warnen. («In einer Demokratie will jeder einzelne Tyrann sein.«) Die alltagspraktischen Auswirkungen dieses Traditionalismus erhellen aus einer der für heutige Leser thematisch originellsten seiner akademischen Reden, der *Oratio contra affectationem novitatis in vestitu (Rede gegen die Modesucht in der Kleidung),* in der der Reformator das Bestreben nach Veränderung selbst im Bereich der äußeren Selbstdarstellung empört zurückweist. Für ihn handelte es sich hierbei lediglich um einen Sonderfall der menschlichen Neuerungssucht, die sich politisch-gesellschaftlich in jedem Falle verhängnisvoll auswirken müsse:

Rede gegen die Modesucht in der Kleidung

Oratio contra affectationem novitatis in vestitu

Wenn es euch, meine verehrtesten Zuhörer, auch ohne Zweifel sehr sonderbar erscheinen mag, daß ich gewagt habe, diese Rednertribüne der gelehrtesten Männer zu besteigen und eine so schwierige Aufgabe zu übernehmen, so zweifle ich doch nicht daran, daß ihr, da ihr ja den Brauch unserer Hochschule kennt und allen, die hier als Redner auftraten, habt Nachsicht und Schonung angedeihen lassen, auch mich schonend und freundlich anhören werdet. Aber nicht über den Trojanischen Krieg oder ein ähnliches, bekanntes geschichtliches Thema zu sprechen, bin ich angetreten, sondern, weil keine Eigenschaft junge Männer so sehr ziert wie die Bescheidenheit, habe ich mir vorgenommen, über einen besonderen Aspekt von dieser zu sprechen. Und gerade diesen Stoff wählte ich desto lieber, um, wenn ich mir hier auch nicht Ansprüche auf den Ruhm der Beredsamkeit erwerben möchte, doch wenigstens, wie jener Kitharist sagt, mir selbst unterdessen etwas vorzusingen und mir selbst das Streben nach jener Tugend zu empfehlen. Meine Rede richtet sich jedoch bloß gegen die Sucht nach dem Neuen und nach anderen Torheiten in der Kleidung, einen Fehler, der, obwohl schädlicher als man denkt, dennoch so allgemein verbreitet ist, so sehr die Gemüter der Jugend ergriffen hat, daß er sich weder durch obrigkeitliche Gesetze noch durch Reden gelehrter Männer bessern läßt. Denn wie oft sind in unserer Zeit Gesetze erlassen worden! Wie viele bedeutende Männer führen darüber täglich Klage! Aber so gewaltig ist dieses Übel, daß es weder unterdrückt noch geheilt werden kann. Täglich werden neue Moden ersonnen: Heute gefällt ein französischer Hut, morgen ein spanisches Barett. Andere gefallen sich in polnischen Ärmeln, und wie verschieden werden diese wieder gestaltet? Ein einheitliches Kleidungsstück gilt überhaupt nicht als schicklich für einen Mann, sondern durcheinandergewürfelt und mit tausend Farben bemalt muß es sein, wie alte Gemälde die Tracht der Narren darstellen, damit es erst die höchste Bewunderung erregt, und besonders, wenn es an jedem neuen Tag gewechselt wird. Kein Proteus hat sich in so verschiedene Gestalten gehüllt wie unsere jungen Männer, die unaufhörlich ihre Kleidung wechseln, gerade so wie die, die auf dem Theater mehrere Rollen spielen. Obwohl nun dieser Fehler so tief verwurzelt ist, daß er weder durch eine anfängerhafte Rede, der kein besonderes Gewicht zukommt, noch durch eine mittelmäßige Beredsamkeit beseitigt werden kann, meine ich doch, an einem so würdigen Gegenstand meine Kräfte zu versuchen zu dürfen. Ich bitte euch aber, daß ihr mich, wenn ich von der ehrenvollsten Sache handle, nach eurer Gepflogenheit wohlwollend und geduldig anhört. Wenn schon nichts anderes, muß euch doch mein Alter dazu bewegen, das um seiner Schwachheit willen die übernommene Last nicht tragen können wird, wenn ihr mich nicht durch besondere Nachsicht ermutigt.

Die Modesucht, die an sich schon ganz schändlich ist, muß auch deswegen umso mehr verworfen werden, weil sie viele andere Übel aus sich erzeugt und die meisten Laster des Lebens hervorbringt und nährt. Die Beweise für unsere Behauptung brauchen nicht von weit hergeholt zu werden. Da nämlich erst vor kurzem einer meiner Kollegen über die Notwendigkeit der Bewahrung alter Sitten Hochbedeutsames gesagt hat, hoffe ich euch desto leichter davon zu überzeugen, daß man herkömmliche Kleidung beibehalten müsse. Denn wie bei anderen öffentlichen Einrichtungen die Sucht nach dem Neuen tadelnswert ist, muß sie auch im Bezug auf die Kleidung mißbilligt werden.

Stets aber war es die Ansicht der weisesten Männer, daß man ehrwürdige Einrichtungen der Staaten und Völker mit höchster Sorge zu erhalten suchen müsse, weil nichts so sehr die öffentliche Ruhe stört wie häufige Änderungen der Gesetze und Sitten, ebenso wie häufiger Wechsel der Lebensweise die Gesundheit des menschlichen Körpers zu beeinträchtigen pflegt. Ältere Beispiele dieses Übels können wir übergehen, da ja unsere eigene Zeit ein beklagenswertes erlebt hat. Denn nachdem nur einige wenige kirchliche Gebräuche, die auf irgendeine Weise verfälscht worden sein sollen, abgeschafft waren, folgte eine unglaubliche Verachtung allen göttlichen und menschlichen Rechts. Und nicht nur die Disziplin der Untertanen und die Autorität der Obrigkeiten wurde allmählich gefährdet, sondern Religion, Verläßlichkeit, Eide und alle Bande der menschlichen Gesellschaft wähnte das Volk aufgelöst. Wie daraus nun täglich die größten Unruhen in den Staaten hervorgehen, habt ihr ja selbst gesehen, als vor zwei Jahren in ganz Deutschland der Bürgerkrieg aufloderte. Kein Gift sollen wir daher für den Staat schädlicher halten als die Veränderung der einmal angenommenen Sitten, was unter dem Volk Zügellosigkeit und Frechheit, Verachtung der Staatsgewalt, kurz: nichts als jene Übel erzeugt, die so oft Staaten an den Rand des Untergangs bringen. Darum wird mit Recht jener Vers gepriesen:

»Die Herrschaft Roms besteht durch ererbte Sitten und Männer.« Da wir überdies glauben, daß die Alten den Göttern am nächsten stehen, ist kein Zweifel, daß die ältesten Sitten die besten sind, insofern sie nämlich unsere Vorfahren, die Begründer der Staaten, von den Göttern selbst erlernt zu haben scheinen. Demnach sind die nicht zu rühmen, die die ehrwürdigen Gebräuche und Einrichtungen verschmähen, die alte Sitte auflösen, bald diese, bald jene Gepflogenheiten in das Vaterland einführen und nach Belieben Gesetze aufstellen und aufheben. Auch ist bekannt, daß einst in den Staaten die hervorragendsten Männer alte Einrichtungen eifrigst verteidigten. Denn wie oft, um einige andere gewichtige Beispiele zu übergehen, wurden in Rom Gesetze durchgesetzt, die den persönlichen Aufwand regelten, damit sich der Staat in die Sitte der Alten hüllen solle? Mit welcher Leidenschaft verteidigt Cato bei Livius das Oppische Gesetz, das den Frauen Mäßigung bei den Ausgaben vorschrieb! Als Augustus sah, daß die Römer an fremden Trachten Geschmack fanden, warf er, im Gespür dafür, wieviel

Schlechtes damit Eingang fände, dies den Bürgern in einer langen Rede vor und brachte sie wieder zum Gebrauch der Toga zurück, wobei er auch jenen Vers Vergils zitierte:

»Die Römer, Beherrscher der Länder, das Volk mit der Toga.« Selbst wenn es keinen anderen Grund gäbe, jenes Laster der Mode zu mißbilligen, müßte es für uns ehrenvoll sein, allein dem Beispiel bedeutender Menschen zu folgen, denen nicht beizupflichten schlechterdings Wahnsinn wäre. Und was Cato, was Augustus dachten, von dem dürfen wir annehmen, daß es den Beifall aller Gutgesinnten findet, wogegen nur höchste Ahnungslosigkeit sich aus deren Urteilen nichts macht.

Aber vielleicht mag jemand sagen, weder für die privaten Sitten noch für den Staat seien diese Torheiten der Kleidung sehr erheblich, und ich rege mich in strenger Rede über eine Sache auf, die vergleichsweise gar nicht so lasterhaft ist. Ach, wenn ich mit meiner Rede doch nur der Größe des Gegenstandes entsprechen könnte: Es liegt nämlich so viel Schändlichkeit darin, daß keine durchschnittliche Beredsamkeit ausreicht, um sie zu erörtern. Wenn nämlich das Kleid nicht weniger als die Rede Ausdruck und Abbild des Inneren ist, wie können wir dann noch daran zweifeln, daß jene, die sich so sehr in abenteuerlicher Kleidung gefallen, auch eine abenteuerliche Gesinnung haben? Da stolziert jemand mit einem spanischen Hut einher, dazu noch einem buntbemalten, das Wams ist französisch geschnitten, dessen lange Ärmel so wenig dem Maß der Arme entsprechen, daß sie dort am weitesten sind, wo der Arm am schmächtigsten ist. Und während eigentlich die Kleidung der Natur angepaßt sein sollte, gefallen sich jene gerade im Entgegengesetzten. Was noch? Es ist eine gemeine Kleidung, wenn sie nicht kunterbunt gefärbt ist wie bei einem Pfau: dazu muß sie durchlöchert sein wie ein Bettlermantel, das erst macht sie prächtig. Ich komme zum Mantel. Von den Mänteln und Oberkleidern gibt es so viele verschiedene Muster, daß dieser ganze Tag nicht ausreichen würde, wenn ich sie alle einzeln aufzählen wollte. In diesem Zusammenhang fällt mir eine eine bestimmte deutsche Anekdote ein. Vermutlich habt ihr auch von euren Vätern gehört, daß ein türkischer König sich einmal die Trachten aller Völker malen ließ. Als nun der Maler die Trachten der meisten Völker dargestellt hatte, malte er zuletzt einen nackten Menschen, und daneben ein Stückchen buntes Tuch. Auf Befehl des Königs, das Gemalte zu deuten, sagte der Künstler, nachdem er das übrige erklärt hatte, jener Nackte sei ein Deutscher, für den eine bestimmte Tracht nicht gemalt werden könne, weil er täglich neue aushecke. Wie tut es mir weh, daß man diese einzige Nation, die sonst den Ruhm der Charakterstärke und der Beständigkeit für sich in Anspruch nimmt, gerade in dieser Beziehung des Leichtsinns bezichtigen kann. Denn die Sache selbst zwingt zum Eingeständnis, daß es bei uns eine unglaubliche Mannigfaltigkeit in der Kleidung gibt. Was soll ich über die Schuhe sagen? Einst waren sie geschnäbelt, jetzt macht man sie in Form eines Triangels oder Deltotons. Kann man denn jemanden für etwas anderes als eine abenteuerliche Figur halten, der in einer so unpassend zusammengewürfelten Kleidung daherstolziert, erwartungsvoll umherschaut und sich wie der Vogel der Juno selbst bewundert? In der Tat, wenn uns nicht die Gewöhnung an dieses Übel längst das Staunen genommen hätte, würden viele glauben, irgendein überseeisches Ungeheuer statt einen Menschen vor sich zu sehen. Wenn ihr aber den weisesten Männern, ja wenn ihr der Heiligen Schrift glaubt, so müßt ihr in einer solchen Kleidung ein keineswegs undeutliches Abbild des Inneren erkennen. Denn es heißt im Buch Jesus Sirach: »Kleidung, Lachen und Gang zeigen, wessen Geistes der Mensch ist.« (Sir 19,27). Eine ähnliche Unbeständigkeit im Geist, eine ähnliche Abwechslung in den Neigungen, wie du sie in der Kleidung wahrnimmst, spiegelt schließlich einen ähnlich zähen Überdruß der Gesinnung, was die Gesetze und Sitten des Vaterlandes betrifft. Und wenn bei dieser Sache nichts weiter schändlich wäre, so müßte allein schon dies getadelt werden, daß man gegen das Vaterland, das uns erzeugt und erzogen hat, das unser Leben durch die besten Gesetze beschützt, so undankbar sein kann, nur noch das Ausländische schön zu finden. Denn was soll jedem einzelnen lieber und werter sein als das Vaterland? Da nun aber diese Modesucht auch die Sitten schändet, wer möchte da nicht glauben, daß man ernstlich von ihr Abstand nehmen müsse? Argumentiert Turnus, wo er bei Vergil den Vorwurf der Weichlichkeit macht, nicht von der Kleidung her? Denn er sagt:

»Sie haben Unterkleider mit faltigen Ärmeln und bebänderte Mützen.«

Denn gelehrte Männer haben es bemerkt, daß Rede, Haltung, Gang und andere Bewegungen des Körpers gleichsam eine Äußerung der Seele seien, so daß man darin, wie in einem Spiegel, den

Charakter eines jeden erkennen könne. Denn wie bei Pferden und Löwen Schwanz und Ohren die inneren Bewegungen anzeigen, so bekundet sich die Gemütsverfassung des Menschen nicht nur in der Rede, sondern auch in der Kleidung, die sozusagen eine Art stille Rede des Inneren ist. Darum hat man bei den Griechen nicht ohne Grund jenes Sprichwort geprägt: »Das Kleid macht den Mann.« Denn wie eine ehrbare Garderobe dem Menschen Würde verschafft und seinem Betragen eine Empfehlung ausstellt, schadet umgekehrt eine abenteuerliche Kleidung, die das Auge und das Urteil wohlmeinender Männer beleidigt, dem Ansehen sehr. Denn was anderes als eine abenteuerliche Gesinnung bezeichnet eine so, teils nach dem Vorbild der Franzosen, teils der Spanier, teils der Polen, verschiedenartig zusammengewürfelte Kleidung? Welche Beständigkeit kann es in solchen Gemütern geben, die jeden Tag aufs Neue sich selbst unähnlich geworden erscheinen? Sokrates wollte nicht gegen seine Gewohnheit Schuhe aus Sikyon tragen, obgleich sie, wie er zugab, den Füßen gut paßten. Dabei hat er sich nicht in einer geringfügigen Angelegenheit als pedantisch erwiesen, sondern es gehörte zu seiner Ernsthaftigkeit und Beständigkeit, daß er sich auch in kleinen Dingen nicht unähnlich werden wollte. Ebenso sagt Homer, daß eine ehrbare Kleidung die Wertschätzung wachsen läßt, denn ihr kennt ja diesen Vers:

»Denn ein ehrbares Kleid erhöht die Zierde des Mannes.«

Dies liegt nicht am Wert des Kleides: denn weder Edelsteine noch Gold noch Purpur, deren Gebrauch in wohleingerichteten Staaten anständigen Leuten sogar verboten ist, zieren Männer besonders, sondern da fast jeder seiner Gesinnung und seinen Sitten gemäß auch seine Kleidung aussucht, empfiehlt man sich durch ehrbare Tracht sehr, weil vorausgesetzt wird, daß gute Männer daran ihre Freude haben. Wer sich also bei guten Männern um eine hohe Meinung bemüht, der richte sich nach ihren Urteilen, sowohl was seine gesamte Lebensweise, als auch was seine Kleidung betrifft. Denn wie man in unserer Zeit fürstliche Familien nach dem Schnitt der Kleidung unterscheidet, so beurteilen gute Männer die Gesittung der jungen Leute nach deren Tracht. Gerade dieses Alter aber darf keinen Besitz und kein Vermögen höher achten als eine gute Meinung. Eine solche kann sich zu einem großen Teil erwerben, wer das Urteil von jenen hinsichtlich der Kleidung sorgfältig berücksichtigt. Wenn aber manche tatsächlich jede Scham verloren haben, daß ihnen eine gute Meinung ebensowenig mehr gilt wie das Urteil der Gutgesinnten, müssen wir von ihnen annehmen, daß sie nicht so sehr Menschen sind als vielmehr unter menschlicher Gestalt tierische Züge verbergen. Unsere Rede gilt nur den heilbaren Gemütern, die anderen müssen durch öffentliche Strafen zur Vernunft gebracht und gezügelt werden.

Bisher habe ich gezeigt, daß Torheiten in der Kleidung gewissermaßen Kennzeichen eines verkehrten Bewußtseins sind. Wie aber niemand sich freiwillig das Brandmal zuziehen möchte, das dem, der eines Verbrechens überführt ist, so sehr er sich selbst für unschuldig halten mag, aufgebrannt wird, so, meine ich, müsse man auch jene Zeichen der Schändlichkeit vermeiden, damit sie dem guten Ruf nicht schaden können. Aber solche Torheiten schaden nicht nur der Wertschätzung, sondern befördern zugleich ein anderes, größeres Übel: denn unter dem, was die Staaten verdirbt, muß man mit Recht sowohl die Sucht nach dem Neuen als auch nach dem Ausländischen im Bezug auf die Kleidung nennen. Wenn ich über diesen Gegenstand rede, erbitte ich eure besondere Aufmerksamkeit. Denn ihr werdet einsehen, daß viele furchtbare Laster darin ihren Ursprung haben: So wie nämlich die Zinsen stufenweise anwachsen, gewinnt aus kleinen Anfängen die Dreistigkeit allmählich Kraft, bis sie schließlich alle Scham und Furcht vor göttlichem und menschlichem Recht gänzlich aus dem Herzen tilgt. Keiner, sagt der Dichter, wird urplötzlich ein ganz schändlicher Mensch, sondern stufenweise sinken die Sitten immer tiefer hinab. Zwar bedürfte es bei einer Sache, die so offensichtlich ist, keiner weiteren Beispiele, aber weil ich zu jungen Männern rede, die sich mit dem Studium der christlichen Lehre befassen, will ich euch nur als ein Beispiel anführen, was Augustinus in seinen »Bekenntnissen« über seine Mutter schreibt. Diese sei, erzählt er, als Kind von ihrer Amme mit ungewöhnlicher Sorgfalt zur Mäßigkeit erzogen worden und habe, außer zu den gewöhnlichen Mahlzeiten, nicht einmal Wasser trinken dürfen. Gefragt, in welcher Absicht sie dem Mädchen sogar das Wassertrinken verbiete, habe die Amme geantwortet: »Lernen sie nicht in diesem Alter Durst ertragen, dann werden sie später als Hausfrauen, wenn ausreichend Wein da ist, den mit der gleichen Unmäßigkeit hinabstürzen wie sie jetzt Wasser trinken.« Es ist demnach keine geringe Klugheit, den Keim zu Fehlern vorauszusehen und ihn beizeiten auszumerzen. Denn wie es zur Heilung körperlicher Krankheiten zu spät ist, sich erst dann um Medizin zu bemühen, wenn die Krankheit schon zum äußersten vorangeschritten ist, wendet man gegen sittliche Gebrechen vergebens Heilmittel an, wenn sie sich ganz ausgebildet haben. Welche Laster erzeugt denn nun die Modesucht in der Kleidung? Außer vielen anderen besonders das allergefährlichste, daß sie die jugendlichen Gemüter zur Verachtung der Gesetze führt. Denn haben sie sich erst einmal in kleinen Dingen von den Gepflogenheiten der Guten und von öffentlichen Einrichtungen entfernt, dann wird die Dreistigkeit allmählich so bestärkt, daß sie auch in größeren Dingen nicht nur das Urteil guter Männer, sondern alle Gesetze verachten. Und der, der jetzt, indem er solche Albernheiten der Kleidung liebt, nur zu spielen scheint, wird bald alle Gesetze und Obrigkeiten zu verhöhnen wagen. So verheerende Folgen kann eine Sache haben, die man dem Anschein nach für geringfügig halten könnte. Aber das wahre Beispiel liegt weithin offen zutage. Denn haben sie erst einmal die Schranken des Gesetzes durchbrochen, dann werden sie überhaupt kein Gesetz mehr für stabiler als das Netz einer Spinne halten. Und wie ihr wißt, ist »der Anfang schon die halbe Tat«. Obwohl man nun dies schon in den persönlichen Umgangsformen beobachten kann, wird es bei dem Niedergang der Staaten noch deutlicher sichtbar. Denn welcher Staat ist nicht deshalb zusammengebrochen, weil man zunächst Zucht und Ordnung in geringfügigen Dingen vernachlässigte, wodurch die Dreistigkeit bei der Menge genährt wurde, bis sie zuletzt auch in den wichtigsten Angelegenheiten den Gehorsam verweigerte? Weil ferner, wie ich vorhin gesagt habe, die Kleidung die innere Gesinnung nachbildet, geschieht es, daß gerade den in den Herzen verschlossenen Begierden, die gebändigt und unterdrückt werden müßten, der Zügel überlassen wird. Es gibt Leute, die sich infolge der Wildheit ihrer Gesinnung in solcher Tracht gefallen, die denen, die sie ansehen, Schrecken einjagen soll: Bei solchen nun wächst, eben weil sie ihrer Neigung anhängen, die Wildheit. Andere, die sich aufgrund eines weichlichen Wesens ganz wie die Frauen herausputzen, macht ihre Kleidung nur noch weibischer: denn wie das Fieber wächst, wenn man sein Geschäft besorgt und trinkt, was die kranke Natur begehrt, wachsen auch geistige Krankheiten, wenn man ihnen nachgibt und ihnen keine Heilmittel entgegensetzt. Von allen aber schaden diejenigen dem Gemeinwohl am meisten, die die Tracht irgendeines ausländischen Volkes lieben: Denn wie Liebhaber die Farbe ihrer Auserwählten nachahmen, geben solche durch die Nachahmung fremder Moden zu erkennen, daß sie auch die Sitten, den Luxus oder andere Laster einer jeweiligen Nation lieben und die vaterländischen Bräuche und Gesetze verachten. Welche Fürsten haben zuerst Diademe und viele fremde Trachten in Rom eingeführt? Waren es nicht die, die, nachdem sie alte Gesetze außer Kraft gesetzt, von draußen obszöne religiöse Kulte, wie die Bacchanalien, außerdem die scheußlichsten Beispiele fremdländischer Üppigkeit in Rom eingeführt haben? Wir sehen in unserer Zeit, wie einige an türkischer Kleidung ihre Freude haben, aus keinem anderen Grund, wie ich glaube, als weil sie unserer Religion und unserer Gesetze überdrüssig geworden und offensichtlich einer fremden Herrschaft, Gesittung und Religion verbunden sind, und ich zögere nicht, sie Feinde des Vaterlandes zu nennen. Denn nicht nur jene, die außerhalb der Staatsgrenzen die Waffen gegen das Vaterland ergreifen, sind als dessen Feinde zu betrachten, sondern weit mehr noch diejenigen, die in der Meinung, daß bürgerliche Ordnung und Einrichtungen der Väter sie nichts angehen, fremden Sitten Eingang gewähren. Die Lakedämonier befahlen einem milesischen Gastfreund, der, abgesehen davon, daß er sich mit anderem Luxus reichlich umgab, im Vergleich zur spartanischen Gepflogenheit zu verschwenderisch gekleidet war, ihre Stadt zu verlassen, um seiner milesischen Lebensart zuhause nachzugehen. Wenn jene so gegen einen Gastfreund verfuhren, um wieviel weniger sollte man dann Bürgern gestatten, solche Beispiele in das Vaterland einzuführen, die die guten alten Sitten beeinträchtigen? Denn dies geht nicht ohne den Verfall der öffentlichen Sitten ab, weil das Volk, das von Natur aus das Neue liebt, sofort solche Torheiten nachahmt und allmählich alle Ehrfurcht vor dem Gesetz ablegt, während es die Liebe zu fremden Lastern annimmt. Und es ist bei dem Untergang der größten Staaten zu beobachten, daß alle übrigen Laster immer von diesen Anfängen ausgingen. Von Rechts wegen müßten daher gegen alle Verursacher solcher Beispiele, wie gegen Vaterlandsfeinde, die härtesten Strafen festgesetzt werden. Glaubt mir, wenn man die väterliche Tracht ablegt, rüstet man sich zum Krieg gegen das Vaterland und belagert es, nicht von draußen, sondern innerhalb seiner Mauern. Ja, betrachtet diejenigen, die Sitten und Gebräuche der Ausländer und Feinde mehr als die heimischen lieben, als solche, die mit auswärtigen Feinden heimliche Bündnisse geschlossen und sich zum Verderben von Gesetz und Vaterland verschworen haben. Denn wer sich so verhält, strebt nach nichts anderem, als durch die Zerrüttung aller häuslichen und öffentlichen Ordnung den Sinn aller Bürger zur Annahme fremder Herrschaft, fremder Religion und aller Art von Schändlichkeit zu bewegen. Wie nun aber eine solche Neuheitssucht für alle Menschen äußerst schändlich ist, sollte sie zumal den Gepflogenheiten der Christen fern liegen, denen es ziemt, in allen Lebensbereichen ganz besondere Ernsthaftigkeit an den Tag zu legen. Haben wir doch gerade gehört, daß die Türken und sehr viele andere Völker von barbarischer Religion an den vaterländischen Trachten festhalten. Da uns nun aber die Lehren des Christentums vornehmlich zur Bescheidenheit, Ehrfurcht und Beharrlichkeit im Guten verpflichten, ist es peinlich, daß wir uns in dieser Beziehung als leichtsinniger als die Völker erweisen, die die Gebote des Christentums nicht kennen. Seht bitte nur auf David, wie sorgfältig er auch in solchen vermeintlich geringfügigen Dingen den Anstand beachtete. Denn als ein benachbarter König den Gesandten aus seinem Volk zur Beleidigung die Röcke abschneiden und ihnen gegen ihre Sitte die Bärte abrasieren lassen hatte, befahl er ihnen, daß sie sich in der äußersten Stadt des Reiches aufhalten und sich nicht eher öffentlich zeigen sollten, bis ihre Bärte wieder gewachsen wären. Was anders, meint ihr, dachte wohl der heiligste König, als daß auch diese Sorgfalt und Rücksicht, niemand solle durch Kleidung oder ähnliche Dinge in den Augen anderer anstößig sein, zur Pflicht des guten Mannes gehöre? Ganz besonders aber müßten wir Gelehrte solche Sorgfalt beachten. Aber, o unsterblicher Gott, welcher Stand, welche Leute lieben solche Albernheiten mehr als gerade die Gelehrten? Die meisten gefallen sich in militärischer Tracht, die sie auf mehr als nur eine Weise entstellen und die jeder, soviel er nur vermag, möglichst abenteuerlich gestaltet. Dann erst halten sie sich für tapfere Männer, dann für Satrapen, ja schließlich für die weithin Glücklichsten überhaupt, wenn sie eine ganz neue, für die Augen aller guten Männer möglichst abschreckende Tracht ausgeheckt haben. Einige Moden übergehe ich, weil ich sie ohne Verletzung der Sittsamkeit nicht erwähnen kann. Denn es wäre zu wünschen, daß sie diejenigen Teile bedeckten und verbergen, die die Natur selbst verbarg, damit sie nicht Blicken ausgesetzt sein und nicht eitel zur

Schau getragen werden sollten. Diesen Gegenstand haben auch die weisesten Gesetzgeber in den griechischen Staaten nicht übergangen. Denn Xenophon schreibt in seinem Buch über die lakedämonische Verfassung, Lykurg habe angeordnet, daß die Jungen in der Öffentlichkeit die Hände unter den Kleidern haben, schweigsam ihres Weges gehen und weder umherschauen noch ihre Augen anderswohin richten sollten als auf das, was vor ihren Füßen wäre. Und gerade das wurde als grundlegend für die Erziehung zu großen Tugenden gehalten: Denn Xenophon sagt, diese Vorschrift sei deshalb erlassen worden, um die Jungen von frühester Kindheit an an Zurückhaltung, Schamhaftigkeit und Bescheidenheit zu gewöhnen. Um wieviel mehr geziemte es sich für uns, die wir in Schulen geschickt worden sind, nicht nur, um die Wissenschaften zu erlernen, sondern auch, um in allem, was Ehre und Pflicht heißt, unterwiesen zu werden, diese Grundzüge der Bescheidenheit in Kleidung und Haltung auszudrücken. In der Tat ist es ein Wunder, daß die Rede der Gelehrten, wenn sie über die Pflichten des Anstands disputieren, anders lautet als die ihrer Kleidung, die gerade die größte Unverschämtheit an den Tag legt. Daher möchte ich gerne wissen, was ihnen wohl durch den Kopf gehen mag, wenn sie darüber nachdenken, wie sehr sie mit sich selbst im Widerspruch sind, wie wenig diese Tracht mit ihrer Rede und den Studien übereinstimmt. Wenn Agamemnon auf der Bühne im Gewand eines Narren aufträte, gäbe es niemanden, der nicht laut riefe, der Schauspieler habe den Anstand nicht beachtet, er wisse nicht, wie man sich ausdrückt, den Anforderungen des Theaters zu genügen: So pedantisch urteilen wir im Hinblick auf Schaupiele. Wie, meint ihr wohl, würden bedeutende Männer über wichtige Angelegenheiten urteilen, in wie vielem würden sie sich wünschen, daß wir den Anforderungen des Theaters genügen, in dem wir, da wir ja gleichsam in einem Schaupiel sind, nicht nur die Wissenschaften, sondern alle Tugenden lernen sollen, und deshalb dorthin gebracht worden sind, um von hier aus, in jeder Hinsicht bestens erzogen, dem Staat gute Sitten zuzuführen? Welche Sitten werden aber jene für den Staat mitbringen, die sich, als hätten sie sich in einem Spiel der Schamlosigkeit getummelt, angewöhnt haben, die Urteile der gutgesinnten Männer verächtlich zu machen, die Scham und Zurückhaltung aus ihrem Inneren völlig verbannt, alle Ehrfurcht vor dem Gesetz abgelegt haben und denken, ihnen sei alles erlaubt?

Denn, wie ich sagte, jene Sucht nach Albernheiten nährt viele Laster. Zu welcher Hoffnung vermag wohl jener den gutgesinnten Männern Anlaß geben, der sich schon in früher Jugend durch Gesetze weder zügeln noch lenken ließ, sondern sich wie ein Tyrann durchsetzen, sich nur nach eigenem Willen kleiden, nach eigener Sitte leben wollte? Jedenfalls wird ihm niemand in irgendeinem Bereich des Lebens die nötige Bescheidenheit oder Achtung vor den Gesetzen zutrauen. Von dieser Unverschämtheit sind gerade die meisten, die sich später nicht nur um Staatsämter, sondern um das weit ehrenvollere religiöse Lehramt bewerben, zu dem man eine ganz außergewöhnliche Bescheidenheit mitbringen muß. Ich habe gehört, daß im schwäbischen Land einmal ein Fürst lebte, der wegen seiner höchsten Klugheit und Frömmigkeit gepriesen wurde, Eberhard der Bärtige genannt; zu diesem, erzählt man, kam ein junger Mann mit der Bitte um ein Pfarramt; zufällig schlug ihm der Wind den Rock auseinander, sodaß der Fürst seine nach Art der Soldaten ausgezackten Stiefel sah. Heute bemüht sich niemand, das zu verbergen, so groß ist die Unverschämtheit; bei diesem hatte es der Zufall aufgedeckt: Da wurde der Fürst, ein strenger Wahrer und Wächter über Ordnung und Sitten, so erzürnt, daß, obwohl er nie lateinisch zu sprechen pflegte, ihm der Zorn dennoch die Worte auspreßte: »Vade, ira!« So befahl er ihm, weil er über ihn aufgebracht war, aus seinen Augen zu gehen. Und weit entfernt davon, ihm das Pfarramt zu übertragen, schickte er ihn vielmehr gleich fort und schimpfte heftig mit ihm, daß er sich unterstanden habe, im Aufzug eines Narren vor seinen Fürsten zu treten und sich um ein Pfarramt zu bewerben, mit diesen Zeichen der Unverschämtheit und des Leichtsinns, die bei einem Geistlichen am allerwenigsten angebracht seien. O lobenswerte Rüge, und, Kommilitonen, eurer Erinnerung wert! Denn mit Fug müssen wir uns durch das Urteil eines solchen Mannes aufrütteln lassen, dessen Ruhm im ganzen deutschen Reich darin besteht, daß man ihm das Lob höchster Weisheit zuerkennt. Denn wenn ihm in den deutschen Reichsversammlungen alle Völker und Stände in den wichtigsten Angelegenheiten beigepflichtet haben, so wollen auch wir ihm diesbezüglich beipflichten und davon überzeugt sein, was ja auch Tatsache ist, daß solche Albernheiten für jeden Stand überhaupt, ganz besonders aber für Studierende, unangemessen sind. Aber nicht nur jener dachte so, und nicht nur alle gutgesinnten Männer denken so, sondern alle ehrbaren Menschen stimmen ausnahmslos darin überein. Denn wer ist unter euch, der, sofern er überhaupt anständig erzogen worden ist, sich, ohne ganz unverschämt zu sein, unterstehen würde, in einer ungewöhnlichen Tracht vor seinem Vater zu erscheinen? Und weil dies so ist, dürft ihr glauben, daß solchen Torheiten die Abneigung aller gutgesinnten Männer gilt. Obwohl aber das, was diese denken, verdientermaßen gesetzliches Ansehen haben sollte, so möge doch, wenn fremde Autorität euch so viel weniger gilt, jeder wenigstens die Autorität seines Vaters gelten lassen, wie es die Elternliebe hoch und heilig erfordert. Und wenn nun solche Torheiten in der Kleidung euren Eltern abscheulich vorkommen, was sie zweifellos werden, dann möge ihr Wille euch als Gesetz gelten. Denn nicht nur das dürfen wir als Gesetze ansehen, was öffentlich niedergeschrieben ist. Dieses Gesetz ist weder in Erz gegossen, noch in steinerne Tafeln eingegraben, sondern von Gott in unsere Herzen geschrieben, daß wir den Willen der Eltern nicht geringer achten sollen als irgendeine obrigkeitliche Vorschrift. Und doch gibt es auch obrigkeitliche Verordnungen über diesen Gegenstand: und außer den Leitsätzen gelehrter Menschen gibt es auch in der Heiligen Schrift die nachdrücklichsten Ermahnungen, daß wir »ehrbar leben vor den Menschen« (Röm 13,13), das heißt, daß wir uns weder im Gang, noch in der Rede, noch in der Kleidung etwas Unanständiges erlauben sollen. Und Paulus befiehlt uns, »die Begierden der Jugend zu fliehen« (2 Tim 2,22), womit er, wie es die Gelehrten deuten, eben jenen Luxus der Kleidung und andere Äußerlichkeiten meint. Ist es aber etwas anderes als Wahnsinn, wenn man sich weder durch das Urteil gutgesinnter Männer, noch durch die Autorität der Eltern, noch der Gesetze, noch der Heiligen Schrift aufrütteln lassen will? Was so viele ehrbare Männer übereinstimmend verdammen, darf man nicht für eine geringe Sünde halten, denn jene sehen, welches Unheil solche Anfänge nach sich ziehen, wenn man in kleinen Dingen von den alten Prinzipien abweicht, und sie durchschauen, welche Zerrüttung aller Ordnung daraus folgt. Diese Gründe müssen euch, werteste Kommilitonen, dazu bewegen, daß ihr jene wiederholt beschriebenen Modetorheiten künftig weit und breit verabschiedet, und stets sollt ihr daran denken, daß sie nicht weniger schimpfliche Zeichen sind als die Brandmäler, die man verurteilten Schwerverbrechern einbrennt, denn das Kleid macht den Mann: Ist es also unanständig, so schadet es der guten Meinung nicht weniger als jene sogenannten thrakischen Schandflecken. Sich an solchen Brandmarkungen sogar noch zu erfreuen, ist wahrhaftig ein unerhörter Wahnsinn. Hinzu kommt, daß, indem ihr diesen scheinbar so gleichgültigen Neigungen gegenüber zu nachgiebig seid, viele andere Laster, Verachtung der Gesetze, Frechheit, überhand nehmen, verderbliche Verbindungen geknüpft, alle ehrbaren Studien aufgegeben werden, gefolgt von einer Trägheit, die zu Ausschweifungen einlädt. Und was für ein Ende dies zuletzt nimmt, in was für einer Katastrophe, sehen wir oft. Daher ist es wirklich nicht ungefährlich, wenn manche meinen, mit solchen Lappalien, wie sie es nennen, Nachsicht zu üben: Nur allzu wahr ist, daß solche Lappalien ernste Folgen haben. Ein alter Vers sagt, man könne Wichtiges nicht behalten, wenn man das Kleine nicht sorgfältig beachte:

»Wachst du über Geringeres nicht, so verlierst du das Größere!«
Das sehen wir auch hier bestätigt: denn wer nicht stark genug ist, den geringfügigeren Neigungen zu widerstehen, den werden früher als er meint, andere, höchst schlimmere, unterjochen. Vor allem aber geziemt es uns, die wir uns Christi Namen geweiht haben, Ehrfurcht und Bescheidenheit in allen Bereichen des Lebens zu üben, nicht nur weil diese Tugenden insbesondere Gott gefallen, sondern auch, um durch unsere guten Beispiele auch andere zu besseren Sitten zurückzuführen. Damit bin ich am Ende.

Den ›Sacco di Roma‹ durch kaiserliche Truppen nahm Melanchthon noch im gleichen Jahr 1527 zum Anlaß einer Rede *(Rede über die Einnahme und Plünderung der Stadt Rom),* in der er die Verletzung »alles göttlichen und menschlichen Rechts« durch ein »Raubgesindel« von Soldaten beklagte, die sich vom Ethos »ihrer deutschen Vorfahren« entfernt hätten. Das Ereignis selbst deutete er nicht etwa, was diesseits der Alpen sonst durchaus geschah, als Strafgericht Gottes gegen das Papsttum, sondern er legte an seinem Beispiel dar, »daß dem Sieger gegen den Besiegten nicht alles erlaubt sei: Wenn allein die Begierde nach Beute als ein gerechter Grund zum Angriff angesehen werden kann, so sehe ich nicht ein, warum die Begierde nach Beute nicht alle Straßenräuber entschuldigt! Wenn das bei den Staaten als eine gerechte Ursache, Krieg zu beginnen, gilt, so steht nichts mehr im Wege, daß in den Städten jeder, der nur Lust hat, in die Wohnungen der Reichen einfällt.« Außerdem fällt hier der Satz, »Bibliotheken zu plündern«, sei »nicht minder ruchloser Frevel am Heiligen als Tempelraub.« Denn ohne Bücher könne »das wissenschaftliche Streben nicht blühen. Und ist dieses erloschen, welche Barbarei, welche Religionsverwirrung, welche politische Zerrüttung müssen dann bei allen Völkern eintreten!«

Da der geächtete Luther das schützende Kursachsen nicht verlassen konnte, wurde Melanchthon, gegen seinen Willen, zum wichtigsten theologischen Berater der evangelischen Stände auf den Reichstagen und Religionsgesprächen der folgenden Jahrzehnte. 1529 in Speyer, wohin er seinen Kurfürsten begleiten mußte, lernte er die auf Konfrontation zusteuernde große Reichspolitik erstmals aus eigener Anschauung kennen. Bereits hier hoffte er, »daß Christus den Rat derer vereiteln wird, die Krieg verlangen.« Dem Bruder des Kaisers, Erzherzog Ferdinand, der den Reichstag leitete, widmete er einen gerade fertiggestellten exegetischen Traktat und betonte dabei, daß kirchlicher Zwiespalt nicht durch Gewalt behoben werden könne. Er bat um eine gründliche Erörterung der Streitfragen und forderte dazu auf, die kirchliche Einheit durch die Reinigung der Lehre wiederherzustellen. Daß es nicht dazu, sondern zur Protestation der evangelischen Stände kam, die in Glaubensfragen keinen Mehrheitsbeschluß anerkennen wollten, nannte er eine »entsetzliche Tatsache«, da er fürchtete, daß sie die rechtlichen Grundlagen des Reiches auflösen und eine friedliche Verständigung der Religionsparteien für die Zukunft verunmöglichen könnte.

IV.

Das bis in die Gegenwart hinein bedeutsamste Ergebnis der diplomatischen ›Stellvertreterschaft‹ Melanchthons für Luther ist die (auf dessen Vorarbeiten gründende) *Confessio Augustana (Augsburger Bekenntnis)*, die auf dem Augsburger Reichstag am 25. Juni 1530 im Namen eines großen Teils der protestantischen Reichsstände verlesen wurde, während ihr Verfasser, erschöpft und ergriffen zugleich, weinend in seiner Herberge saß. Luther urteilte, sie gefalle ihm »sehr gut«: »und ich weiß nichts daran zu bessern noch zu ändern, es würde sich auch nicht schicken, weil ich so sanft und leise nicht treten kann.«

In der *Confessio Augustana* wurde der reformatorische Anspruch darauf festgehalten, die Kontinuität der alten Kirche weiterzuführen. Weil die hier vertretene Lehre »in der Heiligen Schrift klar begründet ist und außerdem der katholischen, ja der römischen Kirche, soweit das aus den Schriften der Kirchenväter festzustellen ist, nicht zuwider noch entgegen ist, meinen wir auch, daß unsere Gegner in den oben aufgeführten Artikeln mit uns nicht uneinig sind«. Dabei war es für Melanchthon zur wahren Einheit der christlichen Kirche keineswegs erforderlich, daß überall die gleichen, von den Menschen eingesetzten Zeremonien eingehalten werden. Seine Absicht war nicht nur, den gemeinsamen christlichen Glauben zu formulieren und damit der voranschreitenden Kirchenspaltung, sondern auch dem mit dieser drohenden Bürgerkrieg samt den Folgen einer Zerrüttung des Reichs entgegenzuwirken. Er fühlte sich dazu verpflichtet, nichts unversucht zu lassen, damit es doch zu einer Einigung kommen könnte. »Die Sache darf ich nicht verlassen, solange ich lebe, aber durch meine Schuld soll der Friede nicht gehindert werden«, schrieb er in diesem Sinne an seinen Bruder.

Mit Bedacht betonte Melanchthon den Konsens stärker als die Kontroverse. Wenn er bestehende Übereinstimmungen und gemeinsame Anknüpfungspunkte hervorhob, gewisse kritische Lehrfragen hingegen beiseite ließ – Luther vermißte vor allem drei Punkte: die Verwerfung der altkirchlichen Lehren vom Fegefeuer, der Heiligenverehrung und »besonders über den Papst als Antichristen« –, so tat er dies nicht aus Gründen der taktischen Verharmlosung von Unterschieden, sondern im Interesse der Ermöglichung einer allmählichen Verständigung. Wie weit er dafür zu gehen bereit war, unterstrich am deutlichsten sein Brief vom 6. Juli 1530 an Kardinal Campeggio, der freilich auf beiden Seiten Zweifel und Verdächtigungen auslöste, hier an seiner Festigkeit, dort an seiner Ehrlichkeit: »Ich hielt es für nötig, an Eure hochwürdigste Eminenz zu schreiben, daß Sie einsehe, daß auch wir einzig und allein nach Frieden und Eintracht verlangen und keine erträgliche Bedingung zur Herstellung des Friedens zurückweisen. Wir haben keine von der römischen Kirche verschiedene dogmatische Lehre. Auch haben wir viele unterdrückt, die versucht haben, gefährliche Glaubenslehren zu verbreiten, wofür es öffentliche Zeugnisse gibt. Wir sind bereit, der römischen Kirche zu gehorchen, sofern sie nur in ihrer Milde, die sie stets gegen alle Völker gezeigt hat, wenige Dinge übergeht oder erleichtert, die wir, selbst wenn wir es wollten, jetzt nicht mehr ändern könnten. (...) Überdies anerkennen wir in tiefer Ehrfurcht die Autorität des römischen Papstes und die ganze kirchliche Verfassung, sofern uns der römische Papst nicht verwirft.

Da aber die Eintracht leicht hergestellt werden kann, wenn Eure Gerechtigkeitsliebe in wenigen Dingen Nachsicht übt und wenn wir in gutem Glauben Gehorsam erweisen – wozu ist es nötig, die Bittenden zurückzuweisen? Wozu nötig, die Bittenden mit Feuer und Schwert zu verfolgen? (...) Wegen nichts anderem erleiden wir in Deutschland mehr Haß als deshalb, weil wir die Glaubenslehren der römischen Kirche mit größter Standhaftigkeit verfechten. Diese Treue werden wir Christus und der römischen Kirche bis zum letzten Atemzug halten, (auch wenn Ihr Euch weigert, uns in Gnaden aufzunehmen). Es besteht nur eine leichte Verschiedenheit in den äußeren Gebräuchen, die der Einigung hinderlich zu sein scheint. Aber die kirchlichen Gesetze selbst bezeugen, daß die Einigkeit der Kirche bei einer Verschiedenheit der Gebräuche beibehalten werden kann. (...) Ich habe hier nur so viel geschrieben, damit Eure hochwürdigste Eminenz einsehen, daß wir um Frieden bitten.«

In seiner »melancholischen Veranlagung« müsse man ihn »beaufsichtigen und schelten, damit er nicht zugesteht, was uns alle reuen könnte,« hieß es aus Kreisen der protestantischen Delegation. Luther, der auf der Veste Coburg unruhig auf Informationen wartete, nannte Melanchthon einen, »der die Sorgen einsauge, wie der Egel das Blut«. Er schimpfte, ihn plage letztlich nur seine »Philosophie«, mahnte ihn zum Kampf gegen sich selber und versuchte ihn gleichzeitig zu trösten und aufzurichten: »In persönlichen Kämpfen bin ich schwächer, du stärker, in öffentlichen verhält es sich mit uns umgekehrt.« Landgraf Philipp von Hessen schickte seinen Gesandten die bündige Weisung: »Greift dem vernünftigen, weltweisen, kopfscheu gemachten (...) Philippus in die Würfel.«

Obwohl der so Gemaßregelte unter den Schuldzuweisungen nicht minder als unter seinen Ängsten und Enttäuschungen über den versöhnungsunwilligen Gang der Dinge litt, für den er auch politische Gründe verantwortlich machte – »Um Lehre und Religion kümmern sie sich nicht, nur um Herrschaft und Freiheit sind sie besorgt« –, blieb er weiter davon überzeugt, richtig zu handeln: »Ich weiß, daß unsere Mäßigung vom Volk getadelt wird; es ziemt uns aber nicht, uns an das Geschrei der Menge zu halten, wir müssen auf den Frieden und die Zukunft sehen. Kann in Deutschland die Eintracht wiederhergestellt werden, so ist es für alle ein großes Glück.« Erasmus von Rotterdam, den er bitten ließ, im Geist der Milde und Mäßigung auf den Kaiser einzuwirken, lobte denn auch rückblickend Melanchthons Wirken für den Ausgleich: falls er gesund gewesen wäre, hätte er ihn in Augsburg gerne darin unterstützt.

Bereits vor der Verlesung des Bekenntnisses führte Melanchthon private Sondierungsgespräche mit Vertretern der Gegenseite. Auch als nach der altgläubigen *Confutatio,* deren Schärfen auf Betreiben Karls V. abgemildert werden mußten, Mitte August zwei Wochen lang noch in Ausschüssen über einen Kompromiß verhandelt wurde, meinte er, im Gegensatz zu den Ständen, seinem Glauben nichts zu vergeben, wenn er zu weiterem Entgegenkommen bereit wäre, zumal er den Eindruck hatte, mit seinem Hauptgesprächspartner Eck Einverständnis über die Lehre von der Rechtfertigung allein aus dem Glauben erzielt zu haben. (Auch Luther urteilte später, man sei sich nie so nahe gewesen wie damals). Dennoch scheiterten die Verhandlungen. Als der Kaiser die Evangelischen schließlich ohne weitere Diskussion für widerlegt erklärte und sie nach halbjähriger Bedenkzeit zur Unterwerfung aufforderte, waren diese bereits abgereist.

Melanchthons Verteidigungsschrift der *Confessio Augustana* entgegenzunehmen, hatte sich Karl V. auf dem Reichstag geweigert. Noch auf dem Rückweg nach Wittenberg begann ihr Verfasser mit der Ausarbeitung einer erweiterten Ausgabe dieser *Apologie.* Trotz des teilweise scharfen kontroverstheologischen Tons, in dem er jetzt die Gegensätze der Parteien zuspitzte, stellte er auch hier eine konziliante Bemerkung voran: »Immer war es bei diesen Streitfragen meine Gepflogenheit, daß ich, soweit es mir überhaupt zu tun möglich war, die gängige Lehrweise beibehielt, damit um so leichter die Einigkeit wieder zustande kommen könnte. (...) Wir haben keine Freude an der Uneinigkeit (...). Aber wir können die offenkundige und für die Kirche unentbehrliche Wahrheit nicht wegwerfen.«

Angesichts der entstandenen machtpolitischen Frontlinien sah sich Melanchthon zu einer Revision seiner noch bis kurz vor den Reichstag vertretenen Haltung im Hinblick auf das Widerstandsrecht veranlaßt. Hatte er zuvor stets darauf verwiesen, »Christen« komme »es zu, zu leiden«, und man solle sich »nicht mit Gewalt wehren«, so wurden Luther und er auf der Torgauer Konferenz vom Oktober 1530 davon überzeugt, daß ein Widerstandsrecht der Fürsten gegen den Kaiser in der Reichsverfassung begründet sei. »(...) wir raten von den Rüstungen nicht mehr ab«, schrieb er an Camerarius: Denn es können viele Fälle eintreten, in denen die Gegenwehr notwendig und gerecht ist. Erstens sind einige Menschen so verbrecherisch, daß sie eine ruchlose Tat planen und ins Werk setzen könnten, wenn sie wissen, daß die Unsern nicht gerüstet sind. Und dann, merkwürdig ist die Torheit der Menschen. (...) Ehe sie nicht sehen, daß hohe, starke Bollwerke sie sichern, sind sie nicht beruhigt. Bei solcher Schwäche der Geister würden wir vergeblich in dieser Frage unsere theologischen Argumente zur Geltung bringen.« Später sah Melanchthon nicht nur ein Recht, sondern geradezu eine Pflicht der Fürsten darin, ihre Untertanen »wider unrechte Gewalt« (auch in Glaubensdingen) selbst gegen eine höhere Obrigkeit zu schützen. Die (endgültig im April 1532 erfolgte) Gründung des Schmalkaldischen Bundes, eines Verteidigungsbündnisses der evangelischen Territorien, hat er bejaht.

Parallel zu der wachsenden politischen Beanspruchung verlief die Weiterentwicklung seiner wissenschaftlichen Ansätze. Ab 1529 publizierte er in verschiedenen Fassungen Kommentare zur *Nikomachischen Ethik* und zur *Politik* des Aristoteles sowie zu Ciceros *Von den Pflichten.* Aus diesen Quellen vor allem speiste sich seine eigene philosophische Ethik, umfassend niedergelegt in der *Philosophiae moralis epitome (Auszug der Moralphilosophie, 1538)* und den *Ethicae doctrinae elementa (Elemente der Sittenlehre, 1550).*

Melanchthon zufolge verfügt der Mensch über ein angeborenes sittliches Wissen, das ihn über den eigentlichen Zweck seines Daseins belehrt, der in der Anerkennung Gottes und seiner Gebote bestehe, die dieser der Sünde des Menschen wegen noch einmal geoffenbart habe. Die Umsetzung dieses Wissens zur Handlung vollziehe sich durch Verstand und Willen. Beide bedingen die Tugend, bei der es sich formal um jenen Zustand handle, der den Willen dazu bewege, dem richtigen Urteil des Verstandes zu folgen. Geschärft werde sie durch Erziehung, Enthusiasmus und Selbstdisziplin. Unumgängliche Voraussetzung für die Wirksamkeit aller dieser Kräfte aber sei die Mittätigkeit des Menschen, der nicht bloß in äußeren, sondern auch in sittlichen Handlungen die Wahl habe, sich für oder gegen die »Gerechtigkeit« zu entscheiden, die die »Tugend« inhaltlich bestimme. Allerdings sei diese Fähigkeit durch die Nachstellungen des Bösen und die schlechten Affekte vielfach verdunkelt, weshalb die natürlichen sittlichen Grundsätze im Lebensvollzug nur unvollkommen verwirklicht werden könnten.

In einem übersichtlichen Abriß, der wohl den Zuhörern als Leitfaden für seine Vorlesungen in die Hand gegeben werden sollte, waren die Grundlinien von Melanchthons Ethik weitestgehend schon enthalten. Zu ihrer Deutung gab er diesem ersten Kompendium das Gedicht *In Ethica (Zur »Ethik«)* bei, in dem der Gedanke vom »inneren Licht« (lumen naturale) eine besondere Rolle spielt, vermöge dessen der Mensch an der göttlichen Weisheit partizipiere. Die Vernunft des Menschen war für Melanchthon eine Einstrahlung aus der Höhe der ewigen Vernunft. Deswegen laufe gutes Handeln auch immer auf das der Vernunft Entsprechende hinaus:

Zur »Ethik«

In Ethica

Nicht durch Zufall ohne Vernunft bewegter Atome
    Trat in neuer Gestalt einst hervor diese Welt,
Sondern ein hoher Verstand, ein heiliger, guter und freier:
    Gott erschuf dieses All mit allmächtiger Kunst.
Und damit der Mensch fortan ein Bild seines Geistes,
    Gab er ihm in die Brust einen Strahl seines Lichts,
Gab ihm Kunde von sich, die täglich das Innere erleuchtet,
    Gab ihm ein Herz, das wohl fügt sich zu seinem Gebot.
Aber ach! Entsetzlicher Streit durch unser Verbrechen!
    Und das sündige Herz brennt in flackerndem Brand.
Doch die Kunde verblieb, es blieben die strengen Gesetze,
    Daß der äußeren Tat sie Richtschnur seien und Maß.
Und daß nicht versinke das Leben in tierischer Rohheit,
    Nahm Gott durch das Gebot unsere Glieder in Zucht,
Daß, wenn ohne Besinnung das Schwert zückt zornig
                          Achilles,
    Ihm doch wehret die Hand, ihm doch wehrt die
                          Vernunft.
Aus dem Quell dieser Kunde ist auch die Lehre geflossen,
    Die dies Buch hier enthält, drin sie niedergelegt.
Möge es nutzen, manches Bild der Tugend zu schauen,
    Wie es der menschliche Geist eben zu zeichnen
                          vermag.
Doch der Gerechtigkeit Sonne schickt uns ins Herz ihre
                          Strahlen:
    Christus, und holt uns hinein in sein seliges Licht.
Er entflammt eine bessere Tugend, ferne vom Tode,
    Welche lebt vom Hauch Gottes, der nimmermehr
                          stirbt.
Darum füge zu diesen Schriften den Unterricht Christi,
    Daß Gottes Wort, Er selbst, bleibe lebendig in dir.

Auch das pädagogische Engagement setzte sich neben den neuen öffentlichen Pflichten fort. Von der Zeit der ersten Schulgründungen an besaß Melanchthon nicht nur präzise Vorstellungen über den Unterrichtsstoff und seine Organisation, sondern auch über das Profil der Lehrkräfte, von denen er wiederholt einige selbst empfahl. Er verlangte von ihnen Sorgfalt, Ausdauer und Unterscheidungsvermögen im Umgang mit den Schülern, denen sie ein Vorbild sein sollten. Wie schwer diese Anforderungen angesichts der vielfältigen Tücken des Berufs indes zu sein vermochten, blieb dem Professor nicht verborgen. 1533 entstand seine *De miseriis paedagogorum oratio (Rede von den Leiden der Lehrer),* vielleicht mehr als nur eine satirische Brechung der mit dem Geschäft der Erziehung der Jugend verbundenen Unbilden, (bei der gewisse Wiedererkennbarkeiten über die Jahrhunderte hinweg dahingestellt seien). Vielleicht kann man sie sogar als eine geheime Auseinandersetzung mit dem Thema der Vergeblichkeit des Wohlmeinenden lesen, von der Melanchthon in anderer Hinsicht ja selbst massiv betroffen war:

Rede von den Leiden der Lehrer

De miseriis paedagogorum oratio

In der Äesopischen Fabel beklagt der Esel vor Zeus sein mühseliges Los, und wie er sich in täglicher Arbeit verzehre; genau genommen ist wahrlich die Klage des Lehrers über sein leidvolles Geschick weit berechtigter. Denn gibt es einen Esel, der je in der Mühle so viel Übles zu erdulden hätte, wie der Durchschnitt der Lehrer im Unterricht an Mühe und Beschwerden aushalten muß?

Weil es nun mein Los ist, geraume Zeit diesem Beruf anzugehören und seine Leiden an mir zu erfahren, so sei es mir vergönnt, jetzt von den Leiden des Lehrers zu reden und ein Klagelied zu singen von dem allgemeinen Unglück unseres Standes. Tut es doch im Unglück gewissermaßen gut, ungehindert klagen zu können, wie schon Ovid meint, wenn er schreibt:

152

»Durch Tränen macht der Schmerz sich Luft.«

Nun hört man ja andern zu, wenn sie gleichmütig von fremden Angelegenheiten reden; umso mehr darf ich wohl eure Aufmerksamkeit erbitten, wenn ich meine eigene Geschichte erzählen und erlebtem Schmerz Ausdruck geben will. Bei Terenz sagt jemand, er sei ein Mensch, nichts Menschliches sei ihm fremd, und nicht mit Unrecht meint er, es sei menschlich, von fremdem Leid sich rühren zu lassen; wahrlich auch mein Los muß euch nahegehen. So hört denn meine Klagen geduldig an und nehmt mir nicht übel, wenn ich länger, als es recht ist, bei meinem Leid zu verweilen scheine, denn wo es wehtut, heißt es, da legt man die Hand hin.

Da ich nun bei meinen Geistesgaben wohl fühlte, wie ich nichts Unterhaltendes beizubringen imstande wäre, und die gewohnte Tagesarbeit mir dieses Thema nahelegte, so habe ich meinem Schmerz nachgegeben und für meinen Teil diesen Gegenstand zu behandeln unternommen, nicht um damit mein Talent zu zeigen, sondern um in dieser Marterkammer einigen Trost zu haben, denn Ruhe ist es, nicht Ruhm, was ich suche. Eine fleißig ausgefeilte Rede zustandezubringen, hat mein Mißgeschick freilich nicht erlaubt. Wenn ich daher im Banne meines Schmerzes mit wenig Ordnung schmucklos mein Herz ausschütte, so werdet ihr mir das leicht nachsehen, wie ich hoffe, wenn sonst meine Klage euch rührt. Denn wo das Gemüt bedrückt ist, da schwindet die Sorge um eine gewählte Sprache.

So will ich denn mit meinem Gegenstand beginnen, dessen Erinnerung schon für mich mit Schrecken und Trauer verknüpft ist, und meine Klage vortragen über das Los der Lehrer. Niemand scheint mir übler daran zu sein als diese Klasse von Leuten, selbst nicht die Insassen eines Arbeitshauses.

Sobald dem Lehrer der Knabe zum Unterricht und zur Aneignung humanistischer Bildung und Tüchtigkeit übergeben wird, übernimmt er ein hartes Geschäft, voll unglückseliger Mühe und Gefahr. Denn für literarischen Unterricht scheint dieser eher nicht reif zu sein, da ihn häusliche Schwäche verdorben und er das Böse nicht nur verstehen gelernt, sondern auch gekostet hat. Da bringt er denn nicht nur keine Liebe zum Studium mit, sondern eher grimmigen Haß, Mißachtung der Lehrer und die schlimmsten Gewohnheiten. Und mit einem solchen Ungeheuer soll sich der Lehrer herumplagen. Während des Unterrichts gehen die Gedanken des Knaben spazieren, und wenn es gut geht, muß man das gleiche sechshundertmal eindrillen, bis es in den widerwilligen Köpfen haftet. Man braucht aber nur wegzusehen, und sogleich ist das auch noch so oft Hergesagte verflogen. Soll das Gelernte wiedergegeben werden, dann wird der Lehrer völlig zum Narren gehalten. Denn es macht den Knaben in ihrem Ungehorsam besonders Spaß, sich etwas zu erlauben, was den Lehrer in Aufregung versetzt und ihm zu schaffen macht. Sollte jemand ein Kamel tanzen oder einen Esel geigen lehren, sicher würde man es für ein ganz besonderes Unglück halten, eine so große Arbeit vergeblich leisten zu müssen. Und doch wäre das noch erträglicher, als unsere heutige Jugend zu unterrichten. Denn wenn man auch bei einem Kamel oder Esel nichts ausrichtet, sie vermehren doch nicht die Mühsal durch Ungezogenheit. Aber wenn uns diese artigen Buben müde gehetzt haben, wie frech benehmen sie sich gegen uns! Da gibt es welche, die sich nicht scheuen, den Lehrer öffentlich zu beschimpfen und ihn durch Gebärden zu verhöhnen. Und solches Benehmen bringt man von zuhause in die Schule. Denn sie haben vorher die Eltern wenig respektvoller behandelt, als jetzt die Lehrer. Nach und nach werden solche üblen Gewohnheiten zur zweiten Natur und lassen sich nie mehr ausrotten. Was heißt aber überhaupt noch Unglück, wenn nicht das, in beständiger Sorge und Arbeit vergeblich sich aufzureiben? Und dann noch zum Lohn dafür den Buben zum Spaß und Spiel zu dienen? In der Unterwelt stellt man den Sisyphus dar, wie er einen ungeheueren Stein den Berg hinaufwälzt, der, kaum droben, immer wieder herabstürzt und ins Meer rollt, und man sagt, das bedeute, daß viele Menschen sich in vergeblicher Arbeit verzehren. Ich wäre der Meinung, ein leeres Sich-Abmühen könnte viel deutlicher ausgedrückt werden, wenn man einen Lehrer mit einem Knaben darstellte, wie ich ihn eben geschildert habe. Weit größer ist die Arbeit des Lehrers als die des Sisyphus, aber höher bewertet wird sie nicht. Wenn jener seinen Stein wälzt, so hat er eine einfache Arbeit, aber keine Sorgen, während die Aufgabe des Lehrers viel lästiger ist.

Nie nimmt der Knabe ein Buch zur Hand, es sei denn, daß ihn der Lehrer dazu nötigt. Und wenn er es nimmt, dann schweifen Augen und Sinne in die Weite. Da bedarf es denn der Sporen, um an die Pflicht zu erinnern. Der Lehrer trägt etwas vor, da beschleicht den Weichling der Schlaf, und ungescheut schläft er auf beiden Ohren, während sich der Lehrer müde spricht. So erhält der

Lehrer die neue Aufgabe, den Schüler wach zu halten. Da wird das Diktierte repetiert und der wach gemachte Jüngling soll aufpassen auf das, was vorkommt, aber Hippoklides kümmert sich um nichts, seine Gedanken sind fort in einer ganz andern Welt, in der Kneipe, beim Würfelspiel, beim Treiben einer liederlichen Gesellschaft. Fern davon, sein Gedächtnis anzustrengen, meint er, jene bekannte Regel, welche bei den Griechen für die Gelage galt, »ich hasse den Zechgenossen der ein Gedächtnis hat«, gelte für die Schule, und tief eingeprägt, nicht in Erz, sondern in seinen Sinn, ist das Wort:

»Ich hasse den Schüler, der ein Gedächtnis hat.«

Fragst du daher am nächsten Tag nach dem, was durchgenommen wurde, so ist es zu dem einen Ohr hinein- und zum andern hinausgegangen, nichts hat er behalten. Die Arbeit beginnt von vorne. Der Lehrer hebt die alte Leier an, und nicht *einmal* nur hat er zu wiederholen, bis endlich in dem Klotz das eine oder andere Wort haften bleibt. Wer hat wohl eine so harte Haut, sich über die Verschwendung so vieler Mühe nicht zu ärgern, zumal auch noch die Gesundheit dabei verlorengeht? Denn die Körperkräfte werden angegriffen und schwinden nicht nur durch das fortwährende Reden, sondern auch durch Sorgen, Aufregungen und Unwillen darüber, daß die Fortschritte der Knaben so gar nicht der aufgewandten Mühe entsprechen. So bringt man über den Anfangsgründen Jahre hin. Aber der Lehrer bilde sich nicht etwa ein, daß wir damit am Ende seien; das war nur die Einleitung zum Trauerspiel, es kommt noch viel schlimmer.

Es ist eine unendliche Mühe, den Mund des Knaben zu bilden und an die lateinische Sprache zu gewöhnen. Während nun das Sprechen durch Übung ausgefeilt wird, und dazu der Verkehr mit ausgebildeten Rednern besonders viel beiträgt, stoppeln sie in ihrer Nachlässigkeit jede Unterhaltung aus dem Nächstliegenden von der Muttersprache her zusammen. Lateinisch zu sprechen versucht man, als zu schwierig, nicht einmal, und den Verkehr mit denen, die es verstehen, meidet man, weil man sich nur unter seinesgleichen wohl fühlt. Kommt man zu einem Lehrer, bei dem man lateinisch sprechen muß, lieber Himmel, welch ein Schauspiel! Da steht der Knabe eine Zeitlang stumm wie eine Statue. Wenn er dann endlich sich zu sammeln und auf Wörter zu besinnen begonnen hat, dann verdreht er in seiner Verwirrung Augen und Brauen, wie wenn er einen epileptischen Anfall bekommen sollte. Selbst den

Mund verzieht er und sperrt ihn auf in häßlichem Krampf. Hat er so eine Zeitlang mit sich gekämpft, dann hört man etwas, aber damit er nicht erwischt werde, wenn er einen Fehler macht, zischt er nur undeutlich. Manche sind so schlau, die letzte Silbe und die Kasusendung so zu verschlucken, daß man sie nicht versteht. Da verlangt der Lehrer, mit lauter Stimme zu reden, und nun wiederholt und betont er die Endsilben. Der Lehrer hört aber nichts als Wortungeheuer. Weder gibt die Sprache irgend etwas von den gelesenen Autoren zu erkennen, noch ist sie grammatisch korrekt. Da erst fühlt der Lehrer sein ganzes Unglück. Denn wenn durch das Studium der Jugend vor allem erreicht werden soll, daß sie korrekt reden kann, so sieht er nun, wie bei einer so unnatürlichen Sprachlosigkeit alle seine Mühe umsonst ist. Aber wieviel ist erst zu schlucken, wenn man den Fehler heilen will! Da muß man die Erregung verbergen und den Zorn niederkämpfen, durch Freundlichkeit dem Knaben aus der Verlegenheit helfen und ihn noch schmeichelnd zum Reden bringen. Oft muß man absichtlich die Unterhaltung hinausziehen, nur um dem Knaben Gelegenheit zum Lateinischreden zu geben.

Macht schon dies hinreichend Beschwerden, so regt die Stilübung den Lehrer noch viel mehr auf. Soll der Knabe mit dem Latein vertraut werden, dann ist besonders notwendig, daß er durch Sprechen sicher reden lernt. Ein Mittel reicht jedoch nicht aus, um den Knaben die Faulheit auszutreiben. Während aber nichts den Erwerb eines Wortschatzes so zu fördern vermag, wie häufige Stilübungen, scheuen die Knaben nichts so sehr wie das Schreiben. Die Ursache braucht man nicht weiter auseinanderzusetzen. Denn die Natur unserer Zeitgenossen ist ja bekannt. Was kostet es für eine Mühe, nur durchzusetzen, daß sie in einem ganzen Semester ein Briefchen schreiben! Ich habe es erfahren, daß es kein schlimmeres Kreuz gibt, als sich täglich mit solchen Faulenzern zu zanken und sie an ihre Pflichten zu erinnern. Und doch bringt man es nicht fertig, daß einer nur einen Vers schreibt, ohne daß der Lehrer dabeisitzt, den Inhalt vorsagt und die Wörter angibt. Er braucht gar nichts zu erfinden, und doch faßt er kaum das Vorgesagte auf. Nur spät bringt man es dahin, daß einer von selbst zu schreiben versucht, wenn er es überhaupt versucht. Und der müßte schon durch eine göttliche Zuchtrute zum Rechten geführt werden, der später aus freien Stücken etwas auszuarbeiten unternimmt. Wer möchte nicht lieber in einer Stampfmühle arbeiten, als sich mit so vielen Beschwerden zu ärgern und mit solchen Hart-näckigkeiten zu plagen? Wenn man nun endlich zu schreiben beginnt, so fordert die Verbesserung der schriftlichen Arbeiten eine Menge Arbeit. Denn es ist ein schlechter Lehrer, wer hierin müßig ist, wenn wir Horaz glauben dürfen, der meint, das sei kein guter Mann, der, zum Zensor über fremde Arbeit gesetzt, die Fehler nicht tadle; bekannt ist ja der kleine Vers:

»Der gute und kluge Mann tadelt den ungeschickten Vers.«

Korrekturen sind aber für einen Lehrer, der es genau nimmt, keine einfache Arbeit, mag er nun grammatische Schnitzer verbessern, dunkle oder zweideutige Wendungen klären, Uneigentliches zurechtrücken, oder dem Plumpen Glanz verleihen, es mit Figuren zieren und das Ganze angenehmer und wohlklingender gestalten. Schon die ungeschickten Schreibereien der Knaben durchzulesen ist auch für einen geduldigen Lehrer eine beschwerliche Sache, wieviel mehr die Verbesserung, besonders wenn auch noch der Grund für jede Änderung anzugeben ist; sodann müssen die Nachlässigen gestraft, die andern auf dem eingeschlagenen Weg vorwärtsgetrieben werden. Aber es gilt nicht nur, die Fehler aufzuzeigen; bei denen, die schon etwas fertigbringen, muß der Inhalt berücksichtigt und der Geschmack gebildet werden. Manche haben ihre Freude an Schimpfereien, in andern steckt eine lächerliche Eitelkeit und hohle Großtuerei, und der Charakter schaut aus dem Stil. Gewinnen diese Fehler Kraft und werden sie nicht in der Jugend ausgerottet, dann hängen sie in ihrer ganzen Schädlichkeit auch noch dem Alter an. Man erwäge nun, daß das bei den gewöhnlichen Lehrkräften vorkommt, auch wenn die Schüler gelehrig sind, und doch fehlt es den unsern bald an Talent, bald an gutem Willen zum Lernen.

Doppelt Mühe kostet es, wenn man sie mit aller Gewalt zur Arbeit zwingen muß. Es geht dann wie bei einem unglücklichen Feldherrn in der Schlacht, wenn er Soldaten hat, die erstens faul sind, zweitens sich nicht schämen zu fliehen, endlich nicht gehorchen, sondern angreifen ohne Befehl, sich aufstellen nach Gutdünken und keine Ordnung halten. Denn bei Thukydides sagt ein trefflicher Feldherr, zum Gelingen eines Kampfes sei erforderlich, daß die Soldaten guten Willen haben, sich schämen zu fliehen und den Feldherrn gehorchen. So wird denn auch in dem Kriegsleben der Schule der Lehrer von schweren Sorgen heimgesucht, wenn er

Schüler hat, die nicht von brennender Begierde zu lernen erfüllt sind, denn im Leben überhaupt kann Treffliches nur geleistet werden, wo wir mit Feuereifer eine Sache ergreifen und uns eine gewisse Leidenschaft mit fortreißt. Dagegen sind nun unsere Schüler beim Lernen von einer schimpflichen Kälte, sie werden auf keine Weise warm, sie wollen getrieben sein wie das liebe Vieh. Lob oder Scham können ihnen nichts anhaben, während doch die Scham der menschlichen Natur eingepflanzt ist. Was soll man von unseren Knaben sagen, die sich so gar nicht der Unwissenheit schämen? Ich möchte sie daher eher für eine Art Mißgeburt erklären als diejenigen, die blind oder mit verstümmelten Gliedern zur Welt kommen. Denn es ist gewiß ein geringeres Übel, verstümmelte Füße zu haben, als des wahrhaft menschlichen Sinnes zu entbehren. Bei ihnen deckt die menschliche Gestalt lediglich tierischen Sinn, da sie sich solcher Schändlichkeit nicht schämen. Schließlich ist kein Lehrer je so glücklich gewesen, einen Schüler zu haben, der so gehorsam gewesen wäre, daß er die Anweisung zu den Studien genau befolgt, sich stets mit den Schriftstellern beschäftigt, in denen er nach dem Willen des Lehrers heimisch werden sollte, daß er die schriftlichen Arbeiten zur vorgeschriebenen Zeit angefertigt, Auswendiggelerntes pünktlich repetiert und sich auch unter den Studiengenossen einer sauberen Redeweise befleißigt hätte. Unsere Schüler wenigstens leisten nichts von alledem und ließen sich eher einsperren, als bei einem Schriftsteller festhalten. In diesen Jahren gefällt der Wechsel. Wenn man daher überhaupt etwas liest, so liest man allerhand durcheinander, meistens Minderwertiges. Lieber wollen sie den Acker umgraben, als Gedächtnis und Sprache üben. So sind die Knaben überhaupt, die einen mehr, die andern weniger faul. Und wenn auch einmal einer von edlerer Art ist, so leidet doch dieses Alter an einer gewissen Schwäche. Und wie man lange braucht, um die Jugend mit allerhand gelinden Übungen körperlich zu kräftigen, so wird auch die geistige Schwachheit erst spät durch milde Belehrung und Gewöhnung geheilt, eine Behandlung, wie sie die Ammen anwenden. Allerdings wird unter solchen Umständen dem Lehrer nicht anders zumute sein als einem Feldherrn, der die Hoffnung auf Sieg aufgegeben hat und zur Einsicht gekommen ist, daß sein und seines Vaterlandes Heil durch schmähliche Untüchtigkeit des Heeres an den Feind verraten sei. In bitterem Kummer wird er sehen, daß im Jugendunterricht schwere Mühe übel verwendet sei.

Bis hierher war von dem die Rede, was wir bei dem Unterricht auszustehen haben; es bleibt noch ein viel schwierigerer Teil unseres Amtes übrig, die Sorge für Erziehung. Wieviel Schlimmes hat der Lehrer nicht hier zu erleben! Zunächst ist gerade diese Altersperiode von Natur aus besonders geneigt zum Bösen, und Plato hat gemeint, kein Tier sei schwerer zu behandeln als ein Knabe. Daher hat der Lehrer sich mit der Führung derjenigen, die zuhause mit der größten Umsicht der Eltern zu Religion und guten Sitten angeleitet wurden, so zu plagen, daß er die Erfahrung macht, Löwen und Bären seien leichter zu beherrschen als diese. Die meisten, die zur Schule geschickt werden, bringen so arge Sitten und so schlimme Gewohnheiten mit, daß sie ganz umgebildet werden müssen. Es ist aber schwieriger, das Ungehörige, das eingewurzelt ist, weg-, als das Richtige anzulehren. Man weiß, daß ein Musiker diejenigen nur gegen doppelte Bezahlung unterrichtet, die sich schon unter andern Lehrern üble Gewohnheiten angeeignet haben. Nun kämpfen wir auch noch mit einer Jugend, die an sich sehr roh ist, zumal in Deutschland und unter einer verdorbenen Familiensitte. Ihr kennt sie ja, jene guten Eltern, von denen viele sich evangelisch nennen, und die, während in diesem Alter die erste Sorge der religiösen Unterweisung gelten sollte, nicht einmal die heiligen Gebete, die zehn Gebote etc. zuhause lehren; ja sehr viele leiten geradezu zur Verachtung der Religion an. Unser Jahrhundert ist so verderbt, daß man mit Recht sagen kann, jener Satiriker hat sich getäuscht, wenn er sagt:

»Es gibt nichts, das die Nachwelt unsern Sitten hinzufügen könnte. Jegliches Laster erreichte den Gipfel.«

Es läßt sich gar nicht beschreiben, welch großen Zuwachs aller Art die Schlechtigkeit erfahren hat. Die häusliche Zucht ist geschwunden, während sie in unserem Knabenalter doch noch einigermaßen vorhanden war. Mit großem Fleiß wurden zuhause die Elemente der Frömmigkeit eingeprägt. Jetzt ist es anders; man verlacht das Heilige, und man hält das für eine große Weisheit. Und weil die Gottesfurcht aus den Gemütern gewichen ist, verfällt man in alle möglichen Laster, die nur zu erwähnen mir unerfreulich ist. Daher muß man diejenigen, die in die Schule eintreten, in den allerersten Anfängen der Frömmigkeit unterweisen. Aber was wird das bei denen helfen, die schon mit gottlosen Ansichten angesteckt sind? Welche Mühe kostet es nur, zu erreichen, daß der Knabe bei seiner Aufgabe bleibt, ihn ans Haus zu fesseln und fernzuhalten von schlechter Gesellschaft, von der Kneipe, vom Spiel und Ähnlichem. Wer das kann, den halte ich nicht für einen Menschen, sondern für einen Gott, der um der öffentlichen Wohlfahrt willen vom Himmel auf die Erde gekommen ist. Tausend Weisen ersinnen die Knaben, um den Lehrer zu betrügen; und viele sind von solcher Unbändigkeit, daß sie sich öffentlich über jedes Gebot hinwegsetzen. Weil sie sich ununterbrochen Ferien machen, lehrt und nährt der Müßiggang das Böse. Denn es ist ein nur zu wahrer Satz, den uns Columella in seinen Vorschriften für Familienväter hinterließ:

»Im Nichtstun lernen die Menschen das Übeltun.«

Sobald der Schüler von zuhause wie aus einem Gefängnis ausgebrochen ist, beschweren die Sorgen das Gemüt des Lehrers. Was in der Dichtung jenem Mitio bezüglich seines Sohnes in den Sinn kommt, das bedrückt auch den Lehrer: der Schüler möchte irgendwo gefallen sein, etwas gebrochen, eine Wunde empfangen haben etc. Da sinnt er denn darauf, ihn mit allen Mitteln festzuhalten. Und wenn er bis jetzt auch darauf verzichtet hat, ihn zu prügeln, so greift er nun doch zur Rute, um den Wilden zu zähmen. Denn die Menschen unserer Zeit führen Befehle nur aus, wenn sie durch Prügel gezwungen werden, wie es sprichwörtlich von den Phrygiern heißt. So wird der unglückliche Mann zu allem andern Leid auch noch gezwungen, den Büttel zu machen, die schrecklichste Aufgabe, die vor allem unsere Gesundheit untergräbt. Denn kein Lehrer ist so apathisch, daß ihn der Trotz der Jugend nicht aufregte, daß er bei dem Geschäft der Züchtigung seine Gemütsruhe zu bewahren vermöchte. Was soll ich noch reden von der Sorge für die Gesundheit der Knaben, von der Regelung ihrer Ausgaben, von den dafür zu erlassenden Vorschriften, alles das muß ich, um nicht gar zu lang zu werden, übergehen.

»Denn wenn ich hundert Zungen hätte und einen hundertfachen Mund – doch vermöcht ich nicht aller Sorgen Namen zu nennen.«

Habe ich die Arbeit des Lehrers besprochen, so wollen wir jetzt sehen, was er dafür an Lohn und Dank erhält. Hier nun ist die tragische Katastrophe. Vielleicht könnte man das Vorausgegangene für Scherz erklären gegenüber all dem Schlimmen, was noch folgt.

Zunächst ist die Bezahlung so gering, daß ein Satiriker schreiben konnte:

»Viele hat's schon gereut, den unfruchtbaren Katheder betreten zu haben.«

Mit Recht hat er von dem unfruchtbaren Lehrstuhl gesprochen. Denn man bezahlt einen Taglöhner besser als einen Lehrer. In dieser unglücklichen Lage seufzen wir, wir leben von Hülsenfrüchten und von Brot, und kaum können wir uns des Hungers erwehren. Ihr seht ja, wie mager ich werde und wie ich in zerrissenen Kleidern einhergehe; hätte mich das Schicksal zum Buchhändler gemacht – ihr kennt ja diese Art Leute –, dann würde ich goldbeladen einhergehen, einem Satrapen gleich.

Groß ist die Undankbarkeit der Schüler, die nicht nur überhaupt keine Wohltat von uns empfangen haben wollen, sondern gar noch behaupten, niemand habe sich schlechter um sie verdient gemacht als gerade wir. Sie lernen nichts und hassen uns gleich der Wissenschaft aufs grimmigste als ihre Marterknechte. Manche andere, die etwas von der Wissenschaft genascht haben, sind, indem sie sich eine gewisse Gelehrsamkeit einbilden, so von sich eingenommen – das ist ja eine Eigentümlichkeit dieses Alters –, daß sie sich um die Lehrer gar nicht mehr kümmern und bereits auf einer solchen Höhe des Wissens angekommen zu sein glauben, daß sie auf uns herabsehen können. Sie merken nicht, wie armselig eigentlich ihr Hausrat ist, auch bedenken sie nicht, wem sie das bißchen, was sie gelernt haben, verdanken. Ich übergehe die mannigfachen Beleidigungen, die sie uns antun, wie sie die Nase rümpfen und den Mund verziehen, wenn man an etwas erinnert. So unheilvoll ist unsere Lage. Wir erweisen einem Alter Wohltaten, das Wohltaten überhaupt noch nicht begreift und weit davon entfernt ist, uns mit Liebe zu vergelten oder für unsere Dienste Dank zu wissen. So wird uns weniger Vergeltung zuteil als irgendwelchen Sterblichen. Auch wenn unsere Schüler alt werden, erinnert sich niemand seiner Lehrer, wie denn das Gedächtnis der Wohltaten ohnehin nicht lange zu dauern pflegt; manche lohnen mit Undank, wie Nero. Auch die Eltern der Schüler schätzen uns nicht höher als diese selbst. Sie denken nicht daran, daß sie die Sorge für ihre Kinder auf uns abgeladen haben. Ist uns doch Unterricht und Erziehung des Knaben in ihrer ganzen Breite, mit allen ihren Kümmernissen und Gefahren, auf die Schulter gelegt, während sie zuhause ungestört ihren Geschäften nachgehen. Und wenn sie uns gar ein schmales Entgelt gewährt haben, wie halten sie uns diese Wohltat vor! Fällt der Sohn gut aus, dann hat der Lehrer kein Verdienst. Macht er schlechte Streiche, dann wird der Lehrer verantwortlich gemacht. Als Diogenes einen jungen Menschen wegen seines Verhaltens beim Essen zu tadeln hatte, da gab der dem Pädagogen eine Ohrfeige. Ganz in derselben Weise trifft die Lehrer die Schuld für alle Vergehen der Jugend. Das ist der Dank für unsere Mühen und Sorgen.

Vergleicht man alle Berufe des Lebens mit unserem, so wird die Summe der Übel nirgends so groß sein, ja ich wage die Behauptung: wir sind von allen Sterblichen am übelsten daran, denn wir haben die härteste Arbeit, leben in kümmerlichen Verhältnissen und müssen uns noch mit Verachtung behandeln lassen, nicht nur von unsern Schülern, auch von ihren Eltern, schließlich von denen, um die wir uns besondere Verdienste erworben haben. Da muß jemand doch eine eisengepanzerte Brust haben, wenn er unter solchen Umständen nicht Mitleid mit uns hat. Es wären noch allerhand Übel aufzuzählen, aber ich bin müde, die Zeit verbietet die Fortsetzung meiner Rede.

Ich möchte daher zum Schluß noch unsere Schüler ermahnen. Sie haben gehört, wessen ich sie beschuldigt, der Faulheit, der Verachtung des Wissens, der Vergnügungssucht und des Müßiggangs, der Undankbarkeit. Da sollen sie sich denn nun Mühe geben, sich zu bessern, damit unsere Mühe geringer werde, sie mit einem guten Zeugnis nach Hause zurückkehren und eine treffliche Ausrüstung mitnehmen, um den Familienbesitz zu wahren, sich Ansehen zu erwerben und dem Staat zu dienen. Wenn sie mit hohlen Köpfen zurückkommen, was ist die Folge? Weil sie nichts gelernt haben, kann man sie im Staat nicht brauchen, zu Hause fehlt ihnen jegliches Ansehen. Die Laster aber, die sie sich in ihrer Faulheit anerzogen haben, bleiben ihnen: sie sind Trinker, Lüstlinge, unehrlich, und in Stadt und Land verhaßt. Und ihrem Lebenswandel entspricht das Ende. Die einen fahren beim Gelage dahin, die andern vergeuden ihr Vermögen beim Spiel, wieder andere gehen durch liederlichen Lebenswandel zugrunde. Ich könnte eine Menge von Beispielen anführen, wenn es die Zeit erlaubte. Denn Gott straft die, die nach seinem Willen, (der Eltern Gebot ist Gottes Wille), lernen sollten, aber ihre Pflicht nicht erfüllten. Wohlverdienten Lehrern lohnten sie mit Undank, und es gibt keine Schandtat, durch die man Gott so beleidigt, als durch Undankbarkeit, wie denn geschrieben steht:

162

»Die Plage wird nicht weichen vom Hause des Undankbaren.« Wieviel den Lehrern zu verdanken ist, macht die Überlegung deutlich, daß sie an die Stelle der Eltern treten und die Knaben mit der Liebe jener behandeln sollen; das meint auch Paulus wenn er sagt, die Lehrer seien doppelter Ehre wert (1 Tim 5,17). Wollt ihr daher, daß Gott euer ganzes Leben mit euch sein soll, so bemüht euch, zu tun, was er fordert, also, daß ihr imstande seid, das, was eure Eltern euch aufgegeben haben, mit Fleiß auszurichten und eure Lehrer in Liebe und Frömmigkeit zu ehren, damit mit den Studien unsere Liebe zu euch wachse und unsere leidvolle Tätigkeit durch euer wohlgefälliges Verhalten erträglicher werde. Damit bin ich am Ende.

Während sich die politische Dynamik der geschaffenen Fakten weiter verstärkte, hielt Melanchthon im Jahrzehnt nach dem Augsburger Reichstag nach wie vor an der Idee eines Ausgleichs der Religionsparteien fest. Unter den Intellektuellen stand er damit keineswegs allein. Wenn er selbst zuweilen Ausdrücke wie »unser Orden« und »unsere Philosophie« gebrauchte, meinte er damit Denkweisen, die den europäischen Humanisten auch über trennende religiöse Auffassungen hinweg gemeinsam waren und die Verbindung untereinander nie abreißen ließen. Dies galt selbst für Vertreter der Hierarchie. So regte er dem Kurfürst-Erzbischof Albrecht von Mainz gegenüber, dem er 1532 die Neuausgabe seines *Römerbrief-Kommentars* widmete, eine Reformsynode zur Wiederherstellung der kirchlichen Eintracht an. Dem unionsfreundlichen Bischof Cricius von Plozk in Polen, der ebenso wie der (in Rom umgekehrt allzu großer Sympathien für die Reformation verdächtigte) Kardinal Giacomo Sadoleto lange um seine Rückkehr zur römischen Kirche warb, legte er mit der Übersendung des gleichen Buchs ebenfalls die Grundsätze seiner Einigungsbestrebungen dar und beklagte sein »unglückliches Schicksal«, in konfessionelle Kontroversen verwickelt zu sein, statt sich, wie er wünsche, allein den friedlichen Studien widmen zu können. Mit einem ähnlich lautenden Brief schickte er die Arbeit schließlich noch an Erasmus von Rotterdam, die Leitfigur der humanistischen Vermittlungstheologie. Er sei bekümmert, führte er auch darin aus, daß »beide Parteien an nichts Maßvollem Gefallen finden.« Was ihn beträfe, so konzentriere er sich bewußt nur auf bestimmte Punkte, »die zur Frömmigkeit notwendig sind« – »viele Streitfragen« hingegen lasse er außen vor. Hätte man sich jedoch erst über die Grundlagen der Frömmigkeit verständigt, dann würden die übrigen Kontroversen von selbst aufhören.

Was immer man von dieser Position halten mag: Wie Erasmus, der mit seiner Schrift über die Kircheneinigung von 1533 bei Luther nicht weniger Mißfallen als in Rom erregte, stand jedenfalls auch Melanchthon auf verlorenem Posten. Katholische Gegner nannten ihn einen »Fuchs voller Sirenengesang«, und im eigenen Lager drang er mit seinem wiederholten Plädoyer bei den Politikern nicht durch, der päpstlichen Einladung zu einem Konzil zu folgen, sofern dort die Prüfung der offenen Fragen aus der Schrift gewährleistet sei und die Protestanten nicht von vornherein als Abtrünnige angeklagt würden. Vergebens hatte er argumentiert, daß um der möglichen Schwierigkeiten willen eine gute Sache nicht verworfen werden dürfe. Seine Niederlage schrieb er dem Einfluß der »Ungebildeten« zu.

Auch Einladungen ins Ausland anzunehmen wurde ihm von seinem Landesherrn, seit 1532 Johann Friedrich der Großmütige, verweigert. Auf Bitten eines königlich-französischen Geheimen Rats hatte Melanchthon ein gemäßtes Gutachten »über die Milderung der Gegensätze in der Religion« vorgelegt, das mit der traditionellen Kirchenordnung auf »die Empfindungen jenes Volkes« Rücksicht zu nehmen bestrebt war, um es für die evangelische Bewegung zu gewinnen und dadurch, wie er hoffte, den Reformdruck auf die Kurie zu erhöhen. Im Sommer 1534 schrieb ihm Franz I. selbst, daß er von seinem »besonderen Eifer in der Schlichtung der über die christliche Lehre entstandenen Streitigkeiten« unterrichtet sei und ihn einlüde, nach Paris zu kommen, um die »herrliche Einigkeit des kirchlichen Wesens wiederherzustellen.« Auch Heinrich VIII. von England nahm persönlich Verbindung zu ihm auf und zeigte sich, wenngleich ebenfalls wohl kaum aus religiösen Gründen, an reformatorischem Rat interessiert. Melanchthon widmete ihm die revidierte Fassung seiner *Loci communes* (1535). Hatte er es damals aus Gründen des »öffentlichen Wohls« sogar für zulässig erklärt, daß der König neben seiner ersten, kinderlosen, eine zweite Ehe eingehen könne, so wandelte sich das positive Bild des Herrschers unter dem Eindruck von dessen Religionspolitik wenig später zu dem eines

»englischen Nero«: »Wie richtig ist die Äußerung des tragischen Dichters«, schrieb er nun im Bezug auf den König, »man könne Gott kein angenehmeres Opfer schlachten als einen Tyrannen! Möchte doch Gott irgendeinem tapferen Mann diese Gesinnung einpflanzen!«

Erfolgreicher gestalteten sich die Bemühungen um einen Ausgleich zwischen den reformatorischen Richtungen. Während er zur Zeit des Augsburger Reichstags, auch mit Rücksicht auf den Kaiser, von einer Annäherung an die oberdeutschen und schweizerischen Theologen um Huldrych Zwingli (1484 – 1531) nichts wissen wollte, knüpfte er nun positive Beziehungen, insbesondere zu Martin Bucer (1491 – 1551). Bei Luther warb er für das Zustandekommen der *Wittenberger Konkordie* (1536), in der die unterschiedliche Abendmahlsauffassung, die die tiefste Kluft zwischen den reformierten Kirchen aufgerissen hatte, durch eine Einigungsformel überbrückt wurde, was sieben Jahre vorher, auf dem Marburger Religionsgespräch zwischen Luther und Zwingli, an dem auch Melanchthon teilgenommen hatte, noch nicht möglich gewesen war.

Gegenläufig zu dieser Versöhnlichkeit, zu der auch seine Unterstützung für das Gesuch um Zulassung der Juden in der Mark Brandenburg gehört, gab es in den gleichen Jahren freilich auch den aggressiv eifernden ›hardliner‹ Melanchthon. In der Auseinandersetzung mit der »teuflischen Sekte« der Wiedertäufer, die Mitte der 1530er Jahre ein kurzlebiges ›Königreich Sion‹ in Münster errichtet hatten, wiederholte sich sein Verhaltensmuster gegenüber religiöser Dissidenz aus der Zeit des Bauernkriegs. Eine grundsätzliche Kritik an spiritualistisch geprägten Glaubensformen geht einher mit der Furcht vor der Auflösung verbindlicher Formen menschlicher Gemeinschaft in ihrem Gefolge. Seine Gutachten und Traktakte, wie etwa *De deliriis et furoribus anabaptistarum* (1535), wandten sich gegen den »rasenden Wahnsinn« der täuferischen Thesen von der irdischen Herrschaft der »Frommen« und ihrer Herbeiführung mit Gewalt gegen die »Gottlosen«, also alle, die anders glaubten als sie selbst. Ferner wies er die Anschauung von der Vollkommenheit der christlichen Gemeinde sowie die Ablehnung des Eids und der Ehe zurück. Die Gütergemeinschaft schließlich sei ein »Traum des Sokrates«, der die Christen nichts anginge.

Sein Kurfürst zog Melanchthon zu Verhören der in Thüringen gefangenen Täufer heran, von denen einige danach hingerichtet wurden. Hatte er zuvor den Standpunkt eingenommen, abweichende Glaubensauffassungen dürften nicht mit Gewalt bekämpft werden, da sich Geistliches nur geistlich überwinden ließe, schrieb er im Bezug auf die Wiedertäufer bereits im Februar 1530: »Anfänglich (...) habe ich einer törichten Milde gehuldigt; dachten doch damals auch andere, daß die Ketzer nicht mit dem Schwert auszurotten seien. (...) Jetzt aber bereue ich nicht wenig meine frühere Milde. (...) Ich bin nun der Ansicht, daß auch jene, die keine aufrührerischen, aber offensichtlich gotteslästerliche Lehrmeinungen verteidigen, von der Obrigkeit getötet werden sollen. Denn die Obrigkeit muß, wie andere öffentliche Verbrechen, auch die öffentlichen Gotteslästerungen strafen. Das lehrt uns das Gesetz Mose.« Da »der Anfang« bereits »die Hälfte des Ganzen« sei, legte er (in Übereinstimmung mit der kaiserlichen Konstitution auf dem Speyerer Reichstag) der Obrigkeit nahe, selbst bei geringen »Irrtümern« streng einzuschreiten.

Weder die Bekenntnisfreiheit spiritualistischer Separatisten (wie Sebastian Franck (1499 – 1542) und Kaspar von Schwenckfeld (1489 – 1561), gegen deren »gottlose Schwärmereien« er 1539 auf dem Schmalkaldischen Bundestag ein Gutachten schrieb,) wollte er in den reformatorischen Territorien dulden, noch Lehre und Gottesdienst der Katholiken, und zwar ebenfalls unter Berufung auf das alttestamentliche Gebot der Bestrafung von Gotteslästerung und Abgötterei (Lev 24,16), den schlimmsten aller Verbrechen. Dies führte seine im gleichen Jahr erschienene Schrift *De officio Principum, quod mandatum Dei praecipiat eis tollere abusus ecclesiasticos* aus, die den Obrigkeiten aufgrund ihrer besonderen Stellung als »Nährväter der Kirche« die Pflicht für die Geltung von »rechter Lehre« und Gottesdienst aufgab. Indem er ihnen zugleich die letzte Entscheidung in Glaubenssachen zugestand, legte Melanchthon damit die Grundlagen für das landesherrliche Kirchenregiment im deutschen Protestantismus.

Fürstliche Instrumentalisierung der Theologie erlebte er im Falle der angestrebten ›Doppelehe‹ des Landgrafen von Hessen wenig später am eigenen Leibe. Sollten sich die evangelischen Theologen gegen sein Ansinnen sperren, drohte Philipp offen mit dem Anschluß an den Kaiser, um dort Dispens zu erlangen.

Luthers und Melanchthons geheimer Beichtrat lief darauf hinaus, unter seelsorgerischen Gesichtspunkten sei eine zweite Frau immerhin besser als ein unzüchtiges Leben. Melanchthon wurde als Zeuge für deren Rechtmäßigkeit zur Trauung des Landgrafen, (dessen erste Ehe weiterhin fortbestand), persönlich herbeizitiert. Als der Skandal im Juni 1540 ruchbar wurde, erlitt er einen lebensgefährlichen psychosomatischen Zusammenbruch.

In das Jahrzehnt nach dem Augsburger Reichstag fiel auch die reformatorische Strukturreform der Wittenberger Universität. Mit ihr schuf Melanchthon ein Paradigma, das sich für die Zukunft des deutschen Universitätswesens als wegweisend erwies. Die theologischen Vorlesungen wurden aus scholastisch-dogmatischen in biblisch-exegetische umgewandelt. Und die ›artistische Fakultät‹ stand von nun an ganz unter dem Vorzeichen der Durchdringung antiker Quellen mit den Ergebnissen neueren Wissens in verschiedenen Bereichen. Sie wurde damit zu einer Vorform der philosophischen Fakultät modernen Stils. Wann immer in den Folgejahren protestantische Landesherren die Umgestaltung oder Neugründung von Universitäten planten, war Melanchthon als Ratgeber unentbehrlich, in Tübingen (1536) und Leipzig (1539/43) ebenso wie in Greifswald und Kopenhagen (1539), in Frankfurt an der Oder (1543) und Königsberg (1544) ebenso wie in Jena (1548) und Heidelberg (1557/58).

Inhaltlich lag ihm besonders eine neue Verbindung von Theologie und Philosophie am Herzen. Die intellektuellen Standards des philosophischen Diskurses fand er für die Theologen unverzichtbar nicht zuletzt in gesellschaftlicher Hinsicht: »Denn dieses scheint mir auch ein Heilmittel der öffentlichen Schäden zu sein«, schrieb er 1535, »wenn sich unsere Leute zur wahren und alten Philosophie hinwenden. Sie entzündet die Geister zu Liebe und Eifer zur Wahrheit sowie zur logischen Einsicht und erweckt die Bewunderung der schönsten Dinge. Dazu bringt sie gute und maßvolle Männer hervor, unähnlich denen, die jetzt aus Unwissenheit der Wahrheit und rechten Lehre Krieg angesagt haben und gegen die gelehrten Menschen abscheuliche Grausamkeit üben, öffentliche Zwistigkeiten vornehmlich schüren und entflammen (...)«

Mit solchen Überlegungen verband sich die dezidierte Wiederzuwendung zum einstmals verworfenen Aristoteles, der nun, gemeinsam mit Cicero, zum Gewährsmann der protestantischen Schulphilosophie Melanchthonscher Prägung aufstieg. Er »wird zum Nutzen der Lernenden konsultiert«, hieß es in einer Rede über den Philosophen von 1537. Plato hingegen, mit dem sich wenig später ein Vortrag beschäftigte, hielt er aufgrund einer Ironie, die »nur selten ausspricht, was man denken müsse«, didaktisch und methodisch für weniger geeignet.

Zur Behebung des Grundübels der »ungelehrten Theologie« genügten Melanchthon die herkömmlichen Kenntnisse in Grammatik und Logik jedenfalls nicht. Vielmehr sei dazu eine »gelehrte Philosophie« nötig, die den ganzen »Kreis der Wissenschaften« umfasse, neben der methodischen Grundlegung also ausdrücklich etwa auch Naturkunde und Ethik. Diese Koppelung von Kirchenlehre und Wissenschaft, Vernunft und Offenbarung hat sich übrigens als folgenreich erwiesen – nicht zu Unrecht zog Wilhelm Dilthey von hier aus die Linie weiter zur »natürlichen Theologie« der englischen Deisten und deutschen Rationalisten des 18. Jahrhunderts. Besonders prägnant kam Melanchthons Position in der 1536 gehaltenen *De philosophia oratio (Rede über die Philosophie)* zum Ausdruck:

Rede über die Philosophie

De philosophia oratio

(...) Es ist aber in bester Absicht so eingerichtet worden, daß bei diesen Feierlichkeiten entweder über die Wissenschaften oder über das Lob der Tugenden gesprochen wird. Um daher ein dieser Stätte angemessenes Thema vorzulegen und etwas über die Würde und den Nutzen jener Wissenschaften zu sagen, die die Philosophie umfaßt, habe ich mir in meiner Rede vorgenommen zu zeigen, daß eine freie Bildung für die Kirche nötig ist, nicht nur die Kenntnis der Grammatik, sondern auch die vieler Wissenschaften, und gründliches Wissen in der Philosophie. Da wir nun überzeugt sind, daß dem so ist, müssen, wenn auch andere Gegenstände den Redner einladen, die Wohlgesonnenen dieses Ziel doch ganz besonders und mit größtem Eifer betrachten, damit die Studien zur Förderung und Zierde der Kirche beitragen; denn nichts darf den Guten süßer und nichts ihnen wertvoller sein als der gute Ruf der Kirche. Dieser Grund muß uns aufs Höchste anfeuern und begeistern, mit größter Aufbietung aller Geisteskräfte eine vollendete Gelehrsamkeit anzustreben, aus der für den Staat wie für die Kirche einiger Nutzen erwachsen könne. Wie es für uns Lehrer tatsächlich keinen würdigeren Gegenstand einer Rede gibt, so ist auch für gute und aufstrebende Jünglinge nichts nützlicher, als daß sie ein Ende und gleichsam ein Ziel des ehenvollsten Laufes im Geiste vor sich sehen, auf das hin sie ihre Studien auszurichten haben.

Überdies kann man auch Würde und Macht der Wissenschaften selbst nirgends mehr wahrnehmen, als wenn wir sehen, wie sehr sie für die Kirche nötig sind, unter wievielen Finsternissen Unwissenheit die Religion verdunkelt, wieviel Verwüstung, wieviele furchtbare Spaltungen der Kirchen, wieviel Barbarei und Verwirrung der ganzen Menschheit sie erzeugt. Will man dies erwägen, dann wird man erst beurteilen können, wie groß Macht und Bedeutung der Wissenschaften und der Gelehrsamkeit sind.

Obgleich aber keine Rede ersonnen werden kann, die solchen Angelegenheiten angemessen ist, so müssen dennoch, da von Unkundigen oft schräge Meinungen über diesen Gegenstand verbreitet werden, die Jünglinge ermahnt und befestigt werden: Obwohl das in den Vorlesungen täglich durch die Lehrer geschieht, muß doch eine von dieser Stelle aus im öffentlichen Namen gehaltene Rede mehr Gewicht haben. Denn dies ist die gemeinsame Überzeugung aller der hochgelehrten Männer in diesem Kreis, die zu verachten ganz gewiß die äußerste Anmaßung sein würde.

Da ich demnach über das, was für den Staat notwendig und euch heilsam ist, sprechen, und meine Stimme euch die gemeinsame Überzeugung aller darlegen will, bitte ich darum, daß ihr mich, eurer Freundlichkeit gemäß, aufmerksam anhört und als Ermahnte, ähnlich wie die Gefährten des Odysseus mit verstopften Ohren an den Sirenen vorüberfuhren, nicht nur die albernen Ansichten derer verwerft, die bestreiten, daß für die Kirche eine freie Bildung äußerst notwendig sei, sondern solche Leute wie die furchtbarste Seuche und die gräßlichsten Scheusale verwünscht. Sodann soll das euren Lerneifer anspornen und entfachen, daß eure Studien die Kirche und den Staat angehen und aus ihnen nicht nur der einzelne persönlichen Nutzen und Vergnügen zieht.

Denn zunächst einmal ist überhaupt Theologie ohne Gelehrsamkeit voller Übel. Denn sie ist dann eine höchst verworrene Wissenschaft, in der wichtige Gegenstände nicht deutlich erklärt, das, was getrennt werden muß, vermischt, umgekehrt das, was die Natur zu verbinden fordert, voneinander gesondert wird: Oft wird Widersprüchliches behauptet, das Nur-Ähnliche eignet man sich statt des Wahren und Wesentlichen an. Das führt dazu, daß die ganze Wissenschaft ähnlich abenteuerlich wie jenes Gemälde bei Horaz ist:

»Wenn an ein menschliches Haupt der Maler den Hals eines

Rosses

Fügen wollt', und zöge darüber ein buntes Gefieder.«

Nichts darin hängt miteinander zusammen, man kann nicht Anfang, nicht Fortgang, nicht Ende unterscheiden. Eine solche Wissenschaft muß zwangsläufig unzählige Irrtümer erzeugen, endlose Zersplitterung, weil bei einer solchen Verwirrung jeder etwas anderes versteht, und indem jeder seine Einbildungen verteidigt, entstehen Kämpfe und Spaltungen. Unterdessen werden die Gewissen dem Zweifel überlassen. Und weil keine Erinyen die Seele heftiger quälen als solche Religionszweifel, wirft man dann in einer Art Widerwillen alle Religion von sich, und die Gemüter werden weltlich und epikureisch gesinnt.

Da nun die ungelehrte Theologie so viele Übel zeitigt, kann man leicht ermessen, daß für die Kirche viele wichtige Wissenschaften notwendig sind. Denn um zu prüfen und um verwickelte und dunkle Gegenstände richtig und klar zu erläutern, reicht es nicht aus, jene allgemeinen Regeln der Grammatik und Dialektik zu kennen, sondern es bedarf vielseitiger Gelehrsamkeit; denn vieles muß man aus der Physik einbeziehen, vieles aus der Moralphilosophie mit der christlichen Lehre verbinden.

Sodann gibt es zwei Dinge, die zu erwerben es großer und vielfältiger Gelehrsamkeit und langer Übung in vielen Wissenschaften bedarf; nämlich die Methode und die Form der Darstellung. Denn niemand kann Meister einer Methode werden, wenn er nicht gut und auf rechte Weise in der Philosophie bewandert ist, und zwar einer bestimmten Art von Philosophie, die, völlig verschieden von der sophistischen, die Wahrheit regelgerecht und auf geradem Wege erforscht und zugänglich macht. Diejenigen, die sich, in diesem Studium wohlbewandert, die Geschicklichkeit erworben haben, alles, was sie begreifen oder anderen mitteilen möchten, auf die Methode zurückzuführen, wissen auch Untersuchungen über religiöse Gegenstände methodisch darzustellen, verzwickte Themen zu entwickeln, getrennte zu verbinden und Dunkles und Zweideutiges auszuleuchten.

Große und reichhaltige Gelehrsamkeit ist, wie alle wissen, die auch nur ein wenig in der Wissenschaft bewandert sind, zweitens natürlich zur Anordnung der Gedanken erforderlich. Damit wir aber diese Geschicklichkeit der methodischen Darstellung erwerben, bedarf es keines geringen Eifers. Sie wird von jenen verfehlt, die nicht in mehreren Fächern der Philosophie heimisch geworden sind, ohne deren fleißige Übung auch diejenigen, die sich etwas mit Dialektik beschäftigt haben, trotzdem bloß einen Schatten der Methode erfassen. Und niemand gerät öfter an das Frevelhafte und Sophistische als jene. Ungeachtet sie sich für Meister der Methode halten, kommen sie dennoch vom Weg ab und sind, um mich des homerischen Ausdrucks zu bedienen, »blinde Wächter«. Ferner bedarf es nicht nur wegen der Methode, oder wegen der unerläßlichen Kunst, wie Plato sie nennt, die Gedanken schriftlich darzustellen, der Philosophie; sondern, wie ich gesagt habe, auch der Theologe muß vieles aus der Physik entlehnen, in der die einzelnen Teile in einem solchen Verhältnis zueinander stehen, daß es für diejenigen, die eine vollständige Unterrichtung verlangen, nicht genug ist, einiges Wenige auszuwählen, sondern man muß die Wissenschaft so weit wie möglich in ihrem ganzen Umfang kennenlernen. Ein reicher Wissensvorrat bleibt dem Theologen verschlossen, der jene hochgelehrten Untersuchungen über die Seele, über die Sinne, über die Ursachen der Begierden und Neigungen, über die Erkenntnis und über den Willen nicht kennt. Und anmaßend handelt, wer sich zum Dialektiker erklärt, wenn er nicht jene Gründe für die Einteilungen der Stoffe kennt, die nur in der Physik gelehrt werden und die man ohne Physik nicht verstehen kann. Überhaupt gibt es sozusagen einen Kreis der Wissenschaften, in dem alle eng miteinander verknüpft und verbunden sind, sodaß man zu dem Verständnis der einzelnen vieles aus anderen hinzuziehen müßte: Darum bedarf die Kirche jenes ganzen Kreises der Wissenschaften.

Ich halte niemanden für so geistlos, daß er nicht wahrnehmen sollte, daß diejenigen, die sich auf die Moralphilosophie verstehen, viele Themen der christlichen Lehre fruchtbarer behandeln können. Denn da es hinsichtlich der Gesetze und der bürgerlichen Sitten, der Verträge und vieler Pflichten des Lebens zahlreiche Gemeinsamkeiten gibt, kommt uns nicht nur die Ordnung und Methode der Philosophie, sondern auch das wesentliche Begreifen der Dinge selbst zustatten; und wenn etwas voneinander abweicht, bringt der Vergleich in vielem Licht hinein. Ferner, wie der Lahme mit dem Ball umgeht, so geht der mit der Moralphilosophie um, den die Physik allein läßt. Schon die Geschichte, die genaue Berechnung der Zeiten, erfordert Mathematik. Aber auch dieser Wissenszweig ist mit der Physik zu verbinden. Denn daraus geht, wie aus einer Quelle, fast alles in der Physik hervor. So ist es auch, um nichts anderes zu sagen, eine Art von Barbarei, jene herrliche Wissenschaft von der Bewegung der Himmelskörper zu verachten, die uns die Jahre und den Unterschied der Zeiten bewirken und viele hochwichtige zukünftige Ereignisse anzeigen und uns nützliche Winke geben.

Ich weiß sehr wohl, daß Philosophie und Theologie zwei verschiedene Wissenschaften sind. Und ich will nicht, daß sie so vermischt werden, wie der Koch viele Brühen zusammengießt, sondern ich will, daß der Theologe bei der Handhabung der Methode Hilfe erfährt. Vieles wird er auch aus der Philosphie hinzuziehen müssen. Wenn jemand dieser Rede nicht glauben möchte, betrachte er nur die Theologie der Ungelehrten und überlege bei sich, ob er es für den Erdkreis ersprießlich hält, wenn solche verworrene Sophistik, solche unklare Theologie in die Kirche Eingang findet. Und Ungelehrte nenne ich nicht nur die, die ohne alle wissenschaftliche Bildung sind, wie die Wiedertäufer, sondern auch jene Toren, die zwar prunkvoll daherreden, jedoch nichts Zuverlässiges sagen, sowohl, weil sie methodisch nicht bewandert sind, als auch, weil sie die Grundlagen der Gegenstände nicht genügend kennen, deswegen, weil sie, unvertraut mit der Philosophie, nicht genügend sehen, weder was die Theologie enthält, noch inwieweit sie mit der Philosophie übereinstimmt.

Es ist nicht nötig, hier jene Alten aufzuzählen, die die christliche Lehre unter den abgeschmacktesten Spitzfindigkeiten tief versteckt haben. Philosophische Bildung fordere ich, nicht jene Wortklaubereien, hinter denen nichts steckt. Deshalb sage ich, man müsse sich eine bestimmte Art der Philosophie wählen, die so wenig wie möglich Sophistisches enthält und über eine wohlbegründete Methode verfügt: Eine solche ist die Lehre des Aristoteles. Doch muß man zu dieser auch noch jenen ganz vorzüglichen Teil der Philosophie, den von der Bewegung der Himmelskörper, ergänzen. Denn die übrigen philosophischen Richtungen sind voller Sophistik und ungereimter und falscher Ansichten, die auch den Sitten zum Schaden gereichen. Denn jene Übertreibungen der Stoiker, daß körperliches Wohlbefinden, Reichtum und dergleichen keine Güter seien, sind ganz und gar sophistisch. Ihre Leidenschaftslosigkeit ist eine Lüge, und ihre Ansicht vom Schicksal eine falsche und schädliche. Epikur philosophiert nicht, sondern macht Witze, wenn er behauptet, durch Zufall sei alles entstanden. Er schafft die Erste Ursache ab, befindet sich damit zur wahren Lehre der Physiker vollständig im Widerspruch. Auch vor der Akademie muß man sich hüten, die keine Methode einhält, sondern sich die maßlose Freiheit nimmt, alles zu zerrütten: Wer sich danach auszurichten bemüht, muß vieles notwendigerweise sophistisch auffassen. Freilich kann sich auch derjenige, der vornehmlich dem Aristoteles als Führer folgt und eine Art von einfacher und so wenig wie möglich sophistischer Wissenschaft erstrebt, mitunter von anderen Autoren etwas aneignen. Denn wie sich die Musen, nachdem sie mit den Sirenen um den Preis des Gesanges gekämpft und sie überwunden hatten, aus deren Federn Kronen machten, so vermag man, was die philosophischen Richtungen betrifft, wenn auch hauptsächlich die eine gutzuheißen ist, doch manchmal auch den anderen etwas Wahres entnehmen, das unsere Anschauung ziert.

Aber über die Art der Philosophie und die Verschiedenheit der Richtungen wird ein anderes Mal zu sprechen sein. Es scheint mir auch den Sitten zuträglich, eine Richtung zu wählen, deren Eifer nicht der Zänkerei, sondern der Erforschung der Wahrheit gilt, die ferner gemäßigte Ansichten liebt und nicht durch Blendwerke in Disputationen und ungereimte Behauptungen nach dem Beifall der Ungelehrten hascht. Die Gewöhnung an solche Dinge ist äußerst schädlich, und diejenigen, die ihnen in die heiligen Wissenschaften Eingang verschaffen, erregen dort ungeheuren Aufruhr. Überdies hat die einfache Philosophie, von der ich rede, zunächst das Bestreben, nichts ohne Beweisführung zu behaupten; so vermeidet sie leicht ungereimte Meinungen, weil diese keine Beweise haben, sondern nur durch sophistische Gaukeleien verteidigt werden. Schließlich ist der Kirche im allgemeinen auch aus dem Grunde Bildung von Nutzen, weil Ungelehrte ebenso vermessen wie nachlässig sind. Die Gelehrsamkeit legt einen Zaum an und gewöhnt an Sorgfalt. Denn die Gebildeten bedenken vieles, was jenen Themen, um die es geht, benachbart ist: Sie sehen, wie leicht es ist, zu straucheln und getäuscht zu werden, und sind in anderen Wissenschaften daran gewöhnt worden, die Quellen der Dinge zu erforschen und scheinbare Schwierigkeiten zu erörtern. Und Studien färben auf die Sitten ab, weswegen gerade jene Sorgfalt, die bei der Forschung angewandt wird, Mäßigung erzeugt. Was ferner für eine große Gefahr aus Vermessenheit in Verbindung mit Nachlässigkeit entsteht, zeigen Beispiele aus allen Zeiten in allen Staaten und selbst in der Kirche, die von Ungebildeten, die blindlings nur niederreißen möchten, sowohl früher oft zerrüttet worden ist, wie sie in unserer Zeit zerrüttet wird.

Darum, werteste Zuhörer, ermahne ich euch zuerst, zu bedenken, daß eure wissenschaftlichen Studien in der Tat den Staat wie die Kirche betreffen; denn die Reinheit und Eintracht der Wissenschaft erhält das Wohl und die Eintracht der Menschen und vornehmlich der Kirche. Darum beschwöre ich euch bei der Ehre Gottes, die wir allem anderen vorziehen müssen, und schließlich bei dem Heil der Kirche, die uns das Liebste sein muß, daß ihr von der Pflicht überzeugt sein mögt, diese vorzüglichsten Kenntnisse, die die Philosophie umfaßt, zu erhalten und euch ihnen mit größerem Eifer zu widmen, damit ihr euch eine echte und für die Menschheit nützliche Gelehrsamkeit erwerbt. Als Epaminondas gefragt wurde, was für ihn das Erfreulichste in seinem Leben gewesen sei, antwortete er: Daraus habe er sein größtes Vergnügen bezogen, daß er zu Lebzeiten der Eltern das Vaterland von der Knechtschaft befreit, indem er die Lakedämonier in einem gewaltigen Kampf besiegt habe. Er bezeugte jedenfalls, beides habe ihm das höchste Vergnügen bereitet, die Rettung des Vaterlands und die Freude der Eltern, die ihnen Tugend und Ruhm des siegreichen Sohnes bereitet habe. O wären wir doch gegen die Kirche so gesinnt, daß wir es als unser höchstes Vergnügen betrachteten, die Kirche, die in Wahrheit eigentlicher Vaterland ist als jener Boden, jenes Heim, das uns bei unserer Geburt aufnahm, blühend und friedlich zu sehen und dafür einzustehen, daß die Kirche, das heißt, die himmlischen Engel und die gesamte Gemeinschaft der Gottesfürchtigen, die man wie Eltern verehren und lieben soll, aus unseren guten Taten eine dauerhafte Freude schöpfen könnten. Hingegen sollen wir kein Elend für so qualvoll halten, als die Kirche zerrissen, und gerade durch unsere Leidenschaften die Engel und die Gemeinschaft der Gottesfürchtigen in Trauer und Schmerz versetzt zu sehen! Ich rede hier nicht von Lohn, denn die Tugend an sich soll uns antreiben, die Liebe zur Kirche und die Einsicht in die Gott geschuldeten Pflichten sollen bei uns gelten. Aber dennoch werden für die, die tüchtig lernen, auch Belohnungen nicht ausbleiben; denn Gott spricht: »Wer mich ehrt, den will ich auch ehren.« (1 Sam 2,30). Und wenn wir Christen sind, dann müssen wir unsere Pflicht in dieser Hoffnung erfüllen, daß wir uns bewußt machen, wie Gott für uns sorgt, damit wir und unsere Kinder keine Not leiden. Ja, ihr sollt wissen, daß um unseretwillen, nicht der Tyrannen wegen, nicht um solcher willen, die fromme Studien hassen, diese gesamte Natur erhalten wird, die Sonne aufgeht und den Wechsel der Zeiten bewirkt, damit die Felder Früchte tragen. Richtig sagten die Stoiker: Alles gehöre Gott, die Philosophen aber seien Gottes Freunde, deshalb gehöre auch alles den Philosophen. So laßt uns denn mit starkem Geist sowohl diese Studien der Wissenschaften verteidigen, als auch in der Überzeugung, von Gott auf diesen Posten gestellt worden zu sein, mit desto größerer Sorgfalt unsere Pflicht tun und den Lohn unserer Mühen von Gott erwarten! Damit bin ich am Ende.

Angesichts der zunehmend eigenen Wege seines Denkens – die sich theologisch etwa auch darin äußerten, daß er neben der Schrift nun auch die Tradition der Kirchenväter als Garant der Wahrheit betrachtete –, verwundert es nicht, daß man Melanchthon hier und da zum Abweichler von Luthers Lehre zu stempeln begann. Bei Luther und sogar am Hof wurde er, der zugegebenermaßen »manches weniger schroff« auszudrücken liebte, 1536/37 wegen vermeintlicher Dissidenz denunziert. Obwohl sich Luther hinter seinen Kollegen stellte, blieb der von dieser Kritik nicht unbeeindruckt, die für ihn letztlich »die guten Wissenschaften zu unterdrücken und zu vernichten strebt«. Er spielte sogar mit dem Gedanken, die »Ketten« zu zerbrechen, mit denen er an Wittenberg gefesselt sei, wo er sich geistig vereinsamt fühlte, um sich für den Rest seines Lebens ganz der Förderung der wissenschaftlichen Studien zu widmen. Solche Erfahrungen gingen in die schöne Maxime ein, die er am 14. April 1537 Johannes Brenz gegenüber so formulierte: »Überhaupt müssen wir uns an jene Philosophie des Odysseus halten: vieles ertragen, vieles mit Schweigen übergehen, immer mit dem Ziel, zu nützen und die Ärgernisse nicht zu verschlimmern. Aus diesem Grundsatz (...) stecke ich viele Schläge ein und heile zuweilen auch die Wunden anderer.«

Fraglos auch vor dem Hintergrund dieser Situation ist sein überschwengliches Lob des Interaktionsmodells ›Gelehrtenrepublik‹ zu lesen. In *De laude vitae scholasticae oratio (Rede vom Lob des schulischen Lebens)* geriet das akademische Lernen, als vorwärtsdrängender Vollzug des menschlichen Erkenntnisstrebens, zum Synonym eines mit religiöser Würde ausgestatteten höchsten Glückszustandes. (Daß diese Andacht zum Wissenserwerb einmal eine säkularisierende Dynamik freisetzen könne, blieb verständlicherweise außerhalb von Melanchthons Gesichtskreis):

Rede vom Lob des schulischen Lebens

De laude vitae scholasticae oratio

(...) Nur mit Grauen kann man davon sprechen, wieviel Sophisterei an fürstlichen Höfen und in Gerichtssälen herrscht. Deshalb kommt mir oft die alte Geschichte von Astraia in den Sinn. Sie soll aus den Städten vertrieben worden sein und dann auf dem Lande zu den Bauern gesprochen haben. So scheint mir Astraia, das ist die Lehre von Wahrheit und Gerechtigkeit, fast von den Höfen, aus den Gerichtssälen, den Kirchen und anderen Versammlungen vertrieben zu sein, in den Schulen aber noch ihren Ort zu haben. Da es in den Schulen weniger sophistisch zugeht als anderswo und sich das Bemühen rechtschaffener Menschen einzig darauf richtet, die Wahrheit herauszufinden, verdient das schulische Leben das höchste

Lob. Es bildet jenen glücklichen Zustand ab, in dem die Menschen im Goldenen Zeitalter, falls es ein solches gegeben hat, gelebt haben oder sicherlich gelebt hätten, wenn es jenes Goldene Zeitalter gegeben hätte, wenn die menschliche Natur von Sündenfall und Tod unversehrt geblieben wäre. Was wäre dann nämlich das menschliche Leben anderes gewesen als eine fröhliche Schule, in der die Älteren und Besseren ihre Mitmenschen über religiöse und naturwissenschaftliche Fragen, die Unsterblichkeit der menschlichen Seele, die Himmelsbewegungen und alle Obliegenheiten des Lebens belehrt hätten? Ältere und Jüngere hätten ihre ganze Zeit mit solchen philosophischen Fragen und Erörterungen zugebracht. So stelle ich mir das Leben Adams und ähnlicher hervorragender Männer vor. Das Abbild dieses überaus glücklichen Zustandes ist das schulische Leben.

Nachdem ich ganz kurz etwas zur Notwendigkeit und Nützlichkeit dieses Lebens gesagt habe, möchte ich noch etwas über seine Heiligkeit hinzufügen. Keine Aufgabe ist Gott so wohlgefällig wie die Erforschung und Verbreitung von Wahrheit und Gerechtigkeit. Denn diese sind die besonderen Gaben Gottes, die seine Gegenwart am deutlichsten erkennen lassen. Auf ihre Bewahrung kommt es ihm hauptsächlich an, sind sie doch im besonderen dazu geschaffen, einander Gott und alles, was sonst gut ist, bekanntzumachen. Zu diesem Zweck hat Gott dem Menschen die sprachliche Verständigung gegeben. Deshalb kann kein Zweifel bestehen, daß der Lebensform des Lehrens und Lernens das größte Wohlgefallen Gottes gilt und daß den Schulen im Blick darauf der Vorrang vor Kirchen und Fürstenhöfen gebührt, weil man in ihnen mit größerem Einsatz nach der Wahrheit strebt. Wem es auf eine gottgefällige Lebensweise ankommt, der ziehe sich nicht in die Einsamkeit zurück, der halte keine andere Lebensform für heiliger, sondern er bleibe in der Gemeinschaft der Lernenden, er suche sich hier um die Menschheit verdient zu machen, er lehre andere, in dem Wissen, daß diese Tätigkeit der Erhaltung und Verbreitung der höchsten Güter nützt, er unterweise zweifelnde Gewissen, gebe Auskunft über Recht und Gesetz sowie alle anderen Pflichten des Lebens, er erforsche das Wesen der Dinge, die Heilung von Krankheiten, die Gründe der Veränderungen in der Natur, die Bewegungen und Wirkungen der Himmelskörper, er bereite die studierende Jugend auf die oberen Fakultäten vor, er erläutere geschichtliche Überlieferungen, er berichte schriftlich über wichtige Ereignisse, er mehre den Glanz der Künste und Wissenschaften. Wer all dies tut, verehrt Gott in der Weise, die ihm gefällig ist, und macht sich um das Menschengeschlecht in hervorragender Weise verdient. Denn er trägt zur Erhaltung lebensförderlichen Wissens bei, zur Bildung der Gesinnung und des Urteilsvermögens von Menschen, zur Bewahrung des Friedens und zur Verringerung vieler Mißstände im öffentlichen Leben. Diese Lebensform hat nicht nur den Vorrang vor der klösterlichen, sondern spiegelt das göttliche Wesen wider.

Cicero stößt sich an Platos Behauptung, die Philosophen seien, selbst wenn sie sich von den Staatsgeschäften zurückhalten, dennoch rechtschaffen, weil sie den wirklich wesentlichen Fragen nachgingen. Doch Plato hatte damit völlig recht. Denn die Gerechtigkeit besteht darin, daß jeder seinen Aufgaben nachgeht und den Ertrag seiner Tätigkeit zum gemeinsamen Wohl aller Menschen beisteuert. Dies tut im höchsten Maße der Philosoph. Denn er beleuchtet die Formen der Gottesverehrung, die Bereiche der Wirklichkeit, die Gründe aller ehrenwerten Beschäftigungen und die Gesetze. Er läßt die anderen an diesen herrlichen Dingen teilhaben. Er mehrt den Glanz der Künste und Wissenschaften oder er lehrt. Endlich geht es ihm darum, seinen Mitmenschen durch die Lehre von Wahrheit und Gerechtigkeit zu nützen. Wir brauchen nicht zu meinen, Juristen, die vor Gericht Streitsachen darlegen oder entscheiden, Verwaltungsbeamte, die Brücken bauen lassen, oder Kaufleute, die zu einem gerechten Preis Waren einführen, machten sich um die Menschheit mehr verdient als die Philosophen. Mit völligem Recht hat also Plato behauptet, die Philosophen seien rechtschaffen, weil sie dem Leben förderliche Lehren vermitteln. (...)

Da also keine andere Lebensform für die Menschheit nützlicher oder nötiger ist – es gibt auch keine, die Gott gefälliger wäre –, als das schulische Leben, ist es unbestreitbar die höchste Lebensstufe. Diese echten Vorzüge müssen Gutgesinnte veranlassen, das schulische Leben höher zu schätzen, den Eifer und die Sorgfalt an den Tag zu legen, die einer so großen Aufgabe würdig sind und ihr durch ehrbare Sitten zu entsprechen. Denn was ist schändlicher als die schulische Lebensgestaltung vieler, welche die Größe ihrer Aufgabe nicht verstehen, den für die Wissenschaft gewährten Freiraum dazu benutzen, um frevelhaften Vergnügungen nachzugehen, und sich die Freiheit für alle möglichen Vergehen herausnehmen, als wären Schulen Stätten, an denen man sich nicht der Wahrheit und der Gerechtigkeit widmet, sondern frecher Zügellosigkeit überläßt. Mit der gleichen Haltung, mit der die Gläubigen in die Kirchen kommen, um ihre Andacht zu verrichten, solltet ihr in die Schulen eintreten. Denn auch hier geht man mit Heiligem um. Mit großer Sorgfalt müssen wir hier unseren heiligen Pflichten nachkommen, damit wir nicht Künste und Wissenschaften durch Unwissenheit oder andere Versäumnisse zugrunde richten. Es ist nicht weniger schuldhaft, Künste und Wissenschaften verkommen zu lassen als die Gottesdienste in den Kirchen mit Schande zu bedecken. Die Bezeichnung »Schule« leitet sich von (dem griechischen Wort für) »Muße« her. So soll der Staat bezeugen, daß er uns von niedrigen Arbeiten freistellt, damit wir uns ganz unseren heiligen Pflichten widmen können. Wie den Soldaten wendet er uns auch Lohn zu. Wenn wir daraus auch nur wenig Nutzen ziehen und die Ungebildeten die Wissenschaft nicht nur verachten, sondern sogar hassen, weil sie ihren Begierden Fesseln anlegt, so läßt Gott doch nicht zu, daß Lehrer und Schüler der Wissenschaften jeglichen Lohn entbehren müssen. Je besser der Zustand ist, in dem sich ein Staatswesen befindet, desto großzügiger verhält es sich gegenüber denen, die den Künsten und Wissenschaften nacheifern. Uns gebührt nicht nur, in philosophischem Gleichmut die Ungerechtigkeit des Schicksals zu ertragen, sondern auch die Gründe zu verstehen, warum das Volk die edelsten Güter immer auch am meisten verachtet. Den Nachteilen wollen wir auch die Vorteile entgegenstellen, nämlich die Würde unseres Berufes und seine Gottgefälligkeit, schließlich auch alles Erfreuliche, das damit verbunden ist. Dazu möchte ich noch einige wenige Gedanken hinzufügen und zeigen, daß keine Daseinsform mehr Freude bringt als das schulische Leben.

Jedem geistig Gesunden bereitet die Erkenntnis der Wahrheit unsagbare Lust. Denn sie zu erblicken ist der höchste Zweck, zu dem wir als Menschen geschaffen sind. Diese Lust wird in den hohen Schulen durch viele Umstände gemehrt. Zunächst findet sich dort eine große Vielfalt von Künsten und Wissenschaften. Gewöhnlich sind Professoren aller Fächer vorhanden. Ihr Rat kann zu Fragen, die in ein beliebiges Gebiet fallen, eingeholt werden. Dazu kommt die große Zahl der Studierenden mit ganz unterschiedlichen Veranlagungen und Vorstellungen. So können wir unsere Gedanken mit denen vieler anderer vergleichen, andere Meinungen hören und besseren Beispielen nacheifern. Von daher ist der bei Hesiod so gepriesene Wettstreit zu verstehen, von dem er sagt, es wirke sich auf den Nachbarn einladend aus, wenn der Nachbar den Reichtümern zueilt. Deshalb ist richtig, was bei Euripides steht, die Künste und Wissenschaften seien durch den Meinungsaustausch zwischen vielen Menschen entstanden. Nach Cicero ist das zielgerichtete Gespräch sehr lernförderlich, das er selbst als (...) bezeichnet. Und Salomo sagt: »Eisen wird durch Eisen geschärft, und ein Mann vom anderen angespornt.« Damit will er sagen, man werde in seinem Nachdenken durch die Begegnung mit den Einsichten und Meinungen anderer ebenso angeregt wie durch ihr Beispiel. Wegen all dieses vielfältigen Nutzens ist es hilfreich, wenn Studierende in großer Zahl zusammenkommen. Denn von Natur aus haben die Menschen Freude am Umgang mit ihresgleichen, besonders dann, wenn sie sich den gleichen geistigen Beschäftigungen widmen. Schon die lebhafte Menge begeistert, die wohlgeordneten Scharen der Lehrenden und Lernenden bieten einen erfreulichen Anblick. Kein Vortrag hört sich angenehmer an, als die Darlegungen von Fachleuten über die höchsten und wichtigsten Probleme, über die Vielfalt der Wirklichkeit, über den Staat, über die Formen der Religion. Es gibt einen alten Spruch: »Außerhalb der Universität kein Leben.« Er verweist auf das Vergnügen, welches das schulische Leben bereitet. Sicher ist dieser Ausspruch bei Gebildeten und Einsichtigen entstanden, die sich über die ungeheuere und lustvolle Wirkung des Gedankenaustauschs im Umgang miteinander klar waren. Rechtschaffene Männer haben Freude an der Tugend anderer, die andere freigebig an ihren geistigen Schätzen teilhaben lassen und in ihrem ganzen Sinnen und Trachten darauf aus sind, der folgenden Generation zu nützen. Obwohl es bei der großen Schwäche des Menschengeschlechtes keinen Bereich und keine Art des Lebens ohne Fehler gibt, herrschen doch in den Schulen bedeutend weniger Verstellung, Haß und Intrigen als sonstwo. Zunächst einmal drängt Bildung die Gesinnung aus einer mittleren Lage in Richtung auf die Tugend. Keiner ist in seinem Wesen so verhärtet, daß er nicht schon durch ein gewisses Maß ernsthafter Beschäftigung mit der Literatur bedeutend geschmeidiger würde. Der Umgang mit Gebildeten, welche die Grundlage aller ehrenwerten Beschäftigungen kennen, macht wesentlich mehr Freude als die Beziehung zu Ungebildeten, deren Auffassungen in vieler Hinsicht von den unsrigen abweichen. Weiterhin scheue ich auch nicht vor der Behauptung zurück, daß einer, der sich in seinen Studien daran gewöhnt, die Wahrheit zu lieben und ihr zuzustreben, Aufrichtigkeit und Offenheit auch in seiner gesamten Einstellung und Lebensart lieben wird. Dagegen verdirbt eine sophistische Lehre den Willen. Denn das Bestreben, andere schlecht zu machen, wirkt auch in die sonstigen menschlichen Beziehungen hinüber. Je eifriger sich einer der Wissenschaft hingibt, um so mehr wird er von der Liebe zur Wahrheit entflammt und von leidenschaftlichem Haß gegen Sophisterei erfüllt. Das Zusammenleben mit gebildeten und aufrichtigen Menschen, die auf sittliches Verhalten achten und alle ihre Handlungen und inneren Regungen von vernünftigen Überlegungen leiten lassen und gleichsam zügeln, ist höchst angenehm. Deshalb gibt es keine innigeren und festeren Freundschaften als die »philosophischen«, das heißt die Freundschaften von Gebildeten, die durch gemeinsame geistige Beschäftigungen entstanden sind. Man vergleiche doch einmal mit schulischer Gemeinschaft den Umgang mit Ungebildeten, unter denen es sicher auch rechtschaffene Menschen gibt. Dennoch bringt es weniger Freude, mit ihnen zusammenzukommen, weil man sich mit ihnen nicht über wissenschaftliche Fragen austauschen kann. (...) Die Gelehrten stehen hoch über allen menschlichen Lebensbereichen. Wenn wir also unserer Aufgabe, die von allen die schwerste ist, gerecht werden wollen, müssen wir uns beim Lehren im höchsten Maße anstrengen. Die Erhaltung und Verbreitung lebensförderlicher Wissenschaft ist die heiligste und Gott wohlgefälligste Tätigkeit im Leben. Wir müssen deshalb wissen, daß Gott diejenigen zur Rechenschaft ziehen wird, die den Schulen durch ihre schlimme Lebensweise Schande machen und zur Erhaltung der Wissenschaft nichts beitragen.

Wunschbild und Wirklichkeit der »schulischen« Lebensform konnten freilich schmerzlich auseinandertreten. Als im Sommer 1538 zwei Bücher mit Epigrammen des Studenten Simon Lemnius erschienen, in denen man neben einem Lob Albrechts von Mainz verschiedene Anzüglichkeiten auf Wittenberger Größen entdeckte, war die Aufregung groß. Man warf Melanchthon vor, daß er als amtierender Rektor, dem damit die Zensur aller Veröffentlichungen der Universitätsangehörigen oblag, nicht dagegen eingeschritten sei. Erneut gelangten die gegen ihn ausgestreuten Verdächtigungen zum Kurfürsten, so daß der Angegriffene es für nötig hielt, eine schriftliche Rechtfertigung folgen zu lassen. Einer seiner erbittertsten Widersacher, Veit Amerbach, sprach sich im akademischen Senat sogar dafür aus, viel eher als Lemnius hätte man Melanchthon relegieren sollen.

Über die Affäre, (die später übrigens der junge Lessing mit viel Sympathie für den »armen« Studenten darstellte), war insbesondere Luther heftig aufgebracht. Es ist daher gut möglich, daß Melanchthon mit dem griechischen Gedicht *Ad Ioannem Lutherum (An Johannes Luther)*, das er dem Druck von Ulrich von Huttens *Arminius* beigab, den Vater etwas versöhnlicher stimmen wollte. Ebenso wie seine Rezeption der *Germania* des Tacitus oder einige Reden über mittelalterliche Herrscher stellen die Verse über den germanischen Freiheitshelden einen Beitrag Melanchthons zur nationalgeschichtlichen Begeisterung des Humanismus dar:

An Johannes Luther

Ad Ioannem Lutherum

Angenehm ist es, seines Vaterlandes Tugenden und Kämpfe
                                      kennenzulernen,
und schnell wird dies die Gemüter zu Trefflichem anspornen.
Sohn eines hochgemuten Mannes, diese vergangenen
Taten der kühnen Germanen lerne also eifrig,
zum Beispiel wie Arminius einst das Vaterland verteidigte
und das verhaßte Joch der Knechtschaft zerbrach und
                                      hinwegriß.
Solche Mühen aber ziemen sich für tapfere Männer,
im Kampf die Gesetze des Vaterlandes zu schützen.
Wenn aber mit deinem Vater das Schicksal einen solchen

Feldherrn verbinden würde,
dann dürfte es den Gottlosen nicht mehr möglich sein, die
Herrschaft zu behaupten.

Während seiner gesamten Lehrtätigkeit befaßte sich Melanchthon kontinuierlich mit Fragen des Rechts und der innerweltlichen Ordnung. Im Unterschied zu Luther war das Gesetz für ihn nicht bloß ein unausweichlicher Notbehelf in einer sündigen Welt. Nach antikem Vorbild deutete er es als Ausdruck philosophischer Gerechtigkeit, die als Grundlage jeder menschlichen Gesellschaft der gottgewollten Stabilität der öffentlichen Ordnung dienen solle. Im politischen Leben gilt also nicht die Heilige Schrift. Gegen die »Fanatiker«, die die Staaten nach den Weisungen des Evangeliums einrichten wollen, erklärt er, daß die Frage, wie die bestehenden Gesetze aussähen, das Evangelium nicht mehr anginge als die, welche Heilmittel man den Fieberkranken geben müsse. Gerade dem ›linken Flügel‹ der Reformation warf er die Vermengung des »Unterschieds des geistlichen Lebens« mit demjenigen »in bürgerlichen Ordnungen« vor: »Die menschliche Gesellschaft ist ein einzigartiges und bewunderswertes Werk und Gnadengeschenk Gottes, dessen Hüter das Gesetz ist. Dieses bewahrt und schützt die Gesellschaft, damit die Gotteserkenntnis weiter verbreitet, die Kirche in Frieden regiert, die Jugend zur Erkenntnis Christi erzogen werden könne. Zur Erreichung dieser Zwecke schafft das Gesetz Ruhe und Frieden.« Zu diesen juristischen Grundüberzeugungen gehörte auch in der 1538 gehaltenen Rede *De dignitate legum oratio (Von der Würde der Gesetze)* der Hinweis auf die Vorzüge des erst seit kurzem wieder in Gebrauch gekommenen römischen Rechts, dem Melanchthon in Fragen der weltlichen Gerechtigkeit die gleiche Verbindlichkeit zusprach wie dem Evangelium in geistlichen:

Rede von der Würde der Gesetze

De dignitate legum oratio

Es gibt nichts Nützlicheres im Leben, als dem Bewußtsein eine gute und ehrenvolle Meinung von den Gesetzen einzupflanzen. Und nichts Verderblicheres gibt es im ganzen Leben, als den Geist an die Verachtung und Verhöhnung der Gesetze zu gewöhnen. Da es äußerst heilsam ist, dies der Jugend oft einzuprägen, so tut man meiner Meinung nach recht daran, wenn bei den öffentlichen Promotionen dieses Thema von der Würde der Gesetze häufiger behandelt wird. Was ist rühmlicher, als die Geschenke Gottes zu preisen und zu verherrlichen, und Verstand und Achtung der unerfahrenen Jugend für jene Dinge zu begeistern, die die nützlichsten im Leben sind? Oder was verdient in gelehrten Kreisen mehr zu ertönen als solche Reden, die sowohl zur Verherrlichung Gottes wie zur Disziplin der Jugend dienen, zumal ja die Gesellschaften unwissender und lasterhafter Menschen von Schmähungen der Gesetze überfließen. Ich habe aber oft bei mir bedacht, daß solche Schmähungen nicht nur aus menschlicher Unwissenheit und Verkehrtheit entstehen, sondern daß sie vom Teufel wie scharfe Stacheln in das noch ungebildete Bewußtsein geworfen werden, um es zu verwunden, damit die Achtung vor den Gesetzen erlösche und die Auflösung der Disziplin erfolge, die sowohl für die Religion als auch für die Ruhe des Gemeinwesens verderblich ist. Es gehört aber zu den Pflichten unserer Stellung, diese Stachel, das heißt die falschen Überzeugungen, aus dem Bewußtsein herauszureißen, die Würde der Gesetze und des Rechts durch Wort und Beispiel ins rechte Licht zu rücken und, soviel wir nur vermögen, für die Aufrechterhaltung der Disziplin Sorge zu tragen.

Da nun an dieser Stelle ein anderer ausgezeichneter Mann, Doktor Hieronymus (Schurff), den ich nicht nur aufgrund zahlreicher besonderer Beweise seines Wohlwollens gegen mich, sondern auch seiner ausgezeichneten Tugend und Gelehrsamkeit wegen verehre und wie einen Vater achte, uns alle mit Nachdruck zur Achtung vor den Gesetzen und unsere Zuhörer dann insbesondere zu deren fleißigem Studium ermahnt hat, will ich heute ein anderes, doch verwandtes Thema wählen. Ich will nämlich den für Studierende so nützlichen Gegenstand behandeln, daß die Christen nicht notwendigerweise die mosaischen Gesetze annehmen müssen, sondern daß es ihnen erlaubt ist, die Gesetze anzunehmen, die im Einklang mit dem Naturrecht stehen, mögen sie auch von heidnischen Obrigkeiten aufgestellt worden sein. Sodann will ich zeigen, daß das römische Recht die Gesetze aller übrigen Völker übertrifft und wirklich eine Art von Philosophie darstellt. Denn ich weiß, daß vor einigen Jahren jemand von jüdischer Gesinnung hier sogar öffentlich behauptet hat, Christen dürften sich nicht des heidnischen Rechts bedienen, da sie sich durch das Wort Gottes regieren lassen müßten. Später mißbilligten seine Anhänger in öffentlichen Vorträgen die übliche Strafe für Diebstahl und viele andere Verordnungen der jetzigen Rechtspflege. Solche wohlfeile Abschaffung der Gesetze ist nicht nur ungerecht, sondern erschüttert auch die Staaten, wie die Ergebnisse der furchtbaren Volksunruhen vor dreizehn Jahren gezeigt haben. Auch heute gibt es in den höheren Staatsämtern nicht wenige, deren Gewissen von abergläubischen Ansichten gefoltert werden, weil sie im Hinblick auf die politischen Verhältnisse nicht richtig unterrichtet sind. Und solche Irrtümer entstehen nicht erst jetzt, es sind alte mönchische Albernheiten, die der Teufel jetzt wie ein eingeschlafenes Feuer von neuem entfachen will, wie er ja auch die gleichen Ketzereien von Zeit zu Zeit von neuem aufzurühren pflegt. Darum wird es zweckdienlich sein, die Jünglinge daran zu erinnern, daß sie einerseits über diese Frage richtiger urteilen sollen und andererseits bei Beurteilung der Glaubenssätze die Meinung der wahren Kirche zu Rate ziehen.

Zuerst will ich die gängige Einwendung entkräften, Christen müßten sich durch das Wort Gottes regieren lassen; weshalb man fordert, daß die Heilige Schrift für die bürgerliche Gerichtsbarkeit notwendig sei. Entschieden und klar ist die Antwort im Bezug auf das äußere Leben, wie etwa Speisen, Arzneimittel, Architektur. Die Christen müssen sich hier auch durch das Wort Gottes bestimmen lassen, aber in dem allgemeinen Sinne, inwieweit es etwa einräumt, daß der Gebrauch dieser Dinge von Gott gebilligt, ja diese Dinge selbst, als von Gott gegeben, zu unserem Nutzen eingerichtet seien. Wie übrigens weder der Arzt, noch der Architekt die Regeln ihrer Wissenschaften aus der Schrift nehmen, so ist es, von der allgemeinen Grundregel abgesehen, für den Gesetzgeber im Hinblick auf bürgerliche Angelegenheiten nicht erforderlich, jene Wissenschaft der Schrift zu entnehmen. Denn da das Evangelium eigentlich das ewige und geistliche Leben verkündigt, verändert es weder, noch erschüttert es die äußere Ordnung oder das staatliche Leben, die, verglichen mit den inneren Bewegungen des Herzens, einem Haus ganz ähnlich sind. Denn wie das Haus nach einer bestimmten Regel erbaut ist, nach der alle Teile zweckmäßig zueinander passen, damit es den Bewohner gegen die Unbilden der Witterung schütze, während der Geist des Bewohners nicht in diesen Wänden eingeschlossen ist, sondern sich im stillen Nachdenken über den Willen Gottes und die Ewigkeit in die Ferne, gleichsam zum Himmel, aufschwingt – denn er denkt über den Wechsel aller Zeiten nach, über den Ursprung und die Verschiedenheit der Religionen, die Abfolge der Weltreiche, die traurigen Schicksale, denen diese menschliche Natur unterworfen ist, und im Gegensatz dazu über die Wohltaten Christi, richtet seine Gedanken endlich auf das Haus selbst, bewundert den Baumeister und erkennt, daß auch die Hilfsmittel des leiblichen Lebens Gottes Geschenke sind –: ebenso ist die gesamte Staatsverfassung gleichsam eine Art Haus, mit wunderbarer Kunst von Gott erbaut, ausgestattet mit obrigkeitlichen Gesetzen, äußerer Ordnung, Verträgen, Gerichtsbarkeit, Disziplin, Mitteln zur Verteidigung, Strafen etc. Obgleich von solchen Mauern umgeben und beschirmt, können wir dennoch Gott erkennen und uns davon überzeugen, daß diese Staatsverfassung, durch die dieses Leben beschützt wird, gleichsam ein von Gott für uns eingerichtetes Haus ist: Und es ist für das geistliche und ewige Leben nicht wichtig, ob dieses Haus, das heißt die Staatsverfassung, von Mose oder von anderen Gesetzgebern, um es so zu sagen, erbaut wurde, vorausgesetzt, es stimmt mit dem Naturrecht überein.

Das begründe ich zuerst durch diesen Beweis: Die Apostel bringen in der Apostelgeschichte, Kapitel 15, deutlich zum Ausdruck, man dürfe die Heiden nicht mit dem mosaischen Gesetz belasten; ja Petrus tritt denen, die eine andere Meinung vertreten, mit energischem Verweis entgegen und sagt, sie versuchten Gott, was nicht härter hätte gesagt werden können. Denn Gott versuchen heißt, seiner zu spotten, indem man etwas unter dem Vorwand göttlicher Autorität anordnet. Daher hält ihnen Petrus vor Augen, daß diejenigen, die die Kirche zu dem mosaischen Gesetz hinzwingen wollten, keine geringe Sünde begingen. Denn eben weil sie fälschlich

göttliche Autorität vorschützen, spotten sie Gottes in schrecklicher
Weise. Und ebenso spricht Petrus über die Zeremonien und politischen Gesetze, wie die ganze Erörterung bezeugt, wo sie das Zeugnis des Heiligen Geistes dafür anführen, daß Gott die Heiden aus
dem mosaischen Gesetz gänzlich herausberufen habe, und schließlich in wohlgesetzten Worten gebieten, den Heiden dürfe nichts
auferlegt werden, außer dem, was in jenem Beschluß enthalten ist:
Und die Apostel führen die Schriftstellen an, denen zufolge die
Heiden gerettet werden. Im eigentlichen Sinne aber werden diejenigen »Heiden« genannt, die das mosaische Gesetz nicht haben:
darum war es nicht nötig, den Heiden das mosaische Gesetz aufzu-
bürden. Und ich füge noch ein anderes Zeugnis an: Im Hebräer-
brief steht geschrieben, das mosaische Gesetz sei eingesetzt worden
bis zur Zeit der Ankunft Christi; also ist jene Verfassung nach dieser
Zeit nicht mehr notwendig (Hebr 7,19). Und Christus unterscheidet sein Reich von einem irdischen, wenn er spricht: »Mein Reich
ist nicht von dieser Welt.« (Joh 18,36). Ja, so wie die Soldaten Christus mit Dornen krönten und geißelten und im Purpur vorführten,
krönen diejenigen Christus auf schimpfliche Weise, die unter
falschem Vorgeben seines Ansehens die bürgerlichen Ordnungen
niederreißen und zugrunde richten und eine neue aufzustellen wagen. Diese sündigen auch dadurch, daß sie die geistlichen Wohltaten und die Übungen des Glaubens verdunkeln und in Vergessenheit bringen, indem sie die Menschen durch den Wahn hinters
Licht führen, als fordere Christus nichts als jene bürgerlichen
Pflichten des Mose.

Tatsächlich löschen solche Verfinsterungen das Evangelium völlig
aus. Schließlich befiehlt das Evangelium, daß wir heidnischen Obrigkeiten gehorsam seien: demnach muß man deren Gesetzen Folge
leisten; denn das Gesetz ist die Stimme der Obrigkeit selbst. Und
der Obrigkeit zu gehorchen, ist nichts anderes, als ihre Gesetze und
Verordnungen zu befolgen. Ich könnte viele andere Beweisgründe
hinzufügen, aber da diese hier klar und sicher sind, füge ich nichts
weiter hinzu, zumal ja die Heilige Schrift auch viele Beispiele von
Gottesfürchtigen jenseits der mosaischen Verfassung anführt. Denn,
um nicht von den Patriarchen vor der Zeit des Gesetzes zu sprechen, es gab auch danach unter den Heiden viele Gottesfürchtige,
und zwar auch Lenker großer Königreiche, wie Naaman, Nebukadnezar, Darius, Kyrus. Daniel war es bei den Persern nicht mög-

lich, Erbschaften nach den Gesetzen der Juden aufzuteilen, ja es werden römische Hauptleute und Soldaten in der evangelischen Geschichte lobend erwähnt. Deshalb sollen wir keinen Zweifel daran hegen, daß auch die übrigen Staatsverfassungen Gott wohlgefällig sind, insofern sie, wie ich gesagt habe, dem Naturrecht nicht widerstreiten, was Paulus meint, wenn er sagt: »Das göttliche Gesetz, von Gott in die Herzen der Menschen geschrieben« (Röm 2,15), damit sie von Gott einen Maßstab für die Handhabung und Unterscheidung der Gesetze hätten.

Nachdem wir also dargelegt haben, daß auch die übrigen Staatsverfassungen Gott gefallen, mögen gute Köpfe es sorgfältig bedenken, daß auch jene, um mich so auszudrücken, Gottes Werk oder Gebilde sind. Denn auch Daniel sagt ausdrücklich, Gott begründe die Reiche (Dan 2,44), und Paulus sagt, die Staatsgewalt sei eine göttliche Ordnung. Es ist daher ein großes Verbrechen, durch Verletzung der Gesetze gleichsam das von Gott gewebte Gewebe zu zerreißen, was der Teufel eben auf eine wunderliche Weise versucht. Denn was wäre schöner, was liebenswürdiger für die Reiche, als wenn die Harmonie der menschlichen Gesellschaft nicht gestört würde? Wenn die Fürsten für die Ausbreitung und den Schutz der wahren Religion Sorge tragen würden, wenn sie sorgfältig über die Sitten der Bürger wachten, wenn sie die Streitigkeiten untersuchten und die Guten beschützten und förderten, die Schlechten aber hemmten und bestraften? Wenn die Bürger einträchtig wären und gesetzestreu gehorchten, wenn in den Kirchen Frieden herrschte und sie gut geleitet würden, wenn in den Schulen nützliches Wissen unterrichtet und strenge Disziplin gehalten würde? Wäre nicht ein solcher Zustand gleichsam jenes goldene Zeitalter, das die Dichter schildern? Diese Ordnung ist die von Gott den Königreichen bestimmte, die Gott bewahrt, sofern sie gut besteht. Aber mit seiner Raserei stiftet der Teufel in diesem harmonischen Reigen Verwirrung, spornt Tyrannen an, daß sie es gleich jenen den Himmel bekriegenden Giganten wagen, die Religion zu vernichten, mit willkürlichen Anschlägen gegen die Bürger zu wüten, die ganze Natur durch ihre schändlichen Lüste zu beflecken, die Freiheit für jedes Verbrechen zuzugestehen, ehrbare Studien auszurotten, die Kirchen zu zerrütten. Das war der Zustand Roms zur Zeit Neros und anderer Tyrannen. So verunstaltete der Teufel die Harmonie der göttlichen Ordnung, und trotzdem duldete Gott nicht, daß sie gänzlich zerstört werde, sondern stellte sie bald darauf durch die Auslöschung des Tyrannen wieder her. Wie aber jener Tyrann das Werkzeug des Teufels war, des Erschütterers der göttlichen Ordnung, so mögen alle Verächter der Gesetze wissen, daß sie Werkzeuge des Teufels sind, die der göttlichen Strafe preisgegeben werden, die Gott so oft androht und die Beispiele aller Zeiten bezeugen. Gott, der alles vergilt, sieht es, und überläßt die Schlechten dem Urteil der Obrigkeiten oder züchtigt sie selbst mit anderen schrecklichen Strafen. Keine Obrigkeit konnte Clodius in Schranken halten, schließlich gebot Milo ihm Einhalt; Antonius vermochten weder Gesetze, noch das Ansehen des Senats, noch die heiligsten Verträge davon abzuhalten, soviele Bürgerkriege zu beginnen. So erstach sich der Tyrann, nachdem er vom Sieger nicht begnadigt worden war, als er in seinem Elend sah, wie die Königin Kleopatra Selbstmord beging, zuletzt selbst in furchtbarem Schmerz. Wir sollen nicht meinen, o Jünglinge, daß dies durch Zufall geschehen sei, sondern infolge der göttlichen Ordnung, die auf diese Weise die Raserei solcher Menschen rächt, die die Gesetze verachten und die von ihm selbst begründete Harmonie der menschlichen Gesellschaft stören. Darum haben wir nicht nur in der Geschichte solche Beispiele zu erforschen, sondern auch gegenwärtig liefert das Leben unzählige. Laßt uns also lernen, die Gesetze zu achten und die Disziplin zu lieben und zu bewahren, im Wissen darum, daß die, die nicht gehorchen, nicht nur gegen die Menschen, sondern gegen Gott kämpfen, und mit dieser Verfassung, die uns umgibt, gleichsam ein von Gott errichtetes Gebäude erschüttern.

Aber ich will nun von dem anderen Punkt sprechen, nämlich dem römischen Recht, weshalb der Staat gerade dieses annehmen soll. Die jüdischen Gesetze waren ausschließlich für jene Nation gestiftet und können nicht mehreren Völkern angemessen sein. Denn sie teilen bestimmten Familien bestimmte Lebensräume zu und verbieten, diese zu vertauschen; das kann nur für ein beschränktes Gebiet gelten. Spartanische Gesetze teilen die Ländereien nicht auf, sondern gebieten, sie gemeinschaftlich zu bebauen und später den Ertrag aufzuteilen: auch das ist nur bei einer geringen Bevölkerung möglich. Überdies enthalten sie unsittliche Bestimmungen hinsichtlich der Ehe. Die athenischen Gesetze kommen der Art der römischen näher, doch weisen die römischen eine größere Strenge bei der Bestrafung der meisten Verbrechen auf;

auch bestimmen sie das Erbrecht genauer, unterscheiden zwischen Erbschaften, Treuhänderschaften, Vermächtnissen; überhaupt ist die Gelehrsamkeit bei den Römern ergiebiger. Denn oft wundere ich mich über die Unverschämtheit gewisser Leute, die meinen, was recht und billig sei, könne ohne Wissenschaft und Gelehrsamkeit durch ein gewisses natürliches Gefühl erkannt werden, etwa wie die Bienen ihre Baukunst ohne Gelehrsamkeit verrichten: aber sie sind völlig auf dem Holzweg. Allerdings gebe ich zu, daß – wie die Natur für verschiedene Kunstfertigkeiten gleichsam die Anfangsgründe lehrt, etwa bei staunenswerten Messungen, bevor die Kenntnisse durch Wissenschaft voranschreiten –, auch bei der Pflege des Rechts und der Sitten die Anfänge von der Natur herrühren. Denn es bedarf zuverlässiger Grundlagen, aber aus diesen Quellen können die Regeln nicht ohne Gelehrsamkeit abgeleitet werden. Wie oft täuscht das miteinander Zusammenhängende den Menschen! Wie schändlich wird in unserer Zeit durch unmäßige Zinsen Wichtigkeit vorgeschützt, bald durch betrügerischen Vorwand einer Geschäftsverbindung, bald durch Scheinkauf der Schlund des Wuchers überdeckt! Solchen Sachen vermag man ohne Bildung und Wissenschaft weder auf die Spur zu kommen, noch Verbesserungen vorzunehmen. Welche Finsternis würde in den Gerichtshöfen herrschen, welche Verwirrung, wenn die Unterschiede der Klagefälle nicht wissenschaftlich festgehalten wären? Wer würde ohne gelehrte Kenntnisse einsehen, warum vom Anspruchsrecht das Pachtrecht unterschieden werden muß? Und dergleichen vieles mehr. Die Sache selbst zwingt zum Eingeständnis, daß zur Unterscheidung dessen, was recht und billig ist, höhere Bildung und Gelehrsamkeit erforderlich und das eben der Hauptteil der Moralphilosophie sei.

Nichts ist eines gelehrten Menschen unwürdiger, als das Lob seines Faches durch die Schelte anderer zu steigern, denn alle sind vorzügliche Gaben Gottes, weshalb wir alle verehren und lieben sollen. Aber wenn es das wunderbare Werk Gottes in der menschlichen Seele ist, Zahlen und Ordnung zu kennen, woraus viele Wissenschaften entstehen, wie Arithmetik und Dialektik, warum bewundern wir nicht auch jene Kenntnisse, die Recht und Unrecht unterscheiden und die Rechtswissenschaft begründen? Diese Kenntnisse sind sozusagen ein Abbild Gottes und haben größeren Einfluß auf das Leben als andere Kenntnisse oder wissenschaftliche Ideen. Die aus diesem wunderbaren Licht und Bild Gottes hervorgegangene Gelehrsamkeit der Rechtskundigen ist keine geringere Wissenschaft als die übrigen Fächer.

Wenn es daher zur Einsicht und Unterscheidung von Recht und Unrecht der Wissenschaft bedarf, welchen anderen Meistern sollten wir folgen als den gelehrtesten, erfahrensten Menschen, die dies in den weisesten Ratsversammlungen des größten Reiches erörtert haben? Es ist daher richtig, wenn wir uns des römischen Rechts bedienen. Wieviel Fleiß auf dieses Lehrgebäude von Augustus bis Justinian ununterbrochen verwendet worden ist, darüber gibt es viele deutliche Zeugnisse, aber ich will die anderen übergehen; wie viele von den Entscheidungen des Trebatius, Tubero, Labeo, Capito, hat Augustus übernommen, der sich ja selbst auch durch staatsmännische Weisheit in juristischen Fragen auszeichnete. Auch gab er oft Labeo nach, wenn dieser ihm freimütig entgegnete. Aber wie selbst milde und besonnene Fürsten bisweilen eigensinnig sind, gab auch Augustus, wenngleich er Labeo nicht kränkte, doch zu erkennen, daß ihm seine Freimütigkeit mißfalle, und übertrug dem jüngeren Capito das Konsulat. Die Gepflogenheit des Augustus behielten auch die Kaiser nach ihm bei und ließen ohne Rechtsgelehrte bei gerichtlichen Streitigkeiten keine Beschlüsse ergehen. Nerva und Cassius standen Tiberius zur Seite, Cassius Vespasian, Trajan und Hadrian Celsus und zahlreiche andere. Und dennoch wurde niemand in den Rat hinzugezogen, ohne durch Zeugnisse des römischen Senats dem Fürsten empfohlen worden zu sein. Später hatten die Antoninen Pius und Marcus noch weitaus häufigere Beratungen mit Rechtsgelehrten. Alexander Severus, von dem die meisten Gesetze im Codex sind, ließ ohne Hinzuziehung von zwanzig Rechtsgelehrten kein Dekret ergehen. Wenn ich diese Gewohnheit bedenke, kann ich nicht umhin, die Nachlässigkeit und Barbarei unseres Zeitalters zu tadeln, mit der so viele mächtige Könige und Fürsten entweder ohne gelehrte Männer, oder doch wenigstens ohne Versammlung und Erörterung der Gelehrten, Bescheide erlassen. Daher ergehen viele ungereimte und dem Recht widersprechende Entscheidungen, die das Ansehen der Fürsten in nicht geringer Weise beeinträchtigen. Da also jene hochberühmten Männer eine Wissenschaft begründet und alles sorgfältig dargestellt haben, was den Schutz der menschlichen Gesellschaft betrifft: Stellung der Personen, Unterscheidung der Sachen, Arten des Erwerbs, Verträge, Erbfolge, Erbschafen, Bürgschaften, Klagen, Strafen für Verbrechen, ziemt es sich, Gott dafür zu danken, daß er dem Reich ein solches Recht wiedergegeben hat.

Denn nicht ohne Gottes Ratschluß ist es geschehen, daß, obwohl nach dem Fall des römischen Reichs auch die Geltung dieser Gesetze aufgegeben worden und eine barbarische Rechtspflege gefolgt war, fünfhundert Jahre nach Justinian die römischen Gesetze dennoch wieder in das öffentliche Leben wie in die Hochschulen zurückgeholt worden sind. Diese Wiederherstellung hat viele barbarische Sitten gebessert, nicht nur in Gerichtsprozessen, sondern auch im übrigen Leben. Genützt hat sie auch den Studien; darum laßt uns dieses hohe Gut um des gemeinsamen Vorteils so vieler Völker willen verteidigen. Denn das geschriebene Recht ist ein starker Schutz gegen die Tyrannei, und je gelehrter es ist, desto mehr Gerechtigkeit enthält es. Durch diese Mauer ist die Freiheit des Volkes gegen die Begierden der Machthaber geschützt. Wenn dieses Recht beseitigt würde, was für eine Tyrannei wäre die Folge, wenn statt der Gesetze die Leidenschaften der Mächtigen gälten? Denn leicht ist es, Vorwände zu erfinden und unter irgendeinem Anschein den inneren Zustand zu verbergen! Richtig sagt Cicero: »Wo man vom Recht abgekommen ist, wird alles unsicher.« Noch weit größer wäre die Unsicherheit, wenn überhaupt kein geschriebenes Recht vorhanden wäre. Es liegt aber in der Natur der Sache, daß jene Unsicherheit und Tyrannei wiederum Veranlassung sein würde, ein neues Recht zu schreiben: wenn das geschähe, würde Rohes und Ungebildetes geschrieben werden, wie es gerade in einigen Orten der Fall war, und Unterschiedliches in den einzelnen Städten.

Nun nützt die Billigkeit unseres Rechts nicht nur dem Frieden, sondern bietet auch den Vorteil, daß viele Völker durch die Ähnlichkeit des Rechts eng miteinander verbunden werden. Darum laßt uns an diesem Recht, das von den weisesten Männern im vorzüglichsten Staat niedergeschrieben wurde, das durch große Klugheit der höchstgestellten Männer wieder eingeführt worden ist, das von der gerechtesten und vernünftigsten Denkart ist, das uns gegen die Tyrannei schützt, das gute Sitten fördert, festhalten und es mit allem Eifer verteidigen! Denn so groß ist die Gerechtigkeit darin, daß es, selbst wenn es im öffentlichen Leben und bei Hof nicht übernommen wäre, dennoch in den Schulen gelesen werden müßte, um das Wesen der Gerechtigkeit und Billigkeit zu lernen. Denn nirgends ist das Bild der Gerechtigkeit vollkommener und strahlender ausgedrückt als in diesen Gesetzen. Deshalb müssen wir uns auch von Gott wünschen, daß er diese Wissenschaft zum Frieden des Staates erhalten möge. Damit bin ich am Ende.

Auf Initiative des Kaisers fanden zwischen 1539 und 1541 verschiedene Religionsgespräche zwischen führenden Theologen der beiden großen Parteien statt, in denen noch einmal versucht wurde, die Spaltung der westlichen Christenheit aufzuhalten. Sie waren grundiert von diplomatischem Streit und politischen Manövern, aber auch von zähen Versuchen, vielleicht doch noch zu Formulierungen eines gemeinsamen Bekenntnisses zu gelangen. So betonten etwa sowohl Melanchthon wie Eck, als sie sich, nach mühseliger Klärung der Verfahrensfragen, Anfang 1541 in Worms tagelang diskutierend gegenübersaßen, daß es ihnen trotz aller Divergenzen um die Darstellung und Erhaltung des einen Glaubens der Kirche Christi zu tun wäre. Mit Hilfe eines ungeheuren Apparates von biblischen Texten und Zitaten aus den Kirchenvätern wurden die anstehenden Fragen bis ins Kleinste wieder und wieder gewälzt. Trotz teilweise scharfer Auseinandersetzungen in der Interpretation hatte man den Eindruck, beispielsweise in der Frage der Erbsünde einander näher zu kommen, was dann auch in einer gemeinsamen Definition festgehalten wurde, die mit der feierlichen Formel »Wir bekennen gemeinsam und eines Sinnes (...)« begann. Wie eine Depesche nach Rom berichtete, umarmten und küßten sich die Teilnehmer des Wormser Gesprächs nach vollbrachter Einigung. Sie weinten vor Freude und versprachen einander, im gleichen Sinne weiterzuarbeiten. Kaum war jedoch die Tinte unter der Vereinbarung getrocknet, da setzten hier wie da auch schon Einschränkungen und Kritik ein.

So schrieb Melanchthon am Tag nach dem Abschluß des Gesprächs, die Vergleichsformel sei nicht zufriedenstellend, und die wichtigste Lehre, die man aus dem Ganzen ziehen müsse, sei, daß man sich vor Sophismen und Verdrehungen zu hüten habe. Überhaupt sei er dagegen gewesen, eine Einigungsformel zu schaffen. Das vermeintliche gemeinsame Bekenntnis in einem Teilaspekt war also im Grunde keines gewesen. Mitten aus dem Versuch, Gemeinsamkeiten zu formulieren, führten die Wege zur unaufhaltsam beschleunigten Kirchentrennung.

Von der humanistischen Übung des Versemachens mochte man selbst bei so offiziellen Anläßen nicht lassen. Zur Sammlung von Epigrammen, die verschiedene protestantische Autoren während des Wormser Religionsgesprächs verfaßten, leistete Melanchthon einen Beitrag, der sich mit seiner Gestaltung eines bekannten Gedankens lebensbejahender Ergebung im Kontext der politischen Situation seltsam fremd ausnimmt:

Für Kilian Goldstein

Χιλιανῷ

Weintrinken mit Maß und ein liebliches Mädchen genießen:
das ist, in Gemeinschaft mit Gottesfurcht, das süßeste Leben.

Von Worms wurde das theologische Gespräch per Ordre Karls V. auf den Reichstag verschoben, der wenige Wochen später in Regensburg zusammentrat. Im Beisein des Kaisers selbst und des päpstlichen Legaten sollte es dort auf einer anderen Grundlage von neuem ansetzen, dem sogenannten *Regensburger Buch,* das im wesentlichen Martin Bucer und der katholische Reformtheologe Johannes Gropper (1503 – 1559) vorbereitet hatten. (Melanchthon erschien es im Traum als »Hyäne«). Über die Aufstellung von nur stückweisen Übereinkünften und Gegenartikeln kam man erwartungsgemäß jedoch auch hier nicht hinaus.

Wieder einmal wuchs bei Melanchthon die Sehnsucht nach dem stillen Akademikerdasein: »Ach«, seufzte er, »könnte ich doch beständig an unserer Universität sein, in der jetzt durch Gottes Gnade die guten Wissenschaften in ausreichendem Maße gelehrt werden und die Studien in Blüte stehen.« Nach den Erfahrungen mit seinem Landesherrn und der Ehegeschichte Philipps von Hessen war selbst bei einem wie ihm der Groll auf die Machthaber im politischen Umfeld der Religionsgespräche weiter gewachsen. Als Briefeschreiber nahm er in dieser Zeit kein Blatt vor den Mund: »Denn mich haben die Fürsten nun schon so lange gemartert, daß ich bei solcher Pein nicht länger leben möchte«, vertraute er einem Freund an, oder gar: »Aber immer mehr ist an den Höfen die Tyrannei gewachsen, und Aristoteles sagt, daß diese Art von Gewaltherrschaft der Wahrheit am feindlichsten sei.« Eines seiner Gedichte stellte vielleicht kaum von ungefähr eine Rangordnung skeptischer Lebensweisheit her:

Lebensregeln

Quomodo vivendum

Nichts sollst du tun, es sei denn, daß du aus Notwendigkeit
                                     handelst;
folge der Satzung allein, welche gegeben von Gott.

Halte der Menge dich fern, es sei denn, der Staat will es haben;
halt dich im Umgang zurück: Menge ist wertlos und schlecht.

Trachte auch nicht, dich mit Freunden in großer Zahl zu
                                     umgeben,
selten sind nämlich heut Freimut und Treue und Dank.

Kannst du jemand mit Geld oder durch Beziehungen helfen:
tu's – aber wem du so hilfst, glaub ja nicht, daß der daran denkt.

Aber mit Rudern und Segeln zugleich entfliehe vor allem,
bietet ein mächtiger Mann scheinbare Freundschaft dir an.

Mit Besorgnis sah Melanchthon, wie sich die politische Lage verdüsterte. Während der Schmalkaldische Bund den Herzog von Braunschweig-Wolfenbüttel aus seinem Land vertrieb und die Reformation einführte – worüber seine Freude nur gedämpft war –, halfen militärische Erfolge des Kaisers im Rheinland dazu, daß in Köln die Opposition gegen den reformationswilligen Erzbischof Hermann von Wied die Oberhand behielt, der Melanchthon als Ratgeber berufen hatte.

Als das lange angekündigte Konzil in Trient am 15. März 1545 ohne die Protestanten endlich begann, setzte Melanchthon keine Hoffnungen mehr auf ein sachlich ergiebiges Gespräch mit der Gegenseite. Nach dem Regensburger Scheitern war er davon überzeugt, daß Rom eine Verständigung mit den Protestanten weder wünschte noch suchte. Trotzdem riet er dem Kurfürsten davon ab, gegen die Einberufung des Tridentinums zu protestieren. Fortwährend befaßte er sich mit den dort geführten Diskussionen. Ein Bedenken nach dem anderen floß aus seiner Feder. Unter dem Vorwand von Konzilsbeschlüssen, lautete dabei sein wiederkehrendes Argument, dürfe es keine Unterdrückung der Wahrheit geben, »Irrtum und Mißbräuche« seien nicht zu tolerieren: »Wir haben keine Lust an Entzweiung und kennen unsere Gefahren gut; aber wir können nicht zugeben, daß das Licht des Evangeliums wieder ausgelöscht und die der Kirche heilsame Lehre unterdrückt werde.«

Am 18. Februar 1546 starb Luther. Vier Tage später hielt Melanchthon in der Schloßkirche zu Wittenberg, der Überlieferung nach »mit zitternder Stimme«, die *Oratio in funere D. Martini Lutheri (Leichenrede auf Dr. Martin Luther)*. Ohne dessen menschliche Unzulänglichkeiten zu verschweigen, wurde sie noch einmal zu einer Kundgabe seiner Verehrung und Dankbarkeit für den »liebsten Vater«, wie er ihn, trotz des etwas abgekühlteren Verhältnisses, bis zuletzt brieflich anredete. Indem er Luther in eine heilsgeschichtliche Kontinuität einordnete, erscheint die Reformation zugleich als rechtmäßige Sachwalterin der einen, wahren, christlichen Kirche:

Leichenrede auf Dr. Martin Luther

Oratio in funere D. Martini Lutheri

Wenn in dieser allgemeinen Trauer auch meine Stimme vor
Schmerz und Tränen versagt, in dieser Versammlung aber trotzdem
etwas gesagt werden soll, so will ich nicht, wie es bei den Heiden
zu geschehen pflegt, nur das Lob des Verstorbenen verkünden, sondern an dieser Stelle vielmehr Gottes wunderbare Leitung seiner
Kirche sowie die Gefahren und Sorgen in Erinnerung rufen, die sie
ganz besonders treffen, damit wir desto eifriger bedenken mögen,
an welchen Beispielen man sein Leben ausrichten soll. Denn obwohl die weltlich gesinnten Menschen meinen, in der vielfältigen
Unordnung des Lebens verlaufe alles planlos und zufällig, sollen wir
uns durch so viele und deutliche Zeugnisse Gottes stärken und die
Kirche Gottes von der gottlosen Menge trennen und glauben, daß
sie wahrhaft durch göttliche Fügung geleitet und erhalten werde.
Und deren Verfassung in rechter Weise betrachten, die wahren
Lenker erkennen und ihr Leben erwägen, und sie uns als geeignete
Führer und Lehrer wählen, denen gerade wir gewissenhaft nach-
folgen und sie verehren sollen. An diese großen Dinge zu denken
und von ihnen zu reden ist nötig, wann immer des ehrwürdigen
Mannes Dr. Martin Luther Erwähnung geschieht, unseres lieben
Vaters und Lehrers: auch wenn ihn viele weltlich Gesinnte auf das
Entschiedenste hassen, sollen wir, die wir wissen, daß er ein von
Gott berufener Diener des Evangeliums gewesen ist, ihn lieben und
achten und Zeugnisse sammeln, die beweisen, daß seine Lehre kein
aufrührerischer Wahn sei, aus willkürlichem Antrieb zusammenge-
flickt, wie die Epikureer behaupten, sondern die Darlegung des
Willens und der wahren Verehrung Gottes und die Erklärung der
Heiligen Schrift und die Verkündigung des Wortes Gottes, das
heißt, des Evangeliums Jesu Christi.

Obwohl man in Reden, wie man sie an einem solchen Ort hält,
viel von den persönlichen Auszeichnungen derer, die gelobt werden, zu berichten pflegt, will ich diesen Teil weglassen, um, so viel
es geht, über folgenden besonderen Gegenstand zu sprechen: das
kirchliche Amt. Denn so werden die Gutgesinnten immer urteilen:

wenn Luther die heilsame und notwendige Lehre ans Licht brachte, ist Gott dafür zu danken, daß er ihn berufen hat, und müssen seine Mühe, Glaube und Beständigkeit und die anderen Tugenden ebenso gerühmt werden, wie sein Andenken allen Guten aufs Höchste teuer sein sollte.

So wollen wir also unsere Rede beginnen. Es sitzt, wie Paulus sagt, der Sohn Gottes zur Rechten des ewigen Vaters und spendet den Menschen Gaben, nämlich das Wort des Evangeliums und den Heiligen Geist: und zu diesem Zweck beruft er Propheten, Apostel, Lehrer und Hirten (Eph 4,8), und nimmt diese aus unserer Gemeinschaft, das heißt, der Schar der Jünger, die die Schriften der Propheten und Apostel lesen, hören und lieben. Er beruft zu diesem Dienst nicht nur jene, die die ordnungsgemäße Macht innehaben: sondern oft sagt er eben diesen den Kampf an durch Lehrer, die aus anderen Ständen erwählt wurden. Und so ist es ein angenehmes und nützliches Schaupiel, sich die Kirche zu allen Zeiten vor Augen zu halten und die Güte Gottes zu betrachten, der immer wieder heilsame Lehrer in solch ununterbrochener Abfolge geschickt hat, die einer Schlachtordnung vergleichbar ist, wo die, die in der ersten Reihe standen, immer sofort durch andere ersetzt werden, die in ihre Fußstapfen treten.

Bekannt ist die Reihenfolge der ersten Väter Adam, Seth, Henoch, Methusalem, Noah, Sem; zu dessen Lebzeiten, als er nahe bei Sodom wohnte, als die Völker bereits die Lehren Noahs und Sems vergessen hatten und allenthalben Götzenbilder verehrten, wurde Abraham berufen, um Sem bei der Verkündigung der wahren Lehre ein Kollege und Gefährte zu sein. Auf diesen sind Isaak, Jakob und Joseph gefolgt, der in ganz Ägypten, das damals das blühendste Königreich des gesamten Erdkreises war, das Licht der Lehre entzündete. Danach Mose, Josua, Samuel, David, Elia und Elischa, den Jesaja hörte, Jesaja Jeremia, diesen Daniel, Daniel Sacharja. Danach Esra, Onia. Nach diesen die Makkabäer. Dann Simeon, Zacharias, der Täufer, Christus, die Apostel. Es macht Freude, diese ununterbrochene Reihenfolge zu betrachten, die ein strahlendes Zeugnis der Gegenwart Gottes in der Kirche ist.

Und nach den Aposteln folgte eine Schar, die, obgleich etwas schwächer, doch auch mit göttlichem Zeugnis ausgestattet war: Polykarp (von Smyrna), Irenäus (von Lyon), Gregor von Nazianz, Basilius (der Große), Augustinus, Prosper (von Aquitanien), Maximus

(Confessor), Hugo (von St. Viktor), Bernhard (von Clairvaux), Tauler und einige andere an anderen Orten. Und obwohl dieses letzte Greisenalter der Welt wüster ist, hat Gott doch stets einige übrig behalten. Und es liegt offen zutage, daß das Licht des Evangeliums durch den Mund Luthers zu neuem Glanz gebracht worden ist.

Daher muß man ihn jener herrlichsten Schar der bedeutendsten Männer hinzuzählen, die Gott geschickt hat, um die Kirche zu sammeln und zu erneuern, in der wir gleichsam die höchste Blüte der Menschheit erkennen sollen. Gewiß sind auch Solon, Themistokles, Scipio, Augustus und dergleichen, die bedeutende Reiche entweder begründeten oder regierten, große Männer gewesen: aber dennoch sind sie im Vergleich zu unseren Großen, Jesaja, dem Täufer, Paulus, Augustinus, Luther, bei weitem geringer. Diesen grundlegenden Unterschied einzusehen, gehört sich für uns in der Kirche.

Was für große und wahre Gegenstände sind nun von Luther sichtbar gemacht worden, aus denen verständlich wird, warum sein Lebensweg zu preisen ist? Denn viele beklagen, daß die Kirche zerrüttet worden sei und sich unentwirrbare Streitigkeiten ausgebreitet hätten. Dem antworte ich mit der besonderen Beschaffenheit der Lenkung der Kirche. Wenn der Heilige Geist die Welt straft, entstehen des Starrsinns der Gottlosen wegen Spaltungen, und die Schuld dafür liegt bei denen, die auf den Sohn Gottes nicht hören wollen, von dem der himmlische Vater sagt: »Diesen sollt ihr hören.« (Mt 17,5). Luther hat die wahre und notwendige Lehre wieder zutage gefördert. Daß nämlich in der Bußlehre tiefste Finsternisse vorherrschten, ist offensichtlich. Indem er diese zerstreute, zeigte er, worin die rechte Buße besteht, und worin die Zuflucht, der sichere Trost des Gewissens, das wegen Gottes Zorn erschrocken ist. Er hat Paulus´ Lehre ans Licht gebracht, die besagt, daß »der Mensch durch den Glauben gerecht werde«. (Röm 3,28). Er hat den Unterschied zwischen dem Gesetz und dem Evangelium aufgezeigt, zwischen der Gerechtigkeit des Geistes und der weltlichen Ordnung. Auch die rechte Anrufung Gottes hat er verdeutlicht und die ganze Kirche von der heidnischen Verblendung zurückgeführt, die sich einbildet, man könne zu Gott beten, obwohl die Herzen, in philosophischem Zweifel befangen, Gott fern sind. Er hat erklärt, wie das Gebet im Glauben und guten Gewissen geschehen muß, und uns eben auf den einzigen Mittler verwiesen, den Sohn Gottes, der zur Rechten des ewigen Vaters sitzt und für uns eintritt: nicht auf Standbilder oder tote Menschen, die gottlose Menschen in schrecklichem Wahnsinn anrufen.

Er lehrte auch die anderen wahren Werke, die Gott gefallen, und hat das öffentliche Leben damit so geziert und verteidigt, wie das in keinen anderen Schriften jemals geschehen ist. Schließlich hat er von den notwendigen Werken den kindischen Brauch menschlicher Zeremonien, Satzungen und Gebote unterschieden, die die wahre Anrufung Gottes verhindern. Und damit die leuchtende himmlische Lehre für die Nachkommen fortgepflanzt werden möge, hat er die Schriften der Propheten und Apostel so hell und klar in die deutsche Sprache übersetzt, daß diese Übersetzung dem Leser mehr Erleuchtung vermittelt als die meisten Kommentare.

Er schrieb selbst noch viele Auslegungen, die bei weitem alle bestehenden übertreffen, wie auch Erasmus zu bestätigen pflegte. Und wie von denen geschrieben steht, die Jerusalem wieder aufbauten, daß sie »mit der einen Hand die Arbeit taten und mit der anderen das Schwert hielten« (Neh 4,11): so hat er selbst sich mit den Feinden der wahren Lehre herumgeschlagen und zugleich kostbare Auslegungen der himmlischen Lehre verfaßt und vielen Gewissen mit frommem Rat geholfen.

Und weil ein großer Teil der Lehre über das menschliche Fassungsvermögen hinausgeht, wie die über die Vergebung der Sünden und den Glauben, muß man zwangsläufig zugeben, daß er von Gott gebildet wurde: Es haben viele von uns ja selbst gesehen, welche Kämpfe er ausstand, in denen er lernte, man müsse durch den Glauben Sicherheit erlangen, daß wir von Gott angenommen und erhört werden.

In alle Ewigkeit werden die Gutgesinnten daher stets die Wohltaten preisen, die Gott der Kirche durch Luther schenkte. Zuerst werden sie Gott Dank sagen. Dann aber auch öffentlich bekennen, wie viel sie den Mühen dieses teuren Mannes verdanken, auch wenn die gottlosen Menschen, die die ganze Kirche verlachen, diese Heldentat für ein nichtiges Kinderspiel oder für Verrücktheit halten.

Auch wurden weder unentwirrbare Erörterungen hervorgerufen, noch, wie einige fälschlich behaupten, der Kirche ein Zankapfel dargeboten, noch dunkle Rätsel aufgestellt. Denn für die Verständigen und Frommen, die keine Verdrehung im Sinn haben, ist es bei einem Vergleich der Glaubensartikel einfach zu sehen, welche mit der himmlischen Lehre übereinstimmen und welche nicht. Daß diese Streitfragen bei allen Gottesfürchtigen schon entschieden sind, kann vielmehr keinem Zweifel unterliegen. Denn da sich Gott offenbaren und seinen Willen durch die Rede der Propheten und Apostel zu erkennen geben wollte, darf man nicht meinen, daß diese Rede zweideutig sei wie die sibyllinischen Bücher, die im raschen Spiel des Windes verwirrend hin- und herbewegt werden.

Freilich haben einige, die nicht schlecht gesonnen sind, gefragt, ob Luther nicht grober gewesen wäre, als er hätte sein sollen. Dies will ich weder in der einen noch in der anderen Richtung erörtern, sondern ich antworte mit dem, was Erasmus oft sagte: Gott hat in dieser letzten Zeit der Vielzahl der Gebrechen wegen einen strengen Arzt gegeben. Warum er auch immer ein so beschaffenes Werkzeug gegen die stolzen und unverschämten Feinde der Wahrheit erweckte, wie er zu Jeremia spricht: »Siehe, ich lege meine Worte in deinen Mund, daß du zerstören und bauen sollst« (Jer 1,9f.), und er ihnen gleichsam dieses Medusenhaupt entgegenhalten wollte, darüber werden jene vergeblich mit Gott rechten. Gott regiert die Kirche weder nach menschlichen Ratschlüssen noch möchte er, daß seine Werkzeuge sich völlig gleichen. Das aber ist immer und überall so, daß gemäßigte und besonnene Charaktere die Ungestümen, seien sie nun gut oder schlecht, weniger schätzen. Aristides sah, wie Themistokles in Athen mit ungeheurer Leidenschaft Großes begann und glücklich zu Ende brachte: Obwohl er sich über das Glück des Staates freute, bemühte er sich trotzdem, jenes rasche Gemüt von seiner Eile abzubringen.

So will auch ich nicht bestreiten, daß die Menschen von heftiger Leidenschaft manchmal verkehrt handeln: Denn es ist in dieser schwachen Natur niemand ohne jeden Fehler. Indessen handelt es sich doch aber bei jemandem, der so beschaffen ist, wie die Alten von Herkules, Cimon und anderen sagten: »nicht immer höflich, aber meistens aufrichtig und redlich«, um einen guten und lobenswerten Mann. Und besonders wenn er in der Kirche, wie Paulus sagt, »den guten Kampf kämpft, wobei er den Glauben und das gute Gewissen behält« (2 Tim 4,7), gefällt er Gott und muß von uns in Ehren gehalten werden.

Wir wissen, daß Luther ein solcher Mann gewesen ist. Denn er hat sowohl die reine Lehre beständig verteidigt, als auch die Unversehrtheit des Gewissens behalten. Gibt es außerdem jemanden, der ihn kannte und nicht wußte, welche Freundlichkeit in ihm war, welche Liebenswürdigkeit im vertrauten Umgang, wie wenig rechthaberisch oder streitsüchtig er war? Und gleichzeitig eignete ihm doch in jeder Hinsicht ein würdiger Ernst, wie er einem solchen Mann gemäß ist, denn in der Tat

»war seine Art ohne Lüge und sein Mund hat nur Gutes gesprochen«.

Oder vielmehr, nach Paulus, hatte er alles »was wahrhaftig ist, was ehrbar, was gerecht, was keusch, was liebenswert, was einen guten Ruf hat« (Phil 4,8), so daß jene Grobheit offensichtlich Eifer für die Wahrheit, nicht für die Zwietracht oder Unfreundlichkeit war. Und unter uns allen und vielen Fremden gibt es Zeugen dafür: was für eine bedeutende und schöne Rede könnte ich auch über das restliche Leben halten, das er bis zum 63. Jahr im größten und tatkräftigsten Bemühen um Frömmigkeit und alle Tugenden und Wissenschaften führte, wenn ich mir vorgenommen hätte, das Lob des Mannes auszubreiten. Keine unsteten Ausschweifungen hat man bei ihm wahrgenommen, keine aufrührerischen Überlegungen: Vielmehr half er mehrfach dazu, daß die Waffen niedergelegt wurden, niemals brachte er die kirchlichen Angelegenheiten mit List in Unordnung, um entweder seine oder die Macht der Seinen zu vermehren. Dies sind Anzeichen von so großer Weisheit und Tugend, daß man nicht begreift, wie man sie allein durch menschliches Vermögen erwerben könne: vielmehr gehört dazu auch eine göttliche Führung der Geister, besonders der tatkräftigen, herausragenden und leidenschaftlichen, wie Luther nach Ausweis der Umstände ganz und gar einer gewesen ist.

Was soll ich noch von seinen übrigen Tugenden sagen? Ich selbst bin oft dazugekommen, wenn er mit Tränen für die ganze Kirche gebetet hat. Denn er nahm sich in der Regel täglich eine bestimmte Zeit, um einige Psalmen zu sprechen, mit denen er unter Seufzen und Weinen seine Gebete verband: und oft sprach er von seinem Zorn über diejenigen, die entweder aus Faulheit oder ihrer Geschäfte wegen behaupten, es reiche aus, nur mit einem Stoßseufzer zu beten. Deswegen sind uns aus göttlichem Ratschluß feste Formen vorgeschrieben, sagte er, damit unsere Herzen bei ihrer

Lesung entzündet werden: und damit auch unser Mund bekenne, welchen Gott wir anrufen.

Und während oft viele schwerwiegende Überlegungen im Hinblick auf öffentliche Gefahren angestellt wurden, haben wir gesehen, mit welcher außerordentlichen Kraft der Seele er ausgestattet war, die weder beim kleinsten Geräusch noch bei irgendetwas anderem vor Schrecken verzagte. Denn er verließ sich, wie man sagt, auf den heiligen Anker, das heißt auf die Hilfe Gottes, und ließ sich diesen Glauben durch nichts rauben.

Übrigens war er auch von so großem Scharfsinn, daß in undurchsichtigen Angelegenheiten er allein am raschesten erkannte, was anzuraten sei. Außerdem war er weder, wie viele vermuten, so nachlässig, daß er nicht über die staatlichen Verhältnisse nachgedacht oder die Absichten anderer geprüft hätte, sondern er hatte acht auf den Staat und beobachtete mit besonderer Sorgfalt Gesinnung und Absichten aller, mit denen er es zu tun hatte. Und obgleich er einen so gewaltigem Verstand hatte, las er doch sehr neugierig die Schriften alter wie neuer kirchlicher Autoren, dazu alle Geschichtswerke, deren Beispiele er mit einzigartigem Geschick auf gegenwärtige Angelegenheiten zu beziehen wußte.

Für seine Beredsamkeit gibt es in der Tat bleibende Zeugnisse, die ohne Zweifel jenen ebenbürtig sind, die als höchste Gipfel der Sprachgewalt gerühmt werden.

Daß nun ein solcher Mann, der mit höchster Verstandeskraft begabt war, in der Wissenschaft wohlunterrichtet, durch lange Übung erfahren, geschmückt mit vielen herausragenden und heroischen Tugenden und von Gott dazu erwählt, die Kirche wieder aufzurichten, der uns schließlich alle mit väterlichem Sinn liebend umfangen hat, aus unserer Mitte abberufen worden ist, darüber empfinden wir um unseretwillen mit Recht Schmerzen. Denn wir sind wie verlassene Waisen, die eines treuen Vaters beraubt wurden. Aber weil wir Gott Gehorsam schuldig sind, dürfen wir gewiß nicht zulassen, daß die Erinnerung an seine Tugenden und Wohltaten bei uns verlorengeht. Ja wir sollen uns mit ihm darüber freuen, daß er schon in lieber Gemeinschaft mit Gott und seinem Sohn, unserem Herrn Jesus Christus, lebt, mit den Propheten und Aposteln, nach der ihn im Vertrauen auf Gottes Sohn immer verlangte und die er erwartete, wo er nun nicht allein von Gott Belohnung erlangt und von den Zeugen der allgemeinen himmlischen Kirche für seine Mühen gepriesen wird, die er bei der Verkündigung des Evangeliums auf sich nahm: sondern auch er selbst, der nun aus diesem sterblichen Körper wie aus einem Kerker befreit worden und in eine unvergleichlich gelehrte Schule gekommen ist, schaut jetzt ganz nah das Wesen Gottes und die Vereinigung der zwei Naturen im Sohn, und den ganzen Ratschluß, nach dem die Kirche begründet und erlöst wurde: Und weil er diese über alle Maßen hohen Dinge, als sie in Dunkel gehüllt und durch knappe Weissagungen angedeutet waren, hier im Glauben betrachtete, ist er jetzt, da er dies vor Augen hat, mit unaussprechlicher Freude erfüllt und dankt aus ganzem glühenden Herzen Gott für die so große Wohltat. (...)

Wir erinnern uns daran, mit welch großer Lust er von der Stellung der Propheten zu sprechen pflegte, ihren Ratschlägen, Gefahren und Errettungen, und wie kenntnisreich er alle Zeiten der Kirche damit verglich, wodurch er zu erkennen gab, wie er vor ungewöhnlicher Sehnsucht brannte, bei jenen allerhöchsten Männern zu sein.

Mit diesen ist er jetzt vereint und freut sich, daß er ihre lebendige Stimme hört und ihnen antwortet. Umgekehrt empfangen und grüßen auch sie ihren Mitschüler freudig, und gemeinsam sagen sie Gott Dank, der die Kirche sammelt und erhält.

Darum sollen wir nicht daran zweifeln, daß Luther selig ist. Über unser wahrhaftes Verwaistsein jedoch sind wir betrübt: und weil wir jedoch dem Willen Gottes, nachdem er ihn von hier abberufen hat, gehorchen müssen, sollen wir wissen, daß Gott auch will, daß wir seiner Tugenden und Wohltaten eingedenk sind. Diesen Dienst sollen wir erfüllen. Wir sollen erkennen, daß er ein heilsames Werkzeug Gottes gewesen ist, und seine Lehre mit Eifer studieren. Wir sollen seine Tugenden, die auch für uns notwendig sind, nachahmen, so gut es unsere Mittelmäßigkeit gestattet: Gottesfurcht; Glaube und Ernsthaftigkeit beim Gebet; Redlichkeit im Dienst; Keuschheit; Bedachtsamkeit, aufrührerische Absichten zu meiden; Freude am Lernen. Und wie man oft und viel an andere fromme Lenker der Kirche denken soll, an Jeremia, den Täufer, Paulus, so sollen wir oft Lehre und Leben dieses Mannes betrachten und mit der Danksagung das Gebet verbinden, was sich auch jetzt in dieser Versammlung gehört. Sprecht darum mit mir in wahrer Frömmigkeit des Herzens:

Wir danken dir, allmächtiger Gott, ewiger Vater unseres Herrn Jesus Christus, Begründer deiner Kirche, eins mit deinem gleich ewigen Sohn Jesus Christus und dem Heiligen Geist, der du weise, gütig, barmherzig, ein wahrhaftiger Richter bist, stark und frei (in deinem Tun), daß du aus dem menschlichen Geschlecht deinem Sohn ein Erbe bereitest und' den Dienst des Evangeliums erhältst und auch zu unserer Zeit durch Luther wieder aufgerichtet hast: und wir flehen aus ganzem Herzen zu dir, daß du auch künftig deine Kirche erhalten und leiten wollest und in uns die wahre Lehre versiegeln, wie der Prophet Jesaja für seine Jünger bittet (Jes 8,16), und unsere Herzen entzünden durch deinen Heiligen Geist, damit wir dich richtig anrufen und unser Betragen gottesfürchtig sei. –

Sodann, weil der Tod großer Führer oft nachfolgende Plagen ankündigt, beschwöre ich euch, und alle, denen das Amt zu lehren aufgetragen ist, daß ihr die Gefahren des Erdkreises bedenken mögt. Hier wüten die Türken, dort drohen andere Feinde mit Bürgerkrieg, auch gibt es überall frevlerische Geister, die, zumal nachdem sie Luthers Rüge nicht mehr fürchten müssen, mit größerer Frechheit die überlieferte rechte Lehre verderben wollen.

Damit Gott diese Übel abwenden möge, sollen wir desto sorgfältiger bei der Gestaltung der Sitten und Studien sein und immer fest diesen Satz im Herzen tragen, daß wir, so lange wir an der reinen Lehre des Evangeliums festhalten, sie hören, lernen, lieben, Gottes Wohnung und Kirche sein werden, wie Gottes Sohn spricht: »Wer mich liebt, der wird mein Wort halten, und mein Vater wird ihn lieben, und wir werden zu ihm kommen und Wohnung bei ihm nehmen.« (Joh 14,23). Diese erhabene Verheißung möge uns dazu anfeuern, diese himmlische Lehre zu lernen, und wir sollen wissen, daß die Menschheit und die Staaten um der Kirche willen erhalten werden, und sollen jene ewige Zukunft, zu der uns Gott berufen hat, im Geist betrachten: Der sich weder vergeblich durch so viele glänzende Zeugnisse offenbart, noch uns vergeblich den Sohn gesandt hat, sondern diejenigen, die diese Wohltaten hochachten, wahrhaft liebt und für sie sorgt. Damit bin ich am Ende.

Wenige Monate später gab Melanchthon dem zweiten Band der Wittenberger Ausgabe der Werke Luthers einen Lebensabriß als Vorwort bei, der gemeinsam mit der Leichenrede lange das Grundmuster künftiger Luther-Biographien prägen sollte. Auf ihn

selbst richteten sich nun die Erwartungen der Verwaltung des reformatorischen Erbes: Für viele war er, ohne daß er es darauf angelegt hätte, zum natürlichen Nachfolger der Autorität des Verstorbenen geworden.

V.

Melanchthons Befürchtungen am Schluß des Nekrologs waren nicht unbegründet. Der Ausbruch des Schmalkaldischen Krieges im Sommer 1546, bei dem seine Gutachten noch einmal das Recht und die Pflicht des Widerstands gegen den Kaiser betonten, brachte für ihn und seine Familie ein monatelanges Flüchtlingsdasein.

Als ihn in Zerbst, einer ihrer Stationen, die Nachricht vom Tod seiner Tochter Anna erreichte, schrieb er zur Linderung seines Kummers eine Trostschrift über die Ergebung in Gottes Willen *(Loci consolationis)*. Erst 24 Jahre alt, war sie nach zehnjähriger unglücklicher Ehe mit Georg Sabinus gestorben. Melanchthons einstiger Schüler, mittlerweile Gründungsrektor der Königsberger Universität, hatte sich als oberflächlicher Lebemann, Schuldenmacher und untreuer häuslicher Despot entpuppt. An seiner Mitverantwortung für den Leidensweg der Tochter trug Melanchthon schwer. Zeitweise hatte er sogar die Scheidung erwogen.

Nach der Niederlage des Schmalkaldischen Bundes Mitte 1547 war bestimmt worden, daß die Kurwürde von dem Ernestiner Johann Friedrich, dem nur Thüringen blieb, auf den siegreichen Moritz aus der albertinischen Linie des sächsischen Fürstenhauses überging, der vor seinem Kriegseintritt auf Seiten des Kaisers gegen die protestantischen Fürsten öffentlich erklärt hatte, am evangelischen Bekenntnis festhalten zu wollen. Melanchthon war zur Zusammenarbeit mit der neuen Regierung bereit. Obwohl ihm gute Angebote von auswärts vorlagen, engagierte er sich erfolgreich für die Rettung des Bestands und der Lehrfreiheit der Universität in seinem »geliebten Nest an der Elbe«.

Auf der Höhe seiner durch den militärischen Erfolg errungenen Macht wollte Karl V. die Frage der Kirchenspaltung endlich selbst einer Lösung zuführen. Mit dem sogenannten ›Augsburger Interim‹ ließ er ein Religionsgesetz ausarbeiten, das am 30. Juni 1548 nur bis zu einer endgültigen Entscheidung des Konzils verabschiedet wurde. Es war allein für die Protestanten verpflichtend und machte ihnen (mit Laienkelch und Priesterehe) lediglich geringfügige Zugeständnisse. Bei allem Respekt vor der Meinung anderer Theologen fürchtete Melanchthon, daß sich bei einer Zurückweisung des Interims der Krieg verlängern könne. Außerdem hielt er es für besser, sich in der Not einem Kompromiß zu fügen, statt die Gemeinden völlig aufzugeben. So bemühte er sich um eine elastische Haltung. In einigen zentralen Punkten, zumal dessen Rechtfertigungslehre wegen, lehnte er das Gesetz ab. Hinsichtlich gewisser Äußerlichkeiten – Mitteldinge (oder Adiaphora) genannt –, wie z. B. der Kirchengewänder, der Fastenzeit oder der Anerkennung der Bischöfe als Vorgesetzte, riet er dagegen zur Nachgiebigkeit, solange man unter diesen Bedingungen immerhin die evangelische Botschaft verkünden dürfe. Den Glaubensinhalten gegenüber war ihm die Reform der Zeremonien ja schon früher stets zweitrangig gewesen.

Im Vorfeld der Beratungen zu dem kaiserlichen Vorhaben war es zu Einschüchterungen gegen den Gelehrten gekommen. Karl V., wurde verbreitet, sei schlecht auf Melanchthon zu sprechen, der schon seinen ehemaligen Landesherrn in dessen »Ungehorsam« bestärkt habe und nun wahrscheinlich auch Kurfürst Moritz verführen wolle. Der Kaiser spiele deshalb mit dem Gedanken, auf seine Auslieferung zu dringen. Um ihn für eine Zustimmung zu dem Gesetz zu bewegen, wurde der kursächsische Rat Christoph von Carlowitz eingeschaltet. Unter dem Datum des 28. April 1548 antwortete Melanchthon auf ein (verschollenes) Schreiben des Politikers. In diesem Brief, der ihm in der konfessionellen Kirchengeschichtsschreibung bis heute oft harschen Tadel, ja Verachtung, eintrug, zog er, weit über den konkreten Anlaß hinaus, eine Bilanz seiner Ansichten und Beweggründe. Für das Verständnis Melanchthons ist er ein bedeutsames Dokument, das zeigt, inwieweit dieser die Spannungen, zwischen denen er bekanntlich keineswegs nur in dieser konkreten Situation stand, ebenso wie seine Grenzen selbst zu reflektieren vermochte. Bei nüchterner Lektüre scheint ein undifferenzierter Begriff von Opportunismus jedenfalls entschieden zu kurz zu greifen:

Brief an Christoph von Carlowitz
vom 28. April 1548

(...) Was deine Ermahnung betrifft, so versichere ich Dir, daß ich wünsche, der Durchlauchtigste Kurfürst möge ganz nach seinem eigenen Ermessen bestimmen, was ihm sowohl für sich als auch für den Staat das Beste zu sein scheint. Er mag verordnen, was er will: ich werde mich, sollte ich auch einiges nicht billigen, dennoch nicht aufrührerisch zeigen, sondern entweder schweigen oder weggehen oder ertragen, was kommt. Ich habe ja auch früher eine fast entehrende Knechtschaft ertragen, als Luther oft mehr seinem Temperament folgte, in dem eine nicht geringe Streitlust lag, als auf sein Ansehen und auf das Gemeinwohl zu achten.(...)

Ich bin von Natur aus nicht streitsüchtig und liebe wie kein anderer die menschliche Gemeinschaft. Auch habe ich diese Streitigkeiten, die den Staat entzweit haben, nicht verursacht, sondern ich geriet in die bereits verursachten hinein, und da es viele und verworrene waren, so fing ich sie mit aufrichtiger Wahrheitsliebe zu untersuchen an, zumal nicht wenige gelehrte und weise Männer der Sache zu Beginn Beifall spendeten. Und obgleich ihr Urheber anfänglich einige abstoßende Sätze aufgenommen hatte, glaubte ich doch nicht, daß man das übrige Wahre und Notwendige verwerfen müßte. Indem ich mich nun vorzugsweise mit diesem befaßte, schied ich nach und nach einige unhaltbare Meinungen aus, teils milderte ich sie. Als in fast ganz Deutschland die ungestümen Anführer des Volkes an den Wirtstischen und ungelehrte Prediger in den Kirchen Öl in das Feuer gossen, habe ich zunächst bei der Kirchenvisitation vieles in Ordnung gebracht; damals haben mich einige, die sich jetzt auf dem Augsburger Reichstag als Stifter der Einigkeit brüsten, wegen meiner gemäßigten Denkungsart bei Hofe so verhaßt gemacht, daß ich in große Gefahr geriet. Seitdem haben mich fast zwanzig Jahre hindurch manche ganz Kälte und Eis genannt, andere haben gesagt, ich schmeichle den Gegnern. Ja ich erinnere mich, daß mir einer vorgeworfen hat, nach dem Kardinalshut zu streben. Unerschüttert von der Ungerechtigkeit solcher Urteile habe ich, da mein akademisches Amt eine Stellungnahme zu den Lehren der Kirche erforderte, die nötigen Themen möglichst angemessen erläutert, viele unnütze Fragen abgeschnitten, einige Klippen umgangen, damit nicht größerer Zwist entfacht würde. Daß meine angemessene Interpretation der Eintracht der Gemeinden in vielen Ländern diente, liegt auf der Hand. Aber gewisse Leute zürnen mir deshalb, weil ich als der gelte, der die Studenten für unsere Lehre gewonnen und viele darin bestärkt hat. Diesen antworte ich, was Sophokles in den Erschütterungen der attischen Republik durch die Regierung der vierhundert Tyrannen auf die Frage des Peisandros, warum er die Einsetzung der vierhundert unterstützt hätte, antwortete: »Weil mir nichts für den Staat zuträglicher erschien.« Ich wollte nicht, wie manche hochstehende Männer mir geraten haben, zu den Gegnern übergehen, weil ich es für richtiger und unseren Kirchen günstiger hielt, deren jetzigen Zustand zu erhalten (...); obschon dieser Zustand nicht durch mich, sondern auf den Rat anderer angeordnet worden ist und mir auch einiges daran mißfällt, wie denn überhaupt jede öffentliche Einrichtung ihre Mängel hat, wollte ich doch lieber unter denjenigen sein, die die Wahrheit suchen, als bei den Feinden, die ungerechte Grausamkeit ausüben. Zur Ruhe dieser Kirchen will ich gerne beitragen, nur möchte ich nicht, daß sie durch Änderung der Lehre oder Vertreibung rechtschaffener Männer gestört werden, denn denke ich an eine neue Zerstreuung, so ergreift mich schon jetzt ein unendlicher Schmerz. Denn nichts ist so zart und wird leichter getrübt als die Verehrung Gottes in den Herzen der Menschen. Und es gibt kein größeres Übel und keinen empfindlicheren Schmerz, als wenn diese Verehrung erschüttert wird.

Du wirst sagen: »Ich stimme dir zu, und die Lehre wird nicht verändert werden; denn die Frömmigkeit des Kaisers Karl ist so groß, daß er die Kirchen nur heilen und wieder einigen will.« Ich glaube, daß der Wille des Kaisers gut ist und erträgliche Bedingungen vorgeschlagen werden. Trotzdem möchte ich einiges wenige doch gemildert wissen. Ich räume vieles freiwillig und gerne ein, um das andere heftig gestritten haben. Ich wünsche, daß die Kirchenverfassung bleibe und den Bischöfen und dem Papst, wie im Augsburger Buch vorgesehen, ihre Autorität erhalten werde. Vielleicht neige ich von Natur aus etwas zur Servilität. Dennoch bin ich völlig der Meinung, es sei eine den Gutgesinnten zukommende Bescheidenheit, den Rang der Regierenden nicht aufzuheben. (...)

Auch die Gebräuche, die das Buch vorschreibt, nehme ich gern an. Denn ich weiß, sie sind ein Teil der Disziplin, und mein Leben bezeugt hoffentlich, daß ich ein Freund von Disziplin und Ordnung bin. Unterschiedslos geht aus meinen Schriften hervor, daß ich die Jugend dazu auffordere, die Disziplin zu erkennen und zu lieben. Schon als Junge habe ich in der Kirche mit besonderem Vergnügen alle Riten beachtet, und nichts ist meiner Natur so fremd wie jenes Zyklopenleben, das sich in keine Ordnung schicken will und allgemeine Formen haßt wie ein Gefängnis. Daher will ich nicht nur all das, was ich angegeben habe, annehmen, sondern mich auch bemühen, andere zu seiner Annahme zu bewegen. Was aber den Glauben betrifft, so war das Bedenken, das ich Euch geschickt habe, notwendig, und ich zweifle nicht, daß hier eine Verbesserung zu erlangen ist. Denn auch hierin ist der Wille des Kaisers besser als die Absicht derjenigen, die die Formel verfaßt haben. (...)

Urteilt aber jemand, es sei törichte oder unbillige Hartnäckigkeit, nicht in alle Artikel des Buches einzuwilligen, und man mißbrauche durch deren Verwerfung die Milde des Kaisers, so antworte ich, daß ich (...) im Interesse des öffentlichen Friedens manches verschweige und übergehe.(...) Aber auch das hat seine Grenze. Können nun die Mächtigen durch solche Mäßigung nicht besänftigt werden, (...) so werde ich mit Gottes Hilfe tragen, was mit mir geschehen wird, (...) wie das schon viele getan haben, die in einer guten, aber weit geringeren Sache die Wahrheit dem Leben vorgezogen haben. Ich werde nicht verhindern, daß die Herrscher den Staat nach ihrem Gutdünken ordnen. (...)

Von den Altgläubigen soll der Brief »wie eine Monstranz zur Schau getragen« und bis zum Kaiser selbst lanciert worden sein. Jedoch belegt die gleiche zeitgenössische Quelle, wie sehr Melanchthon von den einzelnen Umständen her dachte und handelte. In Süddeutschland wurde das Interim mit größerer Härte durchgeführt als anderswo: »Deshalb riet er den fränkischen Theologen, sie sollten um des Friedens und der Ruhe der Kirche willen etwas nachgeben und bewilligen, damit nicht weitere Unruhe im Lande folgen möchte oder erregt würde. Den sächsischen Pastoren aber schrieb er, er lobe ihre Beständigkeit, daß sie vor jeder Neuerung oder Veränderung der Religion zurück-

schreckten. (...) Diese Schriften schickte Herr Philippus an verschiedene Volksstämme in ein und derselben Stunde ab.«

Als Melanchthon noch im gleichen Jahr an einer modifizierten Durchführungsbestimmung des Interims für den Herrschaftsbereich Moritz' von Sachsen mitarbeitete, wurden endgültig empörte Anfeindungen gegen ihn laut, er verrate »aus Menschenfurcht« das Evangelium und sei angesichts einer kaiserlichen Repressionspolitik, mit der man sich auch nicht im Kleinsten arrangieren dürfe, ohne die eigene Sache zu verleugnen, viel zu konzessionsbereit. In Angelegenheiten des Bekenntnisses gebe es keine Mitteldinge. Durch die Adiaphora, hielt man ihm vor, würde »das Papsttum wieder eingeführt«, er selbst nütze damit nur den »gottlosen Dienern des Antichrists«. Wortführer dieser Angriffe war sein ehemaliger Schüler Matthias Flacius (1520 – 1575). Aus Protest gegen die neuen Verhältnisse in Sachsen verließ er Wittenberg. Später wurde er Professor an der von den Ernestinern neugegründeten Universität Jena, der Hochburg der ›Gnesiolutheraner‹, die sich als die wahren Hüter von Luthers Erbe betrachteten.

Zahlreiche agitatorische Flugschriften und Spottgedichte wurden von ihnen gegen Melanchthon und seine Anhänger, die ›Philippisten‹, veröffentlicht. Selbst Calvin (1509 – 1564), mit dem er seit 1539 in freundlichem Kontakt stand, redete dem Praeceptor am 20. Mai 1550 ins Gewissen, doch zu bedenken, »wie hart das Urteil anderer Leute über dich ist und wie ungünstig und wie gehässig von dir gesprochen wird.« Obwohl Melanchthon die »Gutgesinnten« darum bat, »uns nicht vorschnell zu verurteilen« und 1556 sogar einräumte, in der Sache der Interims »gefehlt zu haben«, bestand Flacius unerbittlich auf einer öffentlichen Buße. Auch wenn sein Anlaß nach dem siegreichen Feldzug des Kurfürsten gegen den Kaiser von 1552 längst der Vergangenheit angehörte, setzte sich der innerprotestantische Streit fort und vergällte Melanchthon die letzten Jahre seines Lebens. Immer wieder brachen neue Kontroversen aus. Man stritt um die Funktion des freien Willens und der guten Werke, um Rechtfertigung und Christologie, dann auch wieder um das Abendmahl. Manchmal versuchte Melanchthon zu schlichten, oft war er selbst der Angegriffene. Er weigerte sich, mit gleicher Münze heimzuzahlen, und fühlte sich »in dieser streitsüchtigen Zeit (...) wie ein Esel unter den Wespen«.

Als er zunehmend unter Beschuß geriet, sahen seine humanistischen Freunde darin nicht zu Unrecht zugleich einen Angriff auf den Stellenwert der ›artes‹. In Texten des sogenannten ›jüngeren Wittenberger Dichterkreises‹, der sich in den 1550er Jahren um den alternden Gelehrten zusammenfand, wurde er nicht nur von Johannes Strigel (1515 – 1562) als ›Philo Mela´ (Nachtigall) gerühmt, die mit ihren Tönen eine neuen Blüte in Poesie und Wissenschaft erweckt habe, der den Garaus zu machen sich die theologischen Zänker nun anschickten. Auch Petrus Lotichius Secundus (1528 – 1560), der hervorragendste Repräsentant der neulateinischen Lyrik Deutschlands im 16. Jahrhundert, zählte zu dieser Gruppe. Seine Elegie auf den Tod Melanchthons wird später ausdrücklich dessen Friedensliebe hervorheben.

Auch Melanchthon selbst gestaltete seine Enttäuschung über die Lage, in der er sich befand, in literarischer Form. Bei den griechischen Versen in einem Brief vom 25. November 1552 greift er dabei auf einen überlieferten Topos zurück:

Das Glück der Menschen ist unbeständig usw.

Fortuna Hominum instabilis etc.

Nicht ist Glück den Menschen in diesem Leben beständig
und immer flieht es wie ein wesenloser Traum.
Gottes Barmherzigkeit aber ist den Frommen sicher,
auf diese zu vertrauen ist den Menschen alleinige Freude.

Ungleich deutlicher bezog Melanchthon die ihm zugeschriebene Lieblingsfabel *Von der Schlange, dem Bauern und dem Fuchs (De Serpente, Rustico et Vulpecula)* auf einen roten Faden des eigenen Lebensschicksals. Der früheste Beleg findet sich in einer Anthologie seines Freundes Camerarius von 1538, hier als Anspielung auf die eigenen Vermittlungsbemühungen seit dem Augsburger Reichstag und den Undank, den er dafür erntete. Wenn er im Alter auf die Fabel zurückgriff, erweiterte sich diese Deutung vor dem Hintergrund der Attacken der Gnesiolutheraner auf seine Integrität. Wo er nach seinem Selbstbild nur hilfsbereit sein wollte, wurde er immer wieder verkannt, verdächtigt und verleumdet. Als persönliche Erinnerung trug der Joachimsthaler Pfarrer Johannes Mathesius Melanchthons Fabel am Ende einer Predigt 1563 von der Kanzel herab vor:

Von der Schlange, dem Bauern und dem Fuchs

De Serpente, Rustico et Vulpecula

Als ich und andere gute Freunde dem Herrn Philippus das Geleit von hier gaben und er auch mit unzuverlässigen Weggenossen reisen mußte, erzählte er uns im Wiesental bei Tisch diese Fabel: Eine große Schlange fiel eine Höhle hinab und schrie jämmerlich. Ein Bauer kommt zu dem Loch, fragt, was los sei. Sie bittet ihn, er möge ihr heraushelfen. »Auf gar keinen Fall«, sagt der Mann. »An bösen Tieren ist nichts Gutes zu verdienen. Ich sollte wohl eine Schlange an meinem Busen nähren?« Die Schlange fährt fort und verspricht dem Bauern, sie wolle bei ihrem Gott, der einst durch sie gesprochen, den besten Dank abstatten, den die Welt zu geben pflegt. Gift, Geschenke und große Versprechen betören auch die Weisen. Der Bauer hilft dem bösen und listigen Wurm heraus. Darauf will sie ihn zum Dank fressen. »Hab ich das von dir verdient? Hältst du so deine Zusage?« sagt der Bauer. »Ich bin doppelzüngig«, sagt die Schlange; »die Welt vergilt nicht anders. Wer einen vom Galgen bittet, der bringt ihn gewöhnlich wieder dorthin.«

Wie der Bauer ängstlich dasteht, sagt die Schlange: »Weil du mir nicht glauben willst, wollen wir es auf die nächsten beiden ankommen lassen, die uns begegnen. Was sie in dieser Angelegenheit sprechen, soll über unser beider Wohl und Wehe entscheiden.« Bald darauf kommt ein altes Pferd, dem sie die Sache vortragen. Der Schiedsrichter spricht: »Ich habe meinem Fuhrmann fünfzehn Jahre lang gedient. Morgen will er mich dem Abdecker geben. Die Welt vergilt nicht anders.« Genauso spricht der alte Hund, auf den sie sich auch einigen: »Ich habe zehn Jahre lang Tag und Nacht meinem Junker jagen und viele Füchse und Hasen fangen helfen. Jetzt hat er seinem Jäger befohlen, er soll mich an einer Weide aufhängen. Das ist der Dank der Welt.« Während dem Bauern angst und bange wird, trabt ein Füchslein daher. Auch dem trägt der Bauer seine Angelegenheit vor und verspricht ihm alle seine Hühner, wenn es ihn von dem bösen Wurm befreit. Der Fuchs willigt in den Handel ein, überredet die Schlange, sie möge ihm die Höhle zeigen und worin ihre Gefahr und des Bauern Dienst bestanden habe. Man kommt zu dem Loch. Der Fuchs schlüpft hinein, die Schlange hinterher und zeigt ihm die ganze Situation. Währenddessen flitzt der Fuchs heraus, und ehe sich die Schlange wendet, wälzt der Bauer auf den Rat des Fuchses wieder einen großen Stein davor.

Als der Bauer frei ist, fordert der Fuchs, er solle ihm am Abend den Hühnerstall offen lassen. Der Bauer kommt nach Hause, erstattet seiner Frau Bericht und was er dem Fuchs für dessen Sachwaltung nun schuldig sei. Die Bäuerin sagt, Hühner und Gänse gehörten ihr; er habe nichts zu verschenken. Der Bauer will sein Wort einlösen, läßt dem Fuchs das Hühnerloch offen. Als die Frau das sieht, wartet sie mit ihrem Stallknecht nachts auf den Fuchs. Als der guten Glaubens geschlichen kommt, verstellen sie ihm das Loch und dreschen in seine Richtung, bis sie ihn erwischen. »Ach«, sagt der Fuchs, »wenn das denn recht und der höchste Dank der Welt für die größte Wohltat ist, dann bestätige ich armer Kerl heute dieses Recht der Welt mit meinem Leben und Balg.«

In der Tat geht es auf Erden nicht anders zu. Wer der Welt dient, der verliert nicht nur seine Wohltat, sondern bekommt mit der Zeit des Teufels Dank zum Lohn. Doch muß es zuletzt alles bezahlt werden. Darauf lächelte der gute Herr Melanchthon, denn auch er hatte einen großen Dank erhalten. »Lernt ihr daraus: um den Lohn und Dank der Welt willen soll nichts begonnen, wegen ihres Undanks und ihrer Untreue nichts unterlassen werden. Der Herr lebt und herrscht zur Rechten seines Vaters, der jeden treuen Dienst und jede Wohltat redlich und reichlich bezahlen und eines jeden Gerechtigkeit zu seiner Zeit ans Tageslicht bringen wird. Denn von ihm allein singt König David: ›Der die Wahrheit in Ewigkeit hütet.‹ (Ps 100,5) Die Welt hält nicht.«

Verstärkt ließ Melanchthon in seine Texte nun auch kritische Vergleiche zwischen dem Zustand des humanistischen Aufbruchs und dem der Gegenwart einfließen: »Ein besonderes Glück jener Zeit«, schrieb er in seiner Reuchlin-Rede 1552, »war die Verbundenheit und Redlichkeit der Gelehrten untereinander. Jetzt ist ein eisernes Zeitalter angebrochen, in dem sie sich bekämpfen, obwohl sie wegen der Gleichheit der Studieninteressen und der Verbundenheit in der Religion die engsten Verbündeten sein müßten.«

Dennoch wäre es falsch, die letzten Lebensjahre Melanchthons allein unter der Perspektive der zermürbenden Anfeindungen durch die theologischen Gegner zu sehen. Im Gegenteil stand sein Ansehen als Gelehrter gerade damals auf dem Zenit: »Um unseren Philipp zu hören«, rühmte einer seiner Schüler später in einer Trauerrede, »sind von allen Gegenden Deutschlands, was sage ich Deutschlands, vielmehr von fast allen Provinzen und Königreichen ganz Europas, aus Frankreich, England, Ungarn, Siebenbürgen, Polen, Dänemark, Böhmen, auch aus Italien, ja aus Griechenland zu allen Zeiten Studenten in sehr großer Zahl nach Wittenberg zusammengeströmt, weil sie vom Ruf seines Namens angelockt wurden.«

Sonntags vor dem Gemeindegottesdienst pflegte er den ausländischen Studenten Privatvorlesungen über das jeweilige Evangelium in lateinischer Sprache zu geben, zuerst in seinem Haus, später, als die Hörerzahl zu groß wurde, im Collegium. Die Ausführungen wurden von Hörern mitgeschrieben und nach seinem Tod in der *Postilla* zusammengestellt. Auf welche Weise Melanchthon dabei die Textinterpretation in praktische Nutzanwendung übergehen ließ, konnte beispielhaft seinem Kommentar zum 21. Kapitel des Johannesevangeliums entnommen werden, *In die Iohannis Evangelistae (Am Tage Johannes des Evangelisten)*. In der Verknüpfung christlicher Spiritualität mit der Wertschätzung des Berufs als göttlicher Berufung und der Würdigung des fleißigen Erwerbslebens kündigen sich Wesenszüge bürgerlicher Ethik an:

Am Tage Johannes des Evangelisten

In die Iohannis Evangelistae

(...)

Von der zweifachen Rüstung der Toga

Zuerst spricht Christus zu Petrus: »Als du jünger warst, gürtetest du dich selbst; wenn du aber alt wirst, wird ein anderer dich gürten.« Hier wird eine doppelte Umgürtung beschrieben: Die erstere bedeutet die äußere Zucht, das heißt die Leitung der Vernunft, nach der wir unser äußeres Betragen den göttlichen Geboten gemäß einrichten. Das kann der menschliche Wille einigermaßen leisten. Die andere Umgürtung ist etwas viel Wichtigeres; sie bedeutet nämlich, sich dem Kreuz zu unterwerfen und Anfechtungen zu ertragen, die man sich nicht durch seinen eigenen Willen zugezogen hat. Indem die Heiligen durch richtiges Ertragen Geduld und Standfestigkeit unter Beweis stellen, beginnt die Abtötung, und die geistige Gottesverehrung lebt in ihnen auf.

Christus stellt beide nebeneinander, um Petrus die Einbildung zu nehmen, das Reich Christi würde in süßer Heiterkeit bestehen, und die Apostel würden in ihm Macht und Reichtum besitzen, Länder beherrschen und alle Ruhe und Annehmlichkeiten dieses Lebens genießen. Diesen süßen Traum stellt Christus in Frage und will, daß Petrus sich auf das Kreuz vorbereite und sich überzeuge, Gott wolle, daß er ihm nicht allein in äußerer Zucht diene, sondern ebenso durch geistigen Gehorsam, zu dem auch Geduld in Anfechtungen gehört.(...)

Von den Gründen, um derentwillen
man zu äußerer Zucht verpflichtet ist

Der erste Grund besteht in der Notwendigkeit, Gottes Gebot Folge zu leisten. Dies ist ein wichtiger Grund, weil jede Kreatur ihrem Schöpfer gehorchen soll. Darum ist der Mensch, als vernünftiges Geschöpf, dazu verpflichtet, folgende göttliche Gebote auch im Hinblick auf die äußere Zucht zu befolgen: Du sollst keine anderen Götter haben neben mir. Du sollst Dir kein Bildnis machen. Du sollst den Namen des Herrn nicht mißbrauchen. Du sollst nicht töten. Du sollst nicht ehebrechen. Du sollst nicht stehlen. Etc. (Ex 20,3ff.) (...) Die Wendung »Du sollst« bedeutet hier allerdings nicht einen Zwang, sondern vielmehr die göttliche Ordnung, nach der das vernünftige Geschöpf verpflichtet ist, Gott gehorsam zu sein, und schließt die freie Selbstbestimmung zum Gehorsam nicht aus. (...)

Der zweite Grund besteht in der Notwendigkeit, Strafe zu vermeiden. Er leuchtet nicht nur im Hinblick auf obrigkeitliche, sondern auch auf alle göttlichen Strafen ein. Viele meinen, wenn sie nicht von der Obrigkeit öffentlich bestraft würden, hätten sie nichts zu befürchten, wie sehr sie auch ihren Lastern frönten. Die Schrift weist uns aber auf die göttliche Vergeltung hin, wie Hiob sagt: »Ich fürchte mich vor ihm wegen meiner Werke, denn ich weiß, daß er die Übeltäter nicht schont.« (Hiob 23,15;34,11). Man kann daher nicht anders denken, als daß die Strafe unausbleiblich folgen werde, sooft wir die Zucht verletzen.

So sicher der Satz ist, daß Gott existiert, ebenso sicher ist dieser: Gott ist ein gerechter Rächer der Sünde. So gewiß Feuer brennt oder leuchtet, so gewiß ist es göttliche Ordnung, daß schwere Vergehen durch schwere Strafen geahndet werden. Darum heißt es: »Wer das Schwert nimmt, der soll durch das Schwert umkommen.« (Mt 26,52). »Weh dem, der sein Gut mehrt mit fremdem Gut.« (Hab 2,6). »Die Unzüchtigen und die Ehebrecher wird Gott richten.« (Hebr 13,4). Ebenso: »Der Herr wird den nicht ungestraft lassen, der seinen Namen mißbraucht.« (Ex 20,7). Und: »Verflucht ist, wer Vater oder Mutter verachtet.« (Sir 3,18).

Beispiele zu diesen Aussprüchen finden sich allenthalben, in der heiligen wie in der weltlichen Geschichte, und die tägliche Erfahrung läßt selbst die Heiden zugeben, daß die Menschen nicht ungestraft sündigen. Deshalb gibt es folgende Redewendungen: »Ein vergeltendes Auge hat Gott.« »Auf die Sterblichen schaun mit richtendem Auge die Götter.« »Wie die Tat, die er schuf, so ist das Ende des Mannes.«

Und treffend sagt Pindar: »Süß ist der Raub, doch herb der Nachgenuß.« (...) An solche Aussprüche müßt ihr euch erinnern, auf die Beispiele im täglichen Leben achten und mit allem Ernst solche Gedanken abschütteln, mit denen so viele sich schmeicheln: »Ich will meinen Begierden folgen, so lange es das Alter zuläßt, und werde doch davonkommen.« Aber du wirst es nicht, wie Salomo im Buch des Predigers richtig sagt: »Das gottlose Treiben rettet den Gottlosen nicht. Wenn ein Sünder auch lange lebt, wird es ihm zuletzt nicht wohl ergehen.« (Koh 8,8.12f.). Damit stimmt auch der Ausspruch jenes heidnischen Dichters überein:

> »Armer, und wenn auch zuerst Du künstlich verbirgst den Meineid,
> Spät holt, leisesten Schritts, dennoch die Rache dich ein.«

Wir sehen, daß Räuber und Diebe zuletzt doch noch von der Strafe ereilt werden, und bei vielen kommt es vor, daß sie sich selbst dem Gericht stellen. Gott will seine Gerechtigkeit kundtun: darum straft er die Übeltäter. Und er ist im Vollzug seiner Strafen nicht etwa langsam. Das geschieht in diesem Leben nach fester Regel, und zwar werden die Menschen üblicherweise durch das bestraft, wodurch sie gesündigt haben.

Obwohl Gott bei Bußfertigen die Strafen mildert (...), ahndet er dennoch selbst bei Heiligen die Vergehen. Und wir sollen nicht daran zweifeln, daß nur darum so viel Unglück in der Welt, so vielfache Strafe über sie verhängt ist, weil sie die Sünden anhäuft und göttliche und menschliche Rechte verachtet. Jeder maßt sich die Willkür an, zu tun, was ihm beliebt. Daher kann es nicht ausbleiben, daß wir persönliche und öffentliche Züchtigungen erfahren.

Der dritte Grund besteht in der Notwendigkeit, das Glück anderer nicht zu stören. In dieser Beziehung heißt es: »Du sollst deinen Nächsten lieben wie dich selbst.« (Lev 19,18). Ebenso: »Was du nicht willst, daß man dir tu, das füg auch keinem andern zu.« (Tob 4,16). Wir sollen nicht so rücksichtslos sein, zu meinen, wir ständen in der Menschheit allein da. Wir müssen uns im Zaum halten, damit auch andere in Ruhe leben können. Wer das nicht tut und nicht auf die Ruhe der anderen bedacht ist, der ist jenem Brudermörder Kain nicht unähnlich, der auf die Frage des Herrn: »Wo ist dein Bruder Abel?« sich durch den Einwand rechtfertigen will: »Soll ich meines Bruders Hüter sein?« (Gen 4,9). Aber er kann sich mit dieser Ausflucht weder vor Gott noch vor seinem Gewissen rechtfertigen. (...)

Hierher gehört noch, daß die Verletzung der äußeren Zucht auch durch das Ärgernis anderer schadet, weil andere das, was sie dich tun sehen, bald auch selbst nachzuahmen wagen. (...)

218

Bleibt noch der vierte Grund, über den Paulus sagt: »Das Gesetz ist unser Zuchtmeister bis zu Christus hin.« (Gal 3,24). Äußere Zucht ist daher auch deswegen notwenig, damit die Menschen von Christus belehrt werden können: ebenso, damit Christus in ihren Herzen wirksam sein kann. Denn diejenigen, die in ihren Verbrechen verharren und hartnäckig fortfahren, die Zucht zu verletzen, stoßen Christus von sich, und der Heilige Geist kann in ihnen nicht wirken. Auch kann in demjenigen, der gegen sein Gewissen anrennt, unmöglich Glaube entstehen. Darum steht geschrieben: »Täuscht euch nicht: Unzüchtige, Ehebrecher, Mörder werden das Reich Gottes nicht sehen. Um dieser Dinge willen kommt der Zorn Gottes über die Kinder des Ungehorsams.« (Eph 5,5f.).

Wer ein Ehebrecher, Unzüchtiger oder Frevler bleiben, wer in irgendwelchem bösen Vorsatz verharren will, der soll wissen, daß er keine Vergebung seiner Sünden erlangen kann, weil jener Schwur Gottes notwendig die Bekehrung fordert: »So wahr ich lebe: ich habe kein Gefallen am Tod des Gottlosen, sondern daß er sich bekehre und lebe.« (Ez 33,11). Und Jesaja ruft aus: »Laßt ab vom Bösen und lernt Gutes tun.« (Jes 1,16f.). Es ist daher notwendig, mit den Sünden gegen das Gewissen aufzuhören. (...)

Diese Gründe, die uns zum Einhalten der Zucht verpflichten, müssen allen bekannt sein, weil sie, je fleißiger sie beherzigt werden, die Gemüter desto mehr zu einem gesitteten Betragen anhalten. Denn ganz sicher ist Unwissenheit und ein Zyklopenleben keine Tugend, wie einige glauben. Oft, wenn ich unsere Zeit betrachte, erfaßt mich ein so gewaltiger Schmerz im Innern, daß er mich fast aufreibt, zumal wenn ich wahrnehme, wie allerorten die wütende Feindschaft gegen das Gesetz immer größer wird. (...)

Nachdem ich nun die Gründe, die uns zu äußerer Zucht verpflichten, auseinandergesetzt habe, will ich das Bild, dessen sich der Herr in dem Wort »gürten« bedient, auf die Deutung des Begriffs »Zucht« beziehen. Im Menschen sind zweierlei Kräfte, die beherrschend sein können: das Herz und die äußere Bewegung, die aber auf verschiedene Weise gelenkt werden. Im allgemeinen ist nämlich die eine Lenkung die politische, die durch Überzeugung, und die andere die despotische, die durch Befehl wirkt.

Denn das Herz wird durch politische Lenkung, das heißt durch Überzeugung bestimmt. Die äußere Bewegung aber wird durch den Befehl ihres Herrn bestimmt, weil die äußeren Gliedmaßen gezwungen werden können, sich nach dieser oder jener Richtung zu bewegen. Ich kann die Augen abwenden, damit sie nicht sehen. Ich kann mich, selbst wenn ich durstig bin, des Trinkens enthalten. Ich kann den Händen gebieten, daß sie nicht stehlen oder einen anderen nicht schlagen sollen. Von dieser Lenkung der äußeren Bewegungen nun redet der Herr, wenn er spricht: »Du gürtetest dich selbst.« Und die natürliche Vernunft vermag diese Lenkung zu vollbringen. Es ist nichts, wenn du sprechen würdest: »Ich kann mich dieses oder jenes Vergehens nicht enthalten!« Vielmehr hat Gott dem Menschen diese Freiheit gelassen, damit er seine äußeren Gliedmaßen zu zügeln vermag.

Die innere Regierung des Herzens ist schwächer, wogegen die Lenkung unserer äußeren Bewegungen mehr in unserer Gewalt ist, und diese gewährte Gott, damit wir irgendeine Vorstellung von dem Unterschied zwischen Freiheit und Unfreiheit oder Gebundenheit haben, und erkennen sollen, daß Gott selbst ein freies Wesen ist, und damit die menschliche Gesellschaft durch eine wohlgeordnete Zucht erhalten werden kann.

Jeder einzelne muß sich daher darum bemühen, daß er diese Freiheit, das heißt diese Fähigkeit, sein Betragen im Äußeren zu zügeln, anwende. Und wir, die wir in der Kirche sind, sollen zugleich Gott anrufen, daß er uns durch den Heiligen Geist regiere, nicht nur in der Erfüllung der Zucht, sondern auch hinsichtlich der Beherrschung der Leidenschaften, wie jener Psalm fleht: »Schaffe mir, Gott ein reines Herz!« (Ps 51,12). Diejenigen aber, die heilig sind, denen durch den Heiligen Geist geholfen wird, erfüllen beharrlich die äußere Zucht und empfinden in ihrem Inneren selbst spirituelle Regungen.

Und es ist eine große Gnade Gottes, daß er die Kirche zu einer Wohnung des Heiligen Geistes bestimmt hat und durch diesen in uns wohnen will. Diese unermeßliche Güte Gottes möge uns antreiben, daß wir uns selbst den Zaum anlegen, oder, wie Christus hier sagt: »uns gürten«, und »ein Leben führen nicht als Unweise, sonden als Weise« (Eph 5,15), mit großem Ernst, wie Paulus empfiehlt, wobei er diejenigen »Unweise« nennt, die weder Umsicht bei der Wahl ihrer Zwecke beweisen, noch ihre Begierden im Zaum halten wollen.

Vom Kreuz und der Geduld

Obwohl aber die Sorgfalt der Wiedergeborenen hinsichtlich der äußeren Zucht Gottesdienst ist und seinen Lohn hat, meint Christus doch eine viel höhere Weisheit, die die Vernunft nicht erkennt, wenn er von der anderen Umgürtung sagt: »Ein anderer wird dich gürten und führen, wo du nicht hin willst.« Er weist nämlich darauf hin, daß die Kirche dem Kreuz unterworfen und daß Gehorsam gegen Gott in Anfechtungen ein viel höherer Gottesdienst ist, den das Bekenntnis der Lehre, standhafter Glaube, Gebet, Hoffnung auf Hilfe und Rettung begleiten. Diese Weisheit kannten Petrus und die übrigen Apostel noch nicht, da sie nicht nur vor dem Leiden Christi, sondern auch nach der Auferstehung des Herrn noch in ihren Träumen von der Annehmlichkeit dieses Lebens und von einem politischen Reich des Messias befangen waren. Diese Träume weist der Herr hier mit den Worten zurück: »Ein anderer wird dich gürten«, als wollte er sagen: Die Kirche ist dem Kreuz unterworfen, insbesondere diejenigen, die lehren und das Amt ausüben: denn diesen kündigt auch Mose in dem Segen für den Stamm Levi vornehmlich das Kreuz an, wenn er sagt: »Wer von seinem Vater und seiner Mutter und seinen Söhnen spricht: ›Ich kenne euch nicht‹ etc.« (Dtn 33,9).

Einen heftigeren Eindruck aber macht das Unglück auf die Menschen, wenn sie alt zu werden beginnen, und doch geschieht es vielen, daß sie gerade im Alter ihre Nöte erfahren, weshalb es heißt: »Fürchte das Alter, denn es kommt nicht allein!« Die Jugend erträgt Widrigkeiten leichter, teils weil sie mehr Frische des Körpers und des Geistes besitzt, teils weil sie sich in ihrer Sorglosigkeit weniger um Unangenehmes kümmert. (...) Schwerer hingegen wird es alten Leuten zu ertragen, was ihnen zustößt, weil ihre Lebenskraft abnimmt und die Schwäche bei ihnen größer ist. Sie pflegen sich weit mehr mit Sorgen über gegenwärtige oder bevorstehende Übel zu peinigen: und oft auch sind die Umstände so beschaffen, daß sie auf bejahrte Menschen einen tieferen Eindruck machen, sie schmerzlicher berühren müssen.

Isokrates sagt: »Wie man im Unwetter einer Kopfbedeckung bedarf, so im Alter der Seelenruhe«, das heißt, es darf nichts vorhanden sein, was die Seele schmerzlich bewegt, wie zum Beispiel Sorgen und Ursachen zu Sorgen.

Dies gehört zur Beschreibung der menschlichen Natur, wie wir sie aus Erfahrung kennenlernen. Ein anderer Ausspruch über die Greise findet sich bei Thukydides: »Nahrung für Greise ist die Ehre.« Alten Menschen tut es am meisten weh, wenn sie sich verächtlich behandelt sehen. Und doch ist es allgemein verbreitet, daß diejenigen, die in der Blüte des Lebens stehen, das Greisenalter verachten, und schon Jesaja zählt es zu den großen Übeln und Freveln in der Welt, daß die Ehrerbietung gegen das Alter untergegangen sei.

Darum sagt Christus Petrus nicht nur voraus: Du wirst Leiden zu erdulden haben, sondern fügt hinzu: »wenn du alt wirst«. Er will ihn auf künftiges Elend vorbereiten: und zwar solches, das ihn in einem Alter treffen werde, in dem er es, dem Fleische nach, viel schmerzlicher empfinde. Wir sollen aber wissen, daß auch wir bereit sein müssen, das Kreuz zu tragen, dann nämlich, wenn es nötig sein wird, wie Petrus sagt: »Niemand aber unter euch leide als ein Übeltäter, sondern wo es nötig ist« (1 Petr 4,15f.), das heißt, wenn es das Bekenntnis der Wahrheit erfordert: was hier mit dem süßen Lobspruch geziert wird, daß es Gott ehre. Denn Johannes schreibt, Christus habe solches gesprochen, um »anzuzeigen, mit welchem Tod er Gott preisen würde.« Es ist demnach Gottesdienst, wegen des Bekenntnisses zu leiden oder durch sein Leiden zu bezeugen, daß man wahrhaft so denke, und durch solches Zeugnis die Wahrheit auszubreiten und viele zur Erkenntnis und zur Verherrlichung Gottes zu führen.

Bei Clemens von Alexandrien findet sich die Geschichte über die Gemahlin des Petrus, die dieser, als er sah, wie sie zur Hinrichtung geführt wurde, angeredet und ihr diese trostreichen Worte zugerufen habe: »Gedenke des Herrn, o du Meine, das ist die Ehe der Heiligen!« Diese Geschichte bezeugt, daß Petrus in seinem Alter widerfahren ist, was ihm vom Herrn vorher verkündigt worden war: ja er selbst wurde später in Rom auf Befehl Neros hingerichtet.

Zu Recht aber wird diese Geschichte gegen den schwärmerischen Wahn von der stoischen Apathie angeführt, die zu allen Zeiten unter vielen Gruppierungen verbreitet war: wie denn auch in unserer Zeit Müntzer beim Ende seines Sohnes sagte, er würde durch nichts berührt, weil er das kreatürliche Gefühl ausgetilgt habe; »er wäre den Kreaturen entrissen.« Als er aber später, nachdem er die Masse zur Empörung aufgewiegelt hatte, gefangengesetzt war und enthauptet werden sollte, bemächtigte sich seiner eine so große Seelenangst, daß er einen von unseren Hofleuten, der zugegen war, um einen Trunk bat, und als man diesen brachte, eine große Kanne in einem Zug austrank. Solchen Schmerz empfand er im Gefühl des Todes: und vielleicht ging er ohne Trost dahin. Die wahrhaft Heiligen hingegen sind keineswegs stumpf gegen Gefühle. Deshalb leiden sie auch nicht ohne Kampf; jedoch besiegen sie ihre Schmerzen durch Gebet und Geduld.

Es ist aber die philosophische Geduld von der christlichen zu unterscheiden.

Philosophische Geduld bedeutet, in jeder Not der Vernunft zu gehorchen, damit man nicht aus Seelenschmerz etwas tue, was gegen die Schicklichkeit oder die Gerechtigkeit wäre. Diese Geduld bringt Cato nicht auf, indem er sich selbst ermordet. Denn er handelt gegen die Gerechtigkeit, das heißt, gegen das Gebot: »Du sollst nicht töten!« Ebensowenig ist Cicero in der Verbannung geduldig. Denn er handelt gegen die Selbstbeherrschung, indem er wegen seiner Verbannung aus dem dazu noch so unruhigen Staat sogar weibische Klagen anstimmt, obwohl er doch an seinem damaligen Aufenthaltsort viel angenehmer lebt. Aristides erfüllt diese philosophische Geduld einigermaßen. Denn er freut sich in der Verbannung, daß er den Unruhen der Stadt Athen entgangen ist: er beglückwünscht sich zu seiner Abberufung von den öffentlichen Angelegenheiten. Aber er beachtet nicht den Willen Gottes, er betet nicht zu ihm, er ist ohne Glaube und Hoffnung.

Etwas weit Größeres ist daher die christliche Geduld, die darin besteht, daß man Gott gehorsam ist und aus Schmerz nichts begehrt, was Gott oder seinen Geboten entgegensteht, und darin, daß man im Vertrauen auf die Gegenwart Gottes von ihm Linderung oder Befreiung erfleht und erhofft. Das findet sich bei den Heiden nicht.

Cato murrt gegen Gott, Cicero ruft aus: »Alle Götter haben mich verworfen.«

David hingegen ist geduldig: Nicht, als ob kein Schmerz in ihm wäre, aber er dämpft ihn, indem er über den Willen Gottes nachdenkt, Gott die Ehre gibt, und festhält am Glauben, am Gebet, an der Hoffnung auf Hilfe und Linderung. So geduldig ist der Kaiser Mauritius gewesen, als er von Phokas gefangengenommen worden war, der ihm Thron und Leben raubte und, bevor er ihn selbst töten ließ, dessen Kinder vor ihn führen und sie alle im Angesicht des Vaters niederzumachen befahl. Dem allen sah Kaiser Mauritius schweigsam zu, fast wie betäubt, aber als seine Gemahlin getötet wurde, blickte er zum Himmel auf und sagte: »Du bist gerecht, o Herr, und gerecht sind deine Gerichte!«

Das sind große, erhabene Beispiele, und wenn wir auch nicht Gleiches zu leisten vermögen, wollen wir uns doch darauf vorbereiten, irgendetwas zu tragen und zu Gott bitten, daß er selbst unsere Geduld bestärken, unsere Trübsal lindern und bewirken wolle, daß sie zu seiner Ehre diene. So viel über das erste Thema. Kommen wir nun zu dem zweiten.

Über das Wort: »Folge du mir nach!«

Als Petrus jene Ankündigung Christi und die hinzugefügte Aufforderung »Folge mir nach!« hört, blickt er auf Johannes und fragt, was mit diesem werden solle. Aber er wird von Christus gerügt: »Wenn ich will, daß er bleibt, bis ich komme, was geht es dich an? Folge du mir nach!« Seine Jünger fassen das irrigerweise in dem Sinne auf, als ob Christus gesagt habe, Johannes werde nicht sterben. (...)

Dieser Vorwurf, den Christus Petrus macht: »Was geht es dich an?«, und der zweimal wiederholte Auftrag »Folge mir nach!« enthalten aber viele Lehren.

Zuerst werden wir auf die Verschiedenheit der Berufungen und auf die Ungleichheit der Begabungen und der Schicksale aufmerksam gemacht, die die Gemüter vielfach beunruhigen. Denn wenn die Menschen sehen, daß die einen zu dem, die anderen zu etwas anderem berufen sind, und wahrnehmen, daß ihnen andere vorgezogen werden, die sie entweder für geringer achteten als sich selbst oder denen sie gleichgestellt zu werden hofften; wenn sie ferner ungleiche Gaben, ungleiche Schicksale, ungleiche Heimsuchungen bemerken: dann werden sie entweder verzagt und ungeduldig, oder sie entbrennen in Eifersucht und Mißgunst gegen andere.

Wenn du siehst, daß deine Gaben denen der Propheten und Apostel nicht gleichkommen und daß du ihre außerordentlichen Tugenden oder die erfolgreichen Taten anderer nicht nachahmen kannst, dann bekümmerst du dich und zweifelst, ob du Gott gefällst oder ob er auf deinem Lebensweg mit dir sein wolle. Oder aber es wird ein guter Seelsorger mit seiner Familie aus seinem kleinen Nest vertrieben. Der denkt: »Ich habe mich um die Kirche so verdient gemacht, und werde dennoch verworfen. Warum schickt Gott mir, der ich so verdient und schon so alt bin, solche Heimsuchungen, während andere, die nicht so verdient sind, Vergnügungen, Ehren und Ruhe genießen?«

So wundern wir uns, wenn wir die Geschichtsbücher lesen, warum Gott das Königreich David gibt und nicht Jonathan, der ja noch zu Lebzeiten seines Vaters tatsächlich König war, zwar nicht dem Namen, aber der Sache nach: Und dennoch wird ihm das Reich weggenommen und er kommt in der Schlacht um (1 Sam 31,2). Ebenso wundern wir uns, warum David sein gesamtes Leben hindurch ständig mit Mühsal und Bedrängnis zu kämpfen hat, da er doch Gott bekanntlich wohlgefällig war? Oder warum man nicht meinen müsse, der Tyrann Tiberius sei von Gott mehr geliebt worden, weil er bis ans Ende seiner Herschaft und seines Lebens große Unangefochtenheit genoß?

Diese Erörterung füllt das ganze Buch des Predigers Salomo aus. Denn er klagt, daß durch die Ungleichheit der menschlichen Schicksale epikureische Ansichten bestätigt werden, wenn Guten und Bösen das Gleiche widerfahre. Ja wenn den Besseren oft mehr Unglück treffe, dem Schlechteren mehr Glück zuteil werde, so frage die menschliche Vernunft kritisch, ob es eine göttliche Vorsehung gebe?

Gegen diese Verzagtheit und das Mißtrauen des Geistes aber muß man an diesem Maßstab festhalten: »Wenn ich will, daß er bleibt, was geht es dich an?« Laß dich nicht irre machen durch die Beispiele ungleicher Berufung, der Erfolge, der Heimsuchungen anderer! »Folge mir nach!« Wir wollen daher den Glauben, der uns gewiß macht, daß wir Gott wohlgefällig sind, ein Gegenstand seiner Fürsorge, von allem dem unterscheiden lernen, was dem Menschen äußerlich geschehen kann. Das Vertrauen auf Gott soll in allen Heiligen gleich sein. Wir sollen glauben, daß wir Gott wohlgefällig sind und unsere Eigenart von ihm um des Sohnes willen angenommen wird. In diesem Glauben sollen wir zu Gott beten, mögen wir nun mit großen oder kleinen Gaben ausgestattet sein, möge unsere äußere Lage günstig oder ungünstig sein.

Auch sollen wir uns nicht daran stoßen, daß andere uns übertreffen, daß Berufungen, daß Erfolge ungleich sind. Das sollen wir dem Ratschluß und dem Willen Gottes überlassen, wie hier gesagt wird: »Wenn ich will, daß er bleibt.« Wir sollen anerkennen, daß die Berufungen verschieden sind: der eine diese, der andere jene Gaben besitzt, der eine so, der andere auf eine andere Weise heimgesucht wird. Seiner Pflicht soll jeder nachkommen, zufrieden sein mit seinen Gaben und sein Kreuz tragen. Jeder einzelne soll Gott seinen Gehorsam leisten, sowohl in seinem Beruf, als auch in seiner Anfechtung, da beide nicht durch Zufall kommen, sondern weil Gott es so will. Gehorche deiner Berufung, prüfe, welche Gaben dir gegeben worden sind, bedenke, was Gott dich leiden lassen will. Überlege nicht ängstlich, was Gott mit anderen beschließen werde. Gott will, daß wir uns durch das von ihm gegebene Wort leiten lassen sollen: Er will, daß wir ihm in dem Beruf dienen, zu dem wir berufen sind. Er will nicht, daß wir wegen der Verschiedenheit der Gaben den Glauben wegwerfen.

Denn auf diese Weise müssen wir unsere Ungeduld und unser Mißtrauen heilen.

Oft aber erzeugt die Ungleichheit der Berufungen, der Gaben und der Erfolge in leidenschaftlichen Naturen Eifersucht und Mißgunst. Dieses Übel ist nicht nur in der Kirche üblich, sondern auch in anderen Kreisen der Menschen. Kain beneidet seinen Bruder und wird zum Brudermörder. Er erschlägt den Bruder und wird dadurch für sich wie für seine Eltern und Nachkommen zur Ursache großer Übel. Esau kränkt es, daß sein Bruder Jakob ihm vorgezogen wird. Deshalb stellt er ihm nach und droht ihm sogar mit dem Tod (Gen 27,41). Saul wird zornig über Davids Ruhm: Er sieht, daß er vom Volk weit mehr gefeiert, von Gott mit den glänzendsten Siegen geschmückt wird. Er versucht ihn deshalb zu vernichten (1 Sam 18,28ff.).

So sind auch in der Kirche aus Neid und Eifersucht oft Erschütterungen ausgelöst, neue Dogmen aufgestellt, falsche Meinungen verteidigt, große Spaltungen herbeigeführt worden. Dadurch verletzt, daß ihm Alexander bei der Bischofswahl vorgezogen worden war, begann Arius den Streit über den Sohn Gottes. So hat auch unsere Zeit die Beispiele vieler gesehen, die nur aus Neid Leidenschaften anheizten oder falsche Ansichten verteidigten, nur um das Ansehen derer zu erschüttern, von denen sie meinten, daß sie ihnen überlegen wären.

Ja auch die Bürgerkriege, die die Macht der römischen Republik brachen, entstanden aus keinem anderen Grund, als aus Eifersucht. Marius beneidete Sulla. Deswegen fing er Krieg an, um ihn aus seiner Stellung zu drängen und von seiner Höhe herabzustürzen. Aber das war für ihn selbst, für das Reich und für seine Kinder die Ursache großen Unglücks. Als Sulla das Haupt von Marius' Sohn gebracht wurde, während er bei der Rednertribüne saß, sprach er: »Das Ruder muß von dem geführt werden, der es gelernt hat.« Pompejus bekümmerte die wachsende Macht Julius Caesars, der wiederum wollte nicht die untergeordnete Rolle spielen. So entzündete sich der Bürgerkrieg. (...) Überhaupt ist Eifersucht ein sehr allgemeines Übel innerhalb der ganzen Menschheit, aus dem schreckliche Verwüstungen der Kirche und der Staaten entstehen. Es ist aber schwierig, diesen Hang in heftigen Naturen zu zügeln. Darum handelt Christus von einem wichtigen Gegenstand, wenn er hier Petrus von Neid und Eifersucht abbringt. Wenn Gott David auszeichnen will, dann sei Saul damit zufrieden. Er überlasse es Gott, wie er nach seinem Ratschluß Gaben und Erfolge verteilt.

Er erkenne, daß auch er von Gott aus niedrigem Stand erhoben worden ist: Er danke Gott, daß er zum Heil des Volkes mehrere Diener erweckt, und bitte darum, solche Wohltaten zu mehren. Was ist unwürdiger, als auf Gott um einer Wohltat willen zu zürnen? »Oder habe ich nicht Macht zu tun, was ich will, mit dem was mein ist?« spricht der Herr. »Siehst du scheel drein, weil ich so gütig bin?« (Mt 20,15). Moses tadelt Josua, der forderte, daß er diejenigen, die nicht zur Zahl der Ältesten gehörten, nicht weissagen lassen möge, mit den ernsten Worten: »Eiferst du um meinetwillen? Wollte Gott, daß alle im Volk des Herrn Propheten wären und der Herr seinen Geist über sie kommen ließe.« (Num 11, 29).

So soll jeder von uns, wenn er sieht, daß ein anderer hervorragt, Gott für diese Gabe danken, den Staat glücklich preisen und Gott bitten, daß er viele geeignete Diener geben wolle.

So benimmt sich Jonathan gegen David; er weiß, daß sich kein Mensch des Reichs des Gottesvolkes gewaltsam bemächtigen dürfe, sondern daß es dem vorbehalten sei, dem es Gott nach seinem Ratschluß übergeben werde. Da er nun sieht, daß David von Gott zur Herrschaft dieses Reichs berufen ist, weicht er ihm mit Freude und dankt Gott, daß er den Würdigeren und Geeigneteren ausgewählt hat. Er unterwirft sich sogar David, hängt mit Liebe an ihm und verteidigt ihn gegen den tyrannischen Vater. (1 Sam 19,1ff.). Ein ähnliches Beispiel hat die Geschichte kaum aufzuweisen. Denn im allgemeinen verhält es sich so, wie in jenen Versen gesagt wird:

»Gold und köstliche Habe schenkt der Freund seinem Freunde,
Doch ist selten der Freund, der willig ihm weiche am Geiste,
Und in der Herrschaft Besitz.«

Ihr seht es in den evangelischen Kirchen, wie selten sich, obwohl
sie von großen und vielen Gefahren umringt sind, Beispiele ähnlicher Tugend selbst unter den Kollegen des gleichen Dienstes finden. Wie wenig Städte es gibt, in denen eine solche Einmütigkeit
der Gelehrten besteht, daß keine Zeichen des Neids aufkommen.
Weit mehr Orte gibt es, wo man offenen Haß, Feindschaft, Mißgunst, Intrige, Beleidigung wahrnimmt. Und nirgends fehlt es an
solchen, die stets bereit sind, ihre Krallen in die wunden Stellen anderer zu schlagen und die Gemüter zu erbittern. Auf diese ist jener
Vers des Lukanus anzuwenden:

»Lauernd umschleicht er das Herz und fügt zum glimmenden
Groll
Lodernde Flammen.«

Und deshalb sagt Vergil:

»Mit Geschrei steigern sie die Wut.«

Das ist aber nicht christlich. Diejenigen, die wirklich fromm
sind, sollen weder mit anderen an Gehässigkeit wetteifern noch den
Haß anderer entflammen. Vielmehr sollen wir uns stets bemühen,
Versöhnung zu stiften, das heißt, den Geist zu heilen und gegensei-
tiges Wohlwollen unter den Menschen zu nähren. Denn ein Greuel
ist dem Herrn, wer Zwietracht unter Brüdern sät.

Von der Neugier

Aber reden wir nun auch über die Neugier, die Christus ebenfalls
tadelt und mit den Worten untersagt: »Was geht es dich an? Folge
du mir nach!«

Plutarch hat ein Buch über die Neugier geschrieben, das ich den
Studierenden empfehle. (...) Bei uns spricht man von einem »Hans
in allen Gassen, der viel zu tun haben will, obwohl ihm doch wenig
befohlen ist.«

So sind alle, die nach dem fragen, was sie nichts angeht, und von
denen es heißt: »Viel fragen macht einen verhaßt.« Und:

»Meide den lästigen Frager, denn der ist stets auch ein Schwätzer.«

Weit mehr aber sind diejenigen Neugierige, die tun, was ihnen nicht befohlen ist.

Petrus nennt diejenigen »vorwitzige Bischöfe«, »die sich in ein fremdes Amt einmischen«, (...) wie wenn Prediger politische Geschäfte an Höfen oder in Städten leiten, oder weltliche Machthaber über die Kirche herrschen und die Religion nach ihrem Gutdünken zurechtbiegen wollen.

Bei Aristophanes heißt es von Kleon, er habe den einen Fuß in der Ratsversammlung, den anderen im Feldlager. Diesen Ausspruch pflege ich auf die Prediger zu übertragen, die bei Hof oder im Rat herrschen wollen. Denn solche setzen in Wahrheit gleichsam den einen Fuß auf die Kanzel, den anderen auf das Rathaus.

Von eben diesem Kleon sagt Aristophanes: »Immer ist er geschäftig, beratschlagt, ficht mit der Zunge.« Dasselbe tun gewisse unruhige Prediger, sie reizen zu Parteiungen, erregen Händel, schmieden Intrigen, setzen herab, kritisieren andere, und dies oft in Angelegenheiten, die ihrer eigenen Berufung fremd sind.

Im persönlichen Leben nennt man zu Recht auch jene Neugierige, die sich, indem sie das Notwendige unterlassen, mit unnötigen Dingen abgeben, wie die Menschen ja meistens das Notwendige versäumen, wenn sie Unnötiges treiben. (...) Seneca schildert diesen Fehler, wenn er sagt: »Ein großer Teil des Lebens geht uns durch Nichtstun, ein größerer durch Übeltun, der größte durch Fremdtun verloren.«

Es gibt aber einen Gegensatz zu dem Fehler der allzu Geschäftigen, der in der Tugend besteht, daß man das, was wesentlich zu seinem Beruf gehört, gut verrichtet und diesen nicht überschreitet, (wie das Bienchen fleißig ist, die Arbeiten erledigt, die ihm bestimmt sind, um Honig zu erzeugen), und jeder einzelne seinem Platz treu bleibt. Aristoteles macht die Gerechtigkeit zur Lenkerin der menschlichen Gesellschaft. Ein Teil von ihr ist jene fleißige Geschäftigkeit, wenn jeder das Seine tut und beachtet, was seiner Stellung und Arbeit entspricht. Plato meint dasselbe, wenn er sagt, die Erhaltung der Verhältnisse sei gleich mit der Erhaltung des Lebens. Er redet aber besonders von den geometrischen Verhältnissen. (...)

Der gleiche Plato definiert das als Gerechtigkeit, wenn man tue, was einem zukomme und weiter nicht neugierig sei. (...) Derjenige ist im guten Sinne geschäftig, der einsieht, wozu er berufen ist, und der, zufrieden mit seiner Stellung, dasjenige sorgfältig verrichtet, was seine Pflichten sind, und das meidet und unterläßt, was nicht seine Pflichten sind.

Wir sollen wissen, daß uns diese Tugend in den Worten Christi aufgetragen wird: »Folge du mir nach!« Und wie Paulus sagt: »Jeder bleibe in der Berufung, in der er berufen wurde.« (1 Kor 7,20).

Wir sollen wissen, daß unser ganzes Leben durch das Wort Gottes geleitet werden muß, wie es heißt: »Dein Wort ist meines Fußes Leuchte.« (Ps 119,105). Ebenfalls sollen wir wissen, daß wir unter den übrigen Vorschriften des göttlichen Wortes auch die von der Sorgfalt unserem Beruf gegenüber und vom Fleiß in ihm zu befolgen haben. Im Dekalog kann der Fleiß auf mehrere Gebote bezogen werden. Aber Grade der Berufungen werden besonders in dem Gebot unterschieden: »Du sollst deinen Vater und deine Mutter ehren!« (Ex 20,12). Der Vater hat seinen Beruf, der Sohn den seinigen. Hieraus leiten sich die übrigen Ordnungen ab. (...)

Die äußersten Gegensätze zu der fleißigen Geschäftigkeit sind Trägheit und Vieltuerei. Die Trägheit tut nichts. Viele Gelehrte, Bürger, Fürsten sind träge, tun ihre Pflicht nicht, scheuen die Arbeit, sind die homerischen Margiten, die weder graben noch betteln mögen. Sie begehren so viel Genuß und Muße, wie von Ninyas geschrieben steht: »Er ißt und trinkt, alles andere kümmert ihn nicht.«

Vieltuerei hingegen besteht darin, wenn man zu viel tun will, sich in fremde Angelegenheiten einmischt, Tätigkeiten miteinander vermengt.

Diese entspringt zuweilen aus Unstetigkeit der Natur, aus Eitelkeit des Charakters und aus jener Gedankenlosigkeit, von der es heißt: »Gedankenlose Menschen fassen auch unbedachte Entschlüsse, wie gerade Lust und Laune sie treiben.«

Manchmal geht sie aber auch aus schlechter Nachahmung der Beispiele anderer hervor: wie etwa viele jetzt Luther gleichen wollen. Sie schützen einen Eifer vor, der ohne Einsicht ist. Sie erzeugen Lärm über Dinge, die sie nicht verstehen; sie verfolgen die Angelegenheiten nicht bis auf den Grund. Sie ahmen das Nebensächliche nach, nicht das Wesentliche. Von solchen sagt Polybius: »Viele, die großen Männern gleich erscheinen wollen, ahmen, weil sie diese in den wesentlichen Dingen nicht erreichen können, Nebensächlichkeiten nach, und stellen so ihre eigene Torheit zur Schau.«

In den Fabeln heißt es, das Wachs habe die Ziegelsteine nachahmen wollen und sich ins Feuer geworfen, wo es verzehrt worden sei. Denn Wachs schmilzt im Feuer, die Ziegelsteine halten es aus. Dieses Bild illustriert jenes fragwürdige Streben, dem ungleichen Beispiel anderer nachzuahmen, wenn der Mensch dasjenige tun will, was weder seiner Natur noch seinen Pflichten angemessen ist. So sehen manche, daß andere an Höfen emporkommen: Nun stürzen auch sie sich in die Höfe und mengen sich in Geschäfte, für die sie weder tauglich, noch denen sie gewachsen sind.

Francesco Petrarca erzählt von einem Hirten, der an den Hof kam. Dort schenkte ihm jemand einen Spiegel, wie er zuvor noch keinen gesehen hatte. Nachdem er sich nun darin beschaut hatte, ging er, im Vertrauen auf seine Schönheit, in das Gemach der Damen. Aber nachdem er dort übel behandelt und die Treppe hinuntergeworfen worden war, rief er aus:

»Ewig seufze der Schuft, der zuerst den Hirten des Hofes
Schlimme Geschenke gereicht.«

Da sieht mancher, daß einige durch Bücherschreiben oder irgendein Geschäft Ansehen und Berühmtheit erlangt haben, und glaubt nun, er müsse ein Gleiches tun. Aber er sündigt durch Vieltuerei, entsprungen aus dem falschen Bestreben, andere nachzuahmen.

Am öftesten aber entsteht Vieltuerei aus Ehrgeiz, der die meisten dazu antreibt, sich mit vielen und fremden Dingen zu befassen und außerhalb ihrer Bahnen zu laufen. Antonius, nicht zufrieden damit, daß er das Reich mit Octavius teilen soll, beginnt einen unnötigen Krieg. Bellerophon gibt dem Pegasus die Sporen, um zu schauen, was Zeus im Himmel tut. Alkibiades führt aus eitler Ruhmsucht das Heer nach Sizilien. Um sich neuen Ruhm zu erwerben, setzt Pyrrhus nach Italien über, wo er durch einen Steinwurf getötet wird. Woher die Vieltuerei aber auch immer entstehen mag, sie ist ein sehr verbreiteter Fehler unter den Menschen. Und es gibt fast unzählige Aussprüche, in denen dieser so alltägliche Fehler getadelt wird.

Seneca sagt: »Es ist schwer, einen Menschen zu steuern«, das heißt es ist schwer, daß ein Mensch innerhalb seines Berufes und innerhalb seiner Bahnen bleibt. Oft aber verstrickt ein Vieltuer viele andere mit sich. Daher heißt es in den Versen bei Stobaeus:

»Ohne Geschäfte leben ist ein süßes, hohes Gut,
Wenn unberührt man bleibt von andrer Leute Tun,

Denn der, der unter Bestien, unter Affen lebt.
Muß Affe sein – o welch ein unglücksel´ges Los!«

Schön ist auch jener Ausspruch Gregors von Nazianz: »Das, was nicht notwendig ist, nenne ich überhaupt kein Werk, das wert ist, getan zu werden, und unnütze Nebenbeschäftigungen muß man verachten und vermeiden.«

Am herrlichsten von allen aber ist das Wort des Apostels Paulus, wo er unnütze Vieltuerei zu meiden gebietet, 1 Thessalonicher (4,10f.): »Wir ermahnen euch aber, liebe Brüder, daß ihr darin noch vollkommener werdet, und setzt eure Ehre darein, daß ihr ein stilles Leben führt und das Eure schafft.« Er bedient sich des sehr bezeichnenden Ausdrucks »setzt eure Ehre darein«. Er gebietet dies mit Ehrgeiz zu betreiben, oder daß man sich in dieser Angelegenheit höchster Sorgfalt befleißige, nämlich im Bemühen um Ruhe und darum, dasjenige zu tun, was uns zukommt. Weltlich gesinnte Menschen spornt der Ehrgeiz dazu an, daß sie aus ihrem Beruf ausbrechen. Das ist ein fehlerhafter Ehrgeiz und eine falsche Ruhmsucht, die nicht auf dem Weg der Ordnung Ehre erstrebt, sondern den Beifall irgendwelcher Beliebiger sucht, wobei man Handlungen, die die Kräfte übersteigen, außerhalb des Berufs im Vertrauen auf eigene Weisheit und Fähigkeiten unternimmt. Dem stellt Paulus daher einen anderen Ehrgeiz oder eine andere Weise, Ruhm zu suchen, entgegen. Wenn ihr Ehre erlangen wollt, sagt er, wie ja alle Ehre als etwas Herrliches betrachten und von vielen die Ehrsucht für Seelengröße gehalten wird: dann unternehmt nichts, was eure Kräfte oder euren Beruf übersteigt, sondern »führt ein stilles Leben«, tut nichts Unnötiges, »und schafft das Eure«, das heißt, es erfülle jeder die Pflichten seines Berufs! Eine Spitzfindigkeit wie diese ist unangebracht:

Ehrgeiz ist ein Fehler.

Daher ist es nicht recht, daß uns Paulus ehrgeizig zu sein gebietet.

Ich antworte darauf, daß »Ehrgeiz« bei den Griechen im guten wie im schlechten Sinne gebraucht wird, das heißt eine gängige Bezeichnung für den Fehler, als auch für die Tugend ist. Aber Paulus verwendet dieses Wort im Hinblick auf das ordentliche Streben nach Ehre, bei dem wir ein gutes Gewissen zu behalten wünschen und die Billigung ehrbarer Menschen zu gewinnen bemüht sind, die von den Tugenden die richtige Ansicht haben.

Bei den Lateinern wird der Begriff »Ehrgeiz« im negativen Sinne gebraucht. Paulus aber behielt mit besonderer Absicht jenes griechische Wort bei, weil es für Ehrgeizige beifälliger und besser klingt. Und weil die Übrigen, die ehrgeizig sind, dadurch Ehre zu gewinnen suchen, daß sie der Vieltuerei frönen, was jenseits ihres Berufes liegt, gebietet er uns das entgegengesetzte Bemühen, nämlich die Ruhe zu lieben und sich nicht außerhalb des Berufes zu tummeln.

Auch ein Augustus, wenn er diesen Ausspruch des Paulus gelesen hätte, würde ihn zum Wort eines weisen Mannes erklärt haben. (...)

Bei Cicero findet sich ein von den Griechen entlehntes Sprichwort: »Du hast Sparta zufällig erhalten, schmücke es.« Sparta ist die Hauptstadt von Lakonien gewesen. (...) Einst gab es dort die allerkriegerischsten Soldaten. Aber in dieser Redewendung ist der Name sprichwörtlich und bildlich für jede beliebige Aufgabe oder Verrichtung oder ehrbare Stellung zu nehmen, deren Fürsorge und Pflege jemandem übertragen wurde. Der Sinn ist: Wenn du eine ehrbare Stellung hast, dann benütze sie zur Übung der Tugend. (...)

So soll jeder einzelne denken. Sie mögen Gott und dem Staat dienen, in welche Stellung auch immer sie eingesetzt worden sind, und sich bemühen, tüchtig und regsam in ihrem Beruf zu sein, sei das übertragene Amt hoch oder niedrig.

Auch diese Aussprüche sind gegen Vieltuerei gerichtet: »Reiten lernte der Reiter, der Sänger die Kunst des Gesangs.« Und daß »ein jeder nur die Kunst treibe, die er versteht.«

Phalaris sagte zu Simonides: »Ich höre, daß du viel über meine Art der Regierung sprichst. Möge sich jedoch der Dichter nur um seine Musen kümmern.« (...) Aristoteles sagt, wenn die Künstler über ihre Künste urteilen würden, wären die Staaten glücklich. Kaiser Hadrian beriet sich über den Bau eines Tempels in Rom und wollte den Schein erwecken, alles zu wissen. Er übergab daher den Baumeistern eine Planskizze des Gebäudes. Aber ihm wurde von einem der Baumeister entgegnet: »Geh, male du Kürbisse!« Beleidigt durch diesen Freimut, ließ er jenen danach hinrichten.

Der ägyptische König Patientius nahm es hin, daß ein Tonkünstler ihm zuflüsterte: »Etwas anderes ist das Zepter, etwas anderes das Plektrum«, das heißt verrichte du, was dein Reich betrifft, mich laß die Musik machen. (...)

Dieses Beispiel bezieht sich darauf, daß schon in geringfügigen Dingen die Vieltuerei manche Nachteile mit sich bringt. Viel gefährlicher aber ist sie in wichtigen Angelegenheiten, bei Erregung von Streitigkeiten über die Dogmen, bei Veränderungen der Lehre, bei der Kirchenordnung, bei der Leitung des Staats, beim Beginnen von Kriegen. Das verstehen Jünglinge noch nicht. Aber dennoch, und selbst in ihren Studien, empfinden sie zuweilen die Nachteile, die mit der Vieltuerei einhergehen, wenn sie von der Ordnung abweichen, die sie beim Lernen beachten müssen. Denn sehr oft geschieht, was Seneca sagt: »Das Wesentliche wissen wir nicht, weil wir das Unwesentliche gelernt haben.«

Größere Schäden und Strafen aber begleiten die Vieltuerei in öffentlichen Angelegenheiten. Viele verlieren, was sie vorher besaßen, weil sie aus Vieltuerei Kriege vom Zaun brachen. (...) Irgendein moskowitischer Fürst führte mit einem anderen Krieg. Nachdem er gefangengenommen und hingerichtet worden war, ließ der Sieger, den er angegriffen hatte, aus der Hirnschale einen Becher anfertigen, auf dem er die Inschrift anbringen ließ: »Indem er nach fremdem Gut trachtete, verlor dieser sein Eigentum.«

Die Jünglinge sollen viele Beispiele aus der Geschichte beachten und bedenken, daß Gott, wie er denen, die ihm im Beruf dienen, seinen Beistand verheißen hat, im Gegenteil auch diejenigen verläßt, die gegen ihre Berufung zu fremden Dingen emporblicken.

Melanchthons Warnungen vor der Unzufriedenheit mit der eigenen Berufung erstreckte sich auf alle Versuche auch einer gesellschaftlichen Veränderung. In seinem politisch und sozial konservativen Legitimismus blieb er sich über die Jahrzehnte hinweg gleich. Für ihn war derlei nichts als ein Zeichen von verderblicher Unvernunft und Versündigung an der göttlichen Ordnung. Mit der späten Fabel *De Simiis urbem condendis (Von den Affen als Stadtgründern)*, die er in seinen Vorlesungen mehrfach verwendete und deren Quelle er seinen Aussageabsichten entsprechend veränderte, sollte die Kritik des Bestehenden der Lächerlichkeit preisgegeben werden. Die mahnende Ausdeutung läßt keinen Zweifel daran, wie stark der Schock der in den frühen Jahren der Reformation erlebten Turbulenzen in ihm nachwirkte:

Von den Affen als Stadtgründern

De Simiis urbem condendis

Allen jenen, die die aus weisester Einsicht angenommene und durch weisen Gebrauch erprobte Rechtsordnung verwerfen und eine neue zu schaffen suchen, erwidere ich, daß sie sich wie die Affen in der Fabel des Hermogenes verhalten, die ich kurz vortragen werde, damit ihr das Ebenbild der Torheit derer, die ein neues Recht schaffen wollen, betrachten könnt.

Ein schon ältlicher Affe hatte lange Zeit bei den Menschen gelebt, doch zuletzt, weil nachlässiger bewacht, entkam er und kehrte zu den anderen Affen in die Felder und Wälder zurück. Dort erzählt er, schön und glückselig sei das Leben der Menschen, von Dächern gegen Regen, Kälte und Hitze, mit Mauern gegen wilde Tiere und Feinde geschützt. Man genieße dort große Bequemlichkeiten, sie hätten gespeichertes Getreide in den Scheuern, es gebe eine Menge Vergnügungen in Gesellschaften und Schauspielen. Er fordert die anderen auf, sie sollten diese Weisheit der Menschen nachahmen, Häuser errichten und sie mit einer Mauer umgeben, damit sie die übrigen Tiere fernhalten könnten. Es versammeln sich große Scharen von Affen, um diesen sensationellen Vorschlag anzuhören. Sie spenden alle Beifall, nachdem sie eine so glänzende Idee vernommen hatten, und es wird von Senat und Volk der Affen der Beschluß gefaßt, mit dem Bau einer Stadt zu beginnen. Aber ausgeschickt, Balken und Steine herbeizuschaffen, fehlten ihnen die Werkzeuge, sie wußten weder, wie sie die Bäume fällen, noch wie sie die Steine behauen und zusammenfügen sollten. So mußten sie schon bei ihren ersten Bemühungen erfahren, daß sie sich auf ein unausführbares und ihrer Natur fremdes Unternehmen eingelassen hatten.

Ebensolche sind in jeder Hinsicht die Erfinder neuer Gesellschaftsformen, die neue Rechtssatzungen erträumen. Auch läßt sich wohl glauben, daß es zu allen Zeiten viele derartige Affen gegeben habe. Aber unser Zeitalter, o Schmerz, sieht die meisten, von denen dies ungeheuere Unheil ausgegangen ist, das Deutschland überfallen hat. Darum bitte ich euch, beste Zuhörer, daß ihr euch davon überzeugen möchtet, es sei eine Gott wohlgefällige Weisheit und eine für den allgemeinen Frieden notwendige Tugend, das überkommene Recht in Ehren zu halten, die bestehenden Gesetze zu lieben und sie standhaft zu schützen. Dagegen aber sei es Leichtsinn, Neuerungssucht, Unzuverlässigkeit, Frivolität, eine teuflische Tollheit und für die Menschheit verderblich, die bestehenden Gesetze zu verhöhnen und gleichsam die stützenden Säulen in dem Gebäude nach und nach zu zerstören, mit deren Einsturz das ganze Haus zusammenfallen muß.

Anders als für die gesellschaftsverändernde »Neugier« hatte Melanchthon für die Untersuchung der Natur durchaus Verständnis. Allerdings setzte er voraus, daß ihre Ergebnisse die göttliche Ordnung nicht erschüttern, sondern bestätigen würden. Sein Brief an Michael Meienburg vom 29. September 1549 enthält eine Legitimation des empirischen Zugangs zur Natur als einer eigenen Form des Gottesdienstes:
»Selbst wenn die Natur der Dinge nicht gänzlich durchschaut werden kann und auch die Ursachen der wunderbaren Werke nicht eher eingesehen werden können, als bis wir den Ratschluß des ewigen Baumeisters selbst (...) öffentlich hören, so dient doch jetzt auch in unserer Dunkelheit ein – wie auch immer beschaffener – Anblick und eine Betrachtung der Gesetzmäßigkeit der wunderbaren Weltkörper zum Zugang und zur Erkenntnis Gottes und zur Tugend, das heißt Ordnung und maßvolles Benehmen in allen unseren Handlungen zu lieben und zu bewahren. (...)
Es scheint deshalb festzustehen, daß die Menschen von Gott deshalb geschaffen wurden, um die Natur zu betrachten und die Lehre von den Elementen und der Ordnung der Körper, von den Bewegungen und Beschaffenheiten oder Kräften zu lieben und zu pflegen. In der Tat gibt es für den Menschen nichts Angenehmeres als solche Betrachtung (...); und wir wissen, es ist wirklich Gottes Wille, daß wir uns in dem Weltgebäude seine Spuren anschauen und die uns für die Bewahrung des Lebens nützlichen Dinge auswählen. Auch bereiten wir uns dadurch auf jene letzte Schule vor, in der wir die eigentliche Physik lernen, wenn uns der Schöpfer selbst das Urbild der Welt offenbaren wird.«
Jedoch gab es auch diesbezüglich Grenzen für ihn. In der ersten von vielen Auflagen seiner (zusammen mit seinem Schüler Paul Eber 1511 – 1569 verfaßten) *Physik (Initia doctrinae physicae)* von

1549 findet sich eine scharfe Zurückweisung der sieben Jahre zuvor erschienenen heliozentrischen Theorie des Nicolaus Copernikus (1473 – 1543), die er durch »Liebe zur Neuheit« und »geistreiche« Geltungssucht erklärte. Öffentlich solche nicht durch die göttliche Autorität gedeckten »Scherze« zu machen, hielt er für ein schädliches Beispiel. Schon im Folgejahr tilgte Melanchthon einige der krassesten Urteile. Obwohl er selbst am geozentrischen Weltbild festhielt, förderte er Arbeiten, in denen die neue Planetentheorie als mathematische Hypothese fruchtbar gemacht wurde.

Melanchthons *Physik* band die aristotelischen Lehren von Materie und Form, Raum und Zeit, Werden und Vergehen der Elemente in eine christliche Metaphysik ein, die, unter Absetzung vom Determinismus der Stoiker und der Leugnung eines göttlichen Schöpfungsplans durch die Epikureer, Fragen von Vorsehung, Schicksal und Notwendigkeit behandelte. Vor allem aber war sie ein Lehrbuch der Astronomie und Astrologie: »Die Gesetze der Bewegungen bezeugen, daß die Welt nicht durch Zufall entstanden, sondern von einem ewigen Geist geschaffen ist und die menschliche Natur diesem Schöpfer am Herzen liegt.«

Daß »himmlische Zeichen« Einblicke in die irdischen Schicksalskonstellationen ermöglichen, stand für Melanchthon außer Frage: »Wer sie verachtet, der verschmäht Gottes Ermahnungen.« So pries er denn auch in seinen akademischen Reden die »Würde der Astrologie«, stellte verschiedentlich Horoskope, (z. B. die seiner Kinder), und führte auch Berechnungen über das Jüngste Gericht durch, die ihn zu dem Schluß kommen ließen, in einer Endzeit zu leben, die »nach der Zerstörung des deutschen Reiches, des rechtmäßigen Haupts der ganzen Weltordnung« eintreten werde. »Ich glaube, daß Philippus Astrologie treibt, so wie ich einen starken Trunk Bier liebe, wenn ich schwere Gedanken habe«, amüsierte Luther sich über diese ganz und gar nicht zeituntypische Leidenschaft seines Mitstreiters, die diesen auch zu einem Lehrgedicht wie *De eclipsi Lunae 28. Octobris anno 1547 (Über die Mondfinsternis am 28. Oktober 1547)* über den Zusammenhang zwischen den Vorgängen im Makro- und im Mikrokosmos inspirierte:

Über die Mondfinsternis am 28. Oktober 1547

De eclipsi lunae 28. Octobris anno 1547

Wahrlich, eingeprägt hat dem Weltall Gott seine Spuren,
    daß erkennen man mag Weisheit des Schöpfers daran.
Daß nicht der Zufall bestimmt, zeigt an die kunstvolle Fügung,
    welche der Sterne Lauf und ihre Bahnen regiert.
Gott existiert: das lehrt uns das Licht, das in uns gepflanzet
    und den Unterschied uns zeigt zwischen Böse und Gut.
Schuldbewußt zittert das Herz vor Gottes rächendem Zorne,
    wenn es sich traurig bekennt schuldig der frevelnden Tat.
Auf dem Fuße folgt stets die Strafe der grausigen Untat,
    aber der Tugend wird Lohn, kommt er auch spät erst, zuteil.
Keine Stadt und kein Land, kein Zeitalter blieb ohne Zeichen –
    Warnung strengen Gerichts –, ja, nicht ein Haus blieb verschont.
Uns zum Guten zu wenden, schickt Gott uns Zeichen und Wunder,
    und die Lässigen warnt Mahnung, im voraus gesandt.
Oftmals fürchten Gestirne den Sturz, oft zittert die Erde:
    groß, wie sie ist, erbebt diese, als drohe ihr Fall.
Jene jedoch, die nicht rührt Drohung künftiger Strafe,
    wollen vielleicht, daß sie Los der Zyklopen ereilt.
Der Penelope Freier verlachten das Dräuen der Gottheit,
    als der ganze Palast finster mit Schatten gefüllt,
als die Steine sich grausig mit blutigem Schweiße beträuften
    und mit plötzlicher Nacht Cynthia Phoebus bedeckt.
Bald jedoch folgte die Strafe auf dies sardonische Lachen,
    Strafe, wie sie ergeht, wenn man die Gottheit verlacht.
Wir aber wollen, gewarnt, zu den Sternen emporschaun,
    wollen verschmähen nicht warnende Zeichen von Gott.
Wenn in die westlichen Wellen sich morgen Phoebus versenkt,
    dann wird dunkelnd und schwarz Luna erheben ihr Haupt.
Aber nach einigen Tagen, wenn abgenommen ihr Rund
    und sich deinem Bezirk, Scorpio, Luna genaht,
wird sie mit grausigem Dunkel des Bruders Antlitz verhüllen,
    wenn von des Himmels Höhn abwärts die Rosse er lenkt.
Gleichermaßen tauchen auch Mars und Venus ins Dunkel,

Atlas' Enkel dazu, Meister in Ränken und Trug.
Weh, welchen Aufruhr des Volks, welch Rasen verkündet der Sterne
Stellung in solch unheilverkündendem Haus!
Wenn aber auch die Gestirne uns Menschen regieren, regiert doch
über den Sternen der Gott, der kein Stoiker ist.
Drum wollen wir, denen liegt das Leiden der Kirche am Herzen,
mit demütig Gebeten inständig flehen zu Gott,
daß er gnädig von uns abkehren möge die Fährnis
und daß Heilung er mag bringen dem Leid seines Volks.

Bereits 1538 hatte Melanchthon (mit einer Widmung an König
Franz I. von Frankreich) die Werke Galens herausgegeben, eines
der Gründerväter der antiken Heilkunst. Seine Kenntnisse in der
Medizin waren profund. Mit den bedeutendsten zeitgenössischen
Professoren stand er in regem Austausch. Unter den knapp
zwanzig Reden, die er zu medizinischen Themen gehalten hat, ist
*De partibus et motibus cordis (Von den Teilen und Bewegungen des
Herzens)* von 1550 mit ihrer philosophischen Spekulation, die die
exakte Analyse der anatomischen Gegebenheiten und physiolo-
gischen Vorgänge voraussetzt, wohl die interessanteste. Auch
bei der Darstellung des Herzens kommt es Melanchthon darauf
an, die jenseits der Physiologie wirksamen immateriellen Kräfte
des göttlichen Schöpfungsplans aufzuspüren:

Von den Teilen und Bewegungen des Herzens

De partibus et motibus cordis

Zu Beginn sage ich dir, dem allmächtigen, lebendigen und wahren
Gott, dem ewigen Vater unseres Herrn Jesus Christus, dem Schöpfer des Himmels und der Erde, der Menschen und aller Kreaturen,
zugleich mit deinem Sohn, unserem Herrn Jesus Christus, der für
uns gekreuzigt und auferweckt worden ist, deinem Wort und
Ebenbild, und dem Heiligen Geist, dem Weisen, Guten, Wahrhaf-

tigen, Gerechten, Reinen, dem Richter und Erhalter deiner Kirche, von ganzem Herzen Dank dafür, daß du uns bisher gnädig beschützt hast. Und ich bitte dich um deines Sohnes und um deiner Herrlichkeit willen, daß du in diesen Landen die ehrbare Beschäftigung mit der Gelehrsamkeit nicht erlöschen lassen mögest.

Um aber etwas zum Nutzen der Jugend zu sagen, habe ich mir jetzt die Beschreibung des Herzens vorgenommen, die ich in erster Linie der Jugend darbieten möchte, damit durch ihre Betrachtung manche an Gottes Schöpfungsplan und an die Beherrschung der Leidenschaften erinnert werden. Ihr wißt ja, daß wir bei diesen Zusammenkünften bald über den einen, bald über den andern Teil der Schöpfung sprechen, da wir uns bei ihrer großen Fülle nicht mit vielen Teilen zugleich befassen können. Und neulich haben wir über die Wissenschaft der Anatomie im allgemeinen geredet und triftige Gründe dafür aufgezählt, die wir haben, die Jugend zu ihrer Erlernung zu ermuntern; die Bekanntschaft mit ihr ist nämlich für alle nötig, zum Schutz der Gesundheit und zur Abwendung von Krankheiten. In wunderbarer Weise bestätigt sie aber auch in unserem Herzen die Zustimmung zur Vorsehung; denn diese hohe Kunst im Organismus des menschlichen Körpers, die Ordnung der einzelnen Teile und ihrer Bewegungen, die Begriffe, die Zahlenverhältnisse, die Gesetze, die Berechenbarkeit und die Möglichkeit auszuwählen, kann unmöglich durch Zufall entstanden sein und ein so beschaffenes menschliches Wesen kann unmöglich durch Zufall bestehen.

Es gibt also ohne Zweifel einen weisen, guten, wahrhaftigen, gerechten, wohltätigen, reinen, völlig freien und alle menschlichen Handlungen durchschauenden und richtenden Geist. Und der Nutzen ist nicht zu verachten, weil wir durch die Betrachtung dieser wunderbaren Ordnung und Kunst zur Erkenntnis Gottes angeleitet werden. Damit aber die Herzen der Jugend dazu begeistert werden, muß man oft über denselben Gegenstand sprechen. Und jetzt will ich über das Herz reden, weil es Aristoteles die Quelle des Lebens nennt und viele urteilen, es sei eigentlich Sitz und Ort der Seele. Zwar kann kein Glied ganz bis ins Innerste durchschaut werden, sondern wir sehen alles jedenfalls nur von außen und wir unterscheiden und beurteilen den Bau, die Eigenschaften und die Kräfte von uns selbst nur zum Teil aus ihren Wirkungen, aber trotzdem darf man diese Wissenschaften deshalb nicht verwerfen. Will

Gott, daß wir die Anfänge dieser Weisheit in diesem Leben lernen und später die reine Gestalt der Schöpfung im Geist Gottes selbst anschauen, dann werden wir nicht bloß das Wesen der Dinge schauen, sondern auch Gottes Gedanken an dem Punkt verstehen, warum es richtig war, das Herz so zu schaffen. Er will, daß wir uns auf diese Weisheit in dieser, sozusagen, Rekrutenschule, vorbereiten. Und zwar ist die Beschaffenheit des Herzens undurchsichtiger als die anderer Glieder. Daß in der Leber Saft bereitet und die Blutmasse erzeugt wird, halten wir für weniger wunderbar; sind doch Fleisch und Blut miteinander verwandt. Und wir sehen zwar, daß die zarten Blumen den Tau ihrem Wesen anverwandeln, aber wie kommt es, daß das Herz, durch eine überraschende Überlegung getrieben, plötzlich zu den schnellsten Bewegungen angeregt wird? Wie kann das Herz, das dichtes Fleisch ist, und hartes, und ganz und gar dem Wesen des Geistes oder des Lichtes unähnlich, durch einen Gedanken zu Freude, Schmerz, Hoffnung, Furcht, Zorn, zu den Flammen der Liebe und des Hasses erregt werden, und woher kommt es, daß diese Erregungen so verschieden sind – verstehe einer die Leidenschaften! –, bei ein und derselben fleischähnlichen Masse? Wie können durch die Kräfte dieses rohen Fleisches Lebensgeister geschaffen werden, Flammen, die an Licht und Feinheit die Sonne übertreffen? Wenn auch die Ursachen von so gewaltigen Vorgängen nicht aufgezeigt werden können, so wollen wir doch soweit als möglich vordringen. In dem Teil des menschlichen Körpers, den wir Brust nennen, und der umschlossen wird von den Knochen des Brustkorbs bis zum Knorpel des Schwertfortsatzes und bis zur Magengegend, von der sie durch die Nieren getrennt wird, sind Knochen, Hautlappen wie der, der die Rippen umschließt, das Zwischen- oder Mittelfell, ferner die Herzhülle, dann das Herz selbst mit der Aorta und den Venenkanälen, sodann die Lunge mit ihren Gefäßen und gewisse Teile der Kehle und des Schlunds; aber von all dem kann jetzt nicht die Rede sein.

Ich will also mit dem Teil beginnen, der die Herzhülle, das um das Herz liegende Gewand, heißt, die das Herz von allen Seiten schützt und deckt; es ist nämlich wie eine Art Behausung des Herzens, in der das Herz geschützt und von der es getragen wird. Diese Hülle ist aber eine einfache Haut, die von keinen Fasern durchsetzt ist, fest und stark, von der Gestalt eines Forchenzapfens und inwendig hohl: das ist die Behausung des Herzens. Sie beginnt genau mit den Hüllen der Venen und Arterien, die durch die Haut gehen, und ist mit dem Zwischenfell und dem Zwerchfell durch feste Bänder verknüpft. Dieser Beutel ist der Schutz des Herzens, in dem es so geborgen ist, daß das Herz nach allen Seiten einen bestimmten Abstand von ihm hat und daß dieses nirgends an ihm hängt, noch das eine aus dem andern entstanden ist. In diesem Kästchen, glaubt man, befinde sich Wasser oder eine tauähnliche Flüssigkeit, die das Herz bei seiner unablässigen Bewegung und der starken Hitze zu seiner Berieselung braucht und bei deren Versiegen das Herz schwindet, und das geschehe bei der Trauer, wie man schreibt. So heißt es, habe man das Herz des Markgrafen Kasimir nach seinem Tod herausgenommen und es habe ausgesehen wie eine gedörrte Birne. In diesem Kästchen hängt das Herz, dieser Herr des Lebens, frei von dem übrigen Körper, dem es das Leben spendet, außer daß es mit ihm durch die Venen, die Arterie und die Nerven verbunden ist, die es wie Kanäle benützt, teils um fremde Wohltaten zu empfangen, teils um die eigenen daraus zu spenden. Der Stoff des Herzens ist aber Fleisch von einer eigenartigen Sorte, ganz anders als das Fleisch am übrigen Körper, dicht und gut kompakt, mit eingeflochtenen Fasern oder ganz eng verfilzten Zottelhaaren, und zwar so, daß diese nicht eigentlich unterschieden werden können wie bei den anderen Körperteilen. Die Gestalt des Herzens gleicht am ehesten einer Pyramide, aber mit ziemlich breiter Basis und breitem Höcker. Plato hat über die Gestalt den Scherz gemacht, daß sie deswegen pyramidenähnlich sei, weil sie pyramidenähnlich aufsteigende Flammen darstellen soll, da das Herz feurigen Wesens sei. Wenn man auch über diese Ursache nichts Bestimmtes sagen kann, so hat der Meister doch nicht ohne Grund diese Gestalt gewählt, die unter den festen Körpern an erster Stelle steht und zu dieser Bewegung ziemlich gut paßt. Seine Lage ist so, daß die Basis, in der die edelsten Kammern ruhen, ausgerechnet die Mitte der Brust einnimmt, die Spitze sich aber etwas nach links streckt, um den Brustknochen nicht ins Gehege zu kommen und um der linken Seite mehr Wärme zu spenden, da der rechten Seite die Wärme der Leber zugute kommt. Es gibt aber ferner zwei Herzausbauchungen, -kammern oder -buchten. Zwischen diesen ist ein Bindegewebe, das die Kammern trennt; dieses Bindegewebe ist stark, fest und mit Augen sichtbar; es kann aber trotzdem nicht gut behauptet werden, daß es mit Recht als dritte Kammer bezeichnet wird. Auch kann man die durch dieses Bindegewebe führenden Verbindungsgänge nicht sehen, sondern das Blut schwitzt durch ganz enge Poren in die andere Kammer. Der Nutzen der rechten Kammer ist der, das aus der hohlen Vene fließende Blut, das dort gebildet wird, aufzunehmen. Die Kammer teilt sich in zwei Teile. Der eine ernährt die Lunge, der andere, feinere, schwitzt in die linke Kammer aus, wo sich das Blut in Lebensgeister umwandelt. Es stecken aber zwei Venen in der rechten Kammer, die ja hohl und der Kanal des von der Leber herübergeleiteten Bluts ist. Es verästeln sich ferner auch gerade von diesem Kanal an der obersten Basis winzige Zweigchen vom Aussehen eines Kranzes, die das weniger feine Blut leiten, von dem das Herz eigentlich genährt wird. Die andere Ader, die in der rechten Kammer aus dem Herzen selbst kommt, heißt Arterienader, weil sie dickere Hüllen hat und solche, die den Arterien ähnlich sind, durch die das feinere Blut in die Lunge geht, das ausdünsten würde, wenn die Ader nicht fester wäre. Die linke Kammer ist aber die weitaus bedeutendere und die Werkstatt der Arbeit, die die eigentliche Funktion des Herzens ist; sie schafft nämlich die Lebensgeister aus dem feinsten Blut, das von der rechten Kammer dorthin ausschwitzt. Der Lebensgeist ist aber eine hell leuchtende, lebenspendende Flamme, dem himmlichen Wesen ähnlich, die Wärme und Leben in den ganzen Körper leitet und das Werkzeug der wichtigsten Vorgänge ist. Es gehen gerade von dieser Kammer zwei ziemlich große Kanäle aus: die Aorta, eine Arterie, die den Grundstock für alle Arterien im ganzen Körper bildet, durch die die wichtigste Spende des Herzens wie durch ein Bachbett in alle Körperteile fließt, nämlich jene lebenspendende Flamme, die mit ihrer Wärme alle Glieder versorgt und ihre Tätigkeit fördert. Man sagt, Aristoteles habe sie Aorta genannt, weil das Wort im mazedonischen Sprachgebrauch »Scheide« bedeutet und dieses Gefäß einer Scheide ähnlich sieht, da es fester und dichter ist als die Venen. Die Verzweigungen, die sodann von dieser Arterie ausgehen, sind fast im ganzen Körper den Venen in wunderbarem Bund und gegenseitigem Austausch ihrer Gaben beigegeben. Die Arterien dünsten den Geist durch sehr enge Öffnungen in die Venen aus, um das Blut mit lebenspendender Wärme zu versorgen und durchzukochen. Andererseits saugen die Arterien aus den Venen etwas Blut, damit die Geister erfrischt und gestärkt werden; der andere, aus der linken Herzkammer kommende Kanal ist eine venöse Arterie, die in die Lunge führt, um von

dort zur Erfrischung des Herzens Luft herbei- und um zur Gegen-
leistung aus dem Herzen Dünste abzuleiten, die durch die Wärme
hervorgerufen worden sind. Fände nämlich diese Abführung der
Dünste im Herzen nicht statt, so würde das Wesen sofort ersticken,
wie man es bei den Erhängten geschehen sieht.

Es gibt noch andere, weniger wichtige Teile des Herzens, deren
Erschaffung aber doch Gründe hat. Das Herz hat zwei Ohröffnun-
gen, eine rechts, wo das Blut durch die hohle Ader ins Herz fließt.
An dieser Öffnung ist noch eine Haut angebracht, die Einbuchtun-
gen und Krümmungen hat. In diese fließt ein Teil des Bluts, das
vom Herzen dicht dabei aufgenommen wird, damit die hohle Ader
durch eine allzu starke Aufnahme nicht birst. Wie im ganzen Organismus des menschlichen Körpers der Schöpfer Vorsorge getroffen
hat, daß ihn nicht allzu große Massen auf einmal durchströmen,
sondern überall Mäßigung und langsames Vorgehen liebt und allmählich handelt, es gewissermaßen tropfenweise ausführt, so ist die
linke Ohröffnung an der venösen Arterie angebracht, damit die
Luft in bescheidenerem Maße durchströmt. Auch an allen den
Kanälen ist eine kleine Öffnung angebracht; durch ganz dünne
Häutchen, wie durch Deckelchen, öffnen und schließen sich die
hohle und die mit Stoff gefüllte Ader. Auch die Aorta und die
venöse Arterie in der linken Kammer, diese, weil sie einem Spieß
mit drei Spitzen gleichen, dreizackig genannten Häutchen, haben
nicht bloß den Zweck, zu starken Ein- und Ausfluß zu verhindern,
sondern sind auch Anziehungsorgane. Denn durch die Bewegung
des Herzens angespannt, spannen sie ihrerseits die Kanalwände, um
das Blut, den Geist oder die Luft, die sie enthalten, auszustoßen.

Vom Bau des Herzens habe ich deshalb nur ganz kurz gesprochen, weil wir uns dann noch mehr wundern, wenn wir die Funktionen und Bewegungen des Herzens betrachten. Sein erster und
höchster Zweck ist der, daß es für den übrigen Körper Quelle und
Anfang des Lebens und der lebenspendenden Wärme ist, sei es, daß
man das unterscheidet, sei es, daß man es für dasselbe erklärt. Dann
verteilt es diese in dem ganzen Körper. Deshalb sagt Aristoteles:
»Das Herz ist der Anfang des Lebens für alle Teile und spendet allen
die Lebenswärme und den Geist, dem Hirn und der Leber.« Der
zweite Zweck ist der, daß die im Herzen erzeugten Geister, wenn
sie nachher durch die Kraft des Gehirns gelenkt werden, die nächstliegenden Werkzeuge der Tätigkeit im Hirn und in den Nerven

werden und Denken, Fühlen und Bewegung hervorrufen. Was wäre auch das Leben ohne Gefühl, Bewegung und Gedanke? Der dritte Zweck, der eine besondere Eigentümlichkeit des Herzens ist, besteht darin, daß es nicht bloß der Sitz der Gefühlsregungen ist, sondern auch ihre Quelle und Ursache, wie wir ja fühlen, daß Leben etwas wie Freude ist, Traurigkeit dagegen Tod und Ursache des Zerfalls. Und obwohl das Herz angenehme und unangenehme Regungen durch die Nerven fühlt, die vom sechsten Nervenpaar im Gehirn zum Herzen gehen, ist es doch eigentlich das Wesen des Herzens, kraft dessen es die Gefühlsregungen hervorruft, die Freude genießt und durch Schmerz schwindet. Das Wertvollste im Leben sind aber Gefühl, Gedanke, Bewegung, Freude am Angenehmen und Schmerz über das Widerwärtige; von diesem bekennen wir das Herz als eigentlichen letzten Grund. Deshalb ist das Herz in erster Linie dazu geschaffen, eine Behausung Gottes und ein Gefäß göttlicher Freude zu sein.

Obgleich wir diese wunderbare Mannigfaltigkeit des Werkes und diese göttlichen Gedanken nur von außen und durch einen dichten Nebel sehen, so staunen wir doch und empfinden es zugleich schmerzlich, daß wir in die Schöpfung keinen gründlichen Einblick haben und ihre Ursachen erkennen. Dann erst, wenn wir die reine Gestalt der Schöpfung im göttlichen Geist schauen werden, werden wir sowohl diesen Organismus als auch die Ursache aller Werke Gottes verstehen. Laßt uns aber doch jetzt schon mit dieser vorläufigen Betrachtung Gott als Meister seines Werkes erkennen und uns zu der Sehnsucht nach jener vollkommenen Erkenntnis begeistern lassen.

Haben wir aber die Zwecke und Aufgaben des Herzens betrachtet, so müssen wir auch seine Bewegungen unterscheiden. Es gibt zwei Arten von Bewegungen, die nach der Ordnung des Schöpfers dem Herzen zustehen oder die seine Kräfte sind, nämlich Schlag und Gefühlserregung. Notwendig ist die Bewegung, die man Herzschlag nennt, aus vielen Gründen. Braucht doch auch das Herz Abkühlung und zieht deshalb Luft ein und dünstet sie wieder aus. Dann kann Geist nur durch Wärme und Bewegung erzeugt und nicht ohne irgendwelche Bewegung übermittelt werden. Die Verbindung der Luft mit unserem Körper ist aber etwas Merkwürdiges. Wie wir uns nämlich von Dingen nähren, die aus den vier Elementen entstanden sind, weil dies auch die Bestandteile unseres Körpers sind, so atmen wir am meisten Luft, da wir uns in der Luft bewegen, und diese mildert die hell leuchtende Flamme, die der Lebensgeist ist. Im Herzen besteht diese Bewegung aber in Nachlassen und Zusammenziehen. Dies geschieht durch die vom Schöpfer verliehene Kraft des Herzens und wird nicht vom Gehirn oder den Nerven geleitet, vielmehr sind die dem Herzen eigentümlichen Fasern die Wurzeln dieser Bewegung. Ich will aber jetzt nicht mehr darüber sagen; ich erinnere nur die Jugend daran, daß sie sich um der Notwendigkeit oder, was dasselbe ist, um des Lebens willen klar macht, das Herz sei zu diesem Zweck so eingerichtet, weil durch diese Bewegung die Luft eingezogen und die Erzeugung und Übermittlung von Geist gefördert wird. Die andere Bewegung des Herzens heißt Gefühlserregung, die auf den Gedanken folgt und durch Vorstellungen gesteigert wird. Das vermag ich aber nicht zu sagen, wie das kommt oder welche Kraft des Gehirns oder der Geister das Herz so beeindrucken, daß so verschiedene Bewegungen hervorgerufen werden; nur soviel, daß es in der Schöpfung so angeordnet ist, daß ein solcher Einklang und eine solche gegenseitige Abstimmung aufeinander zwischen Hirn und Herz besteht. Gott hat gewollt, daß die Strahlen seiner Weisheit in unserem Hirn aufleuchten, als er bestimmt hat, Hirn und Herz sollen im Einklang stehen in der Freude an der Gotteserkenntnis, und er selber wollte in unseren Herzen als in seiner Behausung wohnen und uns mit seinem Licht und seiner Freude durchströmen. Das verstehen wir nicht mehr so gut, weil der ursprünglich von Gott geschaffene Einklang zwischen Hirn und Herz gestört ist. Deshalb versteift man sich jetzt auf die Auffassung, als ob die die Vorstellungen begleitenden Gefühlsregungen wie Zorn, Liebesglut, Freude, Hoffnung und Furcht dadurch ausgelöst werden, daß das Herz durch einen vom Hirn ausgehenden Geist beeindruckt wird. Die einfachere Erklärung aber haben diejenigen, die sagen, das Herz sei der eigentliche Sitz des Wesens der Seele. Allein, begnügen wir uns mit dieser Erklärung, mag sie sein, wie sie will, daß eine solche Verbindung zwischen Hirn und Herz besteht, daß das Herz entweder den ihm von der Vorstellung gebotenen Stoff begehrt oder sich von ihm abwendet. Und weil das Herz die Führung hat, und trotzdem die Gefühlsregungen auf die Vorstellungen folgen, so muß man eine Betrachtung darüber anstellen, welcher Art diese Lenkung ist. Dabei müßt ihr zwei Arten von Lenkung im Menschen ins Auge fassen, von denen ihr nachher Beispiele in den Regierungsarten seht. Jede Herrschaft geschieht durch Überredung oder durch Zwang oder, um es gröber zu sagen alle, die gehorchen, führen das Gebot entweder gezwungenermaßen aus oder sie folgen freiwillig aus Überzeugung. So wie die einen der staatlichen Obrigkeit willig gehorchen, sei es aus Ehrfurcht vor den Gesetzen, sei es aus Angst; die andern nur hören, wenn man sie ins Gefängnis führt, weil sie gefesselt sich nicht mehr herumtreiben können, wie sie möchten. Von diesen beiden Regierungsweisen nennt man die eine die despotische, weil sie die Menschen zwingt, die andere die politische, weil sie die Menschen durch Überredung (oder Überzeugung) leitet. Beides sehen wir am Menschen. Die im Gehirn lebendige Vorstellung und ihre Wahl hat uneingeschränkte Macht im Sinne einer motorischen Kraft; sie setzt Nerven und Werkzeuge örtlicher Bewegung nach willkürlichem Plan in Bewegung und Nerven, Muskeln, gehorchen ohne Widerrede. Achilles ist zwar im Herzen von Zorn entbrannt, und doch gebietet er seinen Händen und kann ihnen befehlen, das Schwert in der Scheide zu halten, und den Füßen, von Agamemnon zu weichen. Auf diese Weise gebietet die Vorstellung nicht dem Herzen, sondern die Vorstellungen werden durch Zureden gelenkt. Sokrates sieht ein, daß durch Mäßigkeit die Kräfte des Körpers erhalten, durch Unmäßigkeit gemindert werden; er meidet also willentlich die Trunksucht. Und wenn die Einhelligkeit zwischen Gesetz und Herz nicht gestört wäre, würde das Herz immer von selbst mit den Geboten übereinstimmen. So aber sollen wir trotz dieser Schwäche menschlichen Wesens und trotz dem Widerstreit der Kräfte wissen, daß Gott kraft seines einzigartigen Plans und seiner Wohltat im Menschen den Teil von Freiheit erhalten hat, daß die äußerlich sichtbaren Handlungen durch eine despotische Herrschaft gelenkt werden können. Es will nämlich der Unterschied verstanden sein zwischen einer frei handelnden Macht und einer völlig unfreien; es will darüber Klarheit geschaffen sein, daß man ein völlig frei handelndes Wesen ist, nicht in ein Gefängnis eingeschlossen, wie die Stoiker meinen, sondern das die retten, jene um Hilfe rufen und die Widerspenstigen bestrafen will. Dieses Wesen will, daß der Mensch durch Selbstzucht im Zaum gehalten wird. Das kann man verstehen und beurteilen, wenn man das despotische und das politische Regiment im Menschen unterscheidet. Wir sehen aber oft, wie das Herz mit tyrannischer Gewalt gegen das Gebot ankämpft und das politische Regiment des Hirns hindern und die Selbstzucht stören will. Paris raubt in Liebesglut die Helena. Antonius beginnt aus törichtem Ehrgeiz und törichter Eifersucht den Krieg gegen Octavian. Diese Wahnvorstellungen werden dann noch stärker, wenn die Tyrannis des Herzens ihre Waffen aus dem Arsenal des Teufels holt, der die Gott verachtenden Herzen in seiner Gewalt hat.

Und an solchen treten viele böse Dinge in Erscheinung. Der Teufel, der ihre Herzen in der Hand hat, tut beides: er entfacht und steigert durch seine Einflüsterungen die bösen Gefühlsregungen und tilgt sogar das rechte Urteil im Herzen; die Herzen aber bringen vergiftete Lebensgeister hervor, die ihrerseits das Hirn und die übrigen Teile anstecken, wie es bei wütenden wilden Tieren geschieht. Diese gewaltigen Übelstände muß man ins Auge fassen und die größte Sorgfalt anwenden, daß die Gesundheit des Herzens möglichst wieder hergestellt und erhalten wird. Und zwar, damit das Herz eine Behausung Gottes sei, was ja der Zweck ist, zu dem es eigentlich geschaffen wurde. Damit wir diese Güter verstehen, uns um sie mühen und sie erreichen, dazu müssen wir die Lehre von diesen wichtigen Fragen, von der menschlichen Natur, von unserer Schwachheit, vom Willen Gottes, von den Gaben des Sohnes Gottes, eifrigst zu verstehen suchen. Nicht durch Zufall, nicht planlos ist diese Menschennatur aus Atomen zustande gekommen, wie Demokrit und Epikur fälschlich behauptet haben. Vielmehr treffen wir überall auf klare Zeugnisse, die beweisen, es gebe einen Gott, und er sorge sich um uns, und das menschliche Herz sei dazu geschaffen, eine Behausung Gottes zu sein. Das werden wir allerdings erst dann gründlich verstehen, wenn wir in jener ewigen hohen Schule in Gott selber die reine Gestalt der Schöpfung schauen werden. Aber trotzdem will schon in diesem Leben der Anfang dieser hohen Weisheit erfaßt und erkannt werden. Und in seiner unermeßlichen Güte gießt er den Geist aus seinem Herzen in unser Herz, wenn wir ihn anrufen, daß er unseres Herzens Geist heilen möge. Es ist keineswegs sein Wille, daß seine Behausung in der Gewalt der Teufel sei, weshalb er uns durch seinen Sohn gerne zu Hilfe kommt; auch verlangt er ernstlich von uns, daß wir darum ringen, daß er unsere Herzen regiere. Wir sollen uns daher zu der Bitte aufraffen und in ehrlichem Seufzen zu Gott beten, er möge immer in unseren Herzen wohnen und in dieser Behausung unser

Herz, Geist, Sinn, Hirn und alle unsere Kräfte mit seinem Licht und seinem Geist leiten, damit wir die Wahrheit lehren und tun, was für uns und die ganze Kirche heilsam ist.

Die methodische Prämisse dieser Rede, daß nämlich die seelischen Vorgänge des Menschen durch eine genaue Betrachtung der Körperteile und ihrer Tätigkeiten zu erkennen seien, lag auch Melanchthons *Liber de anima (Buch von der Seele)* zugrunde, das erstmals 1540 herausgekommen war und 13 Jahre später in einer überarbeitete Ausgabe neu vorgelegt wurde. In ihm wollte er eine umfassende Lehre vom Menschen in allen seinen »Vermögen« darstellen. Für jeden Gebildeten erschien ihm unerlässlich, die menschliche Natur zu studieren, um darin das Ebenbild Gottes zu erkennen, dessen höchste Qualität in der christologisch vermittelten Unsterblichkeit der Seele bestehe:

Das Buch von der Seele

Liber de anima

(…) Wenn auch die Schärfe menschlichen Denkens das Wesen der Dinge nicht durchdringen kann, so will Gott doch, daß wir Menschen es betrachten, damit wir darin wahrnehmen, was ihn bezeugt, was aufweist, daß Gott ist, und wie er ist. Sehen wir zunächst einmal vom menschlichen Geist ab, so zeigt auch die Ordnung in der ganzen übrigen Natur: Diese Welt ist nicht durch Zufall entstanden, sondern ihr Schöpfer ist ein weise wirkender Künstler, der den Ort der materiellen Körper, des Himmels, der Erde, der Luft und des Wassers, die Himmelsbewegungen und die Kräfte des Werdens nach einem bewundernswerten Plan bestimmt hat.

Wie der Mensch geschaffen ist, damit in ihm die Erkenntnis Gottes leuchte und damit ihm Gott seine Weisheit und Güte mitteile, so sollte nach Gottes Willen der menschliche Geist ihn am klarsten bezeugen. Er trägt in sich eingepflanzt das Licht, durch das wir das Dasein Gottes erkennen, das Wissen, wonach wir Ehrenhaftes und Schändliches unterscheiden. Damit dieser Unterschied deutlich feststehe, hat er einen rächenden inneren Richter hinzugesetzt. Nach einer unwandelbaren Ordnung folgen der Untat schreckliche Qualen, die den Schuldigen verdammen und vernichten. Diese Unterscheidung weist auf die Eigenart Gottes als Richter und Rächer des Unrechts. Kenntnisse wie die Zahlen und die Unterscheidung von Ehrenwertem und Schändlichem können nicht aus der rohen Natur hervorgegangen sein oder durch Zufall entstehen. Es ist also eine planende und weise geistige Macht da. Wir sehen ein, daß die Zahlen und die Fähigkeit, Ehre und Schande zu unterscheiden, unveränderlich im menschlichen Bewußtsein leuchten, und wir erfahren, wie der Mensch in seiner Art gleichsam unter dem Strafgericht Gottes zerbricht, wenn er diese Ordnung verletzt. Es entspricht deutlich Gottes Wesen, diese Ordnung zu wollen, und jene angeborenen Kenntnisse sind Strahlen der göttlichen Weisheit.

Dieses Licht wäre in uns viel heller, wäre die menschliche Natur nicht geschwächt. Doch sind noch Funken in ihr übrig. Im Blick auf die Zahlen gibt es daran keinen Zweifel. Aber auch das Urteil über Verfehlungen haftet im nachhinein so fest, daß Schuldige unter Gewissensqualen zugrunde gehen.

Da das Denkvermögen so deutliche Zeugnisse von Gott enthält, die Menschen am meisten von den Tieren absetzt und das Leben leitet, ist es, so gut es geht, zu untersuchen. Denn alle Künste und Wissenschaften haben in ihm ihren Ursprung. Es zu erkennen, ist für die Beurteilung vieles anderen nötig.

Obwohl dieser Spiegel Gottes nicht so vorgezeigt werden kann wie die aus Glas und Blei hergestellten Spiegel für unsere Leiber, so zeigen doch seine Tätigkeiten, daß in uns ein solches Vermögen ist. Seine wahre Beschaffenheit werden wir im ewigen Licht schauen. Jetzt wollen wir die menschlichen Tätigkeiten betrachten, um herauszufinden, welche Merkmale uns von den Tieren unterscheiden, Gott bezeugen, unser Leben bestimmen und allen dem Guten gemäßen Künsten und Wissenschaften zugrunde liegen.

Wir haben schon von den sogenannten organischen Fähigkeiten gesprochen, die nur durch organische Leiber wirken. Da sie sich auch an Tieren aufweisen lassen, liegt die Lehre darüber weniger im Dunkeln. Aber daß der Mensch ein weiteres, höheres Vermögen besitzt, steht von daher fest, daß wir über für die Tiere nicht vollziehbare Verhaltensweisen verfügen: Der Mensch zählt, versteht nicht nur das Einzelne, sondern auch das Allgemeine, hat angeborene Kenntnisse, erschließt das eine aus dem anderen, entwickelt Wissenschaft und Technik, urteilt über seine eigenen Vernunftschlüsse, erkennt und korrigiert Fehler, wendet sich in sogenannten reflexen Akten auf sich selbst zurück, unterscheidet Ehrenhaftes und Schändliches und wägt in langen Schlußketten ab. All das haben wir nicht wie die Sinnestätigkeiten mit den Tieren gemeinsam. In diesen sind uns sogar manche überlegen, wie etwa in der Sehschärfe die Adler und im Geruchssinn die Geier.

Besonders eigen ist dem Menschen also die sogenannte Denkfähigkeit, welche sein höchstes Seelenvermögen darstellt. Dieses Vermögen bezeichnet man gewöhnlich als »inorganisches«. Obwohl ihm nämlich in diesem Leben die inneren Sinne dienen und die Gegenstände darbieten, wird es »inorganisch« genannt, weil auch die sich vom Körper lösende Seele ihre Tätigkeiten und Regungen hat.

Dieser sozusagen höchsten Seelenregion gehören zwei Vermögen zu: der Verstand und der Wille. Damit behalte ich die üblichen Bezeichnungen und Einteilungen bei. (...)

Gott wollte von der menschlichen Natur erkannt werden. Der Mensch sollte ein solches Abbild Gottes sein, daß er die Ähnlichkeit wahrnähme und verstünde. Die höchste Ähnlichkeit ist die Übereinstimmung in Weisheit und Gerechtigkeit, wie sie nur bei einem vernünftigen Wesen gegeben sein kann. Da das Gute gemeinschaftsbezogen ist, will Gott diese beiden höchsten Qualitäten seines Gutseins dem Menschen mitteilen.

Folglich pflanzte er dem menschlichen Bewußtsein Kenntnisse ein, die auf Sein und Wesen Gottes hinweisen. Denn über Ähnlichkeit oder Unähnlichkeit könnten wir uns kein Urteil bilden, wenn wir gar nicht wüßten, wie Gott ist. Die erste Stufe der Ähnlichkeit ist der Besitz eines Denkvermögens und der entsprechenden Weisheit.

Vor der Sünde war das Bild so beschaffen, daß alle Vermögen mit Gott übereinstimmten. Im Verstand leuchtete die Erkenntnis Gottes, der Wille und das Herz stimmten mit Gott überein; das heißt, es eignete ihnen die Rechtschaffenheit und Gerechtigkeit, die im Einklang mit Gott war, und die Freiheit des Willens war durch nichts behindert. Diesem seinem Bilde wohnte Gott inne. Er hätte ihm ein durch keinen Tod begrenztes Leben und ewige Freude gegeben, hätte der Mensch Gott, der ihn leiten wollte, nicht aus sich vertrieben. Paulus spricht vom Ebenbild, wenn er im Brief an die Epheser sagt: »Zieht den neuen Menschen an, der Gott gemäß geschaffen ist in Gerechtigkeit und wahrer Heiligkeit.« (Eph 4,24). Die Alte Kirche meint mit Ebenbild nicht nur, wie Augustinus, die Seelenvermögen als solche, sondern insofern, als in ihnen die Kenntnis Gottes leuchtet, sie mit Gott im Einklang sind und ihm als Wohnung dienen.

Augustinus ordnet die Seelenvermögen so: Im Menschen ist dreierlei sehr wichtig, das Bewußtsein, das den Gedanken erzeugt, der Gedanke, welcher das Bild des gedachten Gegenstandes ist, und der Wille, welchem Freude und Liebe innewohnen. Nach seiner Auffassung weisen diese Kräfte gleichsam zeichenhaft auf die Unterscheidungen der Personen in der Heiligen Dreifaltigkeit. Den ewigen Vater bedeutet das den Gedanken erzeugende Bewußtsein, das vom Gedanken gestaltete Bild bedeutet den Sohn und der Wille den Heiligen Geist. Denn der ewige Vater erzeugt, indem er sich selbst schaut und denkt, das Wort. Dieses ist das Bild des ewigen Vaters, der Sohn Gottes, welcher Wort und Abbild des ewigen Vaters genannt wird. Der Heilige Geist ist die wesenhafte und vom ewigen Vater und vom Sohn ausgehende Liebe und Freude. Dies entspricht dem Willen und den Regungen des Herzens, die den Tätigkeiten Energie und Form liefern.

Tatsächlich sind diese Seelenvermögen so beschaffen, daß sie uns vieles über Gott lehren können. Obwohl die menschliche Natur jetzt geschwächt ist, lassen sich doch der Seele, dem uns eingepflanzten Gesetz Gottes und den Gewissensängsten viele deutliche Zeugnisse über Gott und die Vorsehung entnehmen.

Schon hier ist zweierlei zu betrachten: die Liebe Gottes zu uns und das Unheil, das uns nach dem Sündenfall getroffen hat. Nicht durch Zufall haben sich Atome zur menschlichen Natur zusammengesetzt. Noch immer sind das Wissen um Gott und die unerschütterliche Unterscheidung von Ehrenhaftem und Schändlichem in uns offenbare Zeugnisse von ihm, leuchtende Strahlen seiner Weisheit. Wie groß muß doch die Liebe Gottes zum Menschengeschlecht sein, daß er bei unserer Erschaffung etwas von den guten Eigenschaften in uns einfließen ließ, die in ihm selbst die besten sind: eine für Weisheit und Gerechtigkeit empfängliche Natur, Strahlen seiner Weisheit, die ihm entsprechende Gerechtigkeit,

Wahlfreiheit, Leben und ewige Freude. All dieses Gute legte er so in uns hinein, daß er uns gleichzeitig selbst einwohnen, unsere Weisheit mehren und durch seine Regungen uns leiten wollte. Was läßt sich Größeres denken?

Wie wenig gleichen wir jetzt dem ersterschaffenen Menschen! Unser Denken ist voller Finsternis und Zweifel an Gott. Im Willen und Herzen flackern die Flammen in die Irre gehender Begierden, die Gott widerstreiten, unrechte Regungen von Liebe und Haß. Von diesen Flammen werden die einen in die Wirrungen der Wollust, andere zum Mord, und wieder andere zu anderen Verbrechen getrieben. Ja, die Dämonen dringen in die Brust der Gottlosen und stacheln viele dazu an, ein furchtbares Durcheinander unter den Menschen anzurichten und unendliche Verwüstungen. Laßt uns den Blick auf diese großen Übel richten und sie mit ehrlichen Seufzern beklagen. Wiederum wollen wir aber auch auf die Offenbarungen Gottes schauen, der uns, nachdem wir in solches Elend gefallen waren, in seiner unendlichen Güte half, weil sein Sohn für uns bittend eintrat. Dieser Sohn des ewigen Vaters, unser Herr Jesus Christus, wurde zum Opfer für uns gegeben, damit er den Zorn des ewigen Vaters besänftige. Er soll der ewige hohe Hohepriester sein, der durch das Wort des Evangeliums die Kirche sammelt, in welcher er den Versöhnungsbeschluß Gottes offenbart hat. Dies spricht er auch selbst, der doch das Wort des ewigen Vaters ist, in unserem Inneren aus, weist auf den Vater, den er begütigt hat, und gießt den Heiligen Geist in unsere Herzen aus, damit wir in wahrhaftiger Liebe und Freude mit dem ewigen Vater und ihm selbst verbunden sein sollen. So werden in uns Leben und ewige Gerechtigkeit wiederhergestellt. Das Bild Gottes wird erneuert, und sein Wort leuchtet in unserem Innern. Die Erkenntnis Gottes wird so klarer und gewisser, und der Heilige Geist entzündet in Herz und Wille Regungen im Einklang mit Gott. So sagt Paulus zu den Korinthern: »Wie wir mit aufgedecktem Angesicht den Glanz des Herrn schauen, so werden wir von Herrlichkeit zu Herrlichkeit gleichsam vom Geist des Herrn in das gleiche Bild verwandelt.« (2 Kor 3,18). Das heißt: Wenn wir in wahrhafter Bekehrung den Sohn Gottes erkennen, der uns tröstet und auf die Barmherzigkeit des ewigen Vaters hinweist, werden wir uns auch schon der Gegenwart Gottes bewußt und bleiben nicht im Zweifel, ob Gott etwas an uns liegt, sondern wir werden immer mehr zum Licht des Wortes, das heißt des Sohnes, verwandelt; der Heilige Geist bestätigt in unseren Herzen die Zustimmung, den Glauben, und entzündet dem Wort entsprechende Regungen. Wie in uns eine Ordnung der Erkenntnis und des Willens besteht, so weist das Wort auf die Versöhnung des Vaters, und so entzündet der Heilige Geist Freude, so daß wir Gott anrufen können, bestätigt unsere Zustimmung und läßt noch andere Regungen entstehen, die mit ihm in Einklang sind. Athanasius lehrt, das Ebenbild erneuere sich so, daß es dem Sohne ähnlich werde, und in wem auch immer der Geist sei, in dem sei er durch das Wort. All das sollen wir in täglicher Anrufung Gottes lernen, die Zeugnisse, die er uns von sich selbst vorhält, sollen wir betrachten und seine Güte wahrhaft dankbar preisen. Ich bezeichne also als Ebenbild Gottes die Seelenvermögen, aber nur dann, wenn aus ihnen Gott hervorleuchtet. Das Ebenbild wird erst dann vollkommen sein, wenn in der himmlischen Kirche Gott alles in allem sein wird.

Ich übergehe den Streit, ob dem Erkenntnis- oder dem Willensvermögen der Vorrang zukomme. Denn gleicherweise sollen sie die übrigen Kräfte leiten. Tritt auch der Wille etwas mehr hervor, weil er sich wie ein König für oder gegen Denkergebnisse entscheidet, so kommt ihm doch keine tyrannische Befehlsgewalt zu, sondern er soll dem rechten Urteil der Vernunft gehorchen. In Wirklichkeit sind Verstand und Wille eines Wesens, unterscheiden sich jedoch nach den Handlungsweisen.

Zur praktischen Menschenkunde gehörte für Melanchthon auch die Geschichte, die in seinen späteren wissenschaftlichen Arbeiten eine besondere Gewichtung erfuhr. 1558 gab er den ersten Band der *Chronik* von Johannes Carion (1499 – 1538) heraus, die der berühmte Mathematiker des Kurfürsten Joachim I. von Brandenburg ihm vor seinem Tode zur Durchsicht übergeben hatte *(Chronicon Carionis, latine expositum et auctum)*. Gegenüber einer 26 Jahre früheren Fassung hatte Melanchthon sie stark umgearbeitet und erweitert. Gegliedert nach dem Schema der vier Monarchien aus dem Buch Daniel (Dan 2,31ff; 6,1ff.), umfaßte sie die Geschichte vom Anfang der Welt bis zum Ende des achten nachchristlichen Jahrhunderts. Schon in seinen frühesten Reden hatte sich Melanchthon ja für die Aufnahme geschichtlicher Studien in dem akademischen Fächerkanon stark gemacht. Im späten Lehrbuch präzisierte er den Nutzen des historischen Unterrichts. Neben ihrem Beispielcharakter zur Vergewisserung einer göttlichen Weltenlenkung komme den geschichtlichen Geschehnissen der Rang einer in ihrer Anschaulichkeit die Moralphilosophie ergänzenden, überzeitlichen Ethik religiös-bürgerlicher Pflichterfüllung zu: »Wozu dient es, daß man lang nachforsche und betrachte, welche Übel über jede Zeit gekommen seien und was für Jammer sich zugetragen habe? Ich bin der Meinung, gute und sittliche Menschen werden dadurch daran erinnert, daß sie eifrig bedenken und untersuchen, in welch großer Gefahr sie leben; außerdem, daß sie wie diejenigen, die in einem furchtbaren Sturm segeln, vor allem zwei Dinge brauchen: Anrufung Gottes und Gebet zu ihm um Hilfe und Rettung, und außerdem möglichst großen Fleiß und auch Arbeitsamkeit, damit jeder in seinem Beruf das voll leiste, was ihm befohlen wurde, damit im Schiff ja nicht aufrührerisches Lärmen und Zwietracht entstehe.« So sei letztlich der Ertrag des Geschichtsstudiums der, »daß jeder sich zu einem eingezogenen und stillen Leben gewöhne«.

Davon war Melanchthon selbst auch während seines letzten Lebensjahrzehnts einigermaßen entfernt. Für die zweite Sitzungsperiode des Konzils von Trient schrieb er 1551 die *Confessio Saxonica*, die er auf politisches Geheiß persönlich dort vertreten sollte. Die Gesandtschaftsreise zum Konzil im Januar 1552 mußte er zu seiner Erleichterung aufgrund des Feldzugs Moritz′ von Sachsen gegen den Kaiser freilich schon in Nürnberg beenden. Der Augsburger Religionsfriede vom 25. September 1555, der einerseits die reichsrechtliche Sicherung des Luthertums brachte, mit dem Prinzip der einheitlichen Landesreligion nach dem Bekenntnis des Fürsten auf der anderen Seite aber auch die Dynamik der reformatorischen Bewegung einschnürte, schien Melanchthon bloß ein brüchiger zu sein: »Alles freut sich«, schrieb er skeptisch, »aber wie lange wir uns freuen werden, weiß niemand.« Hinter dem ursprünglichen reformatorischen Ziel einer Erneuerung der ganzen Kirche blieb das Erreichte natürlich zurück.

Von einer Versöhnung mit dem römischen Katholizismus, der sich seinerseits zunächst ebenfalls auf die Sicherung des verbliebenen Bestandes konzentrierte, war bei ihm jetzt nicht mehr die Rede. »Aus göttlichem Befehl«, schrieb er in einem Gutachten zum Konzil, »müssen wir uns von denen absondern, die Lügen und Abgötterei treiben.« Die Wandlungen seiner Sprache signalisieren den Marsch in das Zeitalter der aggressiven konfessionalistischen Orthodoxie, das angebrochen war, wo beide Seiten mit gleichlautenden Parolen von ›reinem Glauben‹, ›wahrer Kirche‹, und ›Ehre Gottes‹ ihre exklusive Wahrheit durchzusetzen trachteten. Seine polemische Auseinandersetzung mit dem Fragenkatalog der bayerischen Inquisition (*Responsiones ad articulos Bavaricae Inquisitionis,* 1558), mit der die Rechtgläubigkeit im päpstlichen Sinne überprüft werden sollte, fand daher im eigenen Verhalten ein Spiegelbild. So forderte er etwa in einem Brief vom 1. Februar 1557, daß die weltliche Obrigkeit aufs strengste verpflichtet sei, gegen Katholiken, die von der Ausübung ihrer Religion nicht lassen wollten, mit körperlichen Strafen vorzugehen.

Und doch ließ er bis zuletzt nicht von Initiativen zum ökumenischen Ausgleich. Sie betrafen nun das Verhältnis der evangelischen zu der Ostkirche. Als im Herbst 1559 ein griechischer Diakon nach Wittenberg kam, der von Joasaph II., dem Patriarchen zu Konstantinopel, den Auftrag erhalten hatte, sich an Ort und Stelle über die Lehren, die gottesdienstlichen Formen und die Kirchenordnung des Protestantismus zu informieren, nahm ihn Melanchthon freundlich in seinem Haus auf und gab ihm bei seinem Abschied einen Brief mit. In ihm machte er aus seiner Überzeugung keinen Hehl, daß es angesichts gemeinsamer endzeitlicher Heimsuchung für »die heiligen Kirchen immer und überall« nur eine Möglichkeit gebe: sich zu »sammeln« und auf die Wiederkunft Christi zu »bereiten«. Mit Seitenhieben auf die »abergläubischen Gesetze eines selbstgemachten Gottesdienstes, wie die ungebildeten Mönche der Lateiner sie sich außerhalb der Gebote Gottes erfunden haben«, entwickelte Melanchthon hier in Ansätzen den (später besonders von Leibniz favorisierten) Gedanken vom ›consensus quinquesaecularis‹, wonach die Einheit der Kirche auf der Grundlage der allen Konfessionen gemeinsamen altkirchlichen Überlieferung der ersten fünf Jahrhunderte wiederhergestellt werden könne.

Verstrickung und Distanz des alten Humanisten zu den Verdunkelungen der eigenen Zeit spiegelte erst recht seine Haltung zum Fall Servet. Am 27. Oktober 1553 war der spanische Arzt Michael Servet wegen seiner Angriffe auf das Trinitätsdogma, das ihm mit der Einheit des göttlichen Wesens unvereinbar erschien, auf Betreiben Calvins in Genf verbrannt worden. Seine Hinrichtung, schrieb Stefan Zweig 1936 im englischen Exil *(Castellio gegen Calvin oder Ein Gewissen gegen die Gewalt)*, »ist – um Voltaires Wort zu gebrauchen – der erste ›religiöse Mord‹ innerhalb der Reformation und die erste weithin sichtbare Verleugnung ihrer Uridee. An sich stellt der Begriff eines ›Ketzers‹ schon ein Absurdum für die evangelische Lehre dar, welche jedem das freie Recht der Auslegung zusprach, und im Anfang zeigten auch tatsächlich Luther, Zwingli und Melanchthon klaren Abscheu vor jeder gewalttätigen Maßnahme gegen die Außenseiter und Übertreiber ihrer Bewegung (...)«

Melanchthon, der in Servets 1531 erschienener Kritik an den Formulierungen des Konzils von Nicaea persönlich angegriffen worden war, hat diese Maßnahme über die Jahre hinweg mehrfach mit Entschiedenheit gerechtfertigt. Am 14. Oktober 1554 schrieb er an seinen »lieben Bruder« Calvin: »Die Kirche sagt Dir Dank und wird Dir in Zukunft Dank sagen. Eure Amtspersonen haben gerecht gehandelt, indem sie diesen Gotteslästerer zum Tode verurteilten.« Zehn Monate später äußerte er sich in gleicher Weise in einem Brief an Zwinglis Zürcher Nachfolger Heinrich Bullinger, »daß der Genfer Rat recht gehabt habe, daß er einen so hartnäckigen Menschen zur Seite geschafft, der nie aufgehört hätte zu lästern. Ich habe mich darüber gewundert, daß es Menschen gibt, die diese Strenge tadeln.« In seine Sonntagspredigten flocht er die folgende Passage ein: »Kürzlich ist gegen Calvin geschrieben worden, daß die Genfer nicht recht gehandelt hätten, als sie Servet zum Tode verurteilten, der alle christlichen Kirchen bekämpft und öffentlich die Anrufung des Sohnes Gottes leugnet. (...) Aber die Genfer Staatsgewalt handelte recht, weil diesen Schädlingen nicht eingeräumt werden kann, daß sie sich auf diese Weise weiter ausbreiten, die Menschen in Unruhe versetzen, Gotteslästerungen verteidigen, den einen oder anderen Teil der Schrift an sich reißen und auf ihre unsinnigen Behauptungen beziehen sowie auf diese Art die Kirchen nur in Verwirrung bringen.« Und noch 1557 stellte er erneut fest, daß »der Genfer Magistrat (...) durch die Verbrennung Servets der ganzen Nachwelt ein frommes und denkwürdiges Beispiel gegeben« habe.

Das hielt Melanchthon allerdings nicht davon ab, sich am 1. November des gleichen Jahres »demonstrativ« (Stefan Zweig) vor den französischen Humanisten Sebastian Castellio (1515 – 1563) zu stellen. Als Reaktion auf die Genfer Vorgänge hatte er 1554 seinen *Traktat von den Ketzern* vorgelegt, in der er gegenseitige Liebe und Toleranz zur religiösen Pflicht machte, da jeder, der Gottes Wort auslege, nicht gegen Irrtümer gefeit sei: »Dulden wir einander und verurteilen wir nicht den Glauben eines anderen«, schrieb er und bezweifelte, daß diejenigen, »die solche Schlächtereien veranstalten, (...) wirklich (...) Diener« Christi seien. Mitten in einer daraufhin einsetzenden Kampagne von gehässigen Schmähungen und Verleumdungen erhielt er Melanchthons Brief, der in humanistischen Kreisen zu (jedoch erfolglosen) Appellen an Calvin führte, die Verfolgung Castellios endlich einzustellen:

»Bis jetzt habe ich dir nicht geschrieben, weil mir inmitten der Beschäftigungen, deren Menge und Widrigkeit mich niederdrückt, wenig Zeit für diese Art von Briefwechsel bleibt, der mir an sich sehr gefiele. Was mich ferner abhielt, war, daß ich mich, wenn ich die fürchterlichen Mißverständnisse zwischen jenen sehe, die sich als Freunde der Weisheit und der Tugend ausgeben, von einer ungeheuren Traurigkeit überwältigt fühle. Doch habe ich dich und die Art deines Schreibens immer geschätzt. (...) Und ich will, daß dir dieser Brief ein Zeugnis meiner Zustimmung und ein Beweis aufrichtiger Sympathie sei. Möge uns eine ewige Freundschaft vereinigen.

Indem du nicht nur über die Meinungsverschiedenheiten, sondern auch über den grausamen Haß, mit dem einige die Freunde der Wahrheit verfolgen, Klage führst, mehrst du nur einen Schmerz, den ich selbst ständig fühle. Die Fabel erzählt, daß aus dem Blut der Titanen die Riesen entstanden. So sind aus der Saat der Mönche die neuen Sophisten entstanden, die an den Höfen, in den Familien und beim Volk zu regieren suchen und sich durch die Gelehrten behindert glauben. Aber Gott wird die Reste seiner Herde zu schützen wissen.

So haben wir mit Weisheit das zu erdulden, was wir nicht ändern können. Für mich ist das Alter eine Linderung meines Schmerzes. Ich hoffe, bald in die himmlische Kirche einzugehen, weit weg von den wilden Stürmen, die die Kirche hier unten so grauenhaft erschüttern. Wenn ich am Leben bleibe, will ich mit dir über viele Dinge sprechen. Lebe wohl.«

Als Melanchthon diesen »Schutzbrief« (Stefan Zweig) verfaßte, waren die innerprotestantischen Lehrstreitigkeiten gerade eskaliert. Die Anhänger des Flacius hatten das Wormser Religionsgespräch, das letzte seiner Art im 16. Jahrhundert, platzen lassen und damit, zur Genugtuung ihrer katholischen Kontrahenten, die politische Handlungsunfähigkeit des Protestantismus in aller Öffentlichkeit vorgeführt.

Ein Kontrastprogramm zu seinem Kummer darüber erlebte Melanchthon in Heidelberg, wohin Kurfürst Ottheinrich von der Pfalz ihn von Worms gebeten hatte, um bei der Reform von Universität und Kirche behilflich zu sein. Am 22. Oktober wurde er als »die Leuchte von ganz Deutschland« begrüßt und von Hof und Universität mit Ehren überschüttet. Fünf Tage später erfuhr er vom Tod seiner Frau. Er war davon überzeugt, daß es sich nur um eine kurze Trennung handeln würde. Eine späte Liebeserklärung enthielt ein Brief vom 11. September 1559: »Im Alter hört die Sehnsucht nach der verlorenen Gattin nicht auf wie bei den Jungen, die sich in immer neue Liebesabenteuer stürzen. Täglich, wenn ich meine Enkel und Enkelinnen sehe, denke ich nicht ohne Seufzen an ihre Großmutter. Der Schmerz bricht wieder auf (...)«

Ein Gedicht, das Melanchthon seit 1553 sehr oft als Buchinschrift verwendete, lautet:

»Keines Menschen Beginnen führt jemals zum Ziel...«

»Nullus est foelix conatus et utilis unquam…«

Keines Menschen Beginnen führt jemals zum Ziel und Erfolge,
Wenn nicht Gott seinen Rat gibt und auch dabei hilft.
Seine Hilfe ist da, wenn im Bewußtsein des Rechten
Jeder die Pflicht seines Amts gut und gerecht nur erfüllt

Und von der Macht des hier zu Beistand bereiten Christus
Hilfe verlangt und nicht zweifelt, daß sie schon kommt.
So wird ein Werk, das nützlich den Völkern und dir ist, gelingen,
Und ein günstiger Wind wird auf der Reise dir wehn.
Keine Gewalt kann Gottes siegreiche Hand jemals hemmen,
Alles muß willig und gern Gott bereiten die Bahn.
Ja das Schicksal sogar, das strenge, so hart wie ein Demant,
Nachgeben muß es Gott, wenn wir ihn bitten darum.
Gott ist nicht wie ein Götze im Kerker der Parzen gefangen,
Wie der Stoiker meint, Gott, so müsse er sein.
Er kann Einhalt gebieten den rasenden Wagen der Sonne,
Er befiehlt dem Fluß, stillezustehn wie ein Fels.
O Logos, Gottes Sohn! Sei du in unserm Denken,
Und durch deinen Geist laß unsre Herzen erglühn!

Melanchthons letzte Publikationen waren das *Corpus doctrinae*,
eine Sammlung seiner wichtigsten theologischen Lehrschriften
(die auch die letzte Fassung seiner *Loci* von 1559 enthält), und der
zweite Band der Weltgeschichte. Seit der Vollendung des 63. Le-
bensjahrs, das bei den Griechen als ›Stufenjahr der Greise‹ galt,
rechnete er verstärkt mit seinem Tod. »Ein abgearbeiteter Mann
und seines Lebens satt«, hieß es in einem Rückblick der Universität auf diese Zeit über ihn.

Von einer Dienstreise nach Leipzig zur alljährlichen Stipendia-
tenprüfung kehrte er Anfang April 1560 stark erkältet zurück. Am
19. April starb er im Beisein seiner Kinder, Enkelkinder, Kollegen
und Schüler in seinem Haus in Wittenberg. Während der letzten
Lebenstage hatte er gesagt, »daß es viel zu wenig wäre, wenn
man einen in Todesnöten damit freudig zum Sterben machen
wollte, daß viel Elend und Jammer auf dieser Erde wäre usw. Es
müßte etwas anderes sein, das den Menschen zum Sterben mu-
tig mache.« Auf einem Zettel notierte er einige »Gründe«, »warum man den Tod weniger fürchten solle«. Sie lauteten: »Du ent-
kommst den Sünden. Du wirst befreit von aller Mühsal und der
Wut der Theologen. Du wirst ins Licht kommen, Gott schauen,
Gottes Sohn betrachten. Du wirst jene wunderbaren Geheimnisse lernen, die du im Leben nicht verstehen konntest: warum wir
so erschaffen sind, wie wir sind, und worin die Vereinigung der
beiden Naturen in Christus besteht.« In seinen letzten Ge-

sprächen und Gebeten galt seine »Sorge« noch einmal der zukünftigen Einheit der Kirchen.

Melanchthon wurde in der Wittenberger Schloßkirche beigesetzt, direkt gegenüber dem Grab Luthers. Seine angefangenen Vorlesungen mußten auf mehrere Kollegen verteilt werden.

Anhang

Glossar

Achilles: Größter Held der Griechen vor Troja in Homers »Ilias«.

Aesop: Soll im 6. Jh. v. Chr. als freigelassener Sklave Fabeln gedichtet haben

Afranius: Römischer Lustspielautor (2. Jh. v. Chr.).

Agamemnon: Das Schicksal des griechischen Heerführers vor Troja, der nach seiner Heimkehr auf Betreiben seiner Gemahlin ermordet wurde, hat der Tragödiendichter Aischylos (525 – 456 v. Chr.) gestaltet.

Akademie: Die 385 v. Chr. gegründete Philosophenschule Platos.

Alexander: Alexander der Große (356 – 323 v. Chr.) begründete in seinen Feldzügen ein Großreich von Makedonien bis zum Indus.

Alkibiades: Reicher, hochbegabter, extravaganter und maßlos ehrgeiziger Athener Politiker (um 400 v. Chr.).

Alkuin: Theologe und Philosoph des frühen Mittelalters (730/35 – 804); inspirierte durch seine Vermittlung spätantiken Denkens die sogenannte »karolingische Renaissance«.

Ambrosius: Lateinischer Kirchenvater (339 – 397), Bischof von Mailand.

Anaxagoras: Griechischer Naturphilosoph (500 – 425 v. Chr.), dessen Lehre zufolge über dem All der ordnende Weltgeist waltet; wegen Gottlosigkeit angeklagt und verbrannt.

Antonius: Marcus Antonius, Parteigänger Caesars, der bei der Neuverteilung der römischen Provinzen nach dem Sieg über dessen Mörder die östliche Hälfte des Römischen Reiches erhielt; geriet unter den Einfluß der ägyptischen Königin Kleopatra; nach der Niederlage gegen ein Heer des römischen Senats unter Octavianus (=Augustus) endete er durch Selbstmord (30 v. Chr.).

Apelles: Griechischer Maler (4 Jh. v. Chr.), galt als der größte der Antike.

Appius: Römischer Konsul (5. Jh. v. Chr.) und Leiter des Zehn-Männer-Kollegiums (Dezemvirn) zur Erarbeitung neuer Gesetze; angeblich wegen seiner Übergriffe gestürzt.

Aratos: Aratos von Sikyon (um 271 – 213 v. Chr.), stürzte den Tyrannen Nikokles. Die finanzielle Unterstützung zum Güterausgleich gewährte Ptolemaios II. Philadelphos von Ägypten (285 – 247 v. Chr.).

Aristides: Athenischer Politiker (um 530 – um 467 v. Chr.), gründete den ersten attischen Seebund, Gegner des Themistokles.

Aristophanes/Kleon: Griechischer Komödiendichter (um 445 – 386 v. Chr.); sein Stück »Die Archarner« ist gegen die Kriegsbegeisterung und den Politiker Kleon als Kriegstreiber gerichtet.

Aristoteles: Griechischer Philosoph (384 – 324 v. Chr.), mit seinen grundlegenden Werken zur Logik, Naturwissenschaft, Metaphysik, Ethik und Ästhetik gilt er als Begründer systematisch aufgebauter und wissenschaftlich fundierter Philosophie, die alle Bereiche der menschlichen Erfahrung zu umfassen versucht; wichtigster philosophischer Gewährsmann der Scholastik.

Arius: Geistlicher aus Alexandria (um 260 – 336), dessen Christologie, die die Präexistenz des Sohnes bestritt, der für ihn nur das erste Geschöpf Gottes war, auf dem Konzil von Nicaea (325) verurteilt wurde.

Astraia: In der griechischen Mythologie Tochter des Göttervaters Zeus und der Themis, die während des »Goldenen Zeitalters« auf Erden lebte und von den Menschen vertrieben wurde, obwohl sie ihnen zahlreiche Wohltaten zuteil werden ließ; als Sternbild der Jungfrau wurde sie an den Himmel versetzt.

Athanasius: Griechischer Bischof von Alexandria und Kirchenvater (um 295 – 373).

Athen/dreißig Männer: Nach dem Peleponnesischen Krieg beseitigten die dreißig Oligarchen in Athen 404/403 v. Chr. vorübergehend die Demokratie.

Atlas' Enkel: (Der Planet) Merkur, Sohn der Maja, der Tochter des Atlas, des Titanen, der in der griechischen Mythologie das Himmelsgewölbe tragen muß.

Augustinus: Der Bischof und Kirchenvater Aurelius Augustinus (354 – 430) hat die Ausgestaltung der christlichen Lehre maßgeblich beeinflußt; neuplatonisch geprägt; seine Lebensgeschichte schilderte er in den »Bekenntnissen«.

Augustus: Erster römischer Kaiser, regierte von 27 v. Chr. bis 14 n. Chr.

Bacchanalien: Ekstatisch-ausschweifende Feste zu Ehren des Bacchus, Gottes des Weines und Rausches, die als Geheimkult in Rom verboten waren.

Basilius: Griechischer Kirchenvater (um 330 – 379).

Beda: Beda Venerabilis (672/73 – 735), Abt und Berater in Bildungsfragen am Hof Karls des Großen.

Bellerophon: Figur der griechischen Mythologie, wollte mit seinem Flügelpferd Pegasus bis auf den Götterberg Olymp vordringen.

Bernhard: Bernhard von Clairvaux (um 1090 – 1153), Theologe von großem Einfluß auf die mittelalterliche Mystik.

Bricot: Thomas Bricot, spätscholastischer Gelehrter.

Caesar: Römischer Feldherr, Schriftsteller und Diktator (100 – 44 v. Chr.), der von einer Gruppe von republikanisch gesinnten Verschwörern ermordet wurde.

Capito: Römischer Rechtsgelehrter der frühen Kaiserzeit.

Cassius: Römischer Rechtsgelehrter, einer der bekanntesten Prozeßredner der augusteischen Zeit.

Catilina: Führer einer nach ihm benannten Verschwörung gegen die Senatspartei in Rom (108 – 62 v. Chr.).

Cato: Name zweier römischer Politiker; der Ältere (234 – 149 v. Chr.) war ein sittenstrenger Gegner aller Neuerungen und fremden Einflüsse auf Rom; der Jüngere (95 – 46), ein strenger Republikaner, tötete sich nach dem Sieg Caesars.

Celsus: Römischer Enzyklopädist der frühen Kaiserzeit.

Chrysipp: Griechischer Philosoph (um 281 – 208), der das klassische System stoischen Denkens ausprägte.

Cicero: Marcus Tullius Cicero, römischer Politiker und Philosoph (106 – 43 v. Chr.), der in seinen Werken Gedanken aus verschiedenen Strömungen der Antike verband; mußte 58 v. Chr. für eineinhalb Jahre ins Exil gehen.

Cimon: Athenischer Feldherr (510 – 450 v. Chr.).

Clemens von Alexandrien: Frühchristlicher Theologe (um 150 – um 215).

Clodius/Milo: Protagonisten der gewalttätigen politischen Auseinandersetzungen in Rom 57 – 52 v. Chr.

Columella: Römischer Schriftsteller (1. Jh.).

Copula/Exercitia taurina et canina: Stier- und Hunde-Übungen; spöttisch für die Wortverbindungen (copula) der dialektischen und scholastischen Lehrbücher des Spätmittelalters.

Crantor: Akademischer Philosoph (um 320 v. Chr.).

Cynthia: U. a. Bezeichnung des Mondes.

Cyprian: Cyprian von Karthago (um 200 – 258), frühchristlicher Theologe, Bischof und Märtyrer.

Damascenus: Johannes Damascenus (um 650 oder 675 – 750), Verfasser einer für die griechische Kirche grundlegende Dogmatik (»Quelle der Erkenntnis«), die die Scholastik beeinflußte.

Danaiden: In der griechischen Mythologie die fünfzig Töchter des Königs Danaos, die in der Hochzeitsnacht die ihnen aufgezwungenen Bräutigame ermordeten; zur Strafe dafür müssen sie in der Unterwelt ewig Wasser in ein durchlöchertes Faß schöpfen.

Darius: Name mehrerer persischer Könige.

Dekalog: Die Zehn Gebote.

Deltoton: Dreieck.

Demokrit: Griechischer Philosoph (um 460 – 370), Vertreter des Materialismus.

Demosthenes: Griechischer Staatsmann und Redner (384 – 322 v. Chr.).

Diogenes: Griechischer Philosoph (400 – 323 v. Chr.); Begründer der kynischen Schule, die äußerste Bedürfnislosigkeit predigte.

Dionysius: Als Dionysius Areopagita bezeichnete sich ein unbekannter Verfasser mystischer Texte aus dem Anfang des 6. Jhs., die im Mittelalter eine große Wirkung entfalteten.

Durandus: Durandus de Sancto Porciano, genannt »Doctor modernus«, (um 1275 – 1334), Theologe und Philosoph der Hochscholastik.

Eberhard der Bärtige: Graf Eberhard I. im Bart von Württemberg (1445 – 1496), erwarb sich als Verfechter einer Reichsreform hohes Ansehen.

Epaminondas: Thebanischer Feldherr (um 420 – 362 v. Chr.), besiegte 371 die Spartaner.

Epikureer: Der griechische Philosoph Epikur (341 – 271 v. Chr.), der das Streben nach Glückseligkeit in einer Welt lehrte, die keiner intervenierenden Götter bedarf, galt in der christlichen Überlieferungsgeschichte weithin als der Inbegriff eines atheistischen Freigeists; im italienischen Humanismus wurden einige seiner Gedanken durch Lorenzo Valla (»Über das Vergnügen«) neu belebt.

Erinyen: In der griechischen Mythologie drei schlangenhaarige Rächerinnen des Unrechts, vor allem des Mordes.

Esels Schatten: Der Prozeß um des Esels Schatten, die Onoskiamachia, ist ein Märchen über die antike »Schildbürgerstadt« Abdera, der Heimat Demokrits: Ein Eseltreiber verweigert dem Mieter seines Tieres die Benutzung von dessen Schatten und begründet damit einen einschneidenden Rechtsfall, bei dem sich schließlich die Volkswut gegen den Esel selbst austobt.

Extravaganten: Dekretalen-Sammlungen spätmittelalterlicher Päpste zum Kirchenrecht.

Euripides: Griechischer Tragödienautor (um 482 – 406 v. Chr.).

Grazien: Die drei römischen Göttinnen der Anmut.

Gregor der Große: Papst, amtierte von 590 – 604.

Gregor von Nazianz: Griechischer Kirchenvater (um 329 – um 390); 381 zum Bischof gewählt, zog er sich bald in die Stille literarischen Schaffen zurück.

Hadrian: Römischer Kaiser, regierte von 117 – 138.

Herculanius: Neuplatonischer Philosoph (gest. um 408).

Herkules: Der stärkste und unerschrockenste Held der griechischen Mythologie.

Hermes der Beredte: Griechischer Gott, zu dessen Attributen als Götterbote der Zauberstab gehört, (mit dem er auch Träume schicken kann).

Hermolaus: Führer einer Pagenverschwörung gegen Alexander den Großen.

Hesiod: Griechischer Dichter (um 700 v. Chr.).

Hieronymus: Kirchenvater und Eremit (um 348 – 419/20), der u. a. die lateinische Bibelübersetzung, die sogenannte »Vulgata«, schuf.

Hilarius: Hilarius von Poitiers, (um 315 – 367/368), frühchristlicher Theologe.

Hippoklides: »Hippoklides kümmert sich um nichts« ist eine griechische Redensart.

Hippokrates: Griechischer Arzt (um 460 – 370 v. Chr.), einer der Begründer der antiken Heilkunst.

Homer: Griechischer Dichter (um 800 v. Chr.), Verfasser der beiden großen Epen »Ilias« und »Odyssee«.

Horaz: Bedeutender römischer Lyriker (65 – 8 v. Chr.).

Hugo: Das Werk Theologen und Philosophen Hugo von St. Viktor (um 1096 – 1141) gehört zur den frühen mittelalterlichen Systematisierungen der christlichen Lehre.

Ida: Gebirgszug auf Kreta.

Irenäus: Irenäus von Lyon (um 130 – um 200), lateinischer Kirchenvater, Bischof.

Isokrates: Griechischer Redner (436 – 338 v. Chr.).

Ixion: In der griechischen Mythologie zur Strafe für einen Frevel gegen die Göttermutter Juno in der Unterwelt an ein wirbelndes Feuerrad gebunden.

Justinian: Byzantinischer Kaiser von 527 – 565; veranlaßte die Sammlung des römischen Rechts im »Codex Iustinianus«.

Kadmos: In der griechischen Mythologie Gründer der Stadt Theben.

Kitharist: Einer der die »cithara« (Lyra) zu spielen versteht, also ein Dichter/Sänger.

Konzil von Nicaea: In Nicaea fand 325 das erste allgemeine Konzil der alten Kirche statt; das dort formulierte, später erweiterte Glaubensbekenntnis stellt in der Fassung des Konzils von Chalcedon (451) die verbindliche Bekenntnisgrundlage der gesamten Kirche dar.

Labeo: Römischer Rechtsgelehrter, gest. 10/11.

Lakedämonier: Spartaner.

Langobarde: Petrus Lombardus (um 1095 – 1160), Verfasser der grundlegenden Dogmatik des Mittelalters (»Vier Bücher der Grundsätze«).

Livius: Römischer Historiker (59 v. Chr. – 17 n. Chr.).

Logos: Das Wort Gottes; im Prolog des Johannesevangeliums Bezeichnung für Christus.

Lukanus: Römischer Dichter (39 – 65).

Luna: Römische Mondgöttin.

Mani: 216 – 276, versuchte die altpersische Lichtreligion mit dem Christentum zu verbinden (Manichäismus).

Marius: Römischer Politiker (157 – 86 v. Chr.); als Führer der Volkspartei Gegner Sullas.

Mars: Römischer Kriegsgott.

Mauritius/Phokas: Der byzantinische Kaiser Maritius regierte von 582 – 602, durch eine Armeerevolte unter Phokas gestürzt.

Maximus: Maximus Confessor, (um 580 – 622), byzantinischer Theologe.

Medusenhaupt: In der griechischen Mythologie vermochte der Blick der Medusa, einer schlangenhaarigen, geflügelten Schreckgestalt, in Stein zu verwandeln; das abgeschlagene Medusenhaupt trug Pallas Athene auf ihrem Schild oder Panzer.

Mitio: Figur in einer Komödie des Terenz (»Adelphi«).

Musen/Sirenen: In der griechischen Mythologie waren die Musen sind die Göttinnen der Künste (besonders von Gesang, Musik und Dichtung) und der Wissenschaften; die Sirenen Vögel mit Mädchenköpfen, die mit Gesang die Vorübersegelnden an die Klippen ihrer Insel ins Verderben lockten.

Nerva: Römischer Rechtsgelehrter (1. Jh.)

Orakelgott: Apollo.

Ovid: Römischer Dichter (43 v. Chr. – 17 n. Chr.).

Pallas Athene: Griechische Göttin des Handwerks, der Künste und der Weisheit.

Paris/Oreone: Oreone ist in Homers »Ilias« die erste Gemahlin des Königssohns Paris, dessen Entführung der Helena den trojanischen Krieg auslöst.

Parnassus: Gebirge in Mittelgriechenland, galt in der Antike als Sitz der Musen.

Parzen: Antike Schicksalsgöttinnen.

Patientius: ägyptischer König.

Pelagianer: Die Anhänger des englischen Mönchs Pelagius leugneten die Erbsünde; im Pelagianischen Streit Anfang des 5. Jhs. ging es um damit zusammenhängende Probleme von Gnade, Willensfreiheit und göttlicher Erwählung.

Penelope: Bei Homer die Gemahlin des Odysseus, die zwanzig Jahre auf ihren verschollenen Mann wartet.

Perversor: Johann Versor (Tourneur), spätscholastischer Gelehrter.

Petrarca: Francesco Petrarca (1304 – 1374), italienischer Dichterfürst und Begründer des europäischen Humanismus.

Pindar: Griechischer Lyriker (um 518 – 446 v. Chr.).

Phalaris/Simonides: Der Tyrann Phalaris auf Sizilien (6. Jh. v. Chr.) war wegen seiner Grausamkeit berüchtigt. Um den Lyriker Simonides (556 – 468 v. Chr.) rankten sich viele Anekdoten.

Philoponus: Christlicher Kommentator des Aristoteles.

Phoebus: Beiname des strahlenden, ewig jugendlichen und schönen Apollo, des Gottes der Weissagung, der Künste und Wissenschaften, später auch der Sonne.

Plato: Griechischer Philosoph (427 – 347 v. Chr.), Vertreter eines objektiven Idealismus, dem zufolge die Ideen nicht einer Setzung des menschlichen Bewußtseins entstammen; erfuhr im italienischen Frühhumanismus eine intensive Rezeption.

Plektrum: Stäbchen, womit man die Saiten anschlägt.

Plinius: Plinius der Ältere, römischer Schriftsteller (23 – 79), Verfasser einer umfangreichen Naturkunde.

Plutarch: Griechischer Schriftsteller (um 46 – 120), von dessen Werken die Biographien bedeutender Griechen und Römer die größte Verbreitung fanden.

Polykarp: Polykarp von Smyrna (um 70 – um 156), frühchristlicher Theologe und Märtyrer.

Pompejus: Römischer Politiker (106 – 48 v. Chr.), zuerst Verbündeter, später Gegner Caesars und von diesem besiegt; auf der Flucht in Ägypten getötet.

Prosper: Prosper von Aquitanien (um 390 – nach 455), Theologe, sammelte und systematisierte die Grundsätze des Augustinus.

Proteus: In der griechischen Mythologie weissagender Meergott, der sich in viele Gestalten verwandeln konnte.

Quintilian: (35 – 96), Verfasser des ausführlichsten Lehrbuchs antiker Rhetorik, das Jahrhunderte hindurch als Unterrichtsgrundlage verwendet wurde.

Quintus Scaevola: Römischer Jurist und Politiker, (um 140 – 82 v. Chr.) Rechtslehrer Ciceros.

Richard von St. Viktor: Mittelalterlicher Theologe (um 1110 – 1173), Vertreter einer spirituell-mystischen Schriftauslegung.

Sardonisch: Höhnisch, krampfhaft.

Sartrap: persischer Statthalter.

Scholastiker: Humanistische Bezeichnung für die Philosophen und Theologen des Mittelalters; abgeleitet von den »Schulen«, in denen sie gelehrt wurde; wichtigstes Anliegen ist der Versuch, die Rationalität der Offenbarungsinhalte darzustellen, wobei die hauptsächlichste Methode die Kommentierung normativer Texte war.

Schurff: Hieronymus Schurff (1481 – 1554), Rechtsprofessor in Wittenberg.

Scipio: Römischer Feldherr (um 235 – 183 v. Chr.) mit dem Beinamen »Africanus«, Sieger über das karthagische Heer.

Scorpio: Sternbild des Skorpion.

Scotus: Johannes Duns Scotus (1265 – 1308), Philosoph der Hochscholastik, der die Lehre vom Vorrang des freien Willens gegenüber dem Intellekt vertrat.

Seneca: Römischer Philosoph und Schriftsteller (4 v. Chr. – 65 n. Chr.), lehrte eine stoizistische Affektkontrolle.

Seraphischer Lehrer: Beiname des scholastischen Theologen Giovanni Fidanza, genannt Bonaventura (1221 -1274); nach den Engelwesen aus Jes 6,2.

Servius Sulpicius: Römischer Jurist und Redner (um 106 – 43 v. Chr.).

Sibyllinische Bücher: In der antiken Mythologie sind die Sibyllen seherische Frauen. Die »Sibyllinischen Bücher« waren eine (408 verbrannte) Sammlung von Weissagungen.

Sidonischer Fürst: Der karthagische Feldherr Hannibal (247 – 183 v. Chr.).

Sikyon: Die Stadt nordwestlich von Korinth war für die Herstellung kostbarer Schuhe bekannt.

Simplicius: Philosoph der von Aristoteles gegründeten und nach ihrem Wandelgang sogenannten »peripatetischen Schule«.

Sisyphus: In der griechichen Mythologie aufgrund seiner Frevel gegen die Götter dazu verurteilt, einen immer wieder zurückrollenden Felsblock bergauf zu wälzen.

Skythen: In der Antike eine nomadisierende Völkergruppe zwischen Don und Donau.

Sokrates: Griechischer Philosoph (um 470 – 399 v. Chr.), Begründer der autonomen philosophischen Ethik.

Solon: Griechischer Staatsmann, Gesetzgeber und Dichter (um 640 – 560 v. Chr.); den »Sieben Weisen« zugerechnet.

Sophisten: Griechische Wanderphilosophen aus dem 5. Jh. v. Chr., Gegner Platos; später Bezeichnung für spitzfindige Denker allgemein.

Sophokles: Der Tragödiendichter Sophokles (um 496 – 406 v. Chr.) war nach einer Art Staatsstreich, der 411 vorübergehend zu einem Oligarchischen Regime führte, Ratsmitglied.

Stobaeus: Johannes Stobaios stellte im 5. Jh. eine nach thematischen Gesichtspunkten geordnete »Blütenlese« (Anthologion) aus griechischen Dichtern und Schriftstellern zusammen.

Stoiker: Vertreter einer helleistischen-römischen Philosophenschule, deren Lebensweisheitslehre ein leichtmütiges Erdulden auch des Übels forderte (Apathie).

Sulla: Römischer Diktator (138 – 78), als Führer der aristokratischen Partei Gegner des Marius.

Summen: Die »Summa« war eine systematische Zusammenfassung des theologioschen Wissensstoffs im Mittelalter, auch Titel dieser Bücher (z. B. bei Thomas von Aquin).

Synesius von Cyrene: Neuplatonischer Philosoph und christlicher Theologe des frühen 5. Jhs.

Tartaretus: Petrus Tartaretus, spätscholastischer Gelehrter.

Tauler: Mittelalterlicher Mystiker (um 1300 – 1361).

Terenz: römischer Komödiendichter (195 – 159 v. Chr.).

Themistius: Griechischer Redner und Philosoph des 4. Jhs., wegen seiner toleranten Haltung hoch angesehen.

Themistokles: Athenischer Staatsmann und Feldherr, dessen Flotte 480 v. Chr. bei Salamis die persische Invasion stoppte.

Theodorus Gaza: Gelehrter aus Saloniki (1398 – 1475), der vor den Türken nach Italien floh; Übersetzer des Aristoteles und Theophast.

Theophrast: Theophrast von Eresos, griechischer Philosoph (um 371 – um 287 v. Chr.), Schüler des Aristoteles.

Thomas: Thomas von Aquin (1225 – 1274), der bedeutendste Systematiker der mittelalterlichen Philosophie.

Thukydides: Athenischer Geschichtsschreiber (um 455 – 396 v. Chr.).

Tiberius: Römischer Kaiser, regierte 14 – 37.

Trajan: Römischer Kaiser, regierte 98 – 117.

Trebatius: Römischer Rechtsgelehrter (ca. 84 v. Chr. – 4 n. Chr.).

Tyrus: Handelsstadt auf einer Insel vor der phönizischen Küste.

Tubero: Römischer Rechtsgelehrter.

Turnus: In Vergils »Aeneis« der »perfide« Gegner des »frommen« Aeneas.

Valla: Lorenzo Valla (1406 – 1457), italienischer Frühhumanist.

Venus: Römische Göttin der Schönheit und Liebe.

Vergil: Römischer Dichter (70 – 19 v. Chr.), u. a. Verfasser der »Aeneis«, des römischen Nationalepos.

Vespasian: Römischer Kaiser, regierte 69 – 79.

Vogel der Juno: Der Vogel der römischen Himmelskönigin ist der Pfau.

Wasser über die Körbe des Schiffes: Redewendung für: es droht Gefahr.

Xenophon: Griechischer Philosoph (um 430 – um 355 v. Chr.), Schüler des Sokrates.

Zeus: Göttervater in der griechischen Mythologie.

Zyklopen: In der griechischen Mythologie ein Volk einäugiger Riesen mit ungeschlachten Umgangsformen.

Zeittafel

1497	16. 2.: Geburt in Bretten.
1505	Spätjahr: Beginn des Unterrichts durch einen Hauslehrer.
1508	27. 8.: Tod des Vaters. Besuch der Lateinschule in Pforzheim.
1509	15. 3.: »Humanistentaufe« durch Reuchlin. 14.10.: Beginn des Studiums an der Universität Heidelberg.
1511	10. 6.: Baccalaureus artium.
1512	September: Fortsetzung des Studiums in Tübingen. Intensive Lektüre antiker und zeitgenössisch humanistischer Texte.
1514	Januar: Magisterprüfung an der `philosophischen´ Fakultät, anschließend Lehrtätigkeit an einer Burse für angehende Studenten. Daneben Arbeit als Korrektor in einer Druckerei.
1516	Terenzausgabe: die erste seiner Editionen und Kommentare lateinischer und griechischer Autoren.
1518	Berufung als Professor für Griechisch an die Universität Wittenberg. 28. 8.: Antrittsrede über die Studienreform. Theologische Studien unter dem Einfluß Luthers. Erscheinen der Griechischen Grammatik.
1519	Ab Februar (bis April 1520): Vertretung der vakanten Professur für Hebräisch. 27. 6. bis 16. 7.: Zuhörer bei der Leipziger Disputation. Streitschrift gegen Eck. Erste Ausgabe seiner Rhetorik (erweitert 1521, 1531 und 1553).
1520	Erste Auseinandersetzung mit dem Römerbrief, dem bevorzugten Gegenstand seiner biblischen Kommentare. 26.11: Hochzeit mit Katharina Krapp. Bezug eines kleinen Hauses. 10.12.: Einladung seiner Studenten zu Luthers Verbrennung der Bannandrohungsbulle. Erste Ausgabe seiner Dialektik (erweitert 1528 und 1547).
1521	Beginn seiner »Hausschule« (bis etwa 1530). Herbst (bis Anfang März 1522): »Wittenberger Unruhen«. Verschiedene Schriften zur Verteidigung von Luthers reformatorischem Ansatz (u. a. gegen die Theologische Fakultät der Sorbonne). Erste Ausgabe der Loci communes.
1522	Mitarbeit an Luthers Bibelübersetzung. Engagement für die Universitätsreform. 25. 8.: Geburt der Tochter Anna.

1523	März: Encomion eloquentiae, die erste seiner akademischen Deklamationen.
	Ab dem Wintersemester (bis 1524) erstmals Rektor der Universität.
	Elementa puerilia.
1524	19. 4.: Reise nach Bretten. Während des Aufenthaltes dort Besuch des Sekretärs des päpstlichen Legaten.
	Auf der Rückreise Begegnung mit dem Landgrafen Philipp von Hessen.
1525	21. 2.: Geburt des Sohnes Philipp.
	Mitte April: Reise mit Luther durch Thüringen (u. a. zur Schulgründung in Eisleben).
	Gutachten für die aufständischen Bauern und den pfälzischen Fürsten.
	Kurfürstliche Stellen- und Besoldungsreform an der Universität Wittenberg.
1526	10. 5.: Rede zur Eröffnung des Nürnberger akademischen Gymnasiums.
	Lateinische Grammatik und Lateinische Syntax.
1527	Visitation der Pfarreien im südlichen Thüringen.
	Pestbedingte Verlegung der Universität Wittenberg nach Jena (bis 1528, noch einmal 1535/36).
	25.11.: Geburt des Sohnes Georg.
	Kommentar zum Kolosserbrief.
1528	Unterricht der Visitatoren.
	Erste Gedichtausgabe.
	Erste Schrift gegen die Wiedertäufer.
1529	13. 3. bis 25. 4.: Teilnahme am Speyerer Reichstag.
	Tod der Mutter (Juli) und des Sohnes Georg.
	Beginn der Auseinandersetzung mit einer philosophischen Ethik in Vorlesungen und Kommentaren zu Aristoteles und Cicero.
	Oktober: Marburger Religionsgespräch.
1530	2. 5. bis 22. 9.: Teilnahme am Augsburger Reichstag.
	25. 6.: Verlesung der Confessio Augustana.
	Zahlreiche Kontakte mit Theologen und Politikern im Interesse der Kircheneinheit.
	Ab August in der Vermittlungskommission.
	Anfang September: Rohfassung der Apologie der Confessio Augustana.
	Ende Oktober: In Torgau Zustimmung zur Legitimität des »Schmalkaldischen Bundes«.
1531	Mai: Druck der Confessio Augustana und der Apologie.
	19. 7.: Geburt der Tochter Magdalena.
1532	Initiativen zur kirchlichen Verständigung.
1533	Statuten der Universität Wittenberg.
1534	24. bis 30.12.: Kasseler Gespräch über das Abendmahl mit Bucer.

1535	Juni/Juli: Einladungen der Könige Franz I. von Frankreich und Heinrich VIII. von England.

1535   Juni/Juli: Einladungen der Könige Franz I. von Frankreich und Heinrich VIII. von England.
Dekan der philosophischen Fakultät (bis 1536).
Völlige Neubearbeitung der Loci communes.

1536   Verhör inhaftierter Wiedertäufer.
26. 5.: Wittenberger Abendmahls-Konkordie.
September: Reise nach Tübingen als Ratgeber bei der Reform der Universität.
6.11.: Hochzeit der Tochter Anna mit Georg Sabinus.
Errichtung eines geräumigen Wohnhauses auf Kosten des Fürsten (bis 1539).

1537   Konvent in Schmalkalden.
Traktat von der Gewalt und dem Primat des Papstes.

1538   Zum zweiten Mal Rektor der Universität.
Erste Reise nach Berlin als Ratgeber bei der Brandenburgischen Reformation und Kirchenordnung.
Moralphilosophie (erweitert 1550 und 1552).

1539   Teilnahme am Frankfurter Fürstentag.
Teilnahme am Gespräch zur Durchführung der Reformation in Leipzig.
Kontroverstheologische und politische Schriften.
10.12.: Gemeinsam mit Luther geheimer Beichtrat zur Doppelehe des hessischen Landgrafen.

1540   Ende Februar (bis Mitte April): Teilnahme am Schmalkaldischen Bundestag.
März: In Rothenburg bei Fulda Zeuge der Rechtmäßigkeit der Trauung des hessischen Landgrafen.
Juni: In Weimar auf dem Weg zum Hagenauer Religionsgespräch gesundheitlicher Zusammenbruch.
Mitte Oktober (bis Januar 1541): Teilnahme am Wormser Religionsgespräch.
Erste Ausgabe der Psychologie (De anima, erweitert 1553).

1541   Mitte März bis Anfang August: Teilnahme am Regensburger Reichstag/Kommission über das »Regensburger Buch«.

1542   Gesammelte Werke in vier Bänden.

1543   Sommer: Reise an den Rhein als Berater der Reformationspläne des Kölner Erzbischofs.

1545   Denkschrift für den Wormser Reichstag zur Konzilsfrage.

1546   22. 2.: Leichenrede auf Luther.
Dekan der philosophischen Fakultät (bis 1548).
6.11.: Kriegsbedingte Schließung der Universität, Übersiedlung nach Zerbst (Anhalt).

1547   22. 2.: Tod der Tochter Anna.

Ende April: Flucht vor dem Schmalkaldischen Krieg nach Magdeburg u. a. Viel unterwegs in Verhandlungen zur Sicherung der Wittenberger Universität.
25. 7.: Rückkehr nach Wittenberg.

1548   Verschiedene Gutachten zum Augsburger Interim.
August: Teilnahme an der Pergauer Konferenz über eine sächsische Durchführungsverordnung zum Interim.

1549   März: Beginn der gnesiolutherischen Polemik gegen den »Philippismus« (Aiaphoristenstereit).
Physik.

1550   2. 6.: Hochzeit der Tochter Magdalene mit Caspar Peucer.

1551   Confessio Saxonica zur Vorlage beim Konzil von Trient.

1552   Anfang: Abreise zum Konzil.
22. 1. bis 10. 3.: Wartezeit in Nürnberg.
Pestbedingte Verlegung der Universität nach Torgau.
Angriffe wegen »kryptokalvinistischer« Abendmahlslehre und andere theologische Streitigkeiten.
Examen ordinatorum (1554 erweitert).

1555   Reise nach Nürnberg zur Schlichtung eines Streits in der Pfarrerschaft.
Beginn der Vorlesungen über Weltgeschichte.

1556   (und Januar 1557) Erfolglose Vermittlungsversuche zwischen Flacius und Melanchthon.

1557   24. 8. bis 6.12.: Teilnahme am Wormser Religionsgespräch.
11.10.: Tod der Frau.
22. bis 31.10.: Beratungen und Feierlichkeiten anläßlich der Reformation von Kirche und Universität in Heidelberg.

1559   Letzte Fassung der Loci communes.
Schriften gegen die Bayerische Inquisition und die Irrtümer Servets und anderer religiöser Dissidenten.

1560   Sammlung seiner theologischen Hauptschriften (»Corpus doctrinae Christianae«).
11. 4.: Letzte Vorlesung.
19. 4.: Tod.
22. 4.: Beisetzung in der Wittenberger Schloßkirche.

Literaturhinweise

A. Wissenschaftliche Editionen:

Philippi Melanchthonis Opera quae supersunt omnia. Hgg. von Carl Gottlieb Bret-
schneider und Heinrich Ernst Bindseil. 28 Bde. (Corpus Reformatorum 1- 28/=
CR). Halle und Braunschweig 1834 – 1860. (Neudruck: Frankfurt am Main
1963)
Supplementa Melanchthoniana. 5 Bde. Leipzig 1910 – 1928. (Neudruck: Frankfurt
am Main 1968)
Melanchthons Werke in Auswahl. Hgg. von Robert Stupperich. 7 Bde. Gütersloh
1951 – 1975
Melanchthons Briefwechsel. Kritische und kommentierte Gesamtausgabe. Hgg. von
Heinz Scheible. Stuttgart-Bad Cannstadt 1977ff.

B. Bibliographie:

Hammer, Wilhelm: Die Melanchthonforschung im Wandel der Jahrhunderte. Ein
beschreibendes Verzeichnis. 3 Bde. Gütersloh 1967 – 1981

C. Ausgewählte Darstellungen:

Aland, Kurt: Philipp Melanchthon, in: K. A.: Die Reformatoren. Luther. Melanchthon. Zwingli. Calvin. Mit einem Nachwort zur Reformationsgeschichte. Gütersloh [4]1986, S. 55 – 76
Bauer, Barbara: Philipp Melanchthon, in: Stephan Füssel (Hg.): Deutsche Dichter
der frühen Neuzeit (1450 – 1600). Ihr Leben und Werk. Berlin 1993, S. 428 –
463
Bauer, Clemens: Die Naturrechtsvorstellungen des jüngeren Melanchthon/Me-
lanchthons Naturrechtslehre/Melanchthons Wirtschaftsethik, in: C. B.: Gesammelte Aufsätze zur Wirtschafts- und Sozialgeschichte. Freiburg/Basel/Wien 1965,
S. 266 – 276, 277 – 304 u. 305 -345
Benz, Ernst: Melanchthon und der Serbe Demetrios/Die griechische Übersetzung
der Confessio Augustana aus dem Jahr 1559, in: E. B.: Wittenberg und Byzanz.
Zur Begegnung und Auseinandersetzung der Reformation und der östlich-
orthodoxen Kirche. Marburg 1949, S. 59 – 93 u. 94 – 128
Bizer, Ernst: Theologie der Verheißung. Studien zur theologischen Entwicklung des
jungen Melanchthon (1519 – 1524). Neukirchen-Vluyn 1964
Blumenberg, Hans: Melanchthons Einspruch gegen Kopernikus. Zur Geschichte
der Dissoziation von Theologie und Naturwissenschaft, in: Studium Generale 13
(1960), S. 174 – 183
Bornkamm, Heinrich: Philipp Melanchthon/Humanismus und Reformation im
Menschenbilde Melanchthons, in: H. B.: Das Jahrhundert der Reformation. Gestalten und Kräfte. Frankfurt a. M. 1983, S. 71 – 88 u. 89 – 114

Dilthey, Wilhelm: Das natürliche System der Geisteswissenschaften im 17. Jahrhundert. IV: Melanchthon und die erste Ausbildung des natürlichen Systems in Deutschland, in: W. D.: Gesammelte Schriften. Bd. II: Weltanschauung und Analyse des Menschen seit Renaissance und Reformation. Stuttgart [8]1957, S. 162 – 203

Eisinger, Walther: Melanchthon als Erzieher. Bretten 1985

Ellinger, Georg: Philipp Melanchthon. Ein Lebensbild. Berlin 1902

Elliger, Walter (Hg.): Philipp Melanchthon. Forschungsbeiträge zur vierhundertsten Wiederkehr seines Todestages. Göttingen 1961

Engelland, Hans: Melanchthon. Glauben und Handeln. München 1931

Engelland, Hans: Melanchthons Bedeutung für Schule und Universität, in: Luther. 31 (1960), S. 24 – 41

Fleischer, Manfred R.: Melanchthon as Praeceptor of Late-Humanist Poetry, in: Sixteenth Century Journal 20,4 (1989), S. 559 – 580

Frank, Günter: Die theologische Philosophie Philipp Melanchthons (1497 – 1560). Leipzig 1995

Geyer, Hans-Georg: Welt und Mensch. Zur Frage des melanchthonischen Aristotelismus. Diss. Bonn 1959

Günther, Hartmut Oskar: Die Entwicklung der Willenslehre Melanchthons in der Auseinandersetzung mit Luther und Erasmus. Diss. Erlangen-Nürnberg 1963

Haendler, Klaus: Wort und Glaube bei Melanchthon. Eine Untersuchung über die Voraussetzungen und Grundlagen des melanchthonischen Kirchenbegriffes. Gütersloh 1968

Hartfelder, Karl: Philipp Melanchthon als Praeceptor Germaniae (1889). Nieuwkoop 1964

Hoffmann, Georg: Luther und Melanchthon. Melanchthons Stellung in der Theologie des Luthertums, in: Zeitschrift für Systematische Theologie 15 (1938), S. 81 – 135

Huschke, Rudolf Bernhard: Melanchthons Lehre vom Ordo politicus. Ein Beitrag zum Verhältnis von Glauben und politischem Handeln bei Melanchthon. Gütersloh 1968

Kahlert, Helmut: Ein Vergleich der Wirtschaftsauffassungen von Luther und Melanchthon, besonders ihrer Stellung zu Zins und Handel. Diss. Nürnberg 1953

Kantzenbach, Friedrich Wilhelm: Melanchthon und die Einheit der Kirche, in: F. W. K.: Das Ringen um die Einheit der Kirche im Jahrhundert der Reformation. Vertreter, Quellen und Motive des »ökumenischen« Gedankens von Erasmus von Rotterdam bis Georg Calixt. Stuttgart 1957, S. 93 – 118

Kisch, Guido: Melanchthons Rechts- und Soziallehre. Berlin 1967

Knape, Joachim: Philipp Melanchthons »Rhetorik«. Tübingen 1993

Köhler, Manfred: Melanchthon und der Islam. Ein Beitrag zur Klärung des Verhältnisses zwischen Christentum und Fremdreligionen in der Reformationszeit. Leipzig 1938

Krautwurst, Franz: Philipp Melanchthon und die Musik. Zur 400. Wiederkehr des Todestages des großen Reformators am 19. April 1960, in: Gottesdienst und Kirchenmusik 11 (1960), S. 109 – 121

Landesbildstelle Baden, Karlsruhe/Melanchthonhaus, Bretten (Hg.): Philipp Melanchthon. Eine Gestalt der Reformationszeit. Lichtbildreihe. Ausgew. u. erl. v. Heinz Scheible. Karlsruhe 1995

Lüthe, Hans: Melanchthons Anschauung über das Recht des Widerstandes gegen die Staatsgewalt, in: Zeitschrift für Kirchengeschichte 47 (1928), S. 512 – 542

Maier, Heinrich: Melanchthon als Philosoph, in: H. M.: An der Grenze der Philosophie. Melanchthon, Lavater, David Friedrich Strauß. Tübingen 1909, S. 1 – 139

Mager, Inge: »Es ist nicht gut, daß der Mensch allein sein« (Gen. 2, 18). Zum Familienleben Philipp Melanchthons, in: Archiv für Reformationsgeschichte 81 (1990), S. 120 – 137

Manschreck, Clyde L.: Melanchthon and Prayer, in: Archiv für Reformationsgeschichte 51 (1960), S. 145 – 158

Maurer, Wilhelm: Melanchthon-Studien. Gütersloh 1964

Maurer, Wilhelm: Die geschichtlichen Wurzeln von Melanchthons Traditionsverständnis, in: Zur Auferbauung des Leibes Christi. Festschrift für Peter Brunner. Kassel 1965, S. 166 – 180

Maurer, Wilhelm: Der junge Melanchthon zwischen Humanismus und Reformation. Bd. 1: Der Humanist. Bd. 2: Der Theologe. Göttingen 1967/69

Meinhold, Peter: Philipp Melanchthon. Der Lehrer der Kirche. Berlin 1960

Melanchthon-Komitee der Deutschen Demokratischen Republik (Hg.): Philipp Melanchthon, 1497 – 1560. Humanist, Reformator, Praeceptor Germaniae. Berlin 1963

Mülhaupt, Erwin: Melanchthon, der Lehrer, in: Luther 32 (1961), S. 25 – 39

Mülhaupt, Erwin: Luther und Melanchthon. Die Geschichte einer Freundschaft, in: Luther 33 (1962), S. 1 – 17

Müller, Gerhard: Philipp Melanchthon zwischen Pädagogik und Theologie, in: Wolfgang Reinhard (Hg.): Humanismus im Bildungswesen des 15. und 16. Jahrhunderts. Weinheim 1984, S. 95 – 106

Müller, Manfred: Geschichte und allgemeine Bildungstheorie. Eine Untersuchung über die Auffassung des Geschichtsunterrichts bei Johann Ludwig Vives und Philipp Melanchthon, in: Geschichte in Wissenschaft und Unterricht 14 (1963), S. 420 – 428

Neuser, Wilhelm H.: Der Ansatz der Theologie Philipp Melanchthons. Neukirchen 1957

Nürnberger, Richard: Kirche und weltliche Obrigkeit bei Melanchthon. Würzburg 1937

Paulus, Nikolaus.: Melanchthons Unduldsamkeit gegen Alt- und Neugläubige, in: N. P.: Protestantismus und Toleranz im 16. Jahrhundert. Freiburg i. Br. 1911, S. 61 – 79

Pfister, Hermann: Die Entwicklung der Theologie Melanchthons unter dem Einfluß der Auseinandersetzung mit Schwarmgeistern und Wiedertäufern. Freiburg i. Br. 1968

Rhein, Stefan: Philologie und Dichtung. Melanchthons griechische Gedichte. Diss. Heidelberg 1987

Rhein, Stefan (Hg.): Melanchthon und die Naturwissenschaft seiner Zeit. Sigmaringen 1994

Risse, Wilhelm: Die Melanchthonschule, in: W. R.: Die Logik der Neuzeit I. Stuttgart-Bad Cannstadt 1964, S. 79 – 121

Rump, Johann: Melanchthons Psychologie (seine Schrift de anima) in ihrer Abhängigkeit von Aristoteles und Galenos. Langensalza [2]1900

Sartorius von Waltershausen, Bodo: Melanchthon und das spekulative Denken, in: Deutsche Vierteljahrsschrift für Literaturwissenschaft und Geistesgeschichte 5 (1927), S. 644 – 678

Schäfer, Rolf: Zur Prädestinationslehre beim jungen Melanchthon, in: Zeitschrift für Theologie und Kirche 63 (1966), S. 352 – 378

Scheible, Heinz: Philipp Melanchthon, in: Martin Greschat (Hg.): Die Reformationszeit II. Stuttgart/Berlin/Köln/Mainz 1981, S. 75 – 101

Scheible, Heinz: Melanchthon, Philipp (1497 – 1560), in: Theologische Realenzyklopädie 22 (1992), S. 371 – 410

Scheible, Heinz: Melanchthon und die Reformation. Forschungsbeiträge. Hgg. von Gerhard May und Rolf Decot. Mainz 1996

Scheible, Heinz (Hg.): Melanchthon in seinen Schülern. Vorträge, gehalten anläßlich eines Arbeitsgesprächs vom 21. bis 23. Juni in der Herzog August-Bibliothek Wolfenbüttel. Wiesbaden 1996

Scheible, Heinz: Melanchthon. Knechtschaft und Freiheit. München 1997

Schirmer, Arno: Melanchthons Paulusverständnis. Wiesbaden 1967

Schmidt, Carl: Philipp Melanchthon. Leben und ausgewählte Schriften. Elberfeld 1861

Schneider, Rudolf: Philipp Melanchthon. Befürworter der Einen allgemeinen Kirche, in: Günter Gloede u. a. (Hg.): Ökumenische Profile. Brückenbauer der Einen Kirche. Stuttgart 1961, S. 29 – 41

Schnell, Uwe: Die homiletische Theorie Philipp Melanchthons. Berlin/Hamburg 1968

Schwarzenau, Paul: Der Wandel im theologischen Ansatz bei Melanchthon von 1525 – 1535. Gütersloh 1956

Sick, Hansjörg: Melanchthon als Ausleger des Alten Testaments. Tübingen 1959

Sperl, Adolf: Melanchthon zwischen Humanismus und Reformation. Eine Untersuchung über den Wandel des Traditionsverständnisses bei Melanchthon und die damit zusammenhängenden Grundfragen seiner Theologie. München 1959

Stempel, Hermann-Adolf: Melanchthons pädagogisches Wirken. Bielefeld 1979

Stupperich, Robert: Melanchthon und die Täufer, in: Kerygma und Dogma 3 (1957), S. 150 – 170

Stupperich, Robert: Melanchthon. Berlin 1960

Stupperich, Robert: Melanchthons Weg zu einer philosophisch-theologischen Gesamtanschauung, in: Lutherische Rundschau 10 (1960/61), S. 150 – 163

Stupperich, Robert: Der unbekannte Melanchthon. Wirken und Denken des Praeceptor Germaniae in neuer Sicht. Stuttgart 1961

Trillhaas, Wolfgang: Philipp Melanchthon, der Ethiker der Reformation, in: Evangelische Theologie 6 (1946/47), S. 389 – 403

Troeltsch, Ernst: Vernunft und Offenbarung bei Johann Gerhard und Philipp Melanchthon. Göttingen 1891

Urban, Georg (Hg.): Philipp Melanchthon. 1497 – 1560. Gedenkschrift zum 400. Todestag des Reformators. 19. April 1560/1960. Bretten [2]1960

Volz, Hans: Melanchthons Anteil an der Lutherbibel, in: Archiv für Reformationsgeschichte 45 (1954), S. 196 – 233

Weber, Gottfried: Grundlagen und Normen politischer Ethik bei Melanchthon. München 1962

Weiss, James Michael: Erasmus at Luther's Funeral: Melanchthon's Commemorati-
ons of Luther in 1546, in: The Sixteenth Century Journal 16 (1985), S. 91 – 114
Wiedenhofer, Siegfried: Formalstrukturen humanistischer und reformatorischer
Theologie bei Philipp Melanchthon. 2 Bde. Berlin/Frankfurt a. M. 1976
Wiedenhofer, Siegfried: Zum katholischen Melanchthonbild im 19. und 20. Jahr-
hundert, in: Zeitschrift für Katholische Theologie 102 (1980), S. 425 – 454
Wolf, Ernst: Philipp Melanchthon. Evangelischer Humanismus. Göttingen 1961

Textnachweise/Editorische Notiz

- *Über die Neugestaltung des Universitätsstudiums,* nach: Der deutsche Renaissance-Humanismus. Abriß und Auswahl von Winfried Trillitzsch. Frankfurt a. M. 1981, S. 499 – 514 © Röderberg-Verlag im Pahl-Rugenstein Verlag Nachfolger, Bonn.
- *Aus: Grundbegriffe der Glaubenslehre (Einleitung/Die Kräfte des Menschen, insbesondere der freie Wille/Das Naturgesetz),* nach: Philipp Melanchthon: Grundbegriffe der Glaubenslehre (Loci communes) 1521. Ins Deutsche übertragen von Friedrich Schad. Mit einem Geleitwort von Prof. D. Karl Heim. München (Chr. Kaiser) 1931, S. 5 – 21, 56 – 61
- *Aus: Lob der Beredsamkeit,* nach: Philipp Melanchthon: Glaube und Bildung. Texte zum christlichen Humanismus. Lateinisch/Deutsch. Ausgewählt, übersetzt und hg. von Günter R. Schmidt. Stuttgart 1989, S. 152 – 181. © Philipp Reclam jun. Verlag, Ditzingen.
- *Seminar zu Livius,* nach: Galle und Honig. Humanistenepigramme. Hgg. von Harry C. Schnur und Rainer Kößling. Lateinisch und deutsch. Leipzig 1982, S. 72f. (Übersetzung aus dem Lateinischen von Rainer Kößling) © Reclam verlag Leipzig 1984.
- *Aus dem Griechischen: Diese ist Bein von meinem Bein,* nach: CR 10,669 (Übersetzung aus dem Lateinischen von Hans-Rüdiger Schwab)
- *Aus: Eine Schrift gegen die Artikel der Bauern,* nach: Flugschriften der Bauernkriegszeit. Unter Leitung von Adolf Laube, Hans Werner Seiffert bearbeitet von Christel Laufer, Dietrich Lösche, Sigrid Looß, Annerose Schneider, Walter Zöllner. Hgg. von der Akademie der Wissenschaften der DDR. Zentralinstitut für Geschichte, Zentralinistitut für Literaturgeschichte. Berlin (Akademie-Verlag) 1975, S. 223 – 241 (Übersetzung aus dem Frühneuhochdeutschen: Hans-Rüdiger Schwab)
- *Die Geschichte Thomas Müntzers, des Anstifters der Thüringer Unruhen, sehr nützlich zu lesen,* nach: ebd., S. 531 – 543 (Übersetzung aus dem Frühneuhochdeutschen: Hans-Rüdiger Schwab)
- *Vom Esel und dem Kahn,* nach: Die deutsche und lateinische Fabel in der Frühen Neuzeit. Bd. I: Ausgewählte Texte. Hgg. von Adalbert Elschenbroich. Tübingen 1990, S. 271f. © Max Niemeyer Verlag, Tübingen.
- *Rede zu Ehren der neuen Schule,* nach: Eugenio Garin: Geschichte und Dokumente der abendländischen Pädagogik. III: Von der Reformation bis John Locke. Reinbek bei Hamburg (Rowohlt) 1967, S. 129 – 138 (Übersetzung aus dem Lateinischen von Hannelore Rausch)
- *Aus: Kommentar zum Brief des Paulus an die Kolosser,* in: Philipp Melanchthon: Glaube und Bildung (s. o.), S. 34 – 65. © Philipp Reclam jun. Verlag, Ditzingen.
- *Rede gegen die Modesucht in der Kleidung,* nach: CR 11, 139 – 149 (Übersetzung aus dem Lateinischen von Hans-Rüdiger Schwab)
- *Zur »Ethik«,* nach: Wolfgang Trillhaas: Philipp Melanchthon, der Ethiker der Reformation, in: Evangelische Theologie 6 (1946/47), S. 402f.
- *Rede von den Leiden der Lehrer,* nach: Von den Leiden der Lehrer. Ph. Melanchthons De miseriis paedagogorum oratio, übersetzt von Dr. Carl Andreae. Beigabe zum Jahresbericht der Kgl. Lehrerbildungsanstalt zu Kaiserslautern 1897. Kaiserslautern 1897

- *Aus: Rede über die Philosophie,* nach: CR 11, 278 – 284 (Übersetzung aus dem Lateinischen von Hans-Rüdiger Schwab)
- *Aus: Rede vom Lob des schulischen Lebens,* in: Philipp Melanchthon: Glaube und Bildung (s. o.), S. 206 – 221. © Philipp Reclam jun. Verlag, Ditzingen.
- *An Johannes Luther,* nach: Stefan Rhein: Philologie und Dichtung. Melanchthons griechische Gedichte. Diss. Heidelberg 1987, S. 180. © Stefan Rhein, Bretten.
- *Rede von der Würde der Gesetze,* nach: CR 11, 357 – 364 (Übersetzung aus dem Lateinischen von Hans-Rüdiger Schwab)
- *Für Kilian Goldstein,* nach: ebd., S. 193
- *Lebensregeln,* nach: Lateinische Gedichte deutscher Humanisten. Lateinisch und deutsch. Ausgewählt, übersetzt und erläutert von Harry C. Schnur. Stuttgart 2/1978, S. 288f. © Philipp Reclam jun. Verlag, Ditzingen.
- *Aus: Leichenrede auf Dr. Martin Luther,* nach CR 11, 726 – 734 (Übersetzung aus dem Lateinischen von Hans-Rüdiger Schwab)
- *Brief an Christoph von Carlowitz vom 28. April 1548,* nach: CR 6, 879 – 884 (Übersetzung aus dem Lateinischen von Hans-Rüdiger Schwab)
- *Das Glück des Menschen ist unbeständig usw.,* nach: Stefan Rhein (s. o.), S. 273
- *Von der Schlange, dem Bauern und dem Fuchs,* nach: Die deutsche und lateinische Fabel in der Frühen Neuzeit (s. o.), S. 275ff. (Übersetzung aus dem Frühneuhochdeutschen von Hans-Rüdiger Schwab)
- *Aus: Am Tage Johannes des Evangelisten,* nach: CR 24, S. 151 – 167 (Übersetzung aus dem Lateinischen von Hans-Rüdiger Schwab)
- *Von den Affen als Stadtgründern,* nach: Die deutsche und lateinische Fabel in der Frühen Neuzeit (s. o.), S. 273f. © Max Niemeyer Verlag, Tübingen.
- *Über die Mondfinsternis am 28. Oktober 1547,* nach: Lateinische Gedichte deutscher Humanisten. (s. o.), S. 284 – 287. © Philipp Reclam jun. Verlag, Ditzingen.
- *Von den Teilen und Bewegungen des Herzens,* nach: Wilhelm Kleebauer: De partibus et motibus cordis. Eine Rede Philipp Melanchthons aus dem Jahr 1550, übersetzt und erläutert. Diss. München 1943, S. 4 – 14
- *Aus: Das Buch von der Seele,* nach: Philipp Melanchthon: Glaube und Bildung (s. o.), S. 74 – 87 © Philipp Reclam jun. Verlag, Ditzingen.
- *»Keines Menschen Beginnen führt jemals zum Ziel«,* nach: Philipp Melanchthon. Eine Gestalt der Reformationszeit. 50 Bilder und zwei Landkarten, ausgewählt und erläutert von Heinz Scheible. Hgg. von der Landesbildstelle Baden, Karlsruhe, und dem Melanchthonhaus Bretten. Karlsruhe 1995, S. 104f. (Übersetzung aus dem Lateinischen von Heinz Scheible). © Landesbildstelle Baden, Karlsruhe 1995.

Die in die lebensgeschichtliche Erzählung eingestreuten Melanchthon-Zitate stammen, in durchgesehener Übersetzung, in der Regel aus verschiedenen Forschungsbeiträgen.
Dem Charakter dieses Lesebuchs entsprechend wurde auf einen ausführlichen Anmerkungsapparat bewußt verzichtet. Vielfältige Angebote zu einer vertieften Beschäftigung mit Melanchthon bietet statt dessen die Bibliographie.
Biblische Verweise in den Texten Melanchthons sind von mir jeweils in Klammern eingefügt, biblische Eigennamen, (die auch nicht im Glossar erscheinen), in die heute übliche Form gebracht worden: statt Semci:Schimi, statt Nabuchodonosor: Nebukadnezar etc.

Für anregende Gespräche bedanke ich mich bei Dr. Stefan Rhein, dem Custos des Melanchthonhauses Bretten, und bei Dr. Heinz Scheible, dem langjährigen Leiter der Melanchthon-Forschungsstelle in Heidelberg, dessen Lebensleistung ich bewundere.

Hans-Rüdiger Schwab

Melanchthons Briefwechsel

Kritische und kommentierte Gesamtausgabe. Im Auftrag der Heidelberger Akademie der Wissenschaften herausgegeben von Heinz Scheible. *Ca. 76 Bände. 1977 ff. Ln. ISBN 3 7728 0631 7.*

GLIEDERUNG: Regesten (8 Bde.); Register (2-3 Bde.); Handschriftenkatalog (2-3 Bde.); Textedition (32 Bde.); Kommentar (32 Bde.)

»Die seit fast dreißig Jahren von Heinz Scheible mit unvergleichlicher Sachkenntnis und Hingabe betreute Ausgabe des Melanchthonschen Briefwechsels stellt ohne Zweifel das herausragendste Editionsunternehmen dar, das die deutsche Reformationsforschung seit dem 2. Weltkrieg in Angriff genommen hat.«   *W. Kühlmann, Daphnis*

Johannes Reuchlin. Sämtliche Werke

Herausgegeben von Widu-Wolfgang Ehlers, Hans-Gert Roloff und Peter Schäfer. *1996 ff. Ca. 11 Textbände und 6 Kommentarbände. Jährlich erscheinen 1 bis 2 Bände. - BA. Ln. ISBN 3 7728 1770 X.*

BAND I,1:   De verbo mirifico.
Das wundertätige Wort (1494)

Lateinisch und deutsch. Herausgegeben von Widu-Wolfgang Ehlers, Lothar Mundt, Hans-Gert Roloff, Peter Schäfer unter Mitwirkung von Benedikt Sommer. *1996. XV, 447 S. ISBN 3 7728 1771 8.*

Reuchlins seinerzeit Aufsehen erregende Schrift erschien im Jahre 1494. In drei theologischen Unterredungen, die ein jüdischer, ein heidnischer und ein christlicher Gelehrter führen, verschmelzen die Grundpositionen der drei Religionsvorstellungen letztlich in Jesus und der christlichen Lehre zur Einheit.

frommann - holzboog
PHILOSOPHIE · GEISTESWISSENSCHAFTEN · PSYCHOANALYSE
Friedrich Frommann Verlag · Günther Holzboog · Stuttgart (Bad Cannstatt)

Philosophie
für Anfänger
im dtv

**Kant für Anfänger
Die Kritik der reinen
Vernunft**
Eine Lese-Einführung von Ralf Ludwig

dtv

**Nietzsche
für Anfänger
Also sprach
Zarathustra**
Eine Lese-Einführung von Rüdiger Schmidt
und Cord Spreckelsen

dtv

Hilfreiche Weg-
begleiter für den
Einstieg in eine
faszinierende, aber
nicht leicht zugäng-
liche Lektüre

**Kant für Anfänger
Die Kritik der
reinen Vernunft**
Eine Lese-
Einführung
von Ralf Ludwig
Originalausgabe
dtv 4662

**Kant für Anfänger
Der kategorische
Imperativ**
Eine Lese-
Einführung
von Ralf Ludwig
Originalausgabe
dtv 4663

**Nietzsche für
Anfänger
Also sprach
Zarathustra**
Eine Lese-
Einführung
von Rüdiger
Schmidt
und Cord
Spreckelsen
Originalausgabe
dtv 4664

Deutsche Klassiker

Werke in einem Band im dtv

Annette von Droste-Hülshoff
Werke in einem Band
Herausgegeben von Clemens Heselhaus
880 Seiten
dtv 2380

Eduard Mörike
Werke in einem Band
Herausgegeben von Herbert G. Göpfert
1054 Seiten
dtv 2381

Joseph von Eichendorff
Werke in einem Band
Herausgegeben von Wolfdietrich Rasch
1072 Seiten
dtv 2382

Novalis
Werke in einem Band
Herausgegeben von Hans Joachim Mähl und Richard Samuel
Kommentiert von Hans-Joachim Simm unter Mitwirkung von Agathe Jais
704 Seiten
dtv 2383

Theodor Storm
Werke in einem Band
Herausgegeben von Peter Goldammer
976 Seiten
dtv 2384

Johann Wolfgang von Goethe in dtv-Ausgaben

Johann Wolfgang Goethe
Faust
Erster und zweiter Teil

dtv klassik

Johann Wolfgang Goethe
Die Wahlverwandt-schaften

dtv klassik

Aller Anfang ist heiter
Ein Goethe-Brevier
Herausgegeben von
Heinz Friedrich
dtv 2285

Faust
Erster und zweiter Teil
dtv 2074

Wilhelm Meisters Lehrjahre
Dünndruck-Ausgabe
dtv 2026

Die Leiden des jungen Werther
(Hamburger Ausgabe)
dtv 2048

Die Wahlverwandt-schaften
(Hamburger Ausgabe)
dtv 2067

Italienische Reise
(Hamburger Ausgabe)
Mit 40 Illustrationen
nach zeitgenössi-schen Vorlagen
dtv 2200

Werke Hamburger Ausgabe in 14 Bänden
Herausgegeben von
Erich Trunz
Dünndruck-Ausgabe
dtv 5986

Goethes Briefe und Briefe an Goethe Hamburger Ausgabe in 6 Bänden
Herausgegeben von
Karl Robert
Mandelkow und
Bodo Morawe
Band 1 - 4:
Goethes Briefe
Band 5 - 6:
Briefe an Goethe
dtv 5917

Goethes Werke Nachtragsbände zur Weimarer Ausgabe IV. Abteilung-Briefe
Mit einem Orts-, Namens- und Werk-register und einem Gesamtverzeichnis zur IV. Abteilung der Weimarer Ausgabe
Herausgegeben von
Paul Raabe
3 Bände
dtv 5911

Die 3 Bände sind in einer begrenzten Auflage auch in Leinen gebunden erhältlich.
(dtv 6131-6133)

Klassische Autoren
in dtv-Gesamtausgaben